Die Reihe „Weltwirtschaft und internationale Zusammenarbeit“ wird herausgegeben von

Prof. Dr. Hartmut Sangmeister, Universität Heidelberg
Prof. Dr. Oskar Gans, Universität Heidelberg
Prof. Dr. Detlef Nolte, GIGA Institut für Lateinamerika-Studien Hamburg

Band 4

Peter Birle (Hrsg.)

Lateinamerika im Wandel

Nomos

Die Deutsche Nationalbibliothek verzeichnet diese Publikation in der Deutschen Nationalbibliografie; detaillierte bibliografische Daten sind im Internet über http://www.d-nb.de abrufbar.

ISBN 978-3-8329-3999-1

1. Auflage 2010

Inhaltsverzeichnis

Einleitung

Peter Birle

Die politische, ökonomische und soziale Entwicklung Lateinamerikas war in den vergangenen drei Jahrzehnten durch gravierende Umbrüche gekennzeichnet. Auf die Ende der 1970er Jahre einsetzende "Welle" von Demokratisierungsprozessen folgte in den 1980er Jahren die Abkehr von der Entwicklungsstrategie der Importsubstituierenden Industrialisierung und die Hinwendung zu neoliberalen Rezepten. Die auf Empfehlung des Internationalen Währungsfonds und der Weltbank eingeleiteten Reformen trugen zwar zu einer makroökonomischen Stabilisierung bei, ihre sozialen Konsequenzen waren jedoch für große Teile der Bevölkerungen mehr als ernüchternd. Seit der zweiten Hälfte der 1990er Jahre führte dies in fast allen lateinamerikanischen Ländern zu Wahlsiegen von "linken" Parteien. Von den neuen Regierungen erhofften sich die Wählerinnen und Wähler den Abbau von Armut und sozialer Ungleichheit, eine gerechtere Wirtschafts-, Sozial- und Arbeitsmarktpolitik sowie eine Stärkung der politischen Partizipation.

Zunächst wurden diese Entwicklungen – vor allem außerhalb der Region – als ein allgemeiner "Linksruck" der lateinamerikanischen Politik wahrgenommen. Dann setzte sich aber rasch die Erkenntnis durch, dass es nicht *eine*, sondern viele unterschiedliche linksorientierte politische Kräfte, Parteien und Bewegungen in Lateinamerika gibt, die sich im Hinblick auf die von ihnen angestrebten politischen, wirtschaftlichen und sozialen Reformen und auch hinsichtlich ihrer Haltung gegenüber den USA zum Teil gravierend unterscheiden. Auch das Ausmaß des Elitenwechsels war von Land zu Land sehr unterschiedlich. Am deutlichsten fiel es sicherlich in Bolivien aus, wo mit dem Wahlsieg von Evo Morales im Jahr 2005 der erste indigene Präsident in der Geschichte des Landes an die Macht gelangte und in den Folgejahren ein fast vollständiger Elitentausch stattfand. In Ländern wie Chile, Brasilien oder Argentinien war der Elitenwandel weniger ausgeprägt.

Grundlegendes Ziel des vorliegenden Bandes ist es, den Leserinnen und Lesern einen umfassenden Eindruck von den vielfältigen Wandlungsprozessen zu ermöglichen, die Lateinamerika in den vergangenen drei Jahrzehnten geprägt haben. Das Buch umfasst thematisch orientierte länderübergreifende Beiträge sowie Fallstudien zu einzelnen Ländern. Die ersten fünf Aufsätze beschäftigen sich mit Querschnittsthemen, die für alle lateinamerikanischen Länder von Relevanz sind und an denen die in der Region ablaufenden Umbruchprozesse – aber auch die Kontinuitäten – deutlich werden. *Peter Thiery* analysiert die Perspektiven der Demokratie in Lateinamerika auf der Grundlage von fünf Faktoren, die die demokratische Stabilität und Qualität maßgeblich beeinflussen. Dabei handelt es sich um den Stand der Demokratisierung, um die sozialen und ökonomischen Strukturprobleme, um die Reichweite und Qualität staatlicher Leistungen, die Beschaffenheit der Repräsentationsmuster sowie um die Effizienz und Kohärenz der Regierungsführung. Der Beitrag zeigt auf, dass es kaum möglich ist, generalisierende Aussagen im Hinblick auf die Entwicklung der Demokratie in der gesamten Region zu treffen. Die günstigsten Demokratieperspektiven bieten sich gegenwärtig in Uruguay, Chile und Costa Rica, während die Entwicklungen in Bolivien, Honduras, Kolumbien, Guatemala, Ecuador und Venezuela skeptischer einzuschätzen sind.

Markus-Michael Müller setzt sich mit den Dezentralisierungsprozessen der jüngeren Zeit auseinander, von denen sich viele Regierungen eine Steigerung der staatlichen Effizienz, einen Beitrag zur ökonomischen Entwicklung und auch zur Weiterentwicklung der Demokratie erhofften. Am Beispiel Mexikos zeigt er auf, wie die Aufwertung und Ausdehnung lokaler Handlungsräume einerseits zu einer Vertiefung der Demokratie beitragen kann, aber andererseits auch damit konfrontiert sein kann, dass lokale Räume in einer autoritären Form herrschaftlich strukturiert sind. Wenn dies der Fall ist, werden die emanzipativen Ziele von Dezentralisierungsprozessen in Frage gestellt.

Hartmut Sangmeister untersucht in seinem Beitrag, welche Strategien zur Mobilisierung produktiver Potenziale sich für die lateinamerikanischen Staaten in einer globalisierten Wirtschaftswelt anbieten. Er unterscheidet zwischen drei Strategien: erstens einer ressourcenbasierten Wachstumsstrategie passiver Weltmarktintegration durch Spezialisierung auf Primärgüterexporte, zweitens einer Intensivierung und Transnationalisierung der regionalen Integration und drittens einer aktiven Weltmarktintegration durch wettbewerbsfähige Einbindung in globale Produktionsnetzwerke. Er weist darauf hin, dass auch in Lateinamerika Human-, Innovations- und Sozialkapital entscheidende Faktoren einer zukunftsfähigen Entwicklung sind.

Peter Birle analysiert Situation und Perspektiven der zwischenstaatlichen Integrationsprozesse in Lateinamerika. Er geht sowohl auf die subregionalen Integrationsmechanismen als auch auf die in den letzten Jahren entstandenen neuen Ansätze auf regionaler Ebene ein. Sein Fazit lautet, dass der Region in den kommenden Jahren eine zunehmende Fragmentierung droht, wenn es nicht gelingt, die Vielzahl unterschiedlicher Kooperations- und Integrationsmechanismen systematischer miteinander zu vernetzen. Zentrale Hürden auf dem Weg zu einem geeinten Lateinamerika sind seiner Ansicht nach die in der Region vorherrschenden Souveränitätskonzepte, konkurrierende Führungsansprüche sowie Defizite der nationalen politischen Systeme, die sich auch auf die Gestaltung der regionalen Zusammenarbeit auswirken.

Klaus Bodemer setzt sich mit einer oft wenig beachteten Facette der europäisch-lateinamerikanischen Beziehungen auseinander, der dezentralisierten Zusammenarbeit zwischen Städten, Städteverbänden, Netzwerken und lokalen Verbänden aus beiden Regionen. Er analysiert, welche Motive, Ziele und Strategien mit dieser Kooperationsform verbunden sind. Die praktischen Erfahrungen zeigen, dass eine dezentralisierte Zusammenarbeit vor allem dann erfolgversprechend ist, wenn die aktive Teilnahme der Zivilgesellschaft, des Privatsektors sowie der wirtschaftlichen und sozialen Akteure gewährleistet ist. Notwendig sind zudem ein mittel- und langfristiges Engagement, flexible Instrumente sowie eine langfristige Finanzierung.

Im zweiten Teil des Buches werden die politischen, wirtschaftlichen und sozialen Entwicklungen der vergangenen Jahre in Brasilien, Mexiko, Chile, Bolivien und Venezuela analysiert. Hierbei wird deutlich, wie groß die Unterschiede zwischen den einzelnen Ländern sind und wie trügerisch es – trotz teilweise gemeinsamer Herausforderungen, mit denen die Staaten konfrontiert sind – ist, von Lateinamerika als einer homogenen Region auszugehen. *Bruno Wilhelm Speck* setzt sich mit den ersten sechs Jahren der Amtszeit von Präsident Luis Inácio Lula da Silva in Brasilien auseinander, dessen Wahlsieg im Jahr 2002 von großen Hoffnungen der Bevölkerung auf eine moralische Erneuerung der brasilianischen Politik, eine entschiedene Bekämpfung der sozialen Ungleichheit und eine Linderung der Armut begleitet war. Speck zeigt auf, dass die Fortschritte im Bereich der ethischen Erneuerung eher bescheiden waren, während der Ausbau der Sozialpolitik und die Reduzierung der Armut zu entscheidenden Markenzeichen der Regierung Lula wurden. Die Konsolidierung der Demokratie setzte sich fort, allerdings kamen die angestrebten Reformen zur Überwindung von Defiziten des politischen Systems kaum voran.

Günther Maihold zieht eine Bilanz der Regierungszeit von Präsident Vicente Fox in Mexiko (2000-2006), der nach über 70 Jahren als erster Politiker, der nicht der Staatspartei PRI *(Partido de la Revolución Institucional)* angehörte, ins Präsidentenamt gewählt wurde. Maihold untersuchten den politischen Stil der Regierung sowie die Funktionsmuster und Instrumente der Regierungsführung und analysiert die Ergebnisse der Politik in den Bereichen Wirtschaft und Finanzen, Energie und Äußeres. Seine Bilanz verdeutlicht, dass viele der angestrebten Veränderungen der "Regierung des Wandels", wie sich die Regierung Fox selbst bezeichnete, nicht umgesetzt werden konnten. Grundlegende Strukturprobleme blieben ungelöst, die Konstituierung einer tragfähigen Reformallianz gelang nicht.

Der Beitrag von *Claudia Zilla* bietet einen Überblick über zentrale Entwicklungen während der Regierungszeit von Präsidentin Michelle Bachelet in Chile (2006-2010). Zilla analysiert den Politikstil der Präsidentin, die inhaltlichen Schwerpunkte der Wirtschafts-, Sozial- und Außenpolitik sowie die wichtigsten innenpolitischen Krisen und Herausforderungen der vergangenen Jahre. Obwohl sich die Präsidentin selbst auch am Ende ihrer Amtszeit noch sehr hoher Zustimmungsraten von Seiten der Bevölkerung erfreute, führte der Sieg des Unternehmers Sebastián Piñera in der zweiten Runde der Präsidentschaftswahlen am 17. Januar 2010 zum ersten Machtwechsel seit der Redemokratisierung des Landes im Jahr 1990. Claudia Zilla fragt nach den Ursachen für den Wahlsieg der konservativen Kräfte, sie zieht eine erste Bilanz von 20 Jahren Regierung der *Concertación de Partidos por la Democracia* (Parteienkonzertierung für die Demokratie) und wagt einen Ausblick auf die zukünftige Entwicklung Chiles nach dem Machtwechsel.

Zwei Beiträge des Bandes setzen sich mit den Umbruchprozessen in Bolivien auseinander. *Stefan Jost* analysiert die Entwicklung des bolivianischen Parteiensystems seit der Demokratisierung im Jahr 1982 bis zu den Präsidentschafts- und Parlamentswahlen des Jahres 2005. Er weist darauf hin, dass ab 1985 durch demokratische Wahlen legitimierte Regierungswechsel trotz vielfältiger Herausforderungen zu einer für Bolivien beachtlichen politischen Stabilität des demokratischen Systems führten. Gleichwohl erlebte das Land mit dem Ergebnis der Präsidentschafts- und Parlamentswahlen 2005 und dem Amtsantritt von Präsident Evo Morales nicht nur einen Regierungswechsel, sondern einen vollständigen Wechsel der politischen Eliten. Mit den Ursachen und Konsequenzen dieses Umbruchs setzt sich der Beitrag von *Jonas Wolff* auseinander. Er zeichnet die soziopolitischen Veränderungen nach, die dem Wahlsieg von Morales vorausgingen, analysiert die gesellschaftliche Basis der Regierung und wirft am Beispiel der Erdgaspolitik und der Verfassunggebenden Versammlung einen Blick auf die Regierungspolitik des ersten indigenen Präsidenten Boliviens. Wolff fasst den Umbruch der bolivianischen Demokratie unter Morales in mehreren Trends zusammen. Dazu gehört, dass die Mehrheitspräferenzen der Bevölkerung jetzt deutlicher als zuvor Eingang in politische Entscheidungen finden, allerdings zu Lasten institutioneller Verfahren und konstitutioneller Absicherungen. Zudem kam es zu einer Stärkung der gesellschaftlichen Partizipation sowie direktdemokratisch-plebiszitärer Elemente. Durch die Einbindung konfliktfähiger (Protest-)Gruppen in Regierung, Parlament und Verfassunggebende Versammlung konnte die Bedeutung dieser politischen Institutionen gestärkt werden. Gleichwohl sieht Wolff ein nicht zu unterschätzendes und beunruhigendes Potenzial für die Eskalation der politischen Gewalt in Bolivien.

Neben Bolivien ist Venezuela dasjenige lateinamerikanische Land, dessen Entwicklung in den vergangenen Jahren auch in Deutschland die größte Aufmerksamkeit gewidmet wird. Die seit dem Sieg von Hugo Chávez bei den Präsidentschaftswahlen von 1998 eingeleiteten Veränderungen werden nicht nur im eigenen Land, sondern auch hierzulande äußerst kontrovers diskutiert. *Andreas Boeckh* und *Magdalena Siedlaczek* sind in ihrem Beitrag darum bemüht, eine "leidenschaftslose" Bilanz der bisherigen Amtszeit der Regierung Chávez zu ziehen. Sie analysieren die politischen und ökonomischen Transformationsprozesse, gehen den Konturen des "Sozialismus des 21. Jahrhunderts" nach und untersuchen die Außenpolitik von Chávez, der – gestützt auf den Ölreichtum Venezuelas – um eine aktive Gestaltung der innerlateinamerikanischen Beziehungen und der Rolle Lateinamerikas in der Welt bemüht ist. Ihr Fazit ist äußerst ernüchternd: Sie konstatieren ein ineffizientes rentistisches Wirtschaftsmodell, grassierende Korruption, administratives Chaos, institutionellen Zerfall, eine horrende Verschwendung von Ressourcen, den Kollaps der öffentlichen Sicherheit und den Ruin der Infrastruktur des Landes.

Die Idee für den Band entstand bereits Ende 2006 während eines im Ibero-Amerikanischen Institut in Berlin veranstalteten Symposiums, die Fertigstellung des Manuskripts hat sich dann jedoch wiederholt verzögert. Mein Dank als Herausgeber gilt dem Nomos-Verlag für die Aufnahme des Bandes in die Reihe *Weltwirtschaft und internationale Zusammenarbeit* sowie gleichermaßen dem Verlag wie den Autorinnen und Autoren für die große Geduld und das Engagement, mit denen sie den langwierigen Entstehungsprozess des Buches begleitet haben.

Perspektiven der Demokratie in Lateinamerika

Peter Thiery

1. Einleitung

Die sehr unterschiedlichen politischen Signale, die in den letzten Jahren aus Lateinamerika kamen, haben ein neues Rätselraten über die Zukunft der Demokratie auf dem Subkontinent ausgelöst, das in gewohnter Manier zwischen Optimismus und Pessimismus schwankt. In einer Zeit, in der die Demokratieentwicklung weltweit zu stagnieren scheint (Diamond 2008; Bertelsmann Stiftung 2008: 48ff.), ist die Frage nach den Perspektiven der Demokratie in Lateinamerika in mehrerlei Hinsicht von Bedeutung. Zunächst stellt sich angesichts der gestiegenen Attraktivität autoritärer Regierungsführung die Frage, inwieweit auch in Lateinamerika, das noch immer als demokratische Transformationsregion zu bezeichnen ist, autoritäre Regressionen drohen. Da viele lateinamerikanische Demokratien – wie ein großer Teil der Demokratien der sogenannten "Dritten Welle" insgesamt – sich in einem niedrigen Gleichgewicht defekter Demokratien eingerichtet haben (Rose/Shin 2001; Merkel/Puhle et al. 2003; 2006; Thiery 2006b), ist zudem von Belang, ob es den politischen Eliten bzw. neuen politischen Kräften gelingt, die Performanz der Demokratien sowohl im Hinblick auf ihre Qualität als auch auf ihre Stabilität zu steigern, damit Lateinamerika trotz aller Defizite ein demokratischer Kontinent bleibt.

Mit einigem Optimismus kann man die politischen Entwicklungen der letzten Jahre dahingehend deuten, dass sich der Kontinent politisch, wirtschaftlich und sozial nicht nur im Umbruch, sondern vielleicht sogar im Aufbruch befindet. Die gegenwärtige Entwicklung wird von einer Mischung aus Kontinuität, Reform und Umwälzung bestimmt. Alte und neue politische Kräfte versuchen mit recht unterschiedlichen Mitteln das Erbe der unvollständigen Transformationen der 1980er und 1990er Jahre zu bewältigen. Für die große Anzahl der Demokratien geht es darum, ob sie den Weg in die "dritte Transition" und damit heraus aus den Blockaden der zweiten Transition finden (Thiery 2006b). Dies findet in einem Szenario statt, das stark von der wirtschaftlichen Erholung im Zuge des Ressourcenbooms der Weltwirtschaft beeinflusst wurde.

Die Wahlen der vergangenen Jahre haben gezeigt, dass die relative demokratische Stabilität der Region insgesamt anhält, zum anderen aber auch ihre politische Spaltung bekräftigt. Auf der einen Seite hat sich in den meisten Ländern das eher "konventionelle" politische Lager durch die Wahlsiege sozialdemokratischer und konservativer Politiker gefestigt, die politische und wirtschaftliche Reformen in kleinen Schritten anzugehen versuchen. Dabei ist die Linke insgesamt wieder stärker geworden, weil sich die Wähler von ihr Wirtschafts- und Sozialreformen erhoffen –

und ihr das mittlerweile auch zutrauen. Angesichts der Stärke konservativer, und dies heißt zumeist auch reformblockierender Kräfte in den lateinamerikanischen Gesellschaften kann dies als Anzeichen für die Festigung demokratischer Strukturen in den betroffenen Ländern gewertet werden. Auf der anderen Seite konnte sich unter der Ägide des ölreichen venezolanischen Präsidenten Hugo Chávez aber auch das linkspopulistische bzw. linksnationalistische Lager weiter ausweiten. Dies bedeutet, dass es zwei verschiedene Ausprägungen der Linken gibt. Während die sozialdemokratische Variante dem zuvor genannten gemäßigten Reformweg entspricht, zielt die linkspopulistische Strömung auf eine mehr rabiate Umwälzung sozialer und politischer Machtverhältnisse.

Im Folgenden wird von der Arbeitshypothese ausgegangen, dass sich Lateinamerika gegenwärtig in Auseinandersetzungen um die Komplettierung bzw. um die bessere Performanz der Demokratien befindet. In den letzten Jahren wurden zumeist die Risiken oder gar Gefahren der gegenwärtigen Entwicklung betont. Demgegenüber ist etwas in den Hintergrund gerückt, dass in zahlreichen Ländern positive Entwicklungen stattgefunden haben, die es fortzusetzen oder zu stabilisieren gilt. In diesen Prozessen, die deutlicher als in den 1990er Jahren als soziale und politische Auseinandersetzungen daherkommen, liegen Chancen und Risiken für die demokratische Entwicklung gleichermaßen. Ihr Ausgang wird vor allem davon abhängen, inwieweit diese Konflikte im Rahmen der demokratischen Institutionen ausgetragen werden (können) oder diese umgehen und beschädigen. Von zentraler Bedeutung ist dabei, wie gut die politischen Eliten die Herausforderungen bewältigen können bzw. wollen, die sich den lateinamerikanischen Gesellschaften stellen.

Angesichts des sehr heterogenen Szenarios der jeweiligen nationalen Entwicklungsdynamiken und der damit verknüpften unterschiedlichen Wirksamkeit der Einflussfaktoren ist eine pauschale Antwort auf die Frage nach den Perspektiven der Demokratie in Lateinamerika nicht möglich. Im Folgenden werden deshalb fünf zentrale Faktoren analysiert, die die demokratische Stabilität und Qualität maßgeblich beeinflussen, um sie abschließend in einer Matrix der Demokratieperspektiven zusammenzuführen:[1]

1. Der Status quo der Demokratie: Der Stand der Demokratisierung, der bislang erreicht wurde, bildet den Startvorteil oder -nachteil, den die politischen Eliten vorfinden. Je höher das Demokratieniveau, desto größer die Chancen für Festigung und Ausbau der Demokratie.
2. Soziale und ökonomische Strukturprobleme: Die letzten 30 Jahre haben gezeigt, dass Lateinamerika es mit hohem Kraftaufwand lediglich geschafft hat, nicht allzu weit hinter den dynamischeren Regionen der Weltwirtschaft in Asien und Osteuropa zurückzufallen. Das Wachstum ist allerdings zu gering, um in der bisherigen Weise Armut und Ungleichheit im Laufe einer Generation zu beseitigen. Zum anderen stellen sich neue Herausforderungen in der Wirtschaftspoli-

1 Zu den relevanten Faktoren für demokratische Qualität und Stabilität (Konsolidierung) vgl. Linz/Stepan (1996); Mainwaring/Pérez-Liñán (2005); Hagopian (2005); Merkel/Puhle et al. (2003; 2006); Merkel (2007; 2010).

tik im weiteren Sinne (Wirtschaftsordnung). Hierzu gehört auch die Aufgabe, das vom Ressourcen-Boom profitierende Wirtschaftswachstum zu stabilisieren und auf ein neues Modell umzustellen. Je besser die wirtschaftliche und soziale Performanz der politischen Systeme, desto größer die Chancen demokratischer Stabilität.

3. Die poröse Staatlichkeit: Eines der zentralen Probleme, das in Lateinamerika strukturell stark verwurzelt ist, ist der lateinamerikanische Staat selbst. Ungeachtet der großen Divergenzen quer über die Region hinweg bildet er mit der sozialen Ungleichheit die unkalkulierbarste Achillesferse der künftigen demokratischen Entwicklung. Dies betrifft nicht nur die im Allgemeinen schwachen staatlichen Verwaltungen, sondern seit einiger Zeit verstärkt auch die Kernaufgabe des Staates selbst: das Gewaltmonopol. Je schwächer die Staatlichkeit, desto prekärer die Rahmenbedingungen sowohl für die Festigung der Demokratie als auch für die Durchführung konsistenter Reformen.
4. Die Qualität der Repräsentationsmuster: Je besser die Präferenzen der Bürgerinnen und Bürger in Politik transformiert werden können, desto größer sind die Chancen auf eine stabile demokratische Entwicklung. Hierbei spielen vor allem die Parteiensysteme eine zentrale Rolle, um im Zusammenspiel mit der Zivilgesellschaft einen bruchlosen Prozess der Meinungs- und Willensbildung zu ermöglichen. Je stabiler, repräsentativer und programmorientierter das Parteiensystem (und je stärker und repräsentativer die Zivilgesellschaft), desto besser sind die Chancen für die Stabilisierung der Demokratie.
5. Gute Regierungsführung und Politikqualität: Die zuvor genannten Faktoren determinieren gleichwohl nicht die Demokratieentwicklung, sondern stellen mehr oder weniger große Herausforderungen an die Regierungsleistung der demokratischen Eliten dar. Deren konsequente Ausrichtung, Effizienz und Kohärenz beeinflussen über die Performanz maßgeblich die Akzeptanz der Demokratie und damit deren Entwicklungschancen. Die Qualität der Regierungsführung, wie sie in den letzten Jahren gezeigt wurde, ist in der Regel ein Hinweis darauf, ob die politischen Eliten auch in Zukunft in der Lage sein werden, die immensen Herausforderungen zu bewältigen.

2. Zum Status quo der Demokratie in Lateinamerika

Nach 30 Jahren kann die Demokratieentwicklung Lateinamerikas auf der einen Seite als Erfolgsgeschichte angesehen werden. Zwischen 1978 und 1990 kehrten bis auf Mexiko und Kuba alle Länder zur Demokratie zurück. Im Gegensatz zu früheren Zeiten gab es in den folgenden Jahren keinen Rückschlag, vielmehr konnten sich mit einer Ausnahme alle Demokratien auch unter den schwierigen Bedingungen neoliberaler Reformen behaupten. Lediglich Peru unter Präsident Fujimori glitt in den 1990er Jahren wieder in ein autoritäres System ab, doch auch diese Episode konnte mit der Rückkehr zur Demokratie im Jahr 2000 beendet werden. Auch wenn einige

Turbulenzen zu verzeichnen waren beispielsweise in Argentinien (2001/2002), Bolivien (2003, 2005), Ecuador (2000, 2005) und Venezuela (v.a. 2002), so haben sie sich doch vergleichsweise in Grenzen gehalten. Insgesamt zeigt sich trotz aller Qualitätsdefizite ein Trend zur Wahrung grundlegender konstitutioneller Procedere, was auf eine Festigung demokratischer Spielregeln und somit auf einen gewissen Reifegrad der lateinamerikanischen Demokratien schließen lässt.

Vor allem in historischer Perspektive muss dabei als bemerkenswert angesehen werden, dass nicht nur die relativ fortgeschrittenen Länder Lateinamerikas die Demokratie bewahren konnten, sondern gerade auch die ärmeren Staaten in den Anden und in Zentralamerika. Dies scheint einigen Annahmen der Modernisierungstheorie zu widersprechen, und in der Tat werden andere als die klassischerweise angenommenen Faktoren als relevant für den Sprung der Demokratie in Lateinamerika angesehen (Mainwaring/Pérez-Liñán 2005). Hierzu zählen erstens die besondere regionale und internationale Konstellation in den achtziger Jahren, die die Demokratie in Lateinamerika begünstigt hat. Zweitens wird als zentraler Faktor angesehen, dass die Polarisierung zwischen den gesellschaftlichen Gruppen nachgelassen hatte. Dies hängt, drittens, mit Lernprozessen der wesentlichen politischen Akteure zusammen, die zunehmend Demokratie als Modus des Elitenwettbewerbs als gangbar ansahen. Dabei spielte auch eine Rolle, dass angesichts schwieriger sozioökonomischer Probleme die klassischen zivil-militärischen Allianzen nicht mehr funktionierten und die Militärs in zahlreichen Ländern mit ihren Gräueltaten ein Übriges zu ihrer De-Legitimierung beitrugen.

Konsens besteht allerdings auch darüber, dass die Qualität der Demokratie in Lateinamerika seit den neunziger Jahren im Schnitt nur geringe Zuwächse erzielt hat (Diamond/Morlino 2004). Die Festigung demokratischer Spielregeln findet in der Mehrzahl der Länder in einem Milieu statt, das die unterschiedlichen Spielarten defekter Demokratien zulässt und deren Anfechtung geradezu herausfordert. Dabei ist anzumerken, dass machtpolitisch relevante Teile der Bevölkerungen diese defekten Demokratien als vorteilhaft ansehen, um ihre sozialen Positionen zu verbessern oder zu wahren (Merkel/Puhle et al. 2006: 475ff.; Thiery 2006a; Faust 2006).

Tabelle 1 zeigt die Einstufung der lateinamerikanischen Demokratien in Anlehnung an den "Index Defekter Demokratien" nach Croissant/Thiery (2000) und unter Rückgriff auf die Daten des *Bertelsmann Transformation Index* (BTI). Sie verdeutlicht, dass die Bandbreite der Qualität der Demokratien in Lateinamerika sehr groß ist. Als liberale Demokratien können nur Uruguay und – mit leichten Abstrichen – Costa Rica und Chile bezeichnet werden: Nur sie erreichen den Durchschnittswert von 10, der die Erfüllung der Minimalkriterien anzeigt, oder kommen ihm zumindest sehr nahe. Chile hat sich sukzessive von den politischen Erblasten der Ära Pinochet befreit. Dies bedeutet gleichwohl nicht, dass Chile gegen alle Turbulenzen gefeit ist. Prüfsteine für die demokratische Stabilität werden insbesondere die nach wie vor zu große Ungleichheit, die Reform des Wahlsystems und die Pluralität der Repräsentationsstrukturen sein. Ähnliches gilt für Costa Rica, das im Zuge der Korruptionsaffären dreier ehemaliger Präsidenten vor allem aufgrund des erschütterten

Bürgervertrauens in die politischen Eliten, der nachfolgenden Wählervolatilität sowie der harten Auseinandersetzungen um den Freihandelsvertrag CAFTA in politische Turbulenzen geriet (Lehouq 2005; Huhn 2006), diese aber im konstitutionellen Rahmen bewältigen konnte (Seligson 2007; Vargas-Cullel/Rosero-Bixby/Seligson 2006). Für alle drei Länder gilt, dass sich ihre demokratischen Institutionen gegenwärtig in einem stabilen Gleichgewicht befinden, das geregelte politische Entscheidungsprozesse und -verfahren im Sinne einer rechtsstaatlich verfassten Demokratie erlaubt. Zugespitzt und im Kontrast zu den übrigen Demokratien formuliert: Die politischen Eliten dieser drei Länder haben aus unterschiedlichen Gründen gelernt, Demokratie als Ziel an sich zu begreifen. Der große Rest Lateinamerikas sieht Demokratie hingegen mehr als Mittel auf dem Weg zur Macht, um Partikularinteressen voranzubringen oder zu bewahren, und viele Wähler teilen diese Perspektive.

Die übrigen 15 Länder sind als defekte oder stark defekte Demokratien zu bezeichnen, wobei Brasilien seit dem erzwungenen Rücktritt Fernando de Collors im Jahr 1992 starke Fortschritte gemacht hat und Venezuela, Kolumbien und Guatemala die prekärsten Demokratiestrukturen aufweisen. In Lateinamerika belasten vor allem zwei Defektsyndrome die demokratischen Prozesse. Je nachdem, welches von ihnen besonders ausgeprägt ist, sind diese Länder entweder dem Subtypus der delegativen Demokratie oder dem Subtypus der illiberalen Demokratie zuzuordnen. In zwei Ländern – Guatemala und El Salvador – sind beide Defekte gleich stark ausgeprägt. Doch auch in den übrigen Ländern bedeutet die Diagnose eines dominanten Defektsyndroms nicht, dass nicht auch in anderen Bereichen mehr oder weniger stark ausgeprägte Defizite vorhanden sind – im regionalen Durchschnitt sind beide Syndrome gleich stark ausgeprägt. Problemzone Nummer 1 bleibt der Rechtsstaat in seinen beiden grundlegenden Aspekten: der Herrschaftskontrolle (v.a. funktionierende Gewaltenteilung) und der Sicherung der bürgerlichen Freiheitsrechte (was eine funktionsfähige Justiz impliziert).

Paradebeispiele für die delegative Demokratie sind in erster Linie Argentinien seit Menem und Venezuela unter Hugo Chávez. Doch auch Ecuador und Bolivien zeichnen sich dadurch aus, dass das delegative Regieren – Umgehen der Gewaltenteilung, insbesondere des Parlamentes, Regieren per Dekret, Rekurs auf den (angeblichen) Wählerwillen und "das Volk" – die Institutionen der Demokratie sukzessive aushöhlt oder schwächt. Dies ist besonders deutlich in Argentinien zu erkennen: Hier nutzte Präsident Nestor Kirchner ähnlich wie seinerzeit Carlos Menem die Nachwirkungen der politischen und sozioökonomischen Krise von 2001, um sich weitreichende Regierungsvollmachten übertragen zu lassen. Im Endeffekt übertraf Kirchner Menem sogar im Gebrauch der Not- und Dringlichkeitsdekrete.[2] Dies ging einher mit der notorischen Schwäche der argentinischen Justiz und vor allem mit der Selbstentmündigung des Parlamentes, das dem Präsidenten selbst die ureigenste Kompetenz (Haushalt) übertrug.

2 Vgl. *La Nación* (Buenos Aires) vom 13.04.2008; *La Nación* beruft sich auf die regelmäßig durchgeführten Analysen von Delia Ferreira Rubio und Matteo Goretti (vgl. auch Ferreira ubio/Goretti 1998).

Tabelle 1: Demokratieniveau, Trend, Demokratietypus und Demokratiekrisen

		Status 2007	Trend	Demokratie-typus	Akute Demokra-tiekrisen
Demokratien	Uruguay	10,00		liberale Demokratie	---
	Costa Rica	9,78		liberale Demokratie	--- [c]
	Chile	9,29	▲	liberale Demokratie	---
Defekte Demokratien	Brasilien	8,42		illiberal	1992
	Argentinien	7,81		delegativ	1989; 2001/02
	Dominik. Rep.	7,76	△	illiberal [b]	---
	Panama	7,45	▲	illiberal [b]	---
	Mexiko	7,37	▼	illiberal	2006
	Peru	7,24	▽	illiberal	1992; (2000) [d]
	El Salvador	7,01		delegativ-illiberal [a]	---
	Bolivien	6,89	▽	delegativ	2003; 2005; 2007-2008
	Honduras	6,85		illiberal	---
	Paraguay	6,65	▲▲	illiberal	1996; 1999
	Nicaragua	6,64		illiberal [b]	2002; 2004/05
	Ecuador	6,28		delegativ	1997; 2000; 2005
stark defekte Demokratien	Guatemala	5,97		delegativ-illiberal [a]	Gewaltkonflikt 1984-1996
	Kolumbien	5,68	▽	illiberal	anhaltender Gewaltkonflikt
	Venezuela	5,19	▼▼	delegativ	1989; 2002
	Lateinamerika	7,35			

Anmerkungen:

Spalte 3 zeigt die Durchschnittswerte der Demokratie (geometrisches Mittel) aus den Bewertungen für die fünf Teilregime der *embedded democracy* (vgl. Merkel/Puhle et al. 2003: 48ff.). Zugrunde liegt das Konzept des “Index Defekter Demokratie” (IDD) nach Croissant/Thiery (2000), das sich – anders als die aggregierten Bewertungen des *Bertelsmann Transformation Index* – ausschließlich auf die Kernkriterien der Demokratie bezieht, während der BTI auch Konsolidierungskriterien in die Bewertung mit einbezieht. Zur Berechnung wurden die relevanten Einzelindikatoren aus dem BTI 2006 und dem BTI 2008 entsprechend gruppiert und neu berechnet. Anders als bei Croissant/Thiery (Einstufungen von 0 bis 4) wurde die Skala des BTI (1 bis 10) beibehalten.

Weiße Pfeile zeigen Veränderungen gegenüber dem IDD 2006 $\geq$ 0.20, schwarze Pfeile um $\geq$ 0.3 und zwei schwarze Pfeile um $\geq$ 0,5.

Die Einordnung der Demokratie-Subtypen erfolgte nach dem Konzept der defekten Demokratie (Merkel/Puhle 2003: 65ff.), d.h. danach, welches der fünf Teilregime der Demokratie am wenigsten entfaltet ist.

Als akute Demokratiekrisen werden hier solche Krisen verstanden, in denen die Zukunft des demokratischen Institutionensystems von den Zeitgenossen als fraglich erachtet wird. Hierzu gehört nicht das "Säbelrasseln" Pinochets in den frühen neunziger Jahren.

[a] In El Salvador und Guatemala sind die beiden Teilregime der Rechtsstaatlichkeit ("bürgerliche Freiheitsrechte" und "horizontale Verantwortlichkeit") gleich schwach ausgeprägt.

[b] Die Dominikanische Republik und Panama wurden als illiberale Demokratien eingestuft, obgleich der Wert für die horizontale Gewaltenkontrolle noch unter dem Wert für die bürgerlichen Freiheitsrechte liegt; dies resultiert aus dem sehr niedrigen Wert für den Indikator "Ahndung von Amtsmissbrauch" (i.e. Korruption), der die relativ gute Bewertung der Gewaltenteilung stark verzerrt. In den übrigen delegativen Demokratien ähneln sich beide Werte stark. Auch Nicaragua wird als illiberale Demokratie bezeichnet, obwohl der Wert für die Gewaltenkontrolle als nahezu dramatisch anzusehen ist. In diesem Fall ist es jedoch nicht die Dominanz der gewählten Exekutive, die die Gewaltenteilung aushöhlt und damit Regierungsmacht usurpiert, sondern das Machtspiel der beiden "Caudillos" Alemán und Ortega, die in ihrem "obskuren Pakt" gewissermaßen als Vetomächte und Nebenregierung operierten – bis zur Wahl Ortegas im Jahr 2006.

[c] Costa Rica wird von einigen Beobachtern seit der Korruptions- und Repräsentationskrise 2004-2005 als eine Art "neuer" Problemfall unter den Demokratien Lateinamerikas angesehen (Lehouq 2005; Huhn 2006). Bis dato hat sich die Demokratie in Costa Rica aber als hinreichend elastisch erwiesen, um diese und andere neue Herausforderungen verarbeiten zu können. Sowohl die Verankerung demokratischer Normen als auch die Funktionsfähigkeit der Institutionen (Seligson 2007: 84ff.) lassen gegenwärtig nicht auf eine ernsthafte Krise der Demokratie in Costa Rica schließen.

[d] In Peru kollabierte im Jahr 2000 das Fujimori-Regime, was gewöhnlich als tief greifende politische Krise interpretiert wird. Dabei handelt es sich streng genommen jedoch um den Kollaps eines autoritären Regimes und nicht um eine Demokratiekrise.

Quelle: Bertelsmann Stiftung (2008); eigene Berechnungen.

Noch zugespitzter als in Argentinien ist die Situation in Venezuela, wo es Präsident Chávez im Rahmen einer ohnehin exekutivlastigen Verfassung seit 2004 gelang, die politische Macht durch Strategien der Polarisierung, Ausnutzung der politischen Konjunktur und getragen vom Ölboom weiter zu monopolisieren. Auch wenn er im Dezember 2007 das Ergebnis eines Referendums hinnahm, das ihm die zusätzliche Ausweitung seiner Machtbefugnisse verweigerte, regiert Chávez ohnehin per Dekretbefugnis und kann vorerst auf deren weitere konstitutionelle Absicherung verzichten – und nebenbei vermittelte er der Weltöffentlichkeit, dass er offenbar Wahlergebnisse und damit einen letzen Kern der Rechtsstaatlichkeit respektiert. Die besondere Situation in Venezuela ermöglicht ihm diese "Liberalität", ohne vom Weg in die elektorale Autokratie abzukommen (Corrales/Penfold 2007; Schedler 2006). Venezuela ist damit das einzige Land Lateinamerikas, das mehr oder weniger offen auf eine autoritäre Regression hinsteuert und den verständlichen Wunsch nach Wandel seitens großer Teile der Bevölkerung in einer Sackgasse enden lässt.

Dem gegenüber sind die delegativen Tendenzen in Ecuador und Bolivien sowie in El Salvador und Guatemala schwächer ausgeprägt. Hier sind es nicht so sehr die Strategien halbwegs charismatischer Politiker, die die Zukunft der Demokratie und einer guten Regierungsführung belasten, sondern die Friktionen zwischen den Staatsgewalten insgesamt und insbesondere die schwachen Positionen von Legislative und Judikative. Auch sie bringen zwar temporär dezidiert delegatives Regieren hervor (wie Gutiérrez in Ecuador oder Morales in Bolivien), doch liegt der Kern ihrer Malaise darin, dass das Regierungssystem insgesamt weder durch sich selbst noch durch eine andere Instanz kontrolliert wird. Im Ergebnis betreiben Exekutive und Parlament – die Judikative ist zumeist nur ein Spielball zwischen beiden – eine Art kollektives delegatives Regieren, sofern sie sich nicht völlig blockieren und Unregierbarkeit von der Spitze des politischen Systems her betreiben.

Die anderen defekten Demokratien sind dagegen illiberale Demokratien, das heißt: auch hier ist es zwar der Rechtsstaat, der die größten Defizite aufweist, allerdings liegen die Probleme weniger in der Gewaltenteilung beziehungsweise der normativen Kontrolle der Regierung durch die Rechtsprechung. Vielmehr sind hier die geringe Funktionsfähigkeit der Justiz für die Bürger und vor allem die mangelnde Gewährleistung der bürgerlichen Freiheitsrechte für eine Demokratie unverträglich. Diese Defizite der illiberalen Demokratien beruhen stärker als die Defekte der delegativen Demokratien auf Gesellschaftsstrukturen, die historisch gewachsen sind und so eine größere Trägheit gegenüber raschem Wandel aufweisen (Thiery 2006b: 138ff.). Hier spielt die große soziale Ungleichheit eine Rolle, die sich über verschiedene Mechanismen – Armut, Ausgrenzung, informeller Sektor, Bildung, Gesundheit – festgesetzt hat; sie korreliert mit der Wahrung der bürgerlichen Freiheitsrechte.

Was bedeutet all dies für die Perspektiven der Demokratie in Lateinamerika? Gemeinsam ist allen defekten Demokratien, dass ihre Stabilität auf tönernen Füßen steht. Im Kern haben die verschiedenen Defektmuster unterschiedliche Auswirkungen, auch wenn sie sich in vielen Ländern überlagern. Die Zuordnung zur delegativen Demokratie bedeutet in der Regel, dass die politische Klasse der jeweiligen Länder unzuverlässig, unverantwortlich und nicht selten überaus korrupt handelt. Eine Variante bilden dabei Länder, in denen sich die gesellschaftlichen Konflikte so zugespitzt haben, dass versucht wird, mithilfe des delegativen Regierens die Polarisierung des Landes politisch zu steuern (wie in Venezuela, Bolivien und Ecuador). Allen diesen Ländern ist gemeinsam, dass die Regierungen für erratische politische Prozesse und Entscheidungen sorgen und die Institutionen der Demokratie auf Dauer beschädigen. Damit stellt sich ein *low level equilibrium* ein: Je schwächer die Institutionen, desto wahrscheinlicher, dass eine politische Klasse vorherrscht, die diese institutionellen Schwächen als Spielregel akzeptiert und trotz aller suboptimalen Politikergebnisse weiter aufrechterhält. Paradebeispiel hierfür ist Argentinien (Levitsky/Murillo 2005).

Für die illiberalen Demokratien gilt, dass die Missachtung der Freiheitsrechte und der Unabhängigkeit der Justiz die Ungleichheit nährt und in bestimmten Zeitfenstern dazu führt, dass auch scheinbar gefestigte demokratische Institutionen unter starken Druck geraten. Die angestauten sozialen Verhältnisse führen im Zusammenhang mit der Festigung der politischen Partizipation – d.h. über Wahlen und einen sich aber nur allmählich wandelnden Prozess der Meinungs- und Willensbildung – dazu, dass die Einforderung der bürgerlichen Freiheitsrechte nicht nur Zeit benötigt, sondern unter Umständen auch eruptiv vonstatten geht. In der Regel spielen dann soziale und ökonomische Motive eine ausschlaggebende Rolle. Sie verweisen jedoch implizit oder explizit darauf, dass es zumeist nicht nur um Auseinandersetzungen um ein bisschen Mehr oder Weniger des zu verteilenden Kuchens geht, sondern damit grundlegende politische Rechte und deren Missachtung verknüpft sind. Sieht man von Kolumbien ab, das aufgrund des spezifischen Gewaltkonfliktes besondere Defizite aufweist, so sind es die sehr armen beziehungsweise die sehr ungleichen Länder, in denen dieses illiberale Syndrom vorherrscht. Die lange währende Missachtung gleicher Rechte und Chancen setzt sich früher oder später in soziale, ökonomische und schließlich auch in politische Forderungen um (O'Donnell 1994). Diese Malaise betrifft außer Uruguay und Costa Rica alle Länder Lateinamerikas. Alleine Chile hat es bislang vermocht, die soziale Kluft durch kluge Sozialpolitiken nicht zum politischen Sprengsatz werden zu lassen.

Welche Faktoren sind als wesentliche Ursachen für das Gelingen bzw. die Defekte der Demokratien anzusehen? Mainwaring und Pérez-Liñán kommen in ihrer Analyse der niedrigen Qualität der Demokratie in Lateinamerika zum Schluss, dass dabei andere Faktoren eine Rolle spielen als bei den Transitionen zur Demokratie selbst (Mainwaring/Pérez-Liñán 2005: 51ff.). Neben der gewandelten internationalen Situation heben sie die besondere Asymmetrie hervor, die in internationalen Organisationen wie etwa der OAS *(Organization of American States)* angelegt ist. Deren Reaktionsfähigkeit ist gegenüber autoritären Regimes ungleich größer als gegenüber Regimes, die zwar gerade noch als demokratisch angesehen werden können, aber wesentliche Bedingungen einer Demokratie nicht erfüllen. Da sie ein Mindestmaß an Volkssouveränität besitzen, sind Eingriffe in diese Souveränität nicht einfach legitimierbar.

Zweitens heben sie hervor, dass eine Vertiefung der Demokratie vor allem in ärmeren Ländern schwierig ist, da dort die nicht demokratischen traditionellen Eliten noch immer machtvoller sind als in den wohlhabenderen Ländern. Drittens spielen die Regierungsführung beziehungsweise die Performanz von Regierungen über die Zeit eine wichtige Rolle. Wenn über einen Zeitraum von mehreren Jahren keine entsprechenden Regierungsleistungen erbracht werden (Wachstum, Arbeit, Gesundheit, Erziehung, etc.), sei es plausibel, dass die Bürger sich von der Demokratie ab- und dem Populismus zuwenden. Schlechte Performanz erhöhe die Verwundbarkeit der Demokratien und störe ihre Qualität. Dabei sprechen sie strukturellen Variablen hier eine größere Bedeutung zu als für Transition oder Zusammenbruch an sich. Dies deckt sich mit anderen Analysen, die in der Kombination bestimmter struktur- und akteurspezifischer Variablen die Ursachen für die demokratischen Defizite sehen (Merkel/Puhle et al. 2006: 475ff.). Im Folgenden werden deshalb die Ausprägungen zentraler Strukturvariablen sowie relevante Aspekte der Regierungsführung beleuchtet.

3. *Soziale und ökonomische Strukturprobleme*

Die sozialen und ökonomischen Ungleichgewichte, die Lateinamerika belasten, beeinflussen nicht nur die demokratische Qualität, sondern stellen zentrale Herausforderungen für die zukünftigen Regierungen dar. Lateinamerikas Demokratien haben in den letzten drei Jahrzehnten trotz sozialen Elends, Armut, Ungleichheit und mangelnder wirtschaftlicher Performanz überlebt. Das klassische Theorem der Modernisierungstheorie – "The more well-to-do a nation, the greater the chances that it will sustain democracy" (Lipset 1959) – ist somit zumindest anhand der lateinamerikanischen "Dritte-Welle"-Demokratien anzuzweifeln (Mainwaring/Pérez-Liñán 2005). Nach 20 bis 30 Jahren "Transition" muss jedenfalls davon ausgegangen werden, dass demokratische Normen und Verfahren offenbar eine Eigendynamik entfaltet haben, die offene autoritäre Regressionen auch in jenen Ländern weitaus schwieriger gemacht haben, die aufgrund ihrer prekären Armut und Ungleichheit nicht zu den Kandidaten einer länger anhaltenden Demokratiephase gehören. Freilich bleibt einzuwenden, dass möglicherweise intervenierende Faktoren wie die Erinnerung an die Militärdiktaturen oder die Bürgerkriege als noch größere Übel für das Ausbleiben offener Regressionen verantwortlich sind.

Diese Sichtweise lässt sich noch dadurch untermauern, dass in Lateinamerika in den letzten 30 Jahren nur ein ungleichmäßiger Modernisierungsprozess stattgefunden hat. Zwar wurden im Zuge der neoliberalen Reformen Modernisierungsprozesse (Staat, Wirtschaftsordnung, Wirtschaftspolitik, Sozialstaat) initiiert, doch haben sie nicht zu einer Homogenisierung und größeren vertikalen Mobilität der Gesellschaften geführt, sondern deren Segmentierungen und Fragmentierungen noch zementiert (Mazza 2004). Auch war ihre Hauptbasis nicht die Industrialisierung, sondern eine Rückkehr zu Ressourcenextraktion mit begleitender De-Industrialisierung, die zudem erst ab 2000 zu ansehnlichen Wachstumsraten führte (CEPAL 2008: 75ff.). Entsprechend blieb die sozioökonomische Dynamik der meisten lateinamerikanischen Länder eher beschränkt. Im Zeitraum zwischen 1990 und 2006 konnte lediglich Chile ein Pro-Kopf-Wachstum von etwa 5% im Jahresdurchschnitt erzielen (De Gregorio 2006: 34). Damit einher geht auch, dass die Modernisierungsprozesse in Lateinamerika nicht zu einer größeren Gleichheit geführt haben. Vielmehr haben sich krasse Ungleichheiten zementiert und erst in den letzten Jahren ist im Zuge des Ressourcen-Booms eine gewisse Reduktion der Armut – wenngleich nicht der Ungleichheit – zu konstatieren (CEPAL 2008).

Die erstaunliche Zähigkeit der lateinamerikanischen Demokratien sollte allerdings nicht dazu verleiten, die sich aus der Koppelung von Entwicklungsstand und Ungleichheit ergebenden Gefahren für die Demokratie zu verkennen. Denn die Ungleichheit hat direkte und indirekte Auswirkungen auf demokratische Stabilität und Qualität, die sich in einigen Ländern zu einem destabilisierenden Syndrom entwickeln könnten. Ihr krasses Ausmaß in Lateinamerika hat mittlerweile zwar als Thema der "sozialen Kohäsion" auch die Aufmerksamkeit der Lateinamerika-Gipfel gefunden, doch ist der Befund eindeutig: Die Ungleichheit hat sich im Lauf der Jahrzehnte – von kleineren Schwankungen abgesehen – nicht verändert. Die relativen Gewinne der 1960er Jahre wurden spätestens im "verlorenen Jahrzehnt" der 1980er Jahre wieder aufgezehrt (De Ferranti et al. 2003: 171ff.).

Ungleichheit gilt nicht nur als ungünstige Bedingung für demokratische Stabilität bzw. für demokratische Qualität. Vielmehr lässt sich aus ökonomischer Perspektive argumentieren, dass Ungleichheit ein behindernder Faktor für Wachstum und Entwicklung darstellt, indem sie ineffiziente Politiken und soziale Konflikte provoziert (De Gregorio 2006: 17ff.). Ungleichheit ist zudem als struktureller Faktor verantwortlich für eine zu langsame Reduzierung von Armut. Des Weiteren stimuliert sie die Verfestigung des informellen Sektors und die Zunahme der Kriminalität. (De Ferranti et al. 2003: 230ff.). Zwar ist zu konstatieren, dass sich Einkommensverteilungen und soziale Ungleichheit nur sehr langsam ändern und auch nicht mit drastischen Umverteilungspolitiken wie etwa in Venezuela strukturell beseitigt werden können (Sangmeister 2008b). Allerdings zeichneten sich die meisten lateinamerikanischen Länder dadurch aus, dass die Transferquote durch die staatliche Sozialpolitik regressiv war, d.h. je höher das Einkommen, desto höher auch die staatlichen Sozialtransfers (De Gregorio 2006). Auch die OECD (2007) konstatiert, dass die reichsten Haushalte doppelt so viele Sozialausgaben empfangen wie die ärmsten und auch über die Steuern kein redistributiver Effekt erzielt wird.

Dies bedeutet, dass die *low level equilibria* der defekten Demokratien gleichermaßen *low level equilibria* gegen die Armen und für die wohlhabenderen Schichten darstellen. Diese benutzen den Staat zur Privilegiensicherung und verhindern als Veto-Koalition aus Ober- und Mittelschichten Reformpolitiken, die auf eine gerechtere Einkommensverteilung zielen. Gleichwohl spielt auch die Pfadabhängigkeit eine Rolle für die Perpetuierung der Ungleichheit. Denn sofern Sozialtransfers beitragsabhängig angelegt sind, gehen sie zu einem größeren Teil an die Besserverdienenden, während vor allem die unteren Schichten noch zusätzlich darunter leiden, dass unter ihnen der Anteil informeller Beschäftigung überproportional hoch und die Anspruchsberechtigung entsprechend gering ist (De Ferranti et al. 2003: 259ff.). Erst in den letzten Jahren sind einige Regierungen (v.a. Mexiko und Brasilien) mit besser ausgerichteten Sozialprogrammen daran gegangen, an dem Punkt ansetzen, der einigermaßen gesichert als Mittel gegen strukturell verfestigte Ungleichheit angesehen wird, nämlich Bildung und Gesundheit (Handa/Davis 2006). Der Nachteil daran ist nicht nur, dass diese Maßnahmen erst mittel- bis längerfristig wirken, sondern auch, dass Politiker für entsprechende Reformpolitiken ihre kurzfristigen Machtkalküle bändigen und hochfliegende Erwartungen dämpfen müssen, was in nicht wenigen Ländern ein Problem darstellt. Bis dahin ist davon auszugehen, dass ein wesentlicher Störfaktor der demokratischen Stabilität wirksam bleibt.

Eine Milderung des Faktors Ungleichheit könnte sich ergeben, wenn Lateinamerika ein anhaltendes solides Wachstum beschert bliebe. So ist positiv zu vermerken, dass der Wirtschaftsboom mit einem Durchschnittswachstum über 5% seit 2002 dafür gesorgt hat, dass zumindest vorübergehend die Armut geringer geworden ist. Es ist jedoch zu bezweifeln, dass diese Rechnung, über *trickle down*-Effekte die Armut weiter abzubauen und soziale Kohäsion zu fördern, auf Dauer aufgeht. Mindestens drei Vorbehalte sind hier anzubringen. Erstens führt die Reduktion der Armutsquoten nicht automatisch dazu, dass die Bevölkerung dies den Regierungen – und damit "der Demokratie" – honoriert. So nehmen etwa in Peru trotz des hohen Wachstums von durchschnittlich 8% in den letzten Jahren und der in den offiziellen Statistiken ausgewiesenen Reduktion der Armut um 10% seit 2002 die sozialen Forderungen spürbar zu und bescherten Präsident García ein deutliches Stimmungstief. Zweitens ist einzuwenden, dass das relativ hohe Wachstum der letzten Jahre nur ein Zwischenhoch gewesen sein könnte (CEPAL 2007: 23ff.; Sangmeister 2008a). Damit verknüpft ist der dritte und wichtigste Einwand, der sich auf das Wachstums- und Entwicklungsmodell als solches bezieht. Denn der Ressourcenboom birgt auch den sogenannten "Ressourcenfluch" und damit die "holländische Krankheit" in sich, d.h. die Spezialisierung auf bestimmte, stark nachgefragte Güter geht zu Lasten anderer Wirtschaftssektoren und vor allem des verarbeitenden Sektors wie allgemein komplexerer Wertschöpfungsketten. CEPAL und OECD sind sich einig, dass Überschüsse gezielt zu Investitionen in Innovation, Bildung und Infrastruktur genutzt werden müssten (CEPAL 2008: 13ff.; OECD 2007). Nach Ansicht der CEPAL laufen allerdings fast alle lateinamerikanischen Regierungen Gefahr, die in Boomzeiten erzielten Überschüsse nicht oder nur halbherzig für die Steigerung der Wettbewerbsfähigkeit ihrer Volkswirtschaften zu nutzen. Die politischen Eliten nehmen demnach keine ausreichenden Weichenstellungen in Richtung auf eine strukturelle Wettbewerbsfähigkeit und eine höhere Wertschöpfung vor. Zwar reagierten einige Länder mit der Einrichtung spezieller Fonds, doch fehlen insgesamt langfristige nationale Strategien (CEPAL 2007: 27ff.; 2008: 299ff.). Dies bedeutet, dass die Boomphase zwar die *output*-Legitimation der Demokratien gestärkt hat, ohne gezielte Weichenstellungen der Regierungen aber nicht in ein nachhaltiges Wachstum umgemünzt werden kann.

4. *Probleme der Staatlichkeit*

Vielleicht die größte Herausforderung für die lateinamerikanischen Demokratien besteht mittelfristig in der großen Performanzschwäche des Staates. Ein handlungsfähiger Staat ist in mehrerlei Hinsicht ein zentraler Faktor für die Zukunft der Demokratien. In seiner elementarsten Funktion – der Sicherung des staatlichen Gewaltmonopols – ist er geradezu eine Voraussetzung für eine funktionierende Demokratie (Linz/Stepan 1996: 16ff.; Habermas 1998: 96ff.). Wo das Herrschafts- und Gewaltmonopol nicht institutionell gesichert ist, kann Herrschaft bestenfalls nur partiell demokratisiert werden, wie O'Donnell (1993) dies anhand der *brown areas* erläuterte, oder aber – wenn ein bestehendes Gewaltmonopol erodiert – verflüchtigen sich die demokratischen Grundrechte. Linz und Stepan (1996: 28) haben diesen Aspekt auf die knappe Formel gebracht: "without a state, there can be no citizenship; without citizenship, there can be no democracy".

Nach drei Jahrzehnten der Transformation zeigt der Staat in Lateinamerika ein heterogenes und ambivalentes Erscheinungsbild. Die Staatlichkeitsprobleme sind facettenreich und vielschichtig – einige haben sich im Zuge der demokratischen Transformation verschärft, andere gebessert. Als markantestes Phänomen hat sich die auch früher schon geminderte Reichweite des Staates in den vergangenen 20 Jahren zu einem Syndrom formiert, das einer "Privatisierung" des staatlichen Gewaltmonopols gleichkommt und den mangelnden staatlichen Schutz unterprivilegierter Schichten, die Durchsetzung des Staatsapparates mit Elementen des organisierten Verbrechens und die Ausbreitung der Drogenmafia beinhaltet. Diverse Teufelskreise haben die Regierbarkeit in Lateinamerika untergraben und sich in einigen Ländern – vor allem in Zentralamerika, in Mexiko und in der Andenregion – in den letzten Jahren zugespitzt.

Diese Probleme der Staatlichkeit beeinträchtigen Demokratie und Marktwirtschaft zusehends (Bertelsmann Stiftung 2008: 218f.). Deutliche Verschlechterungen waren in den letzten Jahren in Peru (Drogenmafia, höheres Gewaltniveau) und Bolivien (regionaler Konflikt) festzustellen, doch auch in fast allen übrigen Ländern sind die Probleme der demokratischen Regierungen gewachsen, das staatliche Gewaltmonopol umfassend durchzusetzen und die Sicherheit der Bürger zu schützen. Einziges Land mit deutlichen Verbesserungen war Kolumbien, das mit seinem eskalierten Gewaltkonflikt allerdings einen Sonderfall in Lateinamerika darstellt. So konnte Präsident Uribe im Rahmen der Fortführung des "Plan Colombia" (Strategie der "demokratischen Sicherheit") einige Erfolge vorweisen (sinkende Mordrate, geringere Anzahl an Entführungen und Massakern), ohne gleichwohl das Gewaltmonopol in weiten Teilen des Landes sichern zu können. Zudem ging dieser Erfolg zu Lasten der Demokratiequalität. Nur in vier Ländern kann das staatliche Gewaltmonopol als gesichert gelten, und auch hier – vor allem in Chile – deutet zumindest die Perzeption der Bürger eine besorgniserregende Zunahme der Gewaltkriminalität an (Corporación Latinobarómetro 2007). Die Daten und Analysen des *AmericasBarometer* zeigen zudem, dass Gewalt, Unsicherheit und Kriminalität die Demokratie direkt untergraben, indem die Neigung zu autoritären Lösungen wächst und das Sozialkapital erodiert (Cruz 2008).

Gewachsen ist in den vergangenen Jahren vor allem das Problem des organisierten Verbrechens im Verbund mit Drogenproduktion und -handel sowie ausufernder Gewaltkriminalität. Besonders betroffen sind neben den klassischen Drogenländern in den Anden vor allem die Transitländer des Kokainhandels in die USA, das heißt Zentralamerika und Mexiko, in jüngerer Zeit verstärkt auch die Karibik. Paradigmatisch für die Eskalation dieser Staatlichkeitsprobleme sind in den letzten Jahren Mexiko und Zentralamerika geworden. In Mexiko reagierte die Regierung Fox (2000-2006) gar nicht, zu spät oder unzureichend auf Warnhinweise aus der Zivilgesellschaft. Bereits Ende der 1990er Jahre zeigten Analysen die prekäre Entwicklung, die in engem Zusammenhang mit dem Zerbröseln des PRI-Staates stand und auf eine Durchdringung des Staatsapparates durch organisierte Kriminalität verwies (IMECO 1998; Bizberg 1999; Thiery 2006b: 96ff.). Seit seinem Amtsantritt 2006 bekam Präsident Calderón diese Wucht der aus gewaltbereiten Drogenkartellen und korrupten Beamten bestehenden Problematik zu spüren. Angesichts der ausufernden Gewalt, die sich zu einer Art Krieg zwischen den staatlichen Sicherheitsorganen und der organisierten Kriminalität entwickelte, musste Calderón letztlich den Einsatz des Militärs anordnen – eine Tendenz, die offengelegt hat, wie sehr dem mexikanischen Staat das Gewaltmonopol entglitten ist.

Auch in Zentralamerika hat die mit dem Drogenhandel verknüpfte organisierte Kriminalität die hohe Gewaltkriminalität weiter verschärft, die unter anderem mit dem Problem der transnational operierenden kriminellen Jugendbanden verknüpft ist (UNODC 2007; Bodemer 2003). Dies verdüstert die ökonomischen und sozialen Entwicklungsaussichten dieser ohnehin unter Entwicklungsdefiziten leidenden Region vor allem in El Salvador, Honduras und Guatemala weiter. Das Ausmaß des organisierten Verbrechens hat ein Niveau erreicht, das in weiten Teilen des Isthmus die sozialen und politischen Machtverhältnisse und -beziehungen tangiert (FRIDE 2007). Als problematischster Fall gilt Guatemala, das nach Ansicht von Experten in einen Drogenstaat abzugleiten droht. Abgesehen davon, dass das organisierte Verbrechen die politischen Institutionen und das soziale Leben beschädigen, sind auch die wirtschaftlichen Verluste immens. Die Interamerikanische Entwicklungsbank IDB schätzt, dass die Kosten des organisierten Verbrechens in Lateinamerika und der Karibik in der Regel zwischen 5% und 10% des Bruttosozialprodukts liegen (UNDP 2006). In Guatemala erreicht dieser Wert 7,3%, während in El Salvador je nach Schätzung gar bis zu 11,5% vorliegen (UNDP 2005). Diese Kosten sind sowohl direkt (Strafverfolgungspersonal, Waffen, Überwachung, Strafjustiz) als auch indirekt (Verlust an Investitionen durch Unsicherheit, Umweltkosten der Drogenproduktion, Gesundheitskosten u.a.). Hinzu kommen die politischen Kosten wie die bereits aus Mexiko bekannte Durchdringung des politischen Systems, z.B. über die Wahlkampffinanzierung und die Korruption des Staatsapparates.

Nicht minder bedeutsam ist die Rolle des Staates auch im Hinblick auf seine administrative Handlungskapazität, das heißt insbesondere seine Fähigkeit, mittels einer funktionierenden Verwaltung die notwendigen Ressourcen zu extrahieren und diese effizient zur Bereitstellung kollektiver Güter einzusetzen (wie Bildungswesen, Gesundheitssystem, innere Sicherheit, Chancengleichheit, Infrastruktur oder Ordnungspolitik). Hierbei ist zu berücksichtigen, dass sowohl ein zu großer wie auch ein zu kleiner Staat für Entwicklung dysfunktional sein können. Um auf Dauer zu funktionieren, ist überdies ein gewisses Maß an Inklusion und Dezentralisierung erforderlich. Die Erfahrung der jungen Demokratien Ostmitteleuropas zeigt, dass deren halbwegs funktionierende Verwaltungen ein entscheidender Faktor für die relativ rasche Konsolidierung waren (Merkel 2007). Ein schlecht funktionierender Staat beeinträchtigt nicht nur die Demokratie, sondern auch die Entwicklungschancen der Wirtschaft und der Gesellschaft insgesamt.

Bis heute leidet Lateinamerika trotz einiger Reformversuche unter der Schwäche seiner staatlichen Verwaltungsstrukturen, die auch aus mangelnder Professionalität und verbreitetem Klientelismus resultiert. Es ist fraglich, ob die zu konstatierenden Verbesserungen bereits das Etikett einer "stillen Revolution" (Lora 2004) rechtfertigen – zu sehr sind die Erfolge ungleich über die Länder und auch in den Ländern selbst verteilt, so dass sie oft nur *islands of excellence* darstellen (Reid 2007: 234ff.). Richtig ist, dass in den meisten Ländern mit dem Staatsparadigma aus der Mitte des 20. Jahrhunderts gebrochen wurde, das dem Staat immer mehr soziale und wirtschaftliche Aufgaben übertrug, ohne ihn mit den nötigen Ressourcen auszustatten, und das zu übergroßen, unflexiblen, nicht responsiven und überpolitisierten Bürokratien sowie zu einem Defizit an der Bereitstellung öffentlicher Güter und dem Niedergang ihrer Qualität führte. Die "stille Revolution" ist so zwar als erfolgreich hinsichtlich der Destruktion dysfunktionaler alter Staatsstrukturen anzusehen, was aber nicht mit dem gelungenen Aufbau funktionaler Strukturen gleichgesetzt werden kann. Zu oft haben mit den schockartig als Staatsabbau betriebenen Staatsreformen alte und neue Privatinteressen ihre *state capture* betrieben und für einen Hybrid aus modernen und überkommenen Staatsstrukturen gesorgt (Faust 2006).

Eine Studie der Interamerikanischen Entwicklungsbank, die auf den Zusammenhang zwischen Institutionen, Akteuren und Politikergebnissen fokussiert, scheint ein realistischeres Bild vom Zustand der Staatsapparate in Lateinamerika zu zeichnen (IDB 2005: 61ff.). Die Studie unterscheidet drei Cluster des Entwicklungsstandes der Bürokratien. Die erste Gruppe umfasst Länder mit einem sehr geringen Entwicklungsstand der Bürokratien, geprägt von einem Mangel an Rekrutierung und Aufbau kompetenten Personals sowie einem Defizit an geeigneten Mechanismen zur Gewährleistung der Effizienz. Zu dieser Gruppe gehören Panama, El Salvador, Nicaragua, Honduras, Peru, Guatemala, Ecuador, die Dominikanische Republik, Paraguay und Bolivien. Die zweite Gruppe umfasst sechs Länder, in denen die Bürokratien halbwegs gut strukturiert sind, aber durch ihren Mangel an Funktionalität und meritokratischen Leistungsprinzipien wenig effektiv sind: Venezuela, Mexiko, Kolumbien, Uruguay, Argentinien und Costa Rica. Zur dritten Gruppe gehören nur zwei Länder, die trotz unterschiedlicher Funktionsprofile (Größe, Dezentralisierung) sowohl im Hinblick auf die Professionalität des Personals, die Funktionalität ihrer

Bürokratien und deren Institutionalisierungsgrad alle Übrigen weit in den Schatten stellen: Brasilien und Chile. Insgesamt deutet sich für die Mehrheit der Länder damit ein Dilemma der Staatlichkeit an: Ihre Schwäche generiert Probleme, für deren Bewältigung die Staatsapparate nicht gewappnet sind.

5. Politische Repräsentationsmuster

Parteien und Parteiensysteme sind in modernen repräsentativen Demokratien das entscheidende Vehikel zur Umwandlung der Präferenzen der Bürger in politische Programme. Ihnen kommt die Aufgabe zu, die Kern-Institutionen der Demokratie in den gesellschaftlichen Kontext einzubetten und für eine Anbindung der Gesellschaft an das politische System zu sorgen. Die Konsolidierungsforschung hat mehrfach die Funktion stabiler Repräsentationsmuster hervorgehoben (Merkel 2010; Mainwaring/ Scully 1995; Linz/ Stepan 1996). Für die Analyse der Entwicklung der Demokratien Lateinamerikas sind insbesondere die unterschiedlichen Muster und Konstellationen der Parteiensysteme von Bedeutung, da sie unterschiedliche Effekte auf demokratische Stabilität beziehungsweise demokratische Qualität haben.

Im Allgemeinen werden die Muster der politischen Repräsentation und insbesondere die Parteiensysteme in Lateinamerika als unzureichend bis schwach beurteilt (Mainwaring/Scully 1995). Im Verlauf der letzten 30 Jahre hat sich die politische Partizipation jedoch positiv entwickelt. Insbesondere die Ausweitung und Festigung von Wahlen und des Wahlrechts in Kombination mit der gestiegenen Kontrolle über das Militär als Vetomacht haben zu einem Wandel der politischen Strukturen geführt. Anzeichen dafür ist auch, dass es möglich war, eine Art Pendelschwung von Mitte-Rechts- zu Mitte-Links-Regierungen und damit eine Erweiterung des politischen Spektrums herbeizuführen. Insgesamt ist dadurch Politik in Lateinamerika deutlich repräsentativer geworden, da auch in den Parlamenten ein breiteres politisches Spektrum vertreten ist. Die Festigung der politischen Partizipationsrechte bildet die große Stärke der lateinamerikanischen Demokratien (Thiery 2008b).

Wesentliche Aspekte der Funktionsweise der Repräsentationssysteme sind zum einen die Stabilität der Parteiensysteme (Institutionalisierungsgrad, Programmorientierung), zum andern das Zusammenspiel von Parteiensystem und Zivilgesellschaft. Demokratien, in denen starke Parteiensysteme und eine starke Zivilgesellschaft zusammenwirken, gelten als problemlösungsfähiger und sind eher in der Lage, gemeinwohlorientierte politische Entscheidungen vorzubereiten. Wie Jones (2005; 2007; IDB 2005) ausführt, ist der Institutionalisierungsgrad für das Funktionieren von Demokratien mit entscheidend. Je institutionalisierter ein Parteiensystem, desto größer die Wahrscheinlichkeit, dass programmatische politische Parteien vorherrschen. Außerdem sind die Politikorientierungen der Parteien in der Tendenz relativ stabil, was höhere Grade an demokratischer (vertikaler) *accountability* erlaubt. Institutionalisierte Parteiensysteme sorgen für einen höheren Grad an Politikkonsistenz, wozu die starke Rolle der Parteien bei der politischen Rekrutierung beiträgt.

Dagegen konkurrieren die politischen Parteien in schwach institutionalisierten Parteiensystemen stärker auf Basis politischer Persönlichkeiten oder kurzfristiger populistischer Politikvorschläge. Parteien spielen eine weniger prominente Rolle beim Prozess der politischen Rekrutierung, sie haben oftmals eine sehr kurze Lebensdauer und ihre Positionen zu spezifischen Themen schwanken. Für Wähler in schwach institutionalisierten Parteiensystemen ist es viel schwieriger, politische Parteien bzw. die von ihnen getragenen Regierungen verantwortlich zu machen. Zudem ist die Konsistenz der Politik in schwachen Parteiensystemen geringer. Schließlich sorgt die schwache Bindung der politischen Eliten an ihre Parteien im Besonderen und zum Parteiensystem im Allgemeinen dafür, dass schwach institutionalisierte Parteiensysteme einen Nährboden für Anti-Systempolitik darstellen.

Mitte der 1990er Jahre zeigten Mainwaring und Scully (1995) die großen Unterschiede im Institutionalisierungsgrad der Parteiensysteme der Region. Nach ihren Kriterien (Regelmäßigkeiten im Muster des Parteienwettbewerbs; stabile Wurzeln der Parteien in der Gesellschaft; Legitimation von Parteien und Wahlen, unabhängige Organisation; vgl. Jones 2007) hatten Costa Rica, Chile, Uruguay, Venezuela und Kolumbien vor etwa 15 Jahren institutionalisierte Parteiensysteme, während Peru, Brasilien, Ecuador und Bolivien diese nicht hatten. Dieses Bild hat sich inzwischen gewandelt. Nunmehr sind die Parteiensysteme in Venezuela und – wenn auch in geringerem Maße – Kolumbien weitaus weniger institutionalisiert. Umgekehrt ist der Institutionalisierungsgrad des Parteiensystems in Brasilien deutlich gestiegen. In einigen Fällen vollzieht sich dieser Wandel in einem Modus, der wenig günstig für eine gute Regierungsführung zu sein scheint. In anderen Fällen allerdings reflektiert er die Anpassung an veränderte sozioökonomische und politische Realitäten.

Abbildung 1 zeigt in einer Vierfelder-Matrix für die Parteiensysteme Lateinamerikas auf der einen Seite den Institutionalisierungsgrad, auf der anderen Seite das Ausmaß an programmatischen politischen Parteien. Dabei fällt auf, dass nur vier Länder über programmatische Parteiensysteme verfügen, die den politischen Willensbildungsprozess inhaltlich strukturieren können. Nicaragua und El Salvador werden als Mischformen aus programmatischen und klientelistischen Systemen eingestuft, die sich – mit Schwächerwerden der *cleavages* aus Bürgerkriegszeiten – womöglich zu klientelistischen Systemen entwickeln werden. Ihnen gegenüber steht der Rest der wenig bis nicht programmatischen Parteiensysteme, die im Verständnis von Jones (2007) als klientelistische Parteiensysteme zu begreifen sind. Diese wiederum unterscheiden sich deutlich im Ausmaß ihrer Institutionalisierung. Demnach sind in fünf Ländern sehr schwache Parteiensysteme anzutreffen, die zu einer stabilen Interessenvermittlung nicht fähig sind. Darunter sind mit Ecuador, Peru, Bolivien und Venezuela vier Länder, in denen das Parteiensystem teilweise oder ganz zusammengebrochen ist bzw. war. Zu den übrigen neun Ländern ist festzuhalten, dass mit steigendem Institutionalisierungsgrad – und trotz fehlender Programmorientierung – positive Effekte für die demokratische Stabilität erzielt werden. So zeigt etwa Levitsky (2005) am Beispiel Argentiniens, dass die Peronisten aufgrund ihrer zwar klientelistischen, aber breiten Verankerung in den Unterschichten wesentlich zur Stabilisierung der Demokratie in der Ära Menem beitragen konnten.

Abbildung 1: Institutionalisierungsgrad und Programmorientierung der lateinamerikanischen Parteiensysteme

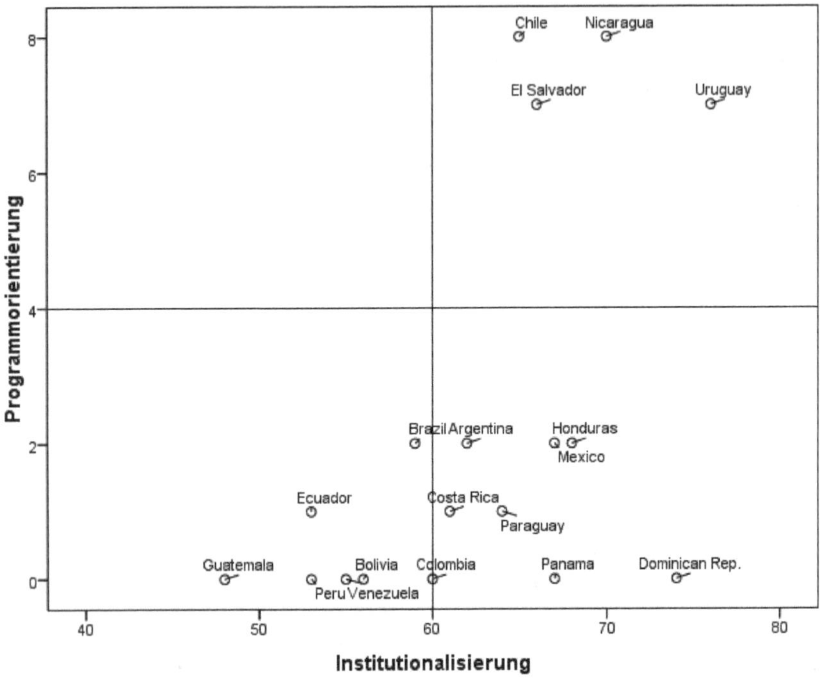

Anmerkung: Institutionalisierungsgrad und Programmatik sind beide aus mehreren Teilindikatoren zusammengesetzt (Jones 2007: 2ff.); die Skala des Institutionalisierungsgrades reicht von 0 bis 100, die der Programmorientierung von 0 bis 8.
Quelle: Jones (2005; 2007); IDB (2005: 34).

Stabile Repräsentationsmuster können jedoch ambivalente Züge tragen. Positiv sind sie dort, wo Parteien und Verbände das gesellschaftliche Spektrum repräsentieren und offen für gesellschaftlichen Wandel sind. Dies gilt umso mehr, wenn die Gesellschaft in vielfältigen zivilgesellschaftlichen Gruppen organisiert ist, die über einen hohen Grad an Selbstbeschränkung verfügen. Allerdings können sich hinter stabilen Repräsentationsmustern auch starre Repräsentationsformen verbergen. Das heißt, dass sie unter Umständen nur die Strukturen der autoritären oder oligarchischen Systeme replizieren und sich so in die Demokratie hinüberretten – wenn sie nicht als Parteienkartell die Demokratie geprägt haben wie in Venezuela bis in die 80er Jahre (McCoy 1999). Ihre Stabilität ist insofern nur scheinbar, als die ausgeschlossenen Teile der Bevölkerung früher oder später dieses starre System unterminieren können. Je ungleicher eine Gesellschaft, desto wahrscheinlicher ist es, dass über eine längere Zeit hinweg starre Repräsentationsmuster vorherrschen. Finden keine Lernprozesse der Parteien und damit kein Aufbau von Verbindungskanälen zu neuen zivilgesellschaftlichen Gruppen statt, so kann dies zum Zusammenbruch des Parteiensystems wie in Bolivien und Venezuela führen.

Abbildung 2: Stärke der Parteiensysteme und Zivilgesellschaften

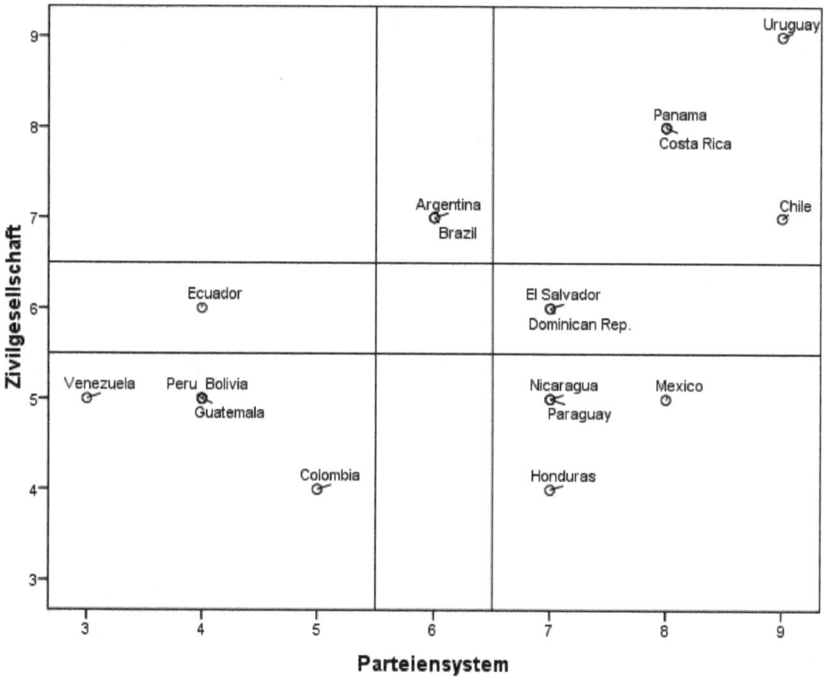

Anmerkung: Argentinien, Brasilien, El Salvador und die Dominikanische Republik liegen in Korridoren, die eine klare Zuordnung zu den unten beschriebenen Clustern nicht ermöglichen. Ecuador tendiert seit der Amtsübernahme Correas zum dritten Cluster um Venezuela.
Quelle: BTI 2008; eigene Berechnungen.

Die Art des Zusammenspiels der Parteiensysteme mit den Zivilgesellschaften zeigt die Matrix in Abbildung 2, in der die Ausprägungen der Parteiensysteme sowie die Stärke konsolidierungsförderlicher Zivilgesellschaften festgehalten sind. Sie bestätigt, dass der soziopolitische Unterbau der Demokratien in den lateinamerikanischen Ländern sehr unterschiedlich, in einigen Demokratien überdies eher prekär ausgeprägt ist. Auch hier sind drei Cluster zu erkennen: Vier Länder mit Uruguay an der Spitze verfügen über starke Parteiensysteme sowie über starke Zivilgesellschaften. In der Regel gewährleistet dies einen reibungslosen politischen Prozess, sofern die Parteien lernfähig bleiben und nicht in einer Art Kartell erstarren. Letzteres könnte ein Problem für Chile werden, wo das Parteiensystem noch die *cleavages* der Transition widerspiegelt und für die Forderungen einer gewandelten Gesellschaft nicht mehr durchlässig erscheint. Massive Wahlenthaltung und unkonventionelle Partizipation sind ein Indiz dafür, dass vor allem die junge Generation sich nur noch unzureichend vom faktischen Zwei-Koalitionen-System repräsentiert sieht. Eine zweite Gruppe um Mexiko zeichnet sich dadurch aus, dass ein starkes Parteiensystem einer eher schwachen Zivilgesellschaft gegenübersteht. Sie verfügen damit über die Chance einer mittelfristigen politischen Stabilität, sind aber dem Risiko ausgesetzt, gesellschaftliche Interessen zu vernachlässigen, die sich möglicherweise zu einem späteren Zeitpunkt explosiv Gehör verschaffen. Mexiko ist bislang ein positives Beispiel für den ersten Fall, während das Peru der achtziger Jahre genau in die genannte Falle hineinlief. Die dritte Gruppe umfasst Länder, in denen relativ schwache Zivilgesellschaften mit schwachen Parteiensystemen konfrontiert sind. Hier ist die Gefahr erratischer politischer Prozesse wie auch des Populismus am höchsten, die politische Stabilität hingegen am geringsten.

6. Regierungsführung und Politikqualität

Die bislang analysierten Faktoren liegen nicht nur in sehr unterschiedlicher Ausprägung vor, sondern sie können auch nicht isoliert voneinander betrachtet werden, da je nach Konstellation starke Wechselwirkungen bzw. Verstärkereffekte bestehen. Gleichwohl ist festzuhalten, dass sie gestaltbare Entwicklungskorridore darstellen: Sie beeinflussen zwar die Demokratieperspektiven, determinieren diese aber nicht, sondern sind in einem gewissen Rahmen selbst veränderbar. In allen Bereichen – Ungleichheit und Wachstumsmodell, Staat und Verwaltung, politische Repräsentation – wurden in den letzten Jahren durchaus Reformen angepackt, wenngleich sich ihr Ausmaß und ihre Qualität von Land zu Land stark unterscheiden (Bodemer/Carrillo Flórez 2007). Auch werden nach wie vor Reformen angegangen, die direkt auf die demokratischen Defekte und damit auf die Demokratiequalität zielen, wie etwa die Verfassungsreformen in Chile zur Eliminierung der Enklavendemokratie. Deutlich wurde aber auch, dass weitere Reformen und eine höhere Regierungs- bzw. Politikqualität notwendig sind und somit der Regierungsleistung der demokratischen Eliten eine Schlüsselrolle für die Demokratieentwicklung zukommt. Dabei spielt nicht nur die konsequente Ausrichtung, Effizienz und Kohärenz der Politik, sondern auch ihr Grad an Responsivität eine Rolle. Zusammengenommen beeinflussen sie über die Performanz maßgeblich die Akzeptanz der Demokratie und damit deren Entwicklungschancen.

Wie gut sind die lateinamerikanischen Regierungen für die kommenden Aufgaben aufgestellt, wie groß ist ihre Steuerungsfähigkeit und ihre Reformbereitschaft? Unter der Annahme, dass sich *Governance*-Strukturen nicht abrupt ändern und Regierungsführung selbst bei Regierungswechseln nur selten dramatisch schwankt, kann die Regierungsqualität der vergangenen Jahre als Indiz dafür gelten, inwieweit die Regierungen in naher Zukunft die genannten Herausforderungen bewältigen können. Einen ersten Hinweis liefert der Blick auf zwei *Governance*-Indizes, nämlich die *Governance Indicators 2007* der Weltbank und den Management-Index des BTI 2008. Das Streudiagramm in Abbildung 3 hält beide Indizes nebeneinander inklusive ihrer Korrelation fest.

Abbildung 3: Management-Performanz (BTI) und Governance (Weltbank) in Lateinamerika

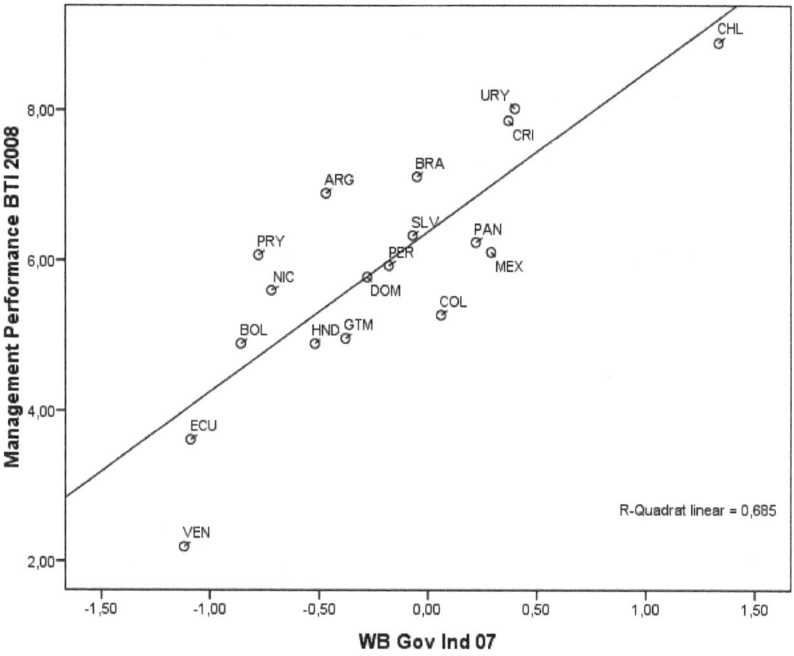

Quelle: BTI 2008; World Bank Governance Indicators 2007.

Von den sechs *Governance Indicators* wurden jene beiden ausgewählt und zusammengefasst, die sich nicht mit dem Status-Index des BTI überschneiden, sondern deutlicher auf das politische Management bzw. die Regierungsführung als solche zielen. Neben den ausgewählten Indikatoren ("government effectiveness", "regulatory quality") umfassen die *Governance Indicators* der Weltbank "voice and accountability", "political stability and absence of violence", "rule of law" und "control of corruption" (Kaufmann/Kraay/Mastruzzi 2007), die allesamt vom Demokratiestatus-Index des BTI erfasst werden. *Government Effectiveness* beinhaltet: "[...] the quality of public services, the quality of the civil service and the degree of its independence from political pressures, the quality of policy formulation and implementation, and the credibility of the government's commitment to such policies" (Kaufmann/Kraay/Mastruzzi 2007: 3). *Regulatory Quality* beinhaltet: "[...] the ability of the government to formulate and implement sound policies and regulations that permit and promote private sector development" (Kaufmann/Kraay/Mastruzzi 2007: 4). Aus dem Management-Index des BTI wurden jene Kriterien ausgewählt, die sich auf die innenpolitische Steuerung beziehen ("Gestaltungsfähigkeit", "Ressourceneffizienz" und "Konsensbildung") Nicht aufgenommen wurden "Internationale Kooperation" sowie der Gewichtungsfaktor "Schwierigkeitsgrad" (Bertelsmann Stiftung 2008: 74ff.). Dabei ist zu berücksichtigen, dass die *Governance Indicators* stärker auf strukturelle Faktoren zielen, während der BTI deutlicher die Handlungskomponenten der jeweiligen Regierungen in den Vordergrund stellt.

Das Diagramm zeigt, dass sowohl an der Spitze wie auch am Ende Klarheit über die Regierungsfähigkeit besteht – ein Ergebnis, das im Übrigen kaum Veränderungen gegenüber den vorhergehenden Indizes aufweist: So ist Chile (bezogen auf die letzten Jahre der Ära Lagos) in seiner Performanz den anderen Ländern weit enteilt, wobei die *Governance Indicators* einen noch größeren Abstand zeigen als der BTI. Zusammen mit Uruguay und Costa Rica kann somit drei Ländern eine sehr gute bis gute Regierungsführung bescheinigt werden, die sie aller Voraussicht nach in die Lage versetzt, Politik und Reformen zielgerichtet und effektiv zu gestalten. Am Ende der Skalen rangieren mehr oder weniger deutlich Ecuador (in der Zeit vor Correa) und Venezuela, wobei hier der BTI eine klarere Distanz zu den übrigen Ländern feststellt als die *Governance Indicators*. Der Großteil der Länder versammelt sich um die Mittelpunkte der beiden Skalen. Dies bedeutet im Falle des BTI, dass diese 13 Länder mit Werten zwischen 4,9 und 7,1 und einem Mittelwert von 5,8 deutliche Schwächen oder gar eine sehr mäßige Regierungsführung besitzen. Brasilien und Argentinien können demnach ein einigermaßen solides politisches Management vorweisen, während in Bolivien, Honduras und Guatemala die schwachen Regierungsleistungen kaum ausreichen dürften, die Zukunftsprobleme der Länder zu lösen. Die *Governance Indicators* schätzen die Reihenfolge der Länder etwas anders ein und sehen Mexiko, Panama und Kolumbien im Vorteil gegenüber Brasilien, während neben Bolivien hier Paraguay und Nicaragua (Ära Bolaños) als dringliche Problemfälle einzustufen sind.

Die Auswirkungen schlechter Regierungsführung lassen sich weiter verdeutlichen, wenn man nach ihrem Zusammenhang mit einer gedeihlichen Wirtschaftsentwicklung fragt, hier verstanden als nachhaltig angelegte soziale Marktwirtschaft mit solider Wirtschafts- und Sozialordnung. Hierzu wird aus beiden Indizes mit der Effizienz ein Indikator herausgegriffen, der nicht schon *per definitionem* einen Bias im Hinblick auf ein solches Wirtschaftssystem enthält. Abbildung 4 zeigt anhand der Daten des BTI, dass die Ressourceneffizienz der Regierungen stark mit dem Status der Marktwirtschaften zusammenhängt (die Daten der *Governance Indicators* zeigen eine fast identische Streuung bei noch stärkerer Korrelation). Dies bedeutet mit einiger Wahrscheinlichkeit, dass die Mehrheit der Länder aufgrund der Desorganisation ihrer Regierungen eine tragfähige Wirtschaftsentwicklung versäumt und die Chancen des gegenwärtigen Wirtschaftsbooms zu verspielen droht.

Abbildung 4: Regierungseffizienz und soziale Marktwirtschaft

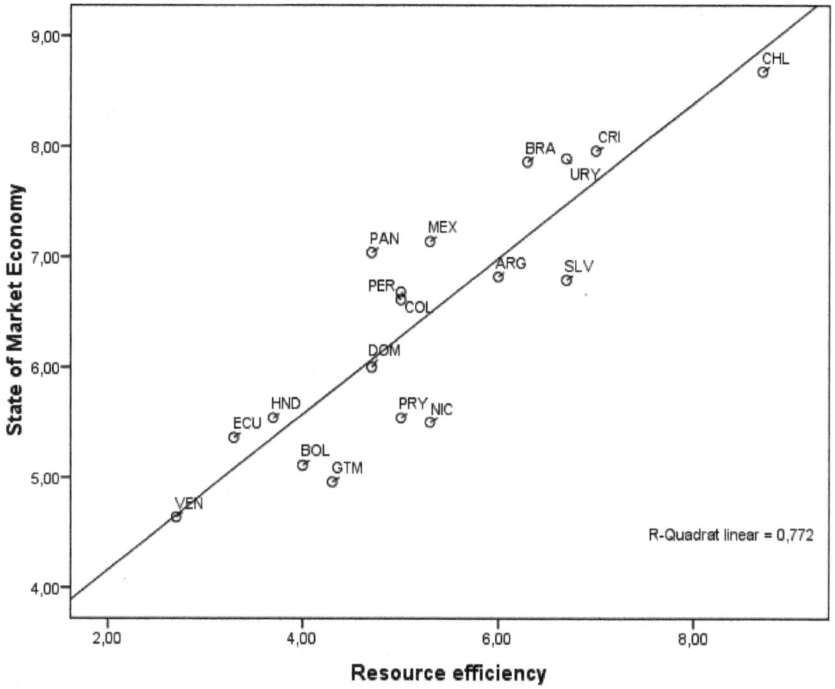

Anmerkung: Das Streudiagramm zeigt die Verteilung der Länder zwischen den Kriterien "Ressourceneffizienz" und "Status Marktwirtschaft" im BTI 2008. Der Korrelationskoeffizient zwischen den *Governance Indicators (government efficiency)* und dem Marktwirtschaftsstatus beträgt 0,824.
Quelle: BTI 2008; World Bank Governance Indicators 2007.

Gegen diese Resultate könnte eingewendet werden, dass beide *Governance*-Indizes dadurch verzerren, dass sie zumindest in Teilen explizit auf Demokratie und/oder Marktwirtschaft Bezug nehmen und so die Regierungsleistungen jener Länder nicht adäquat einschätzen können, die – wie etwa Kuba, China oder auch Venezuela – diese Ziele nicht oder nur teilweise anstreben und dennoch möglicherweise für gute Politikresultate sorgen. In der Tat kann ein Land wie Kuba einige Erfolge aufweisen (Bildung, Gesundheit, die niedrigste Kindersterblichkeit etc.), von denen die meisten lateinamerikanischen Länder weit entfernt sind. Allerdings bleibt dabei die Frage offen, inwiefern solche Länder eine systemische Wettbewerbsfähigkeit erreichen können, die sie unter Globalisierungsbedingungen in die Lage versetzt, nachhaltige Erfolge im ökonomischen und sozialen Bereich zu erzielen. Ungeachtet dieser Erwägungen zeigen die Effizienz-Indikatoren beider Indizes, die nicht auf die normativen Ziele ausgerichtet sind, dass die Regierungsleistungen und damit die Politikqualität in mindestens der Hälfte der lateinamerikanischen Länder suboptimal sind. Dies gilt vor allem für die Frage, inwieweit die Regierungen dazu in der Lage sind, unterschiedliche oder gar gegenläufige politische Ziele zu koordinieren und in eine kohärente Politik umzusetzen. Auch hier zeigt sich, dass bis dato nur ein Handvoll Länder – unter anderem El Salvador und Panama – dazu in der Lage sind, während Bolivien, Ecuador und Venezuela mit erratischen, inkonsistenten und personalistischen Politikstilen die Schlusslichter darstellen.

7. *Bilanz und Ausblick*

In mehr oder weniger regelmäßigen Abständen kommen Beobachter Lateinamerikas seit 30 Jahren zu der Ansicht, dass sich Lateinamerika im Wandel, im Umbruch oder am Scheideweg befindet. Was auf den ersten Blick etwas befremdlich erscheint, hat allerdings seinen realen Kern. Er besteht erstens darin, dass nach wie vor Kräfte des Wandels wie der Beharrung gleichermaßen die politische Szenerie bestimmen. Während in der ersten Phase seit der (Re-)Demokratisierung vorwiegend "konservativen" politischen Kräften vertraut wurde, haben mittlerweile reformorientierte Kräfte die Oberhand gewonnen, die sich gleichwohl in ihrer Radikalität stark unterscheiden. Zweitens haben die unvollständigen politischen, wirtschaftlichen und sozialen Transformationsprozesse grundlegende Defizite bestehen lassen und so den Nährboden dafür geschaffen, dass die Ausschläge von Politikwechseln tendenziell grundlegender sind als in den Industrieländern. Ernsthafte Reformer haben sich in der Regel elementaren Problemen zu widmen, die ohne nationalen Konsens über den politischen Handlungsbedarf kaum in einer Legislaturperiode zu bewältigen sind.

Drittens sind diese beiden Faktoren immer auch mit den jeweiligen internationalen politischen und wirtschaftlichen Entwicklungen verbunden, die die Handlungskorridore der politischen Akteure Lateinamerikas zwar nicht determinieren, aber in entscheidendem Maße begrenzen bzw. erweitern. Sowohl die genuin politische Konstellation (nachlassender Ost-West-Konflikt, Rolle der USA nach 2001) als auch die ökonomischen Einflussfaktoren (Währungs- und Finanzkrisen im Zuge der Globalisierung, *Washington Consensus* und seine Ablösung, Rohstoffboom) wirken gewissermaßen als Synchronisatoren einer ansonsten aufgrund nationaler Konstellationen nicht unbedingt gleichlaufenden Entwicklung (Absage an die Unterstützung von Militärdiktaturen, Absage an das Entwicklungsmodell im Zuge der Verschuldungskrise zu Beginn der 1980er Jahre, Asienkrise etc.). Andererseits haben diese Einflüsse Auswirkungen sowohl auf die Politik als auch auf die Ökonomie. Die scheinbar unumgänglichen neoliberalen Schockpolitiken der 1980er und 1990er Jahre beförderten die Herausbildung delegativer Demokratien (Brasilien, Peru, Argentinien), da sie von den demokratisch gewählten Regierungen eine Handlungskapazität forderten, die dezidiert auf das Brechen organisierter Interessen zu zielen hatte. Umgekehrt eröffnete die Konzentration der USA auf andere weltpolitische Schauplätze den lateinamerikanischen Regierungen Handlungsspielräume für eigene wirtschaftspolitische Weichenstellungen bzw. Experimente.

Wenn gegenwärtig von "Lateinamerika im Wandel" gesprochen wird, so haben die Ausführungen auch gezeigt, worin dieser Umbruch besteht. An erster Stelle sind hier die trotz aller Krisen, Turbulenzen und Polarisierungen erfolgten politischen Lernprozesse von Eliten und Bevölkerung zu nennen, die in den defekten Demokratien gewissermaßen ausgeharrt haben, ohne der Demokratie als solcher eine Absage zu erteilen. Die angesammelte Erfahrung, dass Demokratie leidlich funktioniert, bildet ein politisches Kapital, das trotz einiger überschießender Erwartungen nunmehr für die Komplettierung der defekten Demokratien genutzt werden kann. Zweitens führten diese Lernprozesse dazu, dass sich die Pluralität der Demokratien Lateinamerikas sukzessive erhöht hat. Quechua sprechende Abgeordnete in den Andenländern, die stärkere Präsenz von Frauen in fast allen staatlichen Institutionen, von wenigen Ausnahmen wie Guatemala abgesehen auch die Präsenz der *sectores populares* und nicht mehr nur der traditionellen Ober- und oberen Mittelschichten im öffentlichen Leben verdeutlichen, dass bei aller berechtigten Kritik an der mangelnden demokratischen Qualität, der Stagnation und der Rückschritte auch solche und weitere Fortschritte möglich sind. Dies spricht für die These O'Donnells (1994) aus den frühen 1990er Jahren, wonach die unvollständigen Demokratien immerhin in der Lage sind, die Basis für eine erfolgreiche, gleichwohl langwierige politische und soziale Auseinandersetzung um gleiche politische, wirtschaftliche und soziale Rechte zu schaffen.

Drittens muss betont werden, dass die relative Prosperität, die die Länder Lateinamerikas seit einigen Jahren erfasst hat, entscheidend dazu beigetragen hat, dass diese Entwicklungen jetzt, also im ersten Jahrzehnt des 21. Jahrhunderts, kulminieren. Der Ressourcenboom hat alle Länder erfasst und sorgt für ausgeglichene Haushalte, Schuldenabbau oder die Reduktion der Armut – alles in allem erweiterte Handlungsspielräume, die Lateinamerikas Regierungen seit Beginn der "Dritten Welle" kaum kannten. Diese günstige Ausgangslage bedeutet allerdings nicht, dass damit ein goldenes Zeitalter für die Demokratien anbricht, da die akkumulierten *Governance*-Erfahrungen sowie die gesellschaftlichen und politischen Brüche in einigen Ländern für sehr unterschiedliche Perspektiven sorgen.

Die gegenwärtige Phase kann gleichwohl insgesamt als *critical juncture* und damit als eine Phase der Weichenstellungen angesehen werden. Oben wurde gezeigt, dass die analysierten Problemlagen je nach Ausprägung mehr oder weniger enorme Belastungen für die Stabilität und damit die Entwicklungsperspektiven der Demokratien Lateinamerikas darstellen, obgleich sie nicht als unüberwindliche Hindernisse angesehen werden müssen. Allerdings müssten die Regierungen wie die politischen Eliten insgesamt mittel- bis langfristige Perspektiven einnehmen, um die günstigen Entwicklungsaussichten zu nutzen und die positiven Faktoren zu stärken bzw. die negativen Prädispositionen abzubauen.

Tabelle 2: Demokratieperspektiven der lateinamerikanischen Länder

	Perspektiven	Index P	Status	Problemlagen	Governance
Uruguay	++	9,01	10,00	9,11	8,02
Chile	++	8,95	9,29	8,67	8,89
Costa Rica	++	8,71	9,78	8,61	7,86
Brasilien	+	7,38	8,42	6,72	7,11
Argentinien	+	7,26	7,81	7,11	6,89
Panama	+	6,84	7,45	6,89	6,24
Mexiko	+	6,71	7,37	6,72	6,11
Dom. Rep.	+	6,55	7,76	6,28	5,78
El Salvador	O	6,29	7,01	5,61	6,33
Paraguay	O	6,06	6,65	5,50	6,07
Peru	O	5,96	7,24	4,94	5,93
Nicaragua	O	5,77	6,64	5,17	5,60
Bolivien	–	5,46	6,89	4,83	4,89
Honduras	–	5,39	6,85	4,67	4,89
Kolumbien	–	5,37	5,68	5,17	5,27
Guatemala	–	5,13	5,97	4,56	4,96
Ecuador	–	4,98	6,28	5,44	3,61
Venezuela	– –	3,94	5,19	5,39	2,19

Anmerkung: Der Index P (Spalte 3) ist aus dem geometrischen Mittel der Spalten 4 bis 6 gebildet. Der Status-Wert entspricht dem IDD-Wert (siehe Tabelle 1). *Governance* umfasst den Wert des Management-Index im BTI 2008. Der Wert für die Problemlagen wurde aus den Werten für Staatskapazität und Entwicklungsniveau sowie aus drei BTI-Werten für Repräsentation (Parteiensystem, Verbändewesen, Zivilgesellschaft) gebildet (arithmetisches Mittel).

Tabelle 2 zeigt die länderspezifische Ausprägung der analysierten Faktoren, die hier in einen Endwert (Index P) aus Demokratiestatus, Problemlagen und Qualität der Regierungsführung zusammengefasst werden. In Spalte 2 ist dieser Indexwert als positive oder negative Perspektive veranschaulicht. Dabei ist zu berücksichtigen, dass die Daten den Stand von Anfang 2007 wiedergeben, was vor allem in den Ländern mit bedeutsamen Regierungswechseln zu berücksichtigen ist. Demnach bieten sich Uruguay, Chile und Costa Rica die weitaus günstigsten Demokratieperspektiven. Mit bereits deutlichem Abstand folgen Brasilien und Argentinien, die mit einem unterschiedlichen Faktorprofil über ähnlich gute Perspektiven verfügen. Dies gilt auch für Panama, Mexiko und die Dominikanische Republik, wenngleich sie vor allem im Hinblick auf die Regierungsführung deutlich zurückfallen. In den nachfolgenden vier Ländern kumulieren die diversen Schwächen bereits zu einer merklich unsicheren Perspektive. Insbesondere in Nicaragua ist aufgrund der Problemlagen, der schlechten Regierungsführung und der zunehmenden Polarisierung mit einer wachsenden Instabilität zu rechnen. Für die übrigen sechs Länder sind die Demokratie-Perspektiven deutlich verdüstert, da die Kumulation der unterschiedlichen Problemlagen zusammen mit den großen Schwächen der Regierungsführung mittelfristig keine Lösung der dringlichen Entwicklungsprobleme erwarten lassen.

In einem ökonomisch eher günstigen, für die Demokratie aber teils widrigen internationalen Umfeld (Thiery 2008a) besteht die Herausforderung für die Demokratien Lateinamerikas darin, das erreichte Demokratieniveau zu halten und zu verbessern. Die Zukunft der liberalen, repräsentativen Demokratie in Lateinamerika wird maßgeblich davon abhängen, inwieweit es den gemäßigten Regierungen gelingt, ihre Reformen in einem halbwegs demokratischen Rahmen durchzuführen und dabei soziale Fortschritte zu ermöglichen. Die Zustimmung zur liberalen Demokratie wird nur dann aufrechtzuerhalten sein, wenn Inklusion gefördert und Armut abgebaut wird. Noch kann man davon ausgehen, dass die Gesellschaften Lateinamerikas nach 30 Jahren mit nur vereinzelten autoritären Regressionen dazu in der Lage sind, die Demokratiedefizite aus eigener Kraft zu bewältigen, trotz der aufgezeigten Widerstände, Fallstricke und ungünstigen Faktorkonstellationen.

Literaturverzeichnis

Bertelsmann Stiftung (Hrsg.) (2005): *Bertelsmann Transformation Index 2006*. Gütersloh.

— (2008): *Bertelsmann Transformation Index 2008*. Gütersloh.

Bizberg, Ilán (1999): "Las Transformaciones del Poder Político en México". In: *Revista Mexicana de Sociología*, Vol. 61, Nr. 3, S. 139-161.

Bodemer, Klaus (Hrsg.) (2003): El nuevo escenario de (in)seguridad en América Latina. ¿Amenaza para la democracia? Caracas.

Bodemer, Klaus/Carrillo Flórez, Fernando (Hrsg.) (2007): *Gobernabilidad y reforma política en América Latina y Europa*. La Paz.

CEPAL (2007): *Balance preliminar de las economías de América Latina y el Caribe 2007*. Santiago de Chile.

— (2008): *La transformación productiva 20 años después. Viejos problemas, nuevas oportunidades*. Santiago de Chile.

Córdova Macías, Ricardo (2005): "The Crisis of Political Parties in Central America". In: Achard, Diego/González, Luis E.: *A Challenge for Democracy, Political Parties in Central America, Panama and the Dominican Republic*. Washington, S. 169-217.

Corporación Latinobarómetro (2007): *Informe Latinobarómetro 2007*. Santiago de Chile.

Corrales, Javier/Penfold, Michael (2007): "Venezuela: Crowding out the Opposition". In: *Journal of Democracy* 18, 2, S. 99-113.

Croissant, Aurel/Thiery, Peter (2000): "Defekte Demokratie. Konzept, Operationalisierung und Messung". In: Lauth, Hans-Joachim/Pickel, Gert/Welzel, Christian (Hrsg.): *Demokratiemessung. Konzepte und Befunde im internationalen Vergleich*. Wiesbaden, S. 89-111.

Cruz, José Miguel (2008): *Violence and Insecurity as Challenges for Democratic Political Culture in Latin America, Latin American Public Opinion Project* <http://sitemason.vanderbilt.edu/files/iicjwk/Cruz.pdf> (1.7.2008).

De Gregorio, José (2006): *Economic Growth in Latin America: From the Disappointment of the Twentieth Century to the Challenges of the Twenty-first.* Santiago de Chile.

De Ferranti, David et al. (2003): *Inequality in Latin America & the Caribbean: Breaking with History?* Washington, D.C.

Diamond, Larry (2008): "The Democratic Rollback. The Resurgence of the Predatory State". In: *Foreign Affairs*, Nr. 2, Jg. 87, S. 36-48.

Diamond, Larry/Morlino, Leonardo (2004): "The Quality of Democracy: An Overview". In: *Journal of Democracy* Vol. 15, Nr. 4, S. 20-31.

Faust, Jörg (2006): "Herrschaft, Transformation und Entwicklung in Lateinamerika". In: Birle, Peter/Nolte, Detlef/Sangmeister, Hartmut (Hrsg.): *Demokratie und Entwicklung in Lateinamerika.* Frankfurt am Main, S. 417-437.

— (2007): *Staatlichkeit und Governance: Herausforderungen in Lateinamerika.* Bonn (DIE, Analysen und Stellungnahmen, 1/2007).

Ferreira Rubio, Delia/Goretti, Matteo (1998): "When the President Governs Alone. The Decretazo in Argentina, 1989-93". In: Carey, John M./Shugart, Matthew S. (Hrsg.): *Executive Decree Authority.* Cambridge et al., S. 33-62.

FRIDE (2007): *El crimen organizado, el estado y la democracia. Los casos de América Central y el Caribe. Informe de Conferencia.* Madrid.

Habermas, Jürgen (1998): "Die postnationale Konstellation und die Zukunft der Demokratie". In: Ders.: *Die postnationale Konstellation.* Frankfurt am Main, S. 91-169.

Hagopian, Frances (2005): "Conclusions: Government Performance, Political Representation, and Public Perceptions of Contemporary Democracy in Latin America". In: Hagopian/Mainwaring 2005, S. 319-362.

Hagopian, Frances; Mainwaring, Scott (Hrsg.) (2005): *The Third Wave of Democratization in Latin America. Advances and Setbacks.* Cambridge et al..

Handa, Sudhanshu/Davis, Benjamin (2006): "The Experience of Conditional Cash Transfers in Latin America and the Caribbean". In: *Development Policy Review*, 24, 5, S. 513-536.

Huhn, Sebastian (2006): *Die marode Musterdemokratie Costa Rica.* Hamburg (GIGA Focus, Nr. 4).

IDB (2005): *The Politics of Policies. Economic and Social Progress in Latin America, Report 2006.* Washington, D.C.

IMECO (1998): *Todo lo que debería saber sobre el Crímen Organizado en México.* México D.F.

Jones, Mark P. (2005): *The Role of Parties and Party Systems in the Policymaking Process.* Washington, D.C.

— (2007): *Political Parties and Party Systems in Latin America.* Paper prepared for the symposium "Prospects for Democracy in Latin America", April 5-6. Denton, Texas: Department of Political Science, University of North Texas.

Karl, Terry (2002): *The Vicious Circle of Inequality in Latin America.* Madrid (Instituto Juan March, Working Paper 2000/177).

Kaufmann, Daniel/Kraay, Aart/Mastruzzi, Massimo (2004): "Governance Matters III: Governance Indicators for 1996, 1998, 2000, and 2002". In: *The World Bank Economic Review* 18, 2, S. 253-287.

— (2007): *Governance Matters VI: Aggregate and Individual Governance Indicators 1996-2006.* Washington (World Bank Policy Research Working Paper WPS 4280).

Lehouq, Fabrice (2005): "Costa Rica: Paradise in Doubt". In: *Journal of Democracy* Vol. 16, Nr. 3, S. 140-154.

Levitsky, Steven (2005): "Argentina: Democratic Survival amidst Economic Failure". In: Hagopian/Mainwaring 2005, S. 63-89.

Levitsky, Steven/Murillo, María Victoria (2005): "Building Castles in the Sand. The Politics of Institutional Weakness in Argentina". In: Levitsky, Steven/Murillo, María Victoria (Hrsg.): *Argentine Democracy. The Politics of Institutional Weakness*. Pennsylvania, S. 21-34.

Linz, Juan J./Stepan, Alfred (1996): *Problems of Democratic Transition and Consolidation. Southern Europe, South America and Post-Communist Europe*. Baltimore.

Lipset, Seymour Martin (1959): "Some Social Requisites of Democracy: Economic Development and Political Legitimacy". In: *American Political Science Review* 53, 1, S. 69-105.

Lora, Eduardo (Hrsg.) (2007): *The State of State Reform in Latin America*. Washington, D.C.

Mainwaring, Scott/Pérez-Liñán, Aníbal (2005): "Latin American Democratization since 1978: Democratic Transitions, Breakdowns, and Erosions". In: Hagopian/Mainwaring 2005, S. 14-59.

Mainwaring, Scott/Scully, Timothy R. (1995): *Building Democratic Institutions: Party Systems in Latin America*. Stanford: Stanford University Press.

Mazza, Jaqueline (2004): "Social Inclusion, Labor Markets and Human Capital in Latin America". In: Buvinic, Mayra/Mazza, Jacqueline/Deutsch, Ruthanne (Hrsg.): *Social Inclusion and Economic Development in Latin America*. Washington, D.C., S. 179-200.

McCoy, Jennifer (1999): "Chávez and the End of "Partyarchy" in Venezuela". In: *Journal of Democracy* 10, 3, S. 64-77.

Merkel, Wolfgang (2007): "Gegen alle Theorie? Die Konsolidierung der Demokratie in Ostmitteleuropa". In : *Politische Vierteljahresschrift* 48, Heft 3, S. 413-433.

— (^{2}2010): *Systemtransformation*. Wiesbaden.

Merkel, Wolfgang/Puhle, Hans-Jürgen/Croissant, Aurel/Thiery, Peter (2006): *Defekte Demokratie*, Bd. 2: *Regionalanalysen*. Wiesbaden.

Merkel, Wolfgang/Puhle, Hans-Jürgen/Eicher, Claudia/Croissant, Aurel/Thiery, Peter (2003): *Defekte Demokratie*, Bd. 1: *Theorie*. Opladen.

O'Donnell, Guillermo (1993): On the State, Democratization and Some Conceptual Problems: A Latin American View with Glances at some Post-Communist Countries. In: *World Development* 21, 8, S. 1355-1370.

— (1994): "Delegative Democracy?". In: *Journal of Democracy* Vol. 5, Nr. 1., S. 55-69.

OECD (Organisation for Economic Co-operation and Development) (2007): *Latin American Economic Outlook 2008*. Paris.

Reid, Michael (2007): *Forgotten Continent: The Battle for Latin America's Soul*. New Haven/London.

Rose, Richard/Shin, Doh Chull (2001): "Democratization Backwards: The Problem of Third-Wave Democracies". In: *British Journal of Political Science* 31, S. 331-354.

Sangmeister, Hartmut (2008a): *Lateinamerikas Wirtschaftswachstum verliert 2008 an Dynamik*. Hamburg (GIGA Focus Lateinamerika Nr. 1).

— (2008b): *Die "Bolivarische Revolution" – Hoffnung für die Armen Lateinamerikas?* Hamburg (GIGA Focus Lateinameirka Nr. 3).

Schedler, Andreas (Hrsg.) (2006): The Logic of Electoral Authoritarianism. In: Ders. (Hrsg.): *Electoral Authoritarianism: The Dynamics of Unfree Competition*. Boulder/London, S. 2-34.

Seligson, Mitchell A. (2007): "The Rise of Populism and the Left in Latin America". In: *Journal of Democracy* 18, Nr. 3, S. 81-95.

Thiery, Peter (2006a): "Demokratie in Lateinamerika. Von der zweiten zur 'dritten Transition'?". In: Birle, Peter/Nolte, Detlef/Sangmeister, Hartmut (Hrsg.): *Demokratie und Entwicklung in Lateinamerika*. Frankfurt am Main, S. 93-122.

— (2006b): "Lateinamerika". In: Merkel, Wolfgang/Puhle, Hans-Jürgen/Croissant, Aurel/Thiery, Peter: *Defekte Demokratie*, Band 2: *Regionalanalysen*. Wiesbaden, S. 21-161.

— (2007): "Horizontal Accountability in jungen Demokratien". In: Kropp, Sabine/ Lauth, Hans-Joachim (Hrsg.): *Gewaltenteilung und Demokratie. Konzepte und Probleme der "horizontal accountability" im interregionalen Vergleich*. Baden-Baden, S. 280-301.

— (2008a): "Globale Trends 2005-2007". In: Bertelsmann Stiftung (Hrsg.): *Bertelsmann Transformation Index 2008*. Gütersloh, S. 46-73.

— (2008b): "Lateinamerika und Karibik". In: Bertelsmann Stiftung (Hrsg.): *Bertelsmann Transformation Index 2008*. Gütersloh, S. 212-232.

— (2008c): "Intakte und defekte Demokratien – Wohin bewegt sich Lateinamerika?". In: Boeckh, Andreas (Hrsg.): *Demokratie in Lateinamerika: Neue Formen der Partizipation oder Rückkehr zum Autoritarismus?* Lateinamerika-Analysen. Hamburg.

UNDP (2005): *Cuanto cuesta la Violencia en El Salvador?* San Salvador (Cuadernos sobre Desarrollo Humano No. 4).

UNDP (2006): *El Costo Económico de la Violencia en Guatemala*. Ciudad de Guatemala.

UNODC (2007): *Crime and Development in Central America: Caught in the Crossfire*. Wien. <http://www.unodc.org/pdf/Central%20America%20Study.pdf> (1.8.2008).

Vargas-Cullell, Jorge/Rosero-Bixby, Luis/Seligson, Mitchell A. (2006): *Cultura Política de la Democracia en Costa Rica* (LAPOP 2006). San José <http://sitemason.vanderbilt.edu/files/fwLGuI/COSLAPOP06V6C.pdf)> (18.06.2008).

Dezentralisierung, Demokratisierung und die Ambivalenz des Lokalen in Lateinamerika

Markus-Michael Müller

1. Einleitung

Demokratisierung und Dezentralisierung sind seit mehr als zwei Jahrzehnten zentrale Themen der politischen Agenda der meisten Länder Lateinamerikas. Intern vorangetrieben durch die Erfahrungen autoritärer Herrschaft und der Erschöpfung eines ökonomisches Entwicklungsmodells, welches dem Staat die zentrale Rolle für den Erfolg wirtschaftlichen Wachstums zusprach, und extern unterstützt durch Institutionen wie die Weltbank oder die Interamerikanische Entwicklungsbank wurde erwartet, dass die sich über Dezentralisierungsprozesse vollziehende Umstrukturierung der Staaten Lateinamerikas nicht nur staatliche Effizienz steigern und zu ökonomischer Entwicklung und Stabilität beitragen könnte, sondern vor allem auch die Weiterentwicklung demokratischer Verhältnisse befördern würde. Die Euphorie und der Nachdruck, mit dem nationale Regierungen und internationale Institutionen Dezentralisierungspolitiken in den letzten Jahren forciert haben, führte dazu, dass Dezentralisierungspolitiken heute als der in Lateinamerika am weitesten fortgeschrittene Teil politischer Reformen zu betrachten sind (Burchardt 2001). Nach mehr als zwei Jahrzehnten Dezentralisierungserfahrungen im Namen der Demokratieförderung in Lateinamerika, die im Auge manch eines Betrachters gar als "revolutionary trends" (Campbell 2003: 3) erscheinen, lässt sich eine umfassende Erweiterung subnationaler politischer Handlungsbefugnisse im Allgemeinen und eine besonders auffällige Stärkung der Gemeinden (Nolte 2000: 80) konstatieren. Diese Prozesse führten somit zu einer umfassenden politischen Aufwertung des Lokalen, weshalb man feststellen kann, dass "the adage that 'all politics is local' is now true as never before" (Sabatini 2003: 140).

Dass es sich bei diesem Lokalen nun keineswegs um ein *per se* demokratisches Terrain handelt, wurde wahrscheinlich am prägnantesten von Guillermo O'Donnell (1999a) durch seinen Hinweis auf die Existenz lokaler, quasi-feudaler und von ihm als *brown areas* bezeichneter Gebiete im Inneren vieler Staaten Lateinamerikas herausgearbeitet. Kontrastiert man nun die sich exklusiv auf demokratiefördernde Hoffnungen von Dezentralisierungsprozessen beziehende Sichtweise mit der Existenz jener *brown areas*, so hinterlässt dies einen grundlegenden ambivalenten Eindruck. Einerseits erscheint gerade eine sich über Dezentralisierungsmaßnahmen vollziehende Aufwertung und Ausdehnung lokaler Handlungsräume als viel versprechender Schritt in Richtung einer Vertiefung demokratischer Transitionsprozesse. Andererseits ist man mit der Tatsache konfrontiert, dass viele dieser lokalen

Räume in einer autoritären Form herrschaftlich strukturiert sind, welche die emanzipativen Implikationen der Dezentralisierungsprozesse *ad absurdum* führt.

Nachfolgend soll sich dieser Ambivalenz angenommen und ein genauerer Blick auf jene subnationalen autoritären Räume und deren Beziehung zu Demokratisierungs- und Dezentralisierungsprozessen geworfen werden. Dieser Fokus ist damit zu begründen, dass es sich hierbei um ein Phänomen handelt, das in den aktuellen Debatten um Dezentralisierung und Demokratisierung stark vernachlässigt wurde, jedoch für die qualitative Bewertung dieser Prozesse von zentraler Relevanz ist. Zwar wird die Existenz dieser *brown areas* in einer Reihe von Arbeiten anerkannt, ihrer historischen Genese und Entwicklungsdynamik wird allerdings zumeist ebenso wenig Beachtung geschenkt wie der Rückbindung dieser Gebiete an den Zentralstaat und dessen politisches Entscheidungszentrum. Um diese Dimensionen zu erfassen, wird es notwendig sein, den in vielen Arbeiten zum Thema dominierenden exklusiven Fokus auf formale Institutionen zu verlassen und der Frage nach der anderen, informellen Seite von Politik in Lateinamerika nachzugehen.

Vor dem Hintergrund dieses Erkenntnisinteresses gliedert sich das Vorgehen in drei Schritte. Zuerst werden einige theoretische Überlegungen vorgestellt, welche sich mit dem strukturellen Ort des Lokalen im lateinamerikanischen Staat beschäftigen. Nachfolgend wird sich der konkreten historischen Dynamik jener subnationalen autoritären Räume im Kontext von zunehmender Dezentralisierung und Demokratisierung zugewandt. Damit diese Überlegungen nicht abstrakt bleiben, sollen sie an einem konkreten Beispiel illustriert werden. Diesbezüglich wurde Mexiko ausgewählt, weil sich hier die Überlagerung von formellen und informellen Arrangements besonders deutlich aufzeigen lässt. Einerseits wurden bereits in der Verfassung wesentliche Kompetenzen und Befugnisse der einzelnen Gebietskörperschaften im Rahmen der Bestimmung des Landes als einem föderalen System formal geregelt und in den Dezentralisierungsprozessen der letzten Jahrzehnte noch ausgeweitet. Bei näherem Hinschauen lässt sich jedoch andererseits zeigen, dass eine bis heute beobachtbare Dominanz informeller Praktiken und Arrangements der Wirksamkeit dieser formal festgehaltenen Regelungen und deren Ausdehnung deutliche Grenzen gesetzt hat, was sich besonders deutlich im Bereich des Lokalen manifestiert. Ein abschließendes Fazit soll die am Beispiel Mexikos vorgestellten Gedanken an die Eingangs präsentierten theoretischen Überlegungen zurück binden und einen Ausblick auf weitere Forschungsperspektiven geben, deren Erfassung zu einem besseren Verständnis der Rolle des Lokalen in den gegenwärtigen Dezentralisierungs- und Demokratisierungsprozessen in Lateinamerika beitragen kann.

2. *Staatlichkeit und die Geographie politischer Herrschaft in Lateinamerika*

Als Ausgangspunkt für eine Annäherung an die Rolle des Lokalen in Lateinamerika kann das staatliche Gewaltmonopol gewählt werden. Auch wenn der Begriff des staatlichen Gewaltmonopols dahingehend irreführend ist, dass in keiner Gesellschaft alle Formen der Gewaltsamkeit exklusiv in den Staatsapparaten zu verorten sind

(Giddens 1985: 189; Pierson 1996: 8ff.) und auch unter einem idealtypischen Gesichtspunkt eher von effektiver staatlicher Zentralisierung denn von Monopolisierung gesprochen werden sollte, so ist die Abwesenheit letzterer eine bis heute in den meisten Staaten Lateinamerikas anzutreffende Gegebenheit (Waldmann 2002). Dieser nur partiell erfolgreichen Zentralisierung der Gewaltsamkeit im Staatsapparat korrespondiert eine ebenso begrenzte, allerdings für die Verankerung des Staates in der alltäglichen Lebenswelt "seiner" Bevölkerung essentielle Voraussetzung für die Konstitution und Reproduktion staatlicher Herrschaft, nämlich die Herstellung einer erfolgreichen Zentralisierung und Usurpation der symbolischen Gewalt, welche dem Staat einen "effect of universality" (Bourdieu 1999: 71) verleiht. Beide Punkte vereint führen zu einem von den meisten lateinamerikanischen Staaten nicht gelösten Problem der Herstellung einer primär an den Staat gekoppelten sozialen Kontrolle, verstanden als "the succesful subordination of people's own inclinations of social behavior or behavior sought by other social organizations in favor of the behavior sought by state rules" (Migdal 1988: 22).

Dort, wo die staatliche Fähigkeit zur effektiven Herstellung dieser Form der sozialen Kontrolle prekär ist, entstehen oder überleben konkurrierende soziale Kontrollformen, welche dazu führen, dass der Staat in seiner sozialen Dimension beschränkt bleibt. Begreift man den Staat nicht als eine objektiv gegebene Sache, sondern als eine institutionelle Verdichtung sozialer Verhältnisse (Poulantzas 2002; Oszlak 1981; O'Donnell 1999b; Jessop 2002), so ist diese Verdichtung als ein permanenter materieller, symbolischer, diskursiver und emotionaler Bezugsprozess der dem Staat unterworfenen Subjekte auf die staatlichen Institutionen zu denken. Erst dieser soziale Bezugsprozess gibt der Idee des Staates (Abrams 1988) ihre institutionelle Materialität und damit ihre soziale Realität und Wirkungsmächtigkeit. Der Staat ist somit zugleich ein soziales Verhältnis wie auch ein sozialer Prozess (Migdal 2001; Poulantzas 2002). Wie Oscar Oszlak am Beispiel seiner methodologischen Überlegungen zur historischen Konstitution der lateinamerikanischen Staaten gezeigt hat, können diese beiden im Begriff des Staates als einer institutionellen Verdichtung sozialer Verhältnisse präsenten Dimensionen unterschiedliche Ausprägungsgrade erfahren. Es kann einen Staat, verstanden als einen relativ entfalteten institutionellen Staatsapparat, geben, gleichzeitig kann dessen soziale Einbettung, also sein sozialer Verdichtungsgrad, sehr gering sein (Oszlak 1981: 11ff).

Diese Differenz dürfte eine Vielzahl der Staaten Lateinamerikas charakterisieren und führt im Zusammenhang mit den Problemen der nur partiellen staatlichen Zentralisierung der physischen und symbolischen Gewaltsamkeit und dem hieraus resultierenden Problem der staatlichen sozialen Kontrolle dazu, dass viele Gesellschaften Lateinamerikas in ihrem Inneren unterschiedliche Intensitätsgrade von staatlicher Durchdringung aufweisen. Das Ergebnis ist ein für weite Teile Lateinamerikas charakteristischer "fragmentierter Leviathan" (Lauth 2002).

Entgegen einer lange Zeit dominanten Sichtweise, welche die lateinamerikanischen Staaten exklusiv von einem formalen Gesichtspunkt aus betrachtet, sie dann tendenziell als steuerungsfähig und (für Dezentralisierungsfragen besonders folgenreich) als stark zentralisiert begriff und damit einer "Verwechslung von autoritärem mit autoritativem Staat" (Braig 2005: 115) Vorschub leistete, wird bei näherem Hinschauen die Komplexität und der permanent ausgehandelte Charakter dieser formalen Seite lateinamerikanischer Staatlichkeit und deren Zentralisierung deutlich:

> Centralization in Latin American Countries was never a unidirectional or comprehensive process. Rather, the centralization of the administrative apparatus and fiscal powers of the state coincided with a complex process of negotiation with local and regional groups about the terms of their incorporation in the nation-state. Moreover, in most countries of Latin America, other than Brazil and Argentina, the state has never exercised an overwhelming percentage of national resources, and in all countries the exercise of state power has required a significant degree of accommodation with key regional and local elites. Far from the picture of all-encompassing centralized bureaucracies that dominated all areas of national life, Latin American states have been fairly limited in their penetration of society and sustained in large part through bargains with other social forces (Selee 2004: 26).

Aus dieser Situation resultiert ein hoher innerer politisch-geographischer Fragmentierungsgrad der lateinamerikanischen Staaten, der sich vor allem in Bezug auf ethnische, kulturelle, regionale und soziale Aspekte des politischen Zusammenhangs manifestiert. Diese Fragmentierung eröffnet einen strukturellen Konstitutionskontext für die Herausbildung politischer *broker*, die aufgrund ihrer starken lokalen (kulturellen und/oder ethnischen) Verankerung einerseits und der prekären sozialen Einbettung des Staates andererseits in der Lage sind, sich zwischen Staat und Bevölkerung zu schieben. Sie sind das Nadelöhr, durch das jedes zentralstaatliche politische Projekt hindurch muss. In diesen lokalen Räumen, in denen der Staat nicht in der Lage ist, als Agent effektiver sozialer Kontrolle zu agieren, entstehen auf lokaler Ebene autonome "territorially based, spheres of power" (O'Donnell 1999a: 138), in denen alternative, durch personalistische und klientelistische Formen der Machtausübung gekennzeichnete Ordnungsmuster dominieren.

Um ein Verständnis dieser Räume zu entwickeln, das diese nicht einfach als abgeschottete Enklaven betrachtet, sondern in ihrer funktionalen Rückbindung an die zentralstaatlichen Strukturen begreift und damit die Frage ihrer strukturellen Verankerung thematisiert, bietet es sich an, Klaus Schlichte (2005) zu folgen und diese Räume mit dem Begriff der "Herrschaft der Intermediäre" zu beschreiben. Dieser Begriff erlaubt es, auf den interdependenten Funktionszusammenhang, der zwischen diesen von lokalen *strongmen* dominierten Gebieten und dem Zentralstaat existiert, hinzuweisen und damit letztlich die "Abhängigkeit des Zentralstaates von peripheren Machtkonstellationen, deren Politikverständnis und Praktiken" (Braig 2005: 114) in den Blick zu bekommen. Dort, wo der Staat weder über ein umfassendes Maß an sozialer Kontrolle verfügt noch als primärer symbolischer Referenzpunkt im kollektiven politischen Imaginären präsent ist, ist die Durchsetzung von in der Hauptstadt entworfenen politischen Projekten, aber auch die Aufrechterhaltung politischer Stabilität auf lokaler Ebene oder häufig auch der gewünschte Wahlerfolg, auf einen permanenten Aushandlungsprozess der Agenturen des Zentralstaates mit lokalen "Machthabern" – eben jenen Intermediären – angewiesen:

> The local stability that strongmen can guarantee – as long as they provide workable strategies of survival to the population – is critical to the overall stability of the regime. State leaders accept the stability which they garner even without building a complex, institutionalized appara-

tus, in exchange for their implicit consent not to contest actively the strongmen's control in local areas or even their capture of the state's tentacles. The strongmen end up with and enhance bargaining position or with posts in the state itself that influence important decisions about the allocation of resources and the application of policy rules (Migdal 2001: 92).

Das sich hieraus bildende Verhältnis zwischen Staat, politischen Intermediären (aber auch zwischen diesen und der lokalen Bevölkerung), ist am besten als ein institutionalisierter Verhandlungszusammenhang zu beschreiben, dessen Institutionalisierungmodus überwiegend informell ist, d.h. bestimmt wird durch "*socially shared rules, usually unwritten, that are created, communicated, and enforced outside officially sanctioned channels*" (Helmke/Levitsky 2004: 727 Herv.i.O).

Aus der bisher erfolgten Beschreibung des Lokalen lässt sich nun bezüglich der eingangs aufgeworfenen Frage nach dessen strukturellem Ort im Kontext lateinamerikanischer Staatlichkeit folgern, dass das Lokale aufgrund des vielerorts fragmentierten Charakters zentralstaatlicher Herrschaftsfähigkeit in Lateinamerika als ein essentieller politischer Verdichtungs- und Aushandlungsort zu verstehen ist, an dem über den Durchsetzungsgrad zentralstaatlicher Entscheidungen und letztendlich auch über die soziale Einbettung des Staates zwischen politischen Intermediären und zentralstaatlichen Kräften permanente Verhandlungsprozesse stattfinden. Das Lokale ist somit nicht als eine einfach geographische Ortsbestimmung zu betrachten, sondern kann mit Claudio Lomnitz als eine politische Zone im Inneren der lateinamerikanischen Staaten, d.h. als "a kind of place within a system of functionally related places" (Lomnitz 2001: 141) verstanden werden.

Diese Sichtweise ermöglicht es, lokale autoritäre Räume nicht als überwindbare Hindernisse auf dem Weg zur vollen Entfaltung von Staatlichkeit und Demokratie zu betrachten, sondern vielmehr als relativ stabile (und aus Sicht des zentralstaatlichen Gesamtzusammenhangs häufig auch stabilisierende) Momente der Strukturierung der politischen Landschaft der Region zu begreifen. Sie sensibilisiert weiterhin für die überwiegend informellen Prozesse, welche die zwischen dem Lokalen und dem Zentralstaat existierenden Beziehungen hauptsächlich organisieren. Nachfolgend soll nun der Versuch unternommen werden, diese bisher abstrakt gebliebenen Überlegungen am Beispiel des postrevolutionären Mexikos zu illustrieren und exemplarisch der Frage nach den Demokratisierungseffekten von Dezentralisierungsprozessen im Bereich des Lokalen nachzugehen.

3. *Subnationaler Autoritarismus, Demokratisierung und Dezentralisierung in Mexiko*

3.1 Die historische Ausgangssituation: Zentrum und Peripherien

Wirft man einen historischen Blick auf die "erfolgreichen" europäischen Staatsbildungsprozesse, so fällt auf, dass ein wesentlicher Erfolgsgarant in diesem Kontext in der Bildung von politischen Koalitionen zu erblicken ist, die ein gemeinsames Interesse an einer institutionellen Zentralisierung der politischen Herrschaft entwickelten und in der Lage waren, sich dem Staatsbildungsprozess widersetzende politische Kräfte im Zweifelsfall militärisch zu bezwingen (Spruyt 1994; Tilly 1985). Gerade das Fehlen solcher, von einem effektiven "Zentralisierungs-Konsens" geeinter politischer Koalitionen hat die Herausbildung staatlicher Herrschaft in Mexiko seit ihren Anfängen geprägt. Dies führte zur Konstitution eines Staates, der die in seinem Inneren präsenten peripheren Kräfte weniger mittels des Einsatzes staatlicher Gewaltmittel effektiv beseitigte, als sie vielmehr in eine auf Permanenz gestellte informelle Verhandlungsstruktur integrierte.

Um die Genese dieses Strukturzusammenhangs verstehen zu können, ist darauf hinzuweisen, dass bereits der kolonial-administrative Apparat nur über eine sehr partielle Durchdringungskraft des Kolonial-Territoriums verfügte (Carmagnani 1994; Coatsworth 1982). Die Kohäsion des kolonialen politischen Systems wurde nicht von einem zentralisierten politischen Herrschaftsapparat gewährleistet, sondern war das Ergebnis eines "network of interests", welches die verschiedenen Regionen untereinander und mit dem Zentrum (Mexiko-Stadt) verband (Hamnett 1986; 2). Mexiko-Stadt nahm (und nimmt) in diesem Netzwerk zwar durch die hier gebündelten politischen und ökonomischen Ressourcen (und der potentiellen Verfügungsgewalt über diese) eine dominante Stellung ein, gleichzeitig werden dieses Zentrum und seine Handlungsfähigkeit aber durch dessen permanentes Angewiesen-Sein auf die Bereitstellung peripherer Ressourcen (politischer und ökonomischer Natur) von der Netzwerkstruktur als Ganze überdeterminiert.

Eine tendenzielle Möglichkeit zur Überwindung dieser Struktur in Richtung eines territorial integrierten Staates schien erst mit der Konstitution eines liberal-oligarchischen Regimes unter Porfirio Díaz (1876-1911) und der von ihm erreichten politischen Stabilisierung, der sogenannten "Pax Porfiriana" möglich. Auch wenn es nach dem Motto "mucha administración y poca política" in dieser Zeit zu einer deutlichen Zentralisierung des Staates kam und die Erschließung weiter Teile des ländlichen Mexikos durch Eisenbahnen den Weg für eine bisher unbekannte institutionelle Durchdringung Mexikos durch staatliche Organe bereitete (Knight 1986, I: 15ff.; Tobler 1992: 34ff.), stellte nach wie vor die Existenz einer Verhandlungsstruktur zwischen dem politischen Zentrum in Mexiko-Stadt und den regionalen Machthabern eines der wesentlichen Merkmale dieses Regimes dar. Es kam jedoch zu einer entscheidenden Veränderung: War die Beziehung zwischen den lokalen Machtzentren und dem Zentralstaat während der vorangegangenen Phasen vor allem von den zentrifugalen Kräften des Netzwerkes bestimmt, so kam es während des *Porfiriato* zu einer grundlegenden Gegenentwicklung. In mehreren Etappen gelang es Díaz, über informelle und personalistische Netzwerke eine Allianz mit den lokalen Machtzentren zu bilden, die nicht nur ihn selbst an die politische Macht brachte, sondern auch einen neuen und allgemein weitgehend anerkannten Bezugsrahmen für politische Aspirationen etablierte: Den mexikanischen Zentralstaat mit dem Präsidenten Díaz im Zentrum (Guerra 1992, I: 92ff., 235ff.).

Basierte somit auch die im *Porfiriato* eingeleitete politische Zentralisierung auf der Integration lokaler Machtzentren, so ist es nicht verwunderlich, dass die mexikanische Revolution diesen politischen Kräften neue Handlungsräume eröffnete und zu einer grundlegenden Refeudalisierung politischer Macht auf lokaler Ebene führte (Ouweneel/Pansters 1989: 16). Diese Situation stellte die siegreichen Kräfte der Revolution vor eine große politische Herausforderung bezüglich der Konsolidierung eines postrevolutionären Staates.

3.2 Die postrevolutionäre Konstellation

Die Lösung des Problems, wie man eine postrevolutionäre Machtbalance zwischen der Zentralregierung und den lokalen Machtzentren etablieren könnte, stellte eine Parteigründung dar. Mit der Gründung der *Partido Nacional Revolucionario* (PNR) im Jahre 1929 gelang es den siegreichen Kräften der Revolution, das Netz lokaler und sich bekämpfender Machtzentren in eine "Konföderation" zu verwandeln. Getragen vom Konsens der Nicht-Wiederwählbarkeit des Präsidenten wurde dieses Gebilde dadurch zusammengehalten, dass lokale Interessen über die persönlichen Beziehungen der lokalen Machthaber zum Präsidenten als dem Repräsentanten der Regierung in der Hauptstadt im Rahmen von Klientelbeziehungen vermittelt wurden. War die PNR vor allem ein Kompromiss zwischen den unterschiedlichen regionalen und lokalen starken Männern der Mexikanischen Revolution und damit primär territorial organisiert, so erhielt die 1938 gegründete *Partido de la Revolución Mexicana* (PRM) eine Organisationsstruktur, die sich aus funktionalen Sektoren zusammensetzte, in denen die sozialen Schichten organisiert wurden. Die hier geschaffene Grundstruktur wurde in den 1940er Jahren noch einmal umbenannt, und zwar in *Partido Revolucionario Institucional* (PRI). Die PRI fungierte dabei gleichzeitig als "korporatistische Integrationsmaschine" für die mexikanische Bevölkerung und als Bindeglied zwischen dem Zentralstaat und den unterschiedlichen regionalen Machtblöcken des mexikanischen Herrschaftsarrangements. Lange Zeit erfolgreich wurde in ihren Reihen und in Symbiose mit dem jeweiligen Präsidenten die Machtbalance zwischen einer das Land modernisierenden metropolitanen Koalition und peripheren Machtzentren ausgehandelt. Damit wurde eine Lösung gefunden, mit der das Land von der Hauptstadt aus tendenziell regiert werden konnte. Die metropolitane Modernisierungskoalition aus städtischer Elite, urbanen Mittelschichten und arbeitenden Klassen formierte sich seit den 1930er Jahren und wirkte noch weit in die 1970er Jahre hinein, um schließlich mit der Verschuldungskrise 1982 und dem in diesem Rahmen vorgenommenen Wechsel des ökonomischen Entwicklungsmodells unterzugehen. Ihr gesellschaftliches Projekt umfasste in erster Linie eine bestimmte Entwicklungsstrategie (im Kern eine binnenmarktorientierte Importsubstituierende Industrialisierung) und die damit verbundenen sozialen und wirtschaftlichen Politiken. Sie war jedoch auf Bündnisse mit lokalen Machtgruppen angewiesen, wollte sie eine nationale Verankerung erreichen und Wahlen gewinnen. Die politischen Vertreter der städtischen Modernisierungskoalition waren in einer Gesellschaft mit einem hohen Anteil ländlicher Bevölkerung in weiten Teilen des Landes nicht ohne weiteres präsent. Erst dadurch, dass immer wieder Bündnisse mit lokalen Machtgruppen hergestellt werden konnten, gelang es der PRI jahrzehntelang, die

Repräsentanten der tradierten Ordnung an sich zu binden. Nur über Bündnisse mit teilweise stark divergierenden lokalen Machtzentren konnte die PRI eine Kohärenz als nationale Kraft erreichen, die Zentralmacht sich vermittelt durch die Aktivität dieser Machtzentren auf das gesamte Territorium ausdehnen und eine gewisse Machtbalance zwischen Peripherien und Zentrum aufrechterhalten werden (Braig/ Müller 2008; Braig 2004).

Nun ließe sich anführen, dass diese hier erwähnten Phänomene, auch wenn sie über ein erhebliches Maß an historischer Verwurzelung verfügen, in der angeführten Form nahezu symbiotisch mit der 71-jährigen PRI-Herrschaft verbunden waren. Es stellt sich somit die Frage, ob die bisherige Beschreibung des mexikanischen Staates nicht angesichts der jüngsten politischen Entwicklungen, welche im Jahre 2000 zum Sieg von Vicente Fox Quesada von der PAN (*Partido Acción Nacional*) führten und damit der mexikanischen *light version* eines autoritären Staates ein Ende bereiteten, von der politischen Realität überholt wurden? Diese Frage ist es auch, vor deren Hintergrund sich eine Beschäftigung mit den mexikanischen Dezentralisierungsprozessen lohnt, traten diese doch immer wieder mit dem Versprechen an, gerade jene undemokratischen Strukturierungsmomente des Lokalen zu überwinden, dort präsente politische "Bosse" zu entmachten und damit zu einer Demokratisierung des Landes zu führen.

3.3 Dezentralisierungsprozesse in Mexiko

Erste Ansätze in Richtung Dezentralisierung in Mexiko können bereits in den Amtszeiten von Luis Echeverría (1970-1976) und José López Portillo (1976-1982) ausgemacht werden. Im ländlichen Raum versuchte man durch Maßnahmen wie das *Programa de Inversiones Para el Desarrollo Rural*, *Coordinación General del Plan Nacional de Zonas Deprimidas y Grupos Marginados* oder durch die Umgestaltung und bessere Präsenz der staatlichen Lebensmittelkette für Grundnahrungsmittel CONASUPO (vor dem Hintergrund dort wachsender politischer Mobilisierung und zunehmender Guerillaaktivität), die lokale Infrastruktur zu verbessern und Armut zu beseitigen (Fox 1994: 159ff.). Weiterhin wollte man mittels der Verabschiedung des *Ley General de Asentamientos Humanos* eine bessere Planung von Siedlungsstrukturen erreichen. Hierfür wurde die Notwendigkeit betont, dass urbane Entwicklungspläne zukünftig auf nationaler, bundesstaatlicher, aber auch munizipaler Ebene entwickelt werden sollten, weshalb 1976 in diesem Zusammenhang eine Reihe von Verfassungsänderungen vorgenommen wurden, die den Gemeinden die Befugnis erteilten, selbstständig Regulierungsinstrumente für diesen Bereich zu erlassen. Weiterhin beschloss man im Rahmen des nationalen urbanen Entwicklungsplans 1978 nicht nur eine Verstärkung der industriellen Dezentralisierung, sondern auch eine Dekonzentrierung von Teilen der in Mexiko-Stadt angesiedelten föderalen Verwaltung hin zu anderen Städten (Rodríguez 1997a: 225ff.).

Tiefergehende Schritte in Richtung Dezentralisierung wurden unter der Regierung von Miguel de la Madrid (1982-1988) unternommen. Neben einer umfassenden

Dezentralisierung der öffentlichen Verwaltung, des Gesundheits- und Bildungssektors wurden mit der Schaffung der *Subsecretaría de Desarrollo Regional* und dem *Sistema Nacional de Planeación Democratica* Einrichtungen ins Leben gerufen, welche die Qualität der Regionalentwicklung durch die institutionalisierte Koordination aller drei Gebietskörperschaften (Zentralstaat, Bundesstaat, Gemeinde) erhöhen sollten. Der zentrale Regionalentwicklungsmechanismus war der gleichzeitig geschaffene *Convenio Único de Desarrollo* (CUD), welcher jährlich zwischen dem Präsidenten und den jeweiligen Gouverneuren unterzeichnet wurde und ein formales Abkommen bezüglich eines Ressourcentransfers von Seiten des Zentralstaates zu den jeweiligen Bundesstaaten darstellte. Den CUDs zur Seite gestellt wurden die *Comités de Planeación para el desarrollo Estatal*, die den einzelnen Bundesstaaten bezüglich ihrer Formulierung und Evaluation der CUDs helfen sollten.

Der Kern des Dezentralisierungsprojekts von De la Madrid bestand jedoch in der Ausdehnung des Handlungsspielraums des *municipios*. Mit der Gemeindereform von 1984, die zu einer Verfassungsreform des Artikels 115 führte, wurde der verfassungsmäßige Status des *municipios* erweitert. Die Reform sollte dessen Autonomie erhöhen und ihm das Recht auf eigene Finanzverwaltung, die Erhebung von Einkommenssteuern und deren Verwendung zugestehen. Weiterhin wurden auch die öffentlichen Dienstleistungen benannt, die von dem *municipio* bereitgestellt werden mussten (Rodríguez 1997b: 70ff.).

Vor dem Hintergrund eines extrem schlechten Wahlergebnisses der PRI, das erst nach dem fragwürdigen Ausfall des Wahlcomputersystems den Sieg des PRI-Präsidentschaftskandidaten Carlos Salinas de Gortari sicherte, versuchte dessen Administration die Legitimität der PRI und damit die Kontinuität des Systems durch einen Umbau der PRI-Struktur herzustellen. Zum Kondensationspunkt dieses Projekts wurde das *Programa Nacional de Solidaridad* (PRONASOL) (Braig 1999; Cornelius/Craig/Fox 1994; Fox 1994). Das Programm sollte primär in Gebieten, in denen oppositionelle Parteien Wahlerfolge vorweisen konnten und/oder die klassischen, über lokale PRI-Bosse funktionierenden Mobilisierungsversuche nicht mehr den gewünschten Erfolg hatten, zum Einsatz kommen. Obwohl der Begriff der Dezentralisierung nahezu komplett aus dem offiziellen Regierungsdiskurs verschwand (Rodríguez 1997b: 75f.) und durch PRONASOL ersetzt wurde, sind die diesem Programm immanenten Dezentralisierungsaspekte offensichtlich. Angetreten mit dem Anspruch der Armutsbekämpfung, der Förderung regionaler Entwicklung und der aktiven Einbeziehung der Betroffenen in die Planung und Ausführung der Programme, sollten wesentliche Entscheidungsbefugnisse über konkrete Projekte und deren Umsetzung an die Gesellschaft zurückgegeben werden, die sich in Solidaritätskomitees organisieren sollte und über diese auch Zugang zu den finanziellen Ressourcen des Programms hatte. Dies führt in der Praxis häufig dazu, dass durch die Geldzuweisung an die Solidaritätskomitees politische Institutionen auf Gemeindeebene weitgehend umgangen wurden. Munizipale Verwaltungen hatten, sofern sie sich nicht selbst in den Solidaritätskomitees organisierten, keinen direkten Einfluss auf die Verwendung der Mittel (Mizrahi 2004: 150).

Unter der Nachfolgeregierung von Ernesto Zedillo (1994-2000) wurde nicht zuletzt vor dem Hintergrund des Chiapas-Aufstands und des weiteren Vormarschs von Oppositionsparteien eine Vertiefung der Dezentralisierungsmaßnahmen angestrebt, welche erneut die Legitimität der PRI steigern sollten. Eingebettet wurden diese Reformschritte in das Programm eines "neuen Föderalismus", dessen Kern auf eine Neugestaltung der Finanztransferbeziehungen zwischen den Gebietskörperschaften und eine institutionelle Stärkung der Gemeinden konzentrierte (Maihold 2004: 346ff.): Erstens kam es zu einer Steigerung der föderalen Transferzahlungen an die Gebietskörperschaften, wenn diese eine kompetente Aufgabenwahrnehmung in den dezentralisierten Bereichen Bildung, Gesundheit, Umwelt, Landwirtschaft und Transport aufweisen konnten. Zweitens wurden auf kommunaler und bundesstaatlicher Ebene zusätzliche Einnahmequellen, wie etwa durch die Besteuerung von Pkws und die Möglichkeit der Erhebung zusätzlicher Gebühren geschaffen. Drittens wurde die PRONASOL-Praxis des "Übergehens" der Gebietskörperschaften bei den Finanztransfers beendet und direkt den Bundesstaaten überantwortet – allerdings um den Preis einer Ausblendung der kommunalen Ebene. Weiterhin wurde versucht, die Qualität des in den Kommunalverwaltungen arbeitenden Personals durch Weiterbildungsprogramme zu steigern und sich um eine Reduzierung der Kompetenzüberlappungen zwischen den verschiedenen Gebietskörperschaften bemüht. Darüber hinaus wurde 1999 eine erneute Verfassungsreform des Artikels 115 vorgenommen, welche erstmalig das *municipio* als eigenständige Regierungseinheit und nicht als eine dem jeweiligen Bundesstaat untergeordnete Verwaltungseinheit benannte. Hiermit wurde nicht nur den Gemeinden die Kontrolle über die lokale Polizei gegeben (Turner 2002: 110), sondern auch der Praxis der Übernahme (zumeist finanziell lukrativer) munizipaler öffentlicher Dienstleistungen durch Bundesstaaten ein Ende bereitet (Rowland 2001: 1378).

Diese Grundrichtung der Dezentralisierungsbemühungen wurde auch von der Nachfolgeregierung unter Vicente Fox fortgeführt. Bereits im nationalen Entwicklungsplan für die Jahre 2001 bis 2006 sprach sich die Regierung Fox für einen "authentischen Föderalismus" (PND, 6) aus, welcher explizit als Schritt in Richtung Dezentralisierung und Demokratisierung verstanden wurde und sich einer weitgehenden politischen Dezentralisierung, der Bildung authentischer föderaler Beziehungen und der Stärkung der lokalen Administrationen, aber vor allem auch der Einbeziehung der Bürgerschaft verpflichtet fühlte (PND, 140). Letzteres zeigte sich unter anderem in dem Versuch, zivilgesellschaftliche Akteure in die Politikimplementierungsprozesse zu integrieren. Ein Beispiel hierfür stellte das von der Fox Administration initiierte Mikrokredit-Programm *Programa Nacional de Financiamiento al Microempresario* dar, in dessen Rahmen NGOs in den Verteilungsprozess staatlicher Mikrokredite einbezogen wurden. Diese partizipative Stoßrichtung fand sich auch im Bereich der Regionalentwicklung wieder. Hier wurde mit *Contigo, Manos a la Obra* ein *public-private-partnership* Konzept etabliert, welches Investitionen von internationalen Institutionen, des Privatsektors und wohlhabender Gemeinden in armen *municipios* gewährleisten sollte (Shirk 2005: 206f.).

Weiterhin kam es zu einer Reihe von Gesetzesinitiativen, die beispielsweise im *Ley de Desarrollo Social*, dem *Ley de Desarrollo Rural Sustentable* und dem *Ley General de Equilibrio Ecológico y Protección Ambiental* mündeten und den Gemeinden exklusive Zuständigkeiten für viele Bereiche der Sozial-, Entwicklungs- und Umweltpolitik zusprachen. Seinen institutionellen Niederschlag fand die Dezentralisierungspolitik unter Fox im Jahr 2002 mit der Umbenennung und Reorganisation des ehemaligen *Centro Nacional de Desarrollo Municipal* in das *Instituto Federal para el Federalismo y el Desarrollo Municipal* (INAFED). Dessen Aufgaben bestehen in der gezielten Förderung lokaler Entwicklungen durch Dezentralisierung und "authentische" Föderalisierung. Hierfür stellt es technische Expertisen und Professionalisierungsprogramme für lokale Regierungen, aber auch konkrete Entwicklungsprogramme bereit. In Übereinstimmung mit den Förderungszielen wurde so 2004 das Programm *Agenda Desde lo Local* ins Leben gerufen. Hierbei handelt es sich um ein Programm, in dem, ausgehend von einer auf Gemeindeebene vorgenommenen Selbstdiagnostik, Prioritätsbereiche der Lokalpolitik definiert und die diesbezüglichen Aktivitäten zwischen allen drei Gebietskörperschaften abgestimmt und koordiniert und später vom *Consejo Nacional Desde lo Local* zertifiziert werden sollen.[1]

Ende 2003 schlug die Nationale Konferenz der Gouverneure der Regierung Fox vor, im Rahmen einer *Convención Nacional Hacendaria* (CNH) über eine Neuregelung der Ressourcen- und Aufgabenverteilung zwischen den drei Gebietskörperschaften zu verhandeln (Maihold 2004: 349). Die CNH legte 2005 einen Abschlussbericht vor. Von den hierin enthaltenen Empfehlungen hat die Regierung Fox eine Reihe von Maßnahmen umgesetzt, wobei die Erweiterung der eigenen Ressourcengenerierung vor allem für die Bundesstaaten vorgesehen wurde. Die Position der Gemeinden wurde primär im Bereich der Kooperation und Mitsprache bei der Ressourcenvergabe, aber auch bezüglich einer besseren Ermittlung ihrer Finanzbedürfnisse gestärkt.

Vor dem Hintergrund dieser hier kurz skizzierten Dezentralisierungsprozesse in Mexiko stellt sich nun die Frage, ob der seit De la Madrid immer wieder bemühte Slogan: "Dezentralisieren heißt Demokratisieren" für den mexikanischen Fall zutreffend ist und ob es diese Prozesse geschafft haben, die weiter oben beschriebene Grundstruktur mexikanischer Staatlichkeit und die mit ihr einhergehende politisch-funktionale Einbettung des Lokalen zu überwinden?

3.4 Die Permanenz des subnationalen Autoritarismus

Die oben zuletzt gestellte Frage ist *tendenziell* zu verneinen. Wirft man einen näheren Blick auf die momentane Strukturierung vieler lokaler Räume in Mexiko, so zeigt sich dort ein politischer Mikrokosmos, der in vielen Punkten dem ähnelt, was

1 <http://www.desdelolocal.gob.mx/wb2/DDL/DDL_Etapas_y_funcionamiento_de_la_Agenda> (14.01.2007).

weiter oben unter der "postrevolutionären Konstellation" beschrieben wurde. Denn die tief in der lokalen politischen Struktur verankerten politischen Intermediäre waren häufig in der Lage, sich mit den politischen und ökonomischen Veränderungen des mexikanischen politischen Systems der letzen Jahrzehnte zu arrangieren. Zwar zerfiel mit der Wirtschaftskrise von 1982 und der Durchsetzung eines neuen, auf wirtschaftliche Öffnung und internationale Wettbewerbsfähigkeit hin orientierten Entwicklungsmodells die postrevolutionäre Konstellation des "Interessensnetzwerkes". Aber weder diese Entwicklungen noch die sich parallel hierzu verstärkenden Entwicklungen in Richtung Dezentralisierung, politische Pluralisierung und formale Demokratisierung entzogen den lokalen Machtzentren letztendlich ihre Daseinsgrundlage. Dies ist vor allem der Tatsache geschuldet, dass weder Dezentralisierung noch Demokratisierung an der oben beschriebenen "Tiefenstruktur" des mexikanischen Staates, welche die Hauptgrundlage für die Existenzmöglichkeit dieser lokalen Machtbereiche darstellt, grundsätzlich etwas ändern konnten. Der mit dieser Form von Staat einhergehende "hidden compromise behind and beneath the exercise of power" (Gledhill 2005: 400) ist somit gerade in seiner herrschaftsräumlichen Dimension in Mexiko auch heute weiterhin aktuell, denn bei den mexikanischen Transformationsprozessen der letzten Jahrzehnte handelt es sich im Kern um den Übergang von einem bürokratisch-klientelistischen Staatsmodell zu einem liberal-klientelistischen, bei dem das Grundprinzip der zentralstaatlichen Herrschaftsausübung vermittelst einer informellen Integration lokal verankerter Intermediärer bestehen blieb (Rivelois 2003: 265ff.).

Dies soll nun nicht bedeuten, dass es zu keinen Veränderungen gekommen ist. Unbestreitbar gab es ein "Sterben" politischer Intermediäre, die nicht in der Lage waren, sich den neuen Verhältnissen anzupassen. Dies führte jedoch nicht zu einer Überwindung des postrevolutionären Herrschaftsarrangements zwischen Zentrum und Peripherien, sondern zu dessen Reorganisation und zu einer Verbreiterung der politischen Akteurskonstellation – gerade im Bereich des Lokalen. Nicht nur gelang es vielerorts den anpassungsfähigen und mit der PRI assoziierten lokalen Bossen – vor allem im Süden Mexikos – ihren Einflussbereich in einer Form zu konsolidieren, die von Edward L. Gibson (2005) und Richard Snyder (1999) treffend als "subnationaler Autoritarismus" bezeichnet wurde. Darüber hinaus eröffnete gerade die parallel zu Dezentralisierungs- und Demokratisierungsprozessen einhergehende neoliberale Umstrukturierung von Staat und Wirtschaft in Mexiko den Weg zur Konstitution neuer lokaler Machtzentren (Gledhill 1998; 2001). Diese sind wiederum häufig nicht nur in der Lage, die aus den Dezentralisierungsprozessen resultierende Ressourceausstattung und politische Autonomie lokaler Institutionen anzueignen (Rivelois 2003: 255f.), sondern entziehen sich auch der bisher gültigen Identifizierung mit der PRI. Diesbezüglich weist Zárate Hernández auf eine neue Generation politischer Intermediäre hin, die einen hohen Grad an Beliebigkeit bezüglich einer festen Parteizugehörigkeit aufweisen. Er zeigt darüber hinaus aber auch, wie PRD (*Partido de la Revolución Democrática*) und PAN weiterhin auf die lokale Verankerung und soziale Kontrollfunktion dieser neuen Intermediäre, aber auch auf jene der klassischen lokalen Bosse angewiesen sind. Für den Bundesstaat Jalisco konstatiert er bezüglich der Bildung neuer politischer Koalitionen unter Beteiligung der PAN: "The businessmen that form this coalition and control the PAN in the state have common interests that have made it possible for PRI caciques to negotiate political recognition with PAN governors in exchange for maintaining pubilc order" (Zárate Hernández 2005: 283).

Dass es bezüglich der Involvierung der PAN in diese Strukturen bisher sehr wenige Arbeiten gibt, dürfte somit nicht so sehr an der Immunität der PAN gegenüber diesen Phänomenen liegen als vielmehr einer wissenschaftlichen Vernachlässigung dieses Phänomens geschuldet sein, die sich nahezu exklusiv auf den Beitrag der PAN zur Demokratisierung Mexikos beschränkt.

4. Ausblick

Bevor nun auf die oben gestellte Frage nach der Ambivalenz des Lokalen zurückgekommen werden soll, ist darauf hinzuweisen, dass die hier vorgestellten Überlegungen zu Mexiko nicht als *die* Interpretationsfolie zum Verständnis des Lokalen und dessen Bedeutung für politische Dezentralisierungs- und Demokratisierungsprozesse betrachtet werden können. Mexiko wurde aus oben bereits erwähnten Gründen als konkrete Illustration eines spezifischen Falles herangezogen, an dem der Frage nach demokratieförderlichen Impulsen von Dezentralisierungsprozessen nachgegangen werden sollte. Auch wenn es sich hierbei somit um ein konkretes Beispiel handelt, so scheint es jedoch, dass dieses Beispiel keineswegs einen lateinamerikanischen Einzelfall darstellt. Nicht nur die "üblichen Verdächtigen" der Andenregion, sondern auch die Fortdauer des brasilianischen *coronelismo*, die Fortexistenz subnationaler autoritärer Räume in Argentinien (Gibson 2005) oder die weiterhin zentrale Rolle klassischer *caudillos* für Wahlen und Politik in Honduras (Taylor-Robinson 2006) können als exemplarische Beispiele für die Präsenz und Aktualität ähnlicher Strukturzusammenhänge gelten, wie sie am Beispiel Mexikos beschrieben wurden, die jedoch in ihrer jeweils eigenen spezifischen historischen Gewordenheit untersucht werden müssen. Aller Wahrscheinlichkeit nach sind es vor allem die in Punkto Demokratie und Staatlichkeit als "Vorzeigefälle" zu betrachtenden Länder Chile, Uruguay und Costa Rica, die eine diesbezügliche regionale Ausnahme darstellen.

Vor dem Hintergrund dieser Beobachtung ließe sich bezüglich einer Einschätzung der Veränderungspotentiale dieser dunklen, autoritären Seite des Lokalen durch Dezentralisierungsprozesse folgern, dass diese Entwicklungen jene weiter oben beschriebenen strukturellen Momente von Staatlichkeit, die den Entstehungskontext solcher *brown areas* darstellen, *tendenziell* nicht beseitigen können, sie diese sogar, wie am Beispiel Mexikos gezeigt, häufig verstärken und revitalisieren. Denn schon per Definition handelt es sich bei diesen Prozessen nicht um Versuche eines nachholenden oder korrektiven Staatsbildungsprozesses oder eines *nation buildings*, welche *eventuell* dazu in der Lage wären, diese staatliche Tiefenstruktur zu transformieren.

Nicht zuletzt dürften das Überdauern und die Stärkung solcher Strukturen durch Dezentralisierungsmaßnahmen auch auf einen problematischen Blick vieler Dezentralisierungsprogramme auf den Staat und auf das Lokale geschuldet sein. Durch das den meisten Dezentralisierungsprogrammen immanente Motto des "going local" wurde häufig die Rolle des Staates unterbewertet, der Funktionszusammenhang zwischen den lokalen Räumen und dem Zentralstaat ignoriert und eine konzeptionelle Homogenisierung des Lokalen vorangetrieben, die oftmals zur Ausblendung lokaler Machtverhältnisse führt(e) (Mohan/Stokke 2000: 252ff.).

Diese kritische Einschätzung sollte jedoch nicht darüber hinwegtäuschen, dass es genug Beispiele für Dezentralisierungsmaßnahmen gibt, welche lokale Strukturen ändern und auch nachhaltig demokratisieren konnten. Entscheidend für deren nachhaltigen Erfolg dürfte jedoch weniger ihre inhaltliche Ausrichtung oder bessere Implementierung sein, als vielmehr die politische Struktur des jeweiligen lokalen Kontextes. Auch ein noch so transparenter und weitreichender Kompetenz-, Macht- oder Ressourcentransfer dürfte nämlich dann in seinen Demokratisierungspotenzialen begrenzt bleiben, wenn innerlokale Machtverhältnisse (und deren informelle Akzeptanz von Seiten des Zentralstaates) eine persönliche Aneignung dieser Ressourcen durch einen bestimmten Personenkreis ermöglichen und legitimieren.

Diese Einschätzung stellt eine sich der Demokratieförderung verpflichtet fühlenden Dezentralisierungsperspektive vor erhebliche Probleme, denn es ist anzunehmen, dass der Zusammenhang zwischen Dezentralisierung und Demokratisierung ein höchst komplexes und kontingentes Phänomen darstellt, über dessen letztendliche Ausgestaltung gerade die Ebene des Lokalen und die dort jeweils anzutreffenden politischen Verhältnisse von zentraler Bedeutung sind. Da es aber auch gerade dieser Bereich ist, dessen theoretische Erfassung auch im Bereich der Transitionsforschung lange Zeit stark vernachlässigt wurde, möchte ich im Folgenden den Versuch unternehmen, eine Reihe von möglichen Forschungsfeldern aufzuzeigen, deren Bearbeitung dazu beitragen könnte, ein tiefer gehendes Verständnis des Lokalen und dessen Dynamiken zu entwickeln.

Ein geeigneter Ausgangspunkt für solch ein Unterfangen stellen O'Donnells Überlegungen zu den *brown areas* dar, und zwar nicht nur aufgrund seiner begrüßenswerten Beschäftigung mit staatstheoretischen Fragen, welche als besonders relevant für ein besseres Verständnis der Rolle des Lokalen im Kontext der Ausübung politischer Herrschaft in Lateinamerika zu betrachten sind. Seine Überlegungen könnten darüber hinaus auch eine größere raumtheoretische Sensibilität der sich mit Fragen der Demokratie und Dezentralisierung beschäftigenden Arbeiten fördern. Solch eine für Fragen des Staates im Allgemeinen (und nicht nur für die in momentanen Debatten dominierende Perspektive auf den Rechtstaat) und dessen politische Geographie sensibilisierte Forschung wäre in der Lage, eine Reihe von Aspekten zu beleuchten, die zu einem besseren Verständnis des Lokalen beitragen könnten. In erster Linie wäre es so möglich, das Lokale nicht als eine abgeschottete und isolierte Enklave zu betrachten, sondern es als in den Strukturzusammenhang von lateinamerikanischer Staatlichkeit eingebettete Zone zu erfassen. Dies könnte den Blick auf interlokale Beziehungen ebenso öffnen wie auf die reziproken Verhältnisse, die zwischen dem Zentralstaat und dem Lokalen bestehen. Weiterhin könnten auch die Beziehungen zu lokalen Kontexten "jenseits des Nationalstaates" und deren Rückwirkungen auf die "einheimischen" lokalen Räume in den Blick genommen werden.

Neben einer gesteigerten staats- und raumtheoretischen Sensibilität müsste ein theoretischer Versuch, sich dem Lokalen zu nähern, auch um einen Zugang zur "anderen Seite" des Politischen bemüht sein. Das bedeutet, dass Aspekte der politischen Kultur, der Bildung kollektiver Identitäten, aber vor allem auch die Relevanz informeller Institutionen zu erfassen wären und auf ihre Beziehung zu formellen politischen Institutionen zu befragen sind, wodurch der "excessive formalism" (O'Donnell 2006: 287), der viele Beschäftigungen mit Lateinamerika dominiert, überwunden werden könnte. Dass solch ein Fokus auch eine große Bereitschaft für interdisziplinäres Arbeiten aufweisen müsste, sollte offensichtlich sein.

Literaturverzeichnis

Abrams, Philip (1988): "Notes on the difficulty of studying the state". In: *Journal of Historical Sociology* 1/1, S. 58-89.

Bourdieu, Pierre (1999): "Rethinking the State: Genesis and Structure of the Bureaucratic Field". In: Steinmetz, Georg (Hrsg.): *Sate-Formation After the Cultural Turn*. Ithaca/London, S. 53-75.

Braig, Marianne (1999): *Sehnsucht nach Legitimation. Zum Wandel populistischer Politik in Mexiko*. Habilitationsschrift. Berlin: Freie Universität Berlin, Fachbereich Politik- und Sozialwissenschaften.

— (2004): "Fragmentierte Gesellschaft und Grenzen sozialer Politiken". In: Bernecker, Walther L./Braig, Marianne/Hölz, Karl/Zimmermann, Klaus (Hrsg.): *Mexiko heute. Politik, Wirtschaft, Kultur*. Frankfurt am Main, S. 271-308.

— (2005): "Zwischen Menschenrechten und Rechtsstaatlichkeit. Zivile Frauenorganisationen und Demokratisierung des Staates in Lateinamerika". In: Brunkhorst, Hauke/Costa, Sergio (Hrsg.): *Jenseits von Zentrum und Peripherie. Zur Verfassung der Weltgesellschaft*. München/Mering, S. 113-130.

Braig, Marianne/Müller, Markus-Michael (2008): "Das politische System Mexikos". In: Stüwe, Klaus/Rinke, Stefan (Hrsg.): *Die politischen Systeme in Nord- und Lateinamerika. Eine Einführung*. Wiesbaden, S. 388-414.

Burchardt, Hans-Jürgen (2001): "Dezentralisierung und Local Governance. Empirische Befunde und neue theoretische Anforderungen. Das Beispiel Lateinamerika". In: *Journal für Entwicklungspolitik* 17, 3/4, S. 329-353.

Campbell, Tim (2003): *The Quiet Revolution. Decentralization and the Rise of Political Participation in Latin American Cities*. Pittsburgh, P.A..

Carmagnani, Marcello (1994): "Territorios, provincias y estados: las transformaciones de los espacios políticos en México, 1750-1850". In: Zoraida Vázquez, Josefina (Hrsg.): *La Fundación Del Estado Mexicano, 1821-1855*. México, D.F., S. 39-74.

Coatsworth, John N. (1982): "The Limits of Colonial Absolutism". In: Spalding, Karen (Hrsg.): *Essays in the Political, Economic and Social History of Colonial Latin America*. Newark, NJ, S. 25-52.

Cornelius, Wayne A./Craig, Ann L./Fox, Jonathan (1994) (Hrsg.): *Transforming State-Society Relations in Mexico. The National Solidarity Strategy*. San Diego.

Fox, Jonathan (1994): "The Difficult Transition from Clientelism to Citizenship. Lessons from Mexico". In: *World Politics* 46, 2, S. 151-184.

Friedrich, Paul (1986): *The Princess of Naranja: An Essay in Anthrohistorical Method.* Austin, TX.

Gibson, Edward L. (1997): "The Populist Road to Market Freedom. Policy and Electoral Coalitions in Mexico and Argentina". In: *World Politics* 49, S. 339-370.

— (2005): "Boundary Control. Subnational Authoritarianism in Democratic Countries". In: *World Politics* 58, S. 101-132.

Giddens, Anthony (1985): *The Nation-State and Violence. Volume Two of A Contemporary Critique of Historical Materialism*. Berkeley, CA.

Gledhill, John (1998): "Neoliberalism and Ungovernability: Caciquismo, Militarism and Popular Mobilisation in Zedillo's Mexico". In: Napolitano, Valentina/Leyva Solano, Xochitl (Hrsg.): *Encuentros Antropologicos: Politics, Identity and Mobility in Mexican Society*. London, S. 9-28.

— (2001): "La dialéctica region-centro-nación a fin de siglo: poderes regionales, poderes transnacionales y la transformación del Estado". In: Maldonado Aranda, Salvador (Hrsg.): *Dilemas del Estado Nacional: Una visión desde la cultura y el espacio regional*. Zamora, S. 27-53.

— (2005): "The Difficult Steps Towards the Enjoyment of Full Citizenship: Beyond Transitology". In: Assies, Willem et al. (Hrsg.): *Citizenship, Political Culture and State Transformation in Latin America*. Amsterdam, S. 383-402.

Guerra, François-Xavier (1992): *México: del Antiguo Régimen a la Revolución* (2 Bde.). México, D.F..

Hamnett, Brian R. (1986): *Roots of Insurgency. Mexican Regions, 1750-1824*. Cambridge:.

— (1999): *A Concise History of Mexico*. Cambridge.

Helmke, Gretchen/Levitsky, Steven (2004): "Informal Institutions and Comparative Politics: A Research Agenda". In: *Perspectives on Politics*, 2/4, S. 725-740.

Jessop, Bob (2002): *The Future of the Capitalist State*. Cambridge.

Knight, Alan (1986): *The Mexican Revolution* (2 Bde.). Cambridge.

Lauth, Hans-Joachim (2002): "Zur Transformation von Staat und Demokratie in Asien und Lateinamerika: Fragmentierter Leviathan und defizitäre Demokratie?" In: Birle, Peter/Faust, Jörg/ Maihold, Günther (Hrsg.): *Globalisierung und Regionalismus. Bewährungsproben für Staat und Demokratie in Asien und Lateinamerika*. Opladen, S. 113-138.

Lomnitz, Claudio (2001): *Deep Mexico, Silent Mexico. An Anthropology of Nationalism*. Minneapolis, MN.

Maihold, Günther (^{3}2004): "Regionen, Föderalismus und Dezentralisierungspolitik in Mexiko". In: Bernecker, Walther L./Braig, Marianne/Hölz, Karl/Zimmermann, Klaus (Hrsg.): *Mexiko Heute. Politik – Wirtschaft – Kultur*. Frankfurt am Main, S. 337-362.

Migdal, Joel S. (1988): *Strong Societies and Weak States. State-Society Relations and State Capabilities in the Third World*. Princeton, NJ.

— (2001): *State-in-Society: Studying How States and Societies Transform and Constitute One Another*. New York, NY.

Mizrahi, Yemile (2004): "Mexico: Decentralization from Above". In: Tulchin, Joseph S./Selee, Andrew (Hrsg.): *Democratization and Democratic Governance in Latin America*. Washington, D.C, S. 137-166.

Mohan, Giles/Stokke, Kristian (2000): "Participatory Development and Empowerment: the Dangers of Localism". In: *Third World Quarterly* 21, 2, S. 247-268.

Nolte, Detlef (2000): "Dezentralisierung und Rezentralisierung in Lateinamerika: Tendenzen und Probleme in den neunziger Jahren". In: Bodemer, Klaus (Hrsg.): *Subsidaritätsprinzip, Dezentralisierung und local government – Konzeptionelle Fragen und Fallbeispiele aus drei Kontinenten.* Hamburg, S. 80-94.

O'Donnell, Guillermo (1999a): "On the State, Democratization, and some Conceptual Problems: A Latin American View with Glances at Some Postcommunist Countries". In: O'Donnell, Guillermo: *Counterpoints: Selected Essays on Authoritarianism and Democratization.* Notre Dame, IN, S. 133-158.

— (1999b): *Democratic Theory and Comparative Politics.* Berlin: Arbeitspapiere des Wissenschaftszentrums Berlin, P 99-004.

— (2006): "On Informal Institutions, Once Again". In: Helmke, Gretchen/Levitsky, Steven (Hrsg.): *Informal Institutions and Democracy. Lessons from Latin America.* Baltimore, MD, S. 285-290.

Oszlak, Oscar (1981): "The Historical Formation of the State in Latin America: Some Theoretical and Methodological Guidelines for Its Study". In: *Latin American Research Review*, 16, 2, S. 3-32.

Ouweneel, Arij/Pansters, Wil (1989): "Capitalist Development and Political Centralization Before and After the Revolution: An Introduction". In: Pansters, Wil/Ouweneel, Arij (Hrsg.): *Region, State and Capitalism in Mexico. Nineteenth and Twentieth Centuries.* Amsterdam, S. 1-25.

Peña, Guillermo de la (1986): "Poder local, poder regional: perspectives socio-antropológicas". In: Pádua N., Jorge/Vanneph, Alain (Hrsg.): *Poder local, poder regional.* México, D.F., S. 27-56.

Pierson, Christopher (1996): *The Modern State.* London/New York.

Plan Nacional de Desarrollo (2001-2006). México, D.F..

Poulantzas, Nicos (2002): *Staatstheorie. Politischer Überbau, Ideologie, Autoritärer Etatismus.* Hamburg.

Rivelois, Jean (2003): "De la regionalización ilberal a la formación de regiones mafiosas". In: Precaido Coronado, Jaime et al. (Hrsg.): *Territorios, actores y poder. Regionalismos emergentes en México.* Guadalajara, S. 249-278.

Rodríguez, Victoria E. (1997a): "La centraliozación de la política contra las políticas decentralizadoras en México 1970-1995". In: Vellinga, Menno (Hrsg.): *El cambio del papel del estado en América Latina.* México, D.F., S. 223-253.

— (1997b): *Decentralization in Mexico. From Reforma Municipal to Solidaridad to Nuevo Federalismo.* Boulder, CO.

Rowland, Alison (2001): "Population as a determinant of local outcomes under decentralisation: Illustrations from small municipalities in Bolivia and Mexico". In: *World Development* 29, 8, S. 1373-1389.

Sabatini, Christopher (2003): "Latin America's Lost Illusions. Decentralization and Political Parties". In: *Journal of Democracy* 14, 2, S. 138-150.

Schlichte, Klaus (2005): *Der Staat in der Weltgesellschaft. Politische Herrschaft in Asien, Afrika und Lateinamerika.* Frankfurt am Main.

Selee, Andrew (2004): "Exploring the Link Between Decentralization and Democratic Governance". In: Tulchin, Joseph S./Selee, Andrew (Hrsg.): *Democratization and Democratic Governance in Latin America.* Washington, D.C., S. 3-36.

Shirk, David A. (2005): *Mexico's New Politics. The PAN and Democratic Change.* Boulder, CO/London.

Snyder, Richard (1999): "After the State Withdraws: Neoliberalism and Subnational Authoritarian Regimes in Mexico". In: Cornelius, Wayne A./Eisenstadt, Todd A./Hindley, Jane (Hrsg.): *Subnational Politics and Democratization in Mexico.* San Diego, CA, S. 295-342.

Spruyt, Hendrik (1994): *The Sovereign State and its Competitors*. Princeton, NJ.

Taylor-Robinson, Michelle M. (2006): "The Difficult Road from *Caudillismo* to Democracy: The Impact of Clientelism in Honduras". In: Gretchen/Levitsky, Steven (Hrsg.): *Informal Institutions and Democracy. Lessons from Latin America*. Baltimore, MD, S. 106-124.

Tilly Charles (1985): "War Making and State Making as Organized Crime". In: Evans, Peter B./ Rueschemayer, Dietrich/Skocpol, Theda (Hrsg.): *Bringing the State Back In*. Cambridge, S.169-191.

Tobler, Hans Werner (1992): *Die mexikanische Revolution*. Frankfurt am Main.

(1999): "Die Entwicklung des mexikanischen Staates im 19. und 20. Jahrhundert". In: Reinhard, Wolfgang (Hrsg.): *Verstaatlichung der Welt? Europäische Staatsmodelle und außereuropäische Machtprozesse*. München, S. 37-52.

Turner, Brian (2002): "Liberating the 'Municipio Libre': The Normalization of Municipal Finance in Yucatan". In: *Mexican Studies / Estudios Mexicanos*, 18, 1, S. 101-131.

Waldmann, Peter (2002): *Der anomische Staat. Über Recht, öffentliche Sicherheit und Alltag in Lateinamerika*. Opladen.

Zárate Hernández, José Eduardo (2005): "Caciques and Leaders in the Era of Democracy". In: Knight, Alan/Pansters, Wil (eds.): *Caciquismo in Twentieth-Century Mexico*, London, S. 272-296.

Vorwärts in die Vergangenheit? Lateinamerikas Positionsbestimmung in der Weltwirtschaft des 21. Jahrhunderts[1]

Hartmut Sangmeister

1. Lateinamerikas Position in der globalisierten Wirtschaftswelt

Lateinamerika hat trotz vielfältiger Reformbemühungen an weltwirtschaftlicher Bedeutung verloren: Zur globalen Wertschöpfung trägt die Region – in der knapp 9% der Weltbevölkerung leben – nur noch 6% bei, gegenüber mehr als 7% zu Beginn der 1980er Jahre. Der Anteil Lateinamerikas am Welthandel hat sich gegenüber den 1950er Jahren sogar halbiert. Noch schwächer als im Warenhandel ist die Position Lateinamerikas im internationalen Handel mit kommerziellen Dienstleistungen. In Ranglisten internationaler Wettbewerbsfähigkeit fallen die meisten lateinamerikanischen Länder seit Jahren immer weiter zurück – lediglich Chile findet sich unter den 30 wettbewerbsstärksten Volkswirtschaften der Welt (WEF 2009). Lateinamerika hinkt der Weltwirtschaft hinterher und kann mit den dynamischeren Wirtschaftsräumen in Asien oder Osteuropa nicht Schritt halten.

Angesichts sinkender weltwirtschaftlicher Bedeutung Lateinamerikas ist dort in weiten Teilen der Gesellschaft die Befürchtung verbreitet, zu den Globalisierungsverlierern zu gehören, da das eigene ökonomische Leistungsprofil den Funktionsbedingungen der globalisierten Wirtschaft immer weniger entspricht. Tatsächlich ist in vielen Volkswirtschaften der Region der Versuch an Grenzen gestoßen, mit wirtschaftspolitischen Reformansätzen neoliberaler Prägung einen neuen Entwicklungspfad einzuschlagen. Enttäuschte Erwartungen und zunehmende Furcht, dem Globalisierungsdruck nicht gewachsen zu sein, lassen die Bereitschaft zu einer Abkehr von Marktwirtschaft und Weltmarktorientierung steigen. Auch wenn das marktwirtschaftliche Ordnungsmodell als überlegenes Paradigma zwischenzeitlich akzeptiert zu sein schien, werden jetzt in Lateinamerika neomerkantilistische, etatistische und protektionistische Reminiszenzen als Blaupausen für die Wirtschaftspolitik wiederbelebt und in Wahlsiege umgemünzt. Von einer Rückkehr zu den staatsinterventionistischen Politikmustern lateinamerikanischer Importsubstitutionsstrategien vergangener Dekaden mit ihren korporativistischen Verteilungskartellen lassen sich

1 Der vorliegende Beitrag wirft eher grundsätzliche Fragen auf. Für aktualitätsbezogenere Analysen der konjunkturellen Entwicklungen in Lateinamerika siehe Sangmeister 2008, 2009 und 2010.

allerdings keine nachhaltigen Lösungen für die drängenden wirtschaftlichen und sozialen Probleme des Subkontinents erwarten.

An der historisch überkommenen passiven Weltmarktintegration lateinamerikanischer Volkswirtschaften hat sich bislang wenig geändert. In der Außenhandelsstruktur der Region sind noch immer die Nachwirkungen des Exportmodells des Kolonialzeittyps erkennbar. Zu den sektoralen Strukturschwächen des lateinamerikanischen Außenhandels mit dem hohen Gewicht „traditioneller“ Erzeugnisse kommt die unzureichende regionale Differenzierung der Abnehmerstruktur der Exporte, die ebenfalls weitgehend dem überkommenen Muster entspricht. Dies bedeutet, dass die gesamtwirtschaftliche Dynamik vieler Länder Lateinamerikas nach wie vor in hohem Maße von der Entwicklung der US-Wirtschaft abhängt (Sangmeister 2005). In der Weltwirtschaft sind die Staaten Lateinamerikas lediglich sekundäre Akteure, mit nur geringen Einflussmöglichkeiten auf die Gestaltung der „Spielregeln“ des Globalisierungsprozesses. Dennoch kommen Wirtschafts- und Entwicklungspolitik auch in Lateinamerika nicht umhin, den Voraussetzungen und Folgen der Globalisierung gleichermaßen gerecht zu werden– ein Kunststück, das bisher kaum gelungen ist. Und dieses Kunststück kann auch nicht gelingen, ohne ein neues Verständnis des Verhältnisses von Staat, Wirtschaft und Zivilgesellschaft – ein Verhältnis freilich, für das in der nationalistisch-populistischen Vorstellungswelt der neuen lateinamerikanischen Führungspersönlichkeiten kein Platz ist. Denn in dieser – im Kern antiliberalen und antipolitischen – Vorstellungswelt werden Institutionen und Formen repräsentativer Demokratien abgelehnt, wird der Blick der Anhängerschaft nach innen und zurück gelenkt, statt nach außen und in die Zukunft, sollen vermeintlich verloren gegangene Werte und Weisheiten des Volkes wiederbelebt werden.

Am profiliertesten wird der lateinamerikanische Neopopulismus von dem venezolanischen Präsidenten Hugo Chávez verkörpert. Der “Chavismo” in Venezuela steht exemplarisch für ein zentrales ordnungspolitisches Problem der derzeitigen entwicklungsstrategischen Tendenzwende in Teilen Lateinamerikas: Der Versuch, die soziale Integration, die Überwindung sozialer Ungleichheit durch korporativistische und klientelistische Beziehungsmuster zu erreichen und nicht durch ein systemisches Konzept zur Produktivitätssteigerung bislang marginalisierter Bevölkerungsgruppen und deren Einbindung in die formalen Wirtschaftskreisläufe. Chávez kann sich die großzügige Finanzierung der unter dem Namen “Missionen” laufenden Sozialprogramme leisten, solange der Erdölpreis hoch bleibt und er sich, an dem Staatshaushalt vorbei, aus den Kassen des staatlichen Erdölkonzerns PdVSA *(Petróleos de Venezuela S.A.)* bedienen kann, wobei die Durchführung der Programme wenig transparent ist und eine nachvollziehbare Überprüfung der Ausgaben fehlt. Damit ist aber die dauerhafte Finanzierbarkeit des rentenabhängigen Entwicklungsmodells des “Chavismo” gefährdet, auf das auch in anderen rohstoffreichen Ländern Lateinamerikas wieder gesetzt wird.

2. *Strategien zur Mobilisierung produktiver Potenziale*

Einem weiter fortschreitenden weltwirtschaftlichen Bedeutungsverlust können die Volkswirtschaften Lateinamerikas dauerhaft nur begegnen, wenn es ihnen gelingt, produktive Potenziale zu mobilisieren und zukunftsfähige Entwicklungsstrategien zu implementieren. Allerdings gibt es kein entwicklungsstrategisches Patentrezept für Lateinamerika, keinen wirtschaftspolitischen Königsweg, dem zu folgen den Anschluss an die Dynamik der Weltwirtschaft garantieren würde. Dies ist zumindest eine der Lehren aus den vielfach fehlgeschlagenen neoliberalen Strukturanpassungsprogrammen nach den Standardrezepten des "Washingtoner Konsensus".

Unter Berücksichtigung der Unterschiede in den länderspezifischen Ausgangsbedingungen und der Pfadabhängigkeit zukünftiger Entwicklung stehen den lateinamerikanischen Volkswirtschaften mehrere Optionen für deren entwicklungsstrategische Positionierung in der globalisierten Wirtschaft des 21. Jahrhunderts zur Verfügung. Diese Optionen unterscheiden sich hauptsächlich durch die Art der Weltmarktintegration und die sektoralen Spezialisierungsmuster der nationalen Produktionsprozesse. Eine Dissoziationsstrategie, die völlige Abkoppelung vom Weltmarkt, steht ernsthaft nicht mehr zur Debatte. Auch die Kontroverse über die Leistungsfähigkeit marktwirtschaftlicher Ordnungsmodelle im Vergleich zu zentralverwaltungswirtschaftlicher Lenkung nach dem Vorbild sozialistischer Staaten hat sich erübrigt, denn diese Kontroverse ist durch die ökonomischen (Miss-)Erfolgsbilanzen vieler Länder innerhalb und außerhalb Lateinamerikas während der zurückliegenden Dekaden längst entschieden worden.

2.1 Ressourcenbasierte Wachstumsstrategien passiver Weltmarktintegration

Mehrere Länder Lateinamerikas haben sich für ressourcenbasierte Wachstumsstrategien passiver Weltmarktintegration durch Spezialisierung auf Primärgüterexporte entschieden. Diese Option erscheint vor allem für diejenigen Länder attraktiv, die mit Naturkapital reichlich ausgestattet sind und deren Umweltbilanzen (noch) einen positiven Saldo aufweisen.[2] Tatsächlich zeigt Lateinamerika im internationalen Vergleich ein Vorteilsprofil, das die Ausbeutung von Rohstoffen und die wirtschaftliche

2 Die Umweltbilanzen einiger lateinamerikanischer Länder sind deutlich besser als diejenigen mancher hochindustrialisierter Länder, und auch wesentlich besser als die Umweltbilanzen der meisten Entwicklungsländer. In dem internationalen Umwelt-Ranking mit Hilfe des EPI *(Environmental Performance Index)*, den Wissenschaftler der Universitäten von Yale und Columbia für 133 Länder erstellt haben, rangieren Costa Rica mit 81,6 von 100 möglichen Punkten auf Platz 15 und Kolumbien mit 80,4 Punkten auf Platz 17 – vor Deutschland (79,4 Punkte, Platz 22); mit 78,9 Punkten liegt Chile auf Platz 26 und damit vor den Niederlanden und den USA. Haiti, als das mit Abstand am schlechtesten platzierte Land Lateinamerikas und der Karibik (48,9 Punkte, Platz 114) rangiert nicht allzu weit hinter China (56,2 Punkte, Platz 94), aber noch vor Indien (Esty et al. 2006).

Nutzung agrarischer Potenziale im Rahmen der internationalen Arbeitsteilung nahe legt: Die Region verfügt über die weltweit größten (bekannten) Vorkommen an Rohstoffen wie Eisenerz, Mangan, Kupfer, Nickel, Bauxit; die nachgewiesenen Reserven an Erdöl und Erdgas sind die weltweit zweitgrößten nach dem Mittleren Osten; das weltweit immer knapper werdende Gut Wasser ist reichlich vorhanden und zehntausende Kilometer Küste an zwei Ozeanen erleichtern den Zugang zum Weltmarkt. Es bietet sich daher eine ressourcenbasierte Wachstumsstrategie an, die das vorhandene Naturkapital zur Spezialisierung auf Primärgüterexporte nutzt und auf die steigende Nachfrage nach Rohstoffen und Agrarprodukten aus den dynamischen Zentren der Weltwirtschaft setzt.

Wie sich als Primärgüterlieferant der Weltwirtschaft beachtliche Exporterfolge erzielen lassen, hat Brasilien in den zurückliegenden Jahren gezeigt. Das Land verfügt über bedeutende Lagerstätten von Mangan-, Kupfer-, Blei-, Nickel-, Zink- und Zinnerzen sowie über Gold- und Diamantenvorkommen. An der Weltproduktion von Bauxit ist Brasilien mit 10% beteiligt, bei Eisenerz sogar mit 20%. Bei der landwirtschaftlichen Produktion und bei dem Export von Agrarprodukten nimmt Brasilien im internationalen Vergleich Spitzenplätze ein. In der Weltproduktion von Kaffee, Zuckerrohr, Orangen, Maniok und Sisal steht Brasilien auf dem ersten Platz, bei Soja und Kakao auf dem zweiten Platz und bei Bananen, Tabak, Mais und Rindfleisch auf dem dritten Platz (Kohlhepp 2003: 26-27, 36-37). Die brasilianische Nahrungsmittelproduktion hat sich seit den achtziger Jahren des 20. Jahrhunderts mehr als verdoppelt. Brasilien, das den Export von Agrarerzeugnissen in den Jahren 2000-2005 jährlich um durchschnittlich 18% steigern konnte, ist weltweit viertgrößter Exporteur von landwirtschaftlichen Produkten, mit einem Weltmarktanteil von über 4% (WTO 2006: 114).

Die primärgüterbasierten Exporterfolge Brasiliens während der letzten Jahre können allerdings nicht darüber hinweg täuschen, dass die Nachhaltigkeit einer solchen "Reprimarisierungsstrategie" passiver Weltmarktintegration durch erhebliche Risiken gefährdet wird. Zum einen sind auf Naturressourcen basierende Wachstumsstrategien mit kurz- bis mittelfristigen konjunkturellen Risiken verbunden. Denn es kann nicht davon ausgegangen werden, dass der aktuelle Nachfrageboom nach Rohstoffen und Agrarerzeugnissen aus lateinamerikanischer Produktion von Dauer ist. Eine Abschwächung der weltwirtschaftlichen Wachstumsdynamik – und insbesondere eine Verlangsamung des Wirtschaftswachstums in den asiatischen *emerging markets* China und Indien – hat unmittelbare negative Auswirkungen auf die Primärgüterexporte lateinamerikanischer Produzenten. Zudem unterliegen die Weltmarktpreise für Primärgüter erfahrungsgemäß starken Schwankungen, so dass bei einer einseitigen Orientierung auf den Export von Rohstoffen und Agrarerzeugnissen keine anhaltende Verbesserung der *Terms of Trade* gewährleistet ist.

Zu den konjunkturellen Risiken kommen die mittel- bis längerfristigen markt-*endogenen* Risiken einer vorrangig Naturressourcen nutzenden Wachstumsstrategie, die auf der Steigerung der Primärgüterexporte basiert. Denn die Einkommenselastizität der Nachfrage nach Agrarprodukten und Rohstoffen ist relativ gering; Einkommenszuwächse in den Nachfragerländern führen nicht zu einer entsprechend steigenden Nachfrage nach Primärgütern, da steigende Einkommen verstärkt für den Kauf von Industrieprodukten und Dienstleistungen verwendet werden. Und mit steigenden Weltmarktpreisen für Rohstoffe wird die Nachfrage nach diesen durch Substitutions- und Recyclingprozesse in den Verbraucherländern reduziert. Die Ausweitung lateinamerikanischer Agrarexporte wird zudem durch den Protektionismus in den USA und in der Europäischen Union begrenzt, der nach dem *De-facto*-Scheitern der Doha-Runde der Welthandelsorganisation vorerst anhalten wird.

Das größte Risiko für die längerfristige Tragfähigkeit einer ressourcenbasierten Wachstumsstrategie ist jedoch markt*exogen*: Ohne eine nachhaltige Nutzung des Naturkapitals und ohne ein effizientes Management der Umwelt zerstört eine ressourcenbasierte Wachstumsstrategie ihre eigene Basis. Zwar sind Natur- und Umweltschutz in mehreren Ländern Lateinamerikas verfassungsrechtlich verankert und es bestehen staatliche Institutionen für Umweltschutz und nachhaltige Entwicklung – aber zwischen Verfassungstext und Verfassungswirklichkeit klafft häufig eine tiefe Kluft. So ist beispielsweise in Artikel 225 der brasilianischen Verfassung von 1988 das Grundrecht auf eine Umwelt im ökologischen Gleichgewicht festgeschrieben und Verfassungsrang hat auch der Schutz des tropischen Regenwaldes im Amazonasgebiet, dessen Nutzung als "nationales Erbe" gesetzlich so zu regeln ist, dass die Umwelt erhalten bleibt. Dennoch wird dem tropischen Regenwald im brasilianischen Amazonasgebiet weiterhin an mehreren Fronten gleichzeitig der Garaus gemacht und irreversible Schädigungen der Umwelt nehmen überall in Brasilien zu. Die Fakten sind alarmierend (UNEP 2003; WRI 2005):

- Fast 60% der ursprünglich 1,96 Mio. km² *cerrado*, des brasilianischen Trockenwaldes, sind bereits vernichtet; hält die derzeitige Entwaldungsquote an, wird der Trockenwald bis zum Jahr 2030 völlig verschwunden sein.
- Von den 1,10 Mio. km² der *Mata Atlântica*, des brasilianischen Küstenregenwaldes, sind nur noch 8% übrig geblieben.
- Die Biodiversität nimmt rapide ab: Von den 394 in Brasilien vorkommenden Säugetierarten sind 81 vom Aussterben bedroht, 114 von 686 Vogelarten gelten als bedroht, 381 höhere Pflanzenarten drohen auszusterben.

Neben der dramatisch fortschreitenden Entwaldung und der Verringerung der Biodiversität sind Schwerpunkte der Umweltprobleme in weiten Teilen Lateinamerikas – ähnlich wie in Brasilien – Bodendegradierung und Bodenerosion infolge nicht angepasster landwirtschaftlicher Nutzung sowie das unkontrollierte Wachstum der Städte und die damit einhergehende Luft- und Wasserverschmutzung. Angesichts der umweltpolitischen Defizite und der nur begrenzten Kapazitäten für ein effizientes Umweltmanagement in den meisten Ländern Lateinamerikas müssen die längerfristigen Erfolgsaussichten einer ressourcenbasierten Wachstumsstrategie grundsätzlich in Frage gestellt werden. Zwar haben mehrere lateinamerikanische Länder in den zurückliegenden Jahren erfolgreich demonstriert, dass sich mit dem Export von Primärgütern positive gesamtwirtschaftliche Wachstumsraten erzielen lassen; aber eine sich weiter "reprimarisierende" Wirtschaftsstruktur ohne Diversifizierung der Exporte lässt eine Volkswirtschaft zunehmend abhängiger von entsprechend selektiven Nachfrageimpulsen der Weltwirtschaft werden.

Ohnehin sind keineswegs alle lateinamerikanischen Volkswirtschaften mit Naturkapital großzügig ausgestattet, so dass eine konventionelle ressourcenbasierte Wachstumsstrategie auch keine generelle entwicklungsstrategische Option für die Region darstellt. So konzentrieren sich beispielsweise die regionalen Vorkommen nicht erneuerbarer Energierohstoffe überwiegend auf einige wenige südamerikanische Länder, während von den zentralamerikanischen Ländern lediglich Guatemala Erdölreserven besitzt. Über mehr als 60% der lateinamerikanischen Erdölreserven verfügt Venezuela, aber auch in Mexiko, Brasilien und Kolumbien sind beachtliche Reserven an Erdöl nachgewiesen (vgl. Tabelle 1). Nettoenergieexporteure sind jedoch lediglich acht Länder Lateinamerikas und der Karibik (vgl. Tabelle 2).

Tabelle 1: Potenziale nichterneuerbarer Energierohstoffe in Lateinamerika 2005

	Reserven[b] [1]	Ressourcen[c] [2]	Gesamtpotenzial [3] = [1]+[2]	[3] in % des globalen Potenzials
I. Erdöl[a] (in Megatonnen = 10^6 t)				
Lateinamerika	16.454	10.068	26.522	10,9
davon in				
Venezuela	10.847	3.000	13.847	5,7
Mexiko	2.245	2.900	5.145	2,1
Brasilien	1.610	1.400	3.010	1,2
Kolumbien	210	700	910	0,4
II. Konventionelles Erdgas[d] (in Gigakubikmeter = 10^9 m^3)				
Lateinamerika	7.740	11.858	19.598	5,1
davon in				
Venezuela	4.288	3.000	7.288	1,9
Mexiko	566	2.000	2.566	0,7
Brasilien	326	2.000	2.326	0,6
Argentinien	534	1.500	2.034	0,5
III. Hartkohle[e] (in Megatonnen = 10^6 t)				
Lateinamerika	18.358	81.345	99.703	2,1
davon in				
Kolumbien	6.611	56.000	62.611	1,3
Brasilien	6.496	17.033	23.529	0,5
Chile	1.179	3.200	4.379	0,1
Mexiko	1.179	2.063	3.242	0,1

[a] In der Lagerstätte fließfähiges Erdöl, ohne Schwer- und Schwerstöle, Ölsande und Ölschiefer.
[b] Nachgewiesene, zu heutigen Preisen und mit heutiger Technik wirtschaftlich gewinnbare Mengen.
[c] Nachgewiesene, aber derzeit technisch und/oder wirtschaftlich nicht gewinnbare Mengen sowie nicht nachgewiesene, aber geologisch mögliche, künftig gewinnbare Mengen.
[d] Natürlich in der Erde vorkommende oder an der Erdoberfläche austretende brennbare Gase unterschiedlicher chemischer Zusammensetzung.
[e] Anthrazit, Steinkohlen, Hartbraunkohlen mit einem Energiegehalt der Kohle (aschefrei) > 16.500 kJ/kg.
Quelle: Bundesanstalt für Geowissenschaften und Rohstoffe (2007).

Auch die Reserven an landwirtschaftlich nutzbarem Land für die im globalen Energiepoker der Zukunft immer wichtiger werdenden nachwachsenden Energierohstoffe sind sehr ungleich innerhalb Lateinamerikas verteilt. Vor allem in Brasilien werden enorme Möglichkeiten gesehen, das Potenzial erneuerbarer Energierohstoffe noch deutlich stärker zu nutzen. Da in immer mehr Ländern die Beimischung von Biokraftstoffen zum konventionellen Benzin vorgeschrieben wird, ergeben sich für den Export von Bioethanol, das in Brasilien zu den niedrigsten Kosten weltweit produziert wird, enorme zusätzliche Absatzchancen.[3]

Über die Frage, ob die Verfügung über Energieressourcen privatwirtschaftlich oder staatlich zu organisieren ist, wird in Lateinamerika seit langem kontrovers diskutiert. Traditionell galten nationale Energiequellen als strategischer Besitz, über den nur der Staat verfügen dürfe, und dementsprechend bestimmten die Verfassungen mehrerer Länder der Region ausdrücklich, dass die Nutzung von Erdöl, Erdgas und anderer Bodenschätze exklusiv dem Staat vorbehalten bleibt. Erst im Zuge der wirtschaftspolitischen Reformen der 1980er Jahre kam es in vielen Ländern zu einem Rückzug des Staates aus der Energiewirtschaft und zu einer stärkeren Marktorientierung der Energiepolitik. Mit dem Einzug privaten Kapitals und betriebswirtschaftlicher Entscheidungskriterien sind die Energiesektoren lateinamerikanischer Volkswirtschaften wettbewerbsfähiger geworden und sie konnten wieder Anschluss an den raschen technischen Fortschritt bei Erzeugung, Übertragung und Verwendung von Energie finden.

Inzwischen scheint das energiepolitische Pendel in Lateinamerika allerdings wieder stärker in Richtung Nationalisierung und Verstaatlichung auszuschlagen. Der neue "Energienationalismus" in Lateinamerika könnte jedoch die effiziente Nutzung des energiewirtschaftlichen Potenzials der Region und die Mobilisierung von Energiereserven beeinträchtigen. Zu dieser Befürchtung geben zumindest lateinamerikanische Erfahrungen der Vergangenheit mit einer verstaatlichten Energiewirtschaft Anlass, aber ebenso aktuelle Entwicklungen in den Ländern Lateinamerikas, in denen Neopopulisten Wahlen auch mit dem Versprechen gewonnen haben, die Bodenschätze ihres Landes unter die "soziale Kontrolle des Volkes" zu bringen. So hat sich beispielsweise während der bisherigen Amtszeit des venezolanischen Präsiden-

3 Allein für die Umsetzung des "15 to 15"-Programms der USA – der obligatorische Zusatz von 15% Ethanol zum Benzin bis zum Jahre 2015 – sind schätzungsweise 60 Milliarden Liter Ethanol erforderlich (Monteiro 2006: 25). Brasilien, nach den USA zweitgrößter Ethanolproduzent, erzeugte 2006 nach Angaben der *União da Agroindústria Canavieira de São Paulo* knapp 16 Milliarden Liter des Biotreibstoffs und setzte davon 2005 auf dem Weltmarkt 2,6 Millionen Kubikmeter für einen Gesamterlös von 765 Millionen US-Dollar ab (<www.portalunica.com.br>; *Estatísticas de produção e de exportação de álcool* 2005/2006). In der brasilianischen Erfolgsbilanz der Substitution von Benzin durch Ethanol stehen auf der Aktivseite etwa 700.000 direkte und indirekte Arbeitsplätze sowie allein im Jahr 2000 die Vermeidung von 9,2 Millionen Tonnen CO_2-Emissionen (CEPAL/GTZ 2004: 89); auf der Passivseite der Erfolgsbilanz stehen ökologische "Kollateralschäden" der stark mechanisierten, monokulturellen Zuckerrohrproduktion und des nachfragebedingten Vorrückens der Agrarfront in dafür nicht geeignete Ökosysteme.

ten Chávez die Förderkapazität des staatlichen Erdölkonzerns PdVSA durch Missmanagement in dem von Chávez-Anhängern kontrollierten Unternehmen und infolge unterlassener Investitionen halbiert, so dass dem Staat und dem Unternehmen Milliarden-Einnahmen entgehen.

2.2 Dynamisierung der Entwicklung durch Transnationalisierung regionaler Integration

Diejenigen Volkswirtschaften Lateinamerikas, für die mangels eines natürlichen Vorteilsprofils die Option einer ressourcenbasierten Wachstumsstrategie nicht gegeben ist, können für eine Entwicklungsstrategie optieren, die eine Dynamisierung ihrer wirtschaftlichen Entwicklung durch Intensivierung und Transnationalisierung der regionalen Integration anstrebt. Für diese Strategie mag zum einen der Erfolg des europäischen Integrationsprojektes sprechen, zum anderen aber auch der Tatbestand, dass die Chancen der Süd-Süd-Integration in Lateinamerika bislang nur begrenzt genutzt wurden. Zudem erhöhen integrierte Wirtschaftsblöcke tendenziell die internationale Wettbewerbsfähigkeit ihrer Mitglieder und sie können zudem die internationale Verhandlungsmacht ihrer Mitgliedstaaten stärken – vorausgesetzt, diese sind zumindest zu partiellen Souveränitätsverzichten bereit und übertragen erforderliche Regulierungs- und Streitschlichtungskompetenzen auf supranationale Institutionen ihrer Gemeinschaft.

Zwar haben lateinamerikanische Staaten eine Vielzahl bilateraler Handelsabkommen und subregionaler Integrationsbündnisse geschlossen, aber die traditionellen Wirtschaftsbeziehungen auf dem Subkontinent haben sich dadurch nur wenig verändert. Die intraregionalen Handelsverflechtungen sind nach wie vor relativ gering (vgl. Tabelle 2). Trotz ehrgeiziger Ziele und anspruchsvoller Benennungen wie "Gemeinsamer Markt", "Gemeinschaft von Nationen" sind die (sub-)regionalen Integrationsprojekte in Lateinamerika nicht mehr als unvollständige Präferenzhandelsabkommen und allenfalls Karikaturen des europäischen Integrationsmodells (Dupas 2005: 321-322). Eine Intensivierung der regionalen Integration in Lateinamerika setzt die Harmonisierung von Makropolitiken der Mitgliedstaaten voraus sowie die Akzeptanz supranationaler Institutionen mit Koordinierungskompetenzen vor allem in den Bereichen Finanz-, Geld- und Währungspolitik.

Allerdings dürfte die Bereitschaft für Transnationalisierungsstrategien regionaler Integration angesichts der Renaissance nationalistisch-populistischer Diskurse in der politischen Kultur Lateinamerikas derzeit nur gering ausgeprägt sein. Als neue Architektur der regionalen Integration in Lateinamerika erscheint die ALBA *(Alternativa Bolivariana para nuestra América)* kaum tragfähig. Zwar erhebt das ALBA-Projekt vordergründig den Anspruch, an die Integrationspläne von Simón Bolívar, dem *Libertador* und Held des Freiheitskampfes gegen die spanische Kolonialmacht anzuknüpfen, aber tatsächlich geht es bei dem von Hugo Chávez und seinem kubanischen Mentor Fidel Castro zunächst als Gegenmodell zu der von den USA propagierten panamerikanischen Freihandelszone (ALCA, *Área de Libre Comercio de las*

Américas!) initiierten ALBA-Projekt um mehr: Um die Umsetzung der Vision eines "Sozialismus des 21. Jahrhunderts" in ganz Lateinamerika, für die Chávez mit Evo Morales in Bolivien, Rafael Correa in Ekuador und Daniel Ortega in Nikaragua weitere Gleichgesinnte und Verbündete gewonnen hat. Freilich kann die Integrationsrhetorik der ALBA-Protagonisten nicht darüber hinweg täuschen, dass die von ihnen vertretene Rückkehr zu wirtschaftsnationalistischen Strategien protektionistischer Importsubstitution auf regionale Desintegration hinauszulaufen droht. So sind die CAN *(Comunidad Andina das Naciones)*, das Integrationsbündnis der Andenstaaten, und der Freihandelspakt G-3 *(Grupo de los Tres)* durch den plötzlichen Austritt Venezuelas geschwächt worden und der Beitritt Venezuelas zum MERCOSUR *(Mercado Común del Sur)* stellt das ohnehin krisenanfällige Integrationsprojekt möglicherweise vor neue Zerreißproben, wenn der venezolanische Präsident seinen Führungsanspruch geltend macht.

Tabelle 2: Innerlateinamerikanische Handelsverflechtungen 2008

Bestimmungsregion / Lieferregion	Anteile der Bestimmungsregion an den Gesamtexporten der Lieferregion				
	ALADI	CAN	MCCA	MERCOSUR	Lateinamerika
ALADI[a]	16%	4%	1%	7%	1%
CAN[b]	28%	7%	2%	6%	31%
MCCA[c]	6%	1%	25%	< 1%	35%
MERCOSUR[d]	27%	4%	1%	15%	28%
Lateinamerika	16%	3%	2%	7%	18%

[a] *Asociación Latinoamericana de Integración*: Argentinien, Bolivien, Brasilien, Chile, Ekuador, Kolumbien, Mexiko, Paraguay, Uruguay, Venezuela; Daten für das Mitgliedsland Kuba sind in den Angaben nicht eingeschlossen.

[b] *Comunidad Andina de Naciones*: Bolivien, Ekuador, Kolumbien, Peru, Venezuela (2006 ausgetreten).

[c] *Mercado Común Centroamericano*: Costa Rica, El Salvador, Guatemala, Honduras, Nikaragua.

[d] *Mercado Común del Sur*: Argentinien, Brasilien, Uruguay, Paraguay (ohne assoziierte Staaten).

Quelle: IADB: *Trade and Regional Integration: Selected Indicators*
(<http://www.iadb.org/intal/icom/eng/pdf/i_INTAL_I&T_29_2009_Statistics.pdf>).

2.3 Aktive Weltmarktintegration durch wettbewerbsfähige Einbindung in globale Produktionsnetzwerke

Regionale Integration, verstanden als rationale Konsequenz ökonomischer Komplementaritäten und Interdependenzen, und nicht als Ergebnis ideologischer Kohäsion, bedeutet "offenen Regionalismus", der einer verstärkten Integration in die Weltwirtschaft nicht entgegensteht. Zur "bolivarianischen" Integrationsoption mit ihren unübersehbaren Schwächen und Risiken gibt es für lateinamerikanische Volkswirtschaften durchaus die entwicklungsstrategisch attraktive Option einer verstärkten Einbindung in solche globale Wertschöpfungsketten, in denen die nationalen Produzenten höhere Wertschöpfungszuwächse realisieren können, als dies bei Primärprodukten der Regelfall ist (Henderson et al. 2002).

Die höchsten Wertschöpfungszuwächse werden in den kommenden Perioden voraussichtlich in wissensbasierten Produktionsprozessen generiert; bislang ist Lateinamerika in den *High-tech*-Segmenten des Weltmarktes nur relativ schwach vertreten.[4] Um unter den Bedingungen des internationalen Wettbewerbs Zugang zu diesen Bereichen des Weltmarktes zu erhalten, sind die lateinamerikanischen Gesellschaften auf die Fähigkeiten für technologische Entwicklungen und für die Assimilation neuer Technologien angewiesen. Ob es gelingt, die dafür erforderlichen technologischen Kapazitäten zu schaffen, ist zum einen eine Frage der Finanzausstattung der Forschungs- und Bildungssysteme und deren weltmarktfähiger Qualifikationsprofile. Bislang wendet Lateinamerika vergleichsweise wenig Mittel für Forschung und Entwicklung auf: Nur 0,57% des regionalen Bruttoinlandsprodukts fließen in solche Aktivitäten, während China 1,3% seines BIP dafür aufwendet, die OECD-Länder (Organisation für wirtschaftliche Zusammenarbeit und Entwicklung) im Durchschnitt sogar 2,24% (Haldenwang 2006: 230). Die Innovationsfähigkeit einer Gesellschaft hängt allerdings auch davon ab, inwieweit Innovationserfolge in einer Gesellschaft honoriert werden, ob Individuen in einem von Kreativität geprägten Umfeld agieren können und ob Organisationen sowohl auf der Mikroebene als auch auf der Makroebene lernfähig sind (Sangmeister/Melchor del Río 2006).

Für eine aktive Weltmarktintegration auf der Grundlage internationaler Wettbewerbsfähigkeit in mehr Bereichen als nur in den Primärgütersektoren gilt es, das Wertschöpfungs- und Innovationspotenzial der kleinen und mittleren Unternehmen (KMU) zu mobilisieren. Die lateinamerikanischen KMU sind zwar keine homogene Gruppe, aber sie bilden die Mehrheit der Unternehmen und sie stellen die Mehrzahl der Arbeitsplätze bereit, sie sind die zentrale Stütze der Wirtschaft Lateinamerikas. Allerdings ist die Innovationsfähigkeit der KMU in Lateinamerika überwiegend schwach, Spezialisierung und Grad der zwischenbetrieblichen Arbeitsteilung sind gering, ihre Wertschöpfungsketten sind kurz und sie sind abhängig von externem

4 Der Anteil von Hochtechnologieprodukten am Export von Industriegütern betrug 2004 in Lateinamerika und der Karibik 13%, gegenüber 34% in der Entwicklungsländerregion Ostasien und Pazifik (World Bank 2006: 297).

Know-how. Abgesehen von Marktnischen mit spezifischen Kundenbeziehungen haben die KMU als Produzenten standardisierter Massengüter oder Dienstleistungen im Wettbewerb mit großen Unternehmen kaum Chancen.

Damit die KMU schrittweise anspruchsvollere Wertschöpfungsfunktionen auch in wissens- und technologieintensiven Bereichen übernehmen können, müssen sie ihre eigenen Kompetenzen mit komplementären Leistungen anderer Unternehmen kombinieren. Als Zulieferer und Subunternehmen transnationaler Konzerne können KMU in Lateinamerika von den Wissenstransfers innerhalb globaler Produktionsnetzwerke profitieren; und über strukturierte Handelsbeziehungen innerhalb globaler Wertschöpfungsketten erhalten auch KMU aus Lateinamerika Zugang zu den anspruchsvollen Märkten der Industrieländer. Unternehmensübergreifende netzwerkartige Produktionsstrukturen, in denen eine Vielzahl von Partnern durch Verknüpfung ihrer jeweiligen Kernkompetenzen Waren oder Dienstleistungen erstellen, bieten bei entsprechender Gestaltung auch KMU die Möglichkeit, steigende Marktanforderungen zu bewältigen (Schröder 2003). Da im Zuge der Globalisierung die Arbeitsteilung grenzüberschreitend vertieft wird und es für jeden Schritt in einer Wertschöpfungskette einen spezifischen Mix optimaler Standortfaktoren gibt, können auch KMU in Lateinamerika zum Zuge kommen, wenn sie über die für die Standortwahl in der Wertschöpfungskette maßgeblichen Faktoren verfügen. Die sich daraus ergebenden Chancen in der globalen technologie- und wissensbasierten Arbeitsteilung lassen sich auch von technologischen Nachzüglern nutzen, wenn sie von leistungsfähigen nationalen Innovationssystemen Unterstützung erhalten. Allerdings verfügen viele lateinamerikanische Länder bislang nur über relativ schwache Institutionen in Kernbereichen wie Bildung, Wissenschaft und Technologie.

3. *Zukunftsfähige Entwicklung erfordert mehr als Wirtschaftswachstum*

Die notwendige Neubestimmung der Position Lateinamerikas in der Weltwirtschaft des 21. Jahrhunderts kann weder die Rückkehr zum Exportmodell des Kolonialzeittyps bedeuten, noch die Wiederbelebung staatskapitalistischer Strategien protektionistischer Importsubstitution. Und: Wirtschaftliches Wachstum *per se* ist keine hinreichende Bedingung für eine nachhaltige, breitenwirksame Entwicklung. Entscheidende Faktoren einer zukunftsfähigen Entwicklung sind auch in Lateinamerika Human-, Innovations- und Sozialkapital. Konnten traditionell Wettbewerbsvorteile auf der Basis von Naturressourcen oder durch niedrige Löhne für gering qualifizierte Arbeit erzielt werden, gewinnen zukünftig Wissen und Innovationsfähigkeit im internationalen Wettbewerb immer mehr an Bedeutung.

Humankapital, d.h. das auf dem Arbeitsmarkt verwertbare Qualifikationsniveau der Bevölkerung, entsteht durch individuelle und kollektive Bildungsinvestitionen. Im internationalen Vergleich wenden die lateinamerikanischen Gesellschaften nur relativ geringe Mittel für Bildung auf. Entscheidend ist aber nicht allein das Inputvolumen von Bildungsprozessen, sondern die Qualität der damit erzielten Ergebnisse. Von daher gesehen deutet vieles darauf hin, dass sich die lateinamerikanischen Bildungssysteme von tradierten Lehr- und Lernformen verabschieden müssen und auch stärker dem Weiterbildungsdruck Rechnung zu tragen haben, der durch drastisch verkürzte Halbwertzeiten von Wissen entsteht. Ebenso notwendig ist die breitenwirksame Ausweitung der institutionell gründlich reformierten Sekundarschulbildung, mit der Voraussetzungen für eine wettbewerbsfähige Qualifizierung der Arbeitskräfte geschaffen werden. Und in den tertiären Bildungssystemen Lateinamerikas (in denen Human- und Sozialwissenschaften traditionell eine starke Rolle spielen) gilt es, neue Prioritäten entsprechend der zunehmenden Bedeutung der *life sciences* sowie der Informations- und Kommunikationstechnologien zu setzen.

Auch in lateinamerikanischen Volkswirtschaften zeichnet sich der Strukturwandel hin zu wissens- und forschungsintensiven Industrien und Dienstleistungen ab. Daraus resultiert ein steigender Bedarf an Arbeitskräften, die höheren Qualifikationsanforderungen entsprechen. Die Kompetenzprofile für anspruchsvollere Tätigkeiten in diesen Bereichen sind durch ein hohes Maß an analytischem Wissen und Abstraktionsfähigkeit sowie durch kommunikative Kompetenzen gekennzeichnet. Zu deren Beherrschung muss das Bildungssystem Voraussetzungen schaffen und durch Nutzung des Wissens- und Innovationspotenzials in den Köpfen der Menschen die Leistungsfähigkeit im internationalen Wettbewerb stärken.

Ob es gelingt, das für wissensbasierte Produktionsprozesse erforderliche komplementäre Humankapital zu schaffen, ist allerdings nicht nur eine Frage der Finanzausstattung von Bildungssystemen und deren Qualifikationsprofile. Entscheidend sind auch die Zugangsmöglichkeiten zu diesen Bildungssystemen. Solange Millionen Kinder in Lateinamerika *de facto* keinen Zugang zu einer qualifizierten Ausbildung haben, bleiben vorhandene Bildungspotenziale ungenutzt. Zwar werden im Durchschnitt 95% der Kinder im schulpflichtigen Alter in die Grundschule eingeschult, aber in einem Land wie Guatemala erreichen nur 78% der eingeschulten Kinder den Grundschulabschluss. Es sind vor allem Kinder aus armen Familien, von denen viele die Grundschule vorzeitig verlassen; insgesamt sind es in Lateinamerika mehr als 3,2 Mio. schulpflichtige Kinder, die keine Schule besuchen.

Die Persistenz der sozialen Ungleichheit ist ein zentrales Hemmnis für die Mobilisierung des vorhandenen Entwicklungspotenzials der Region. Dem müssen entwicklungsstrategische Leitbilder Rechnung tragen, wie sie beispielsweise die CEPAL *(Comisión Económica para América Latina y el Caribe)* unter dem programmatischen Titel "Equidad, desarrollo y ciudadania" skizziert hat (CEPAL 2000). In dem Konzept des *Neocepalismo* werden soziale und kulturelle Rechte in eine Wirtschaftspolitik eingebettet, die nicht nur auf makroökonomische Stabilität zielt, sondern auch auf die Schaffung von Arbeitsplätzen und die Reduzierung der strukturellen Heterogenität zwischen den produzierenden Sektoren der lateinamerikanischen Volkswirtschaften, bei gleichzeitiger Stärkung der Bürgerrechte, vor allem für die armen und diskriminierten Bevölkerungsgruppen, die sich von passiven Wählern zu aktiven Mitgestaltern öffentlicher Politiken emanzipieren müssen. Denn durch die Wahrnehmung von Bürgerrechten und die Einforderung ihrer Einhaltung bekommen kollektive soziale und kulturelle Zielsetzungen in der öffentlichen Politik ihren eigenständigen Wert, der sie über den Status von komplementären Nebenzielen im Rahmen wirtschaftspolitischer Strategien hinaushebt. Die lateinamerikanische Debatte über alternative Entwicklungsstrategien, die angesichts der weltweiten Hegemonie neoliberaler Diskurse eine Zeitlang kaum wahrnehmbar zu sein schien, zeigt inzwischen wieder inhaltlich deutlichere Konturen. In dieser Diskussion wird sowohl auf keynesianische und strukturalistische Ansätze zurückgegriffen als auch an Überlegungen angeknüpft, wie sie zu *Good governance*, zu systemischer Wettbewerbsfähigkeit und zivilgesellschaftlicher Netzwerkbildung in den westlichen Industrieländern angestellt werden (Sangmeister 2003: 25).

Letztlich geht es bei der Frage nach der Rolle Lateinamerikas in der globalisierten Wirtschaftswelt des 21. Jahrhunderts keineswegs allein um verbesserte Voraussetzungen für gesamtwirtschaftliches Wachstum, um gesteigerte Innovationsfähigkeit und erhöhte internationale Wettbewerbsfähigkeit. Eine zukunftsfähige wirtschaftliche Entwicklung muss auch bedeuten, dass Millionen bislang marginalisierter Menschen in Lateinamerika ihre materielle Existenz in einer dauerhaft lebenswerten Umwelt selbstbestimmt gestalten können. Keine Entwicklungsstrategie kann den Anspruch erheben, zukunftsfähig zu sein, wenn sie zwar zu einer Beschleunigung des gesamtwirtschaftlichen Wachstums führt, aber den Ausschluss großer Bevölkerungsgruppen von der Teilhabe am wirtschaftlichen Fortschritt weiterhin zementiert. Ohne Veränderung des sozialen *Status quo* der Ungleichheit werden auch bei anhaltendem Wachstum der Pro-Kopf-Einkommen von mehr als 2% *per annum* im Jahr 2015 noch immer über 100 Mio. Menschen in Lateinamerika in Armut leben (World Bank 2007: 60). Ohne Abbau der gravierenden sozialen Ungleichheit wird sich der dramatische Verlust an Vertrauen, Verantwortungsbewusstsein und Gemeinsinn in den lateinamerikanischen Gesellschaften weiter fortsetzen, d.h. die Erosion des Sozialkapitals, das für eine zukunftsfähige Entwicklung unabdingbar ist.

Um das ökonomische Potenzial lateinamerikanischer Volkswirtschaften zu mobilisieren, haben die Berater der internationalen Finanzierungsinstitutionen während der beiden zurückliegenden Dekaden immer wieder mit Nachdruck Deregulierung, Privatisierung und Liberalisierung der Märkte gefordert. Aber dort, wo sich die neoliberale "Revolution" in den Köpfen der (wirtschafts-)politischen Akteure durchgesetzt hat, ist es in vielen Fällen zu einer verantwortungslosen Untersteuerung des Wirtschaftsgeschehens gekommen. Denn es blieb in der Reformeuphorie häufig unberücksichtigt, dass die freie Marktwirtschaft überfordert ist, wenn Märkte versagen oder es keine funktionsfähigen Märkte gibt. Marktversagen führt ebenso wie Staatsversagen zu einer Fehlallokation knapper Ressourcen, und staatliche Regulierungsleistungen bleiben zur Korrektur von Marktunvollkommenheiten und zur Durchsetzung öffentlicher Interessen unverzichtbar. Mit lateinamerikanischen Erfahrungen lässt sich vielfach belegen, dass marktwirtschaftliche Reformen nur dann zu einer Durchbrechung von Entwicklungsblockaden führen, wenn staatliche Regulierungen existieren, die Politik- und Marktversagen begrenzen (Faust 2004).

Zu dem in Lateinamerika in Misskredit geratenen neoliberalen Konzept einer *Laissez-faire*-Marktwirtschaft gibt es durchaus Alternativen, die sich an den konstitutiven und regulierenden Prinzipien einer sozialen Marktwirtschaft orientieren. Aufbauend auf einer Konzeption des Gesellschaftsvertrages, der in der (kontinental-)europäischen Tradition alle Bürger einbindet, das Eigentum mit sozialen Pflichten verknüpft und Unterstützung für die Schwächeren verlangt. Eine soziale Marktwirtschaft in Lateinamerika kann jedoch keine bloße Kopie kontinentaleuropäischer Vorlagen sein. Denn Wirtschaftspolitik findet auch in Zeiten der Globalisierung in nationalstaatlichen Kontexten statt und sie muss die je gegebenen kulturellen und ethnischen Diversitäten, die vorhandenen formellen und informellen Institutionen, die in einer Gesellschaft mehrheitlich akzeptierten Handlungsgebote und -verbote berücksichtigen. Aus den Grundprinzipien einer sozialen Marktwirtschaft lassen sich jedoch eher nachhaltige Lösungen für die drängenden Probleme des Subkontinents ableiten als aus den nationalistisch-linkspopulistischen Konzepten der Vergangenheit, mit denen sich derzeit in Lateinamerika Wahlen gewinnen lassen.

Literaturverzeichnis

Bundesanstalt für Geowissenschaften und Rohstoffe (Hrsg.) (2007): *Reserven, Ressourcen und Verfügbarkeit von Energierohstoffen 2005*. Kurzstudie, überarbeitete Fassung. Hannover.

CEPAL (2000): *Equidad, desarrollo y ciudadanía*. Santiago de Chile.

CEPAL/GTZ (2004): *Renewable Energy Sources in Latin America and the Caribbean: Situation and Policy Proposals*. Santiago de Chile.

Dupas, Gilberto (2005): "A América Latina e o novo jogo global". In: Dupas, Gilberto (Hrsg.): *América Latina no início do século XXI*. São Paulo, S. 313-334.

Esty, Daniel. C. et al. (2006): *Pilot 2006 Environmental Performance Index*. New Haven.

Faust, Jörg (2004): "Der verweigerte Leviathan – Demokratisierung, Marktreformen und Regieren in Lateinamerika". In: Nohlen, Dieter/Sangmeister, Hartmut (Hrsg.): *Macht, Markt, Meinungen. Demokratie, Wirtschaft und Gesellschaft in Lateinamerika*. Wiesbaden, S. 94-110.

Haldenwang, Christian von (2006): "Lateinamerikas gefährlicher Aufschwung". In: *Lateinamerika Analysen*, 15, S. 225-234.

Henderson, Jeffrey et al. (2002): "Global Production Networks and the Analysis of Economic Development": In: *Review of International Political Economics*, 9, 3, S. 436-464.

Kohlhepp, Gerd (2003): "Brasilien – Schwellenland und wirtschaftliche Führungsmacht in Lateinamerika". In: Kohlhepp, Gerd (Hrsg.): *Brasilien: Entwicklungsland oder tropische Großmacht des 21. Jahrhunderts?* Tübingen, S. 13-55.

Monteiro, Arthur (2006): "Rodrigues defende 'plantio de energia'". In: *Tópicos*, 2, S. 24-25.

Sangmeister, Hartmut (2003): "»Seid realistisch, versucht das Unmögliche!« Lateinamerikanische Wirtschaftspolitik zwischen den Imperativen von Effizienz und sozialer Gerechtigkeit". In: Bodemer, Klaus et al. (Hrsg.): *Lateinamerika Jahrbuch 2003*. Frankfurt am Main, S. 9-29.

— (2005): "Gulliver und die Zwerge: Asymmetrien und Interdependenzen der Wirtschaftsbeziehungen in den beiden Amerikas". In: *Lateinamerika Analysen*, 11, S. 61-86.

— (2008): "Lateinamerikas Wirtschaftswachstum verliert 2008 an Dynamik", *GIGA Focus Lateinamerika*, 1.

— (2009): "Lateinamerika im Sog der Finanzkrise", *GIGA Focus Lateinamerika*, 1.

— (2010): "Lateinamerikas Wirtschaft 2010 auf Erholungskurs", *GIGA Focus Lateinamerika*, 1.

Sangmeister, Hartmut/Melchor del Río, Amaranta (2006): "América Latina: educación, inovación y competitividad". In: *Doing Business*. Bogotá, 49, S. 6-7.

Schröder, Carsten S. (2003): Aufbau hierarchiearmer Produktionsnetzwerke – Technologiestrategische Option und organisatorische Gestaltungsaufgabe. Berlin

UNEP (2003): *GEO – Latin America and the Caribbean Environment Outlook 2003*. Mexico, D.F.

WEF (2009): *The Global Competitiveness Report 2009-2010*. Geneva.

World Bank (2006): *World Development Report 2007. Development and the Next Generation*. Washington, D.C.

— (2007): *Global Economic Prospects. Managing the Next Wave of Globalization*. Washington, D.C.

WRI (2005): *World Resources 2005. The Wealth of the Poor*. Washington, D.C.

WTO (2006): *International Trade Statistics 2006*. Genf.

Zwischen Integration und Fragmentierung: Regionale Zusammenarbeit in Lateinamerika

Peter Birle

1. Einleitung

Von regionaler Integration im engeren Sinne könne in Lateinamerika bis heute kaum die Rede sein, bemerkte die Generalsekretärin der UN-Wirtschaftskommission für Lateinamerika und die Karibik (*Comisión Económica para América Latina y el Caribe*, CEPAL), Alicia Bárcena, im Rahmen einer Veranstaltung in Berlin im Juni 2009. Für die Beschreibung der lateinamerikanischen Situation seien Begriffe wie Zusammenarbeit und Austausch besser geeignet als der Begriff Integration, der sehr stark an die europäischen Erfahrungen in der zweiten Hälfte des 20. Jahrhunderts anknüpfe. Die Bemerkung der CEPAL-Generalsekretärin trifft insbesondere für *politische* Integration im engeren Sinne zu, denn davon kann aus politikwissenschaftlicher Perspektive eigentlich nur dann die Rede sein, wenn ein Transfer von nationalstaatlichen Souveränitätsrechten auf ein übergeordnetes Zentrum erfolgt. Eine derartige Integration im Sinne supranationaler Entscheidungsprozesse existiert in Lateinamerika so gut wie nicht. Lateinamerikanische Regierungen bevorzugen eine intergouvernementale Zusammenarbeit, bei der sie stets in letzter Instanz selbst an den Entscheidungsprozessen beteiligt sind.

Demgegenüber kann von *ökonomischer* Integration zumindest im Sinne der Errichtung von subregionalen Freihandelszonen die Rede sein. *Soziale* Aspekte spielten bei den Integrationsbemühungen bis vor wenigen Jahren nur eine sehr untergeordnete Rolle. Die grenzüberschreitende *physische* Integration ist aus historischen und geographischen Gründen – vor allem aufgrund der Tatsache, dass die wichtigsten externen Bezugspunkte lange Zeit Europa oder die USA, aber nicht die eigenen Nachbarn waren – vielerorts mangelhaft. In *kultureller* Hinsicht stehen sich die hispanoamerikanischen Länder aufgrund ähnlicher historischer Erfahrungen, der gemeinsamen spanischen Sprache und der weiten Verbreitung der katholischen Religion relativ nah, was mit Abstrichen auch für das Verhältnis zum portugiesischsprachigen Brasilien gilt. Von einer homogenen Regionalkultur, wie sie gerade von externen Beobachtern gelegentlich konstatiert wurde, kann jedoch nicht die Rede sein. Die kulturelle Nähe erleichtert zwar den Umgang miteinander, sie führt aber nicht automatisch zur Überwindung von Asymmetrien und divergierenden Interessen, die der von Politikern gern beschworenen *unidad latinoamericana* (lateinamerikanische Einheit) im Wege stehen.[1]

Der folgende Beitrag skizziert zunächst die Entwicklung der zwischenstaatlichen Beziehungen in Lateinamerika im 19. und 20. Jahrhundert. Anschließend werden die verschiedenen heute existierenden subregionalen und regionalen Integrationsprojekte analysiert. Abschließend erfolgt ein Blick auf einige grundlegende Probleme auf dem Weg zu einem geeinten Lateinamerika.

2. *Die Entwicklung der zwischenstaatlichen Beziehungen im 19. und 20. Jahrhundert*

Viele lateinamerikanische Länder erwarben nach der Unabhängigkeit von den iberischen Kolonialmächten im ersten Drittel des 19. Jahrhunderts nur langsam die grundlegenden Merkmale souveräner Nationalstaaten. Dies betraf sowohl die Etablierung stabiler politischer Institutionen und handlungsfähiger nationaler Regierungen als auch die genaue Festlegung der territorialen Grenzen. Das spanische Kolonialreich zerfiel in zahlreiche Republiken, die auch nach oft langwierigen und blutigen Unabhängigkeitskriegen nicht zur Ruhe kamen, sondern durch Konflikte zwischen lokalen und zentralen Machtfaktoren geprägt blieben. Viele Länder brauchten lange Zeit, bis ihre definitiven territorialen Grenzen feststanden und eine stabile Regierung etabliert werden konnte. Während der Kolonialzeit hatte der Grenzverlauf zwischen den verschiedenen Verwaltungseinheiten keine besondere Rolle gespielt, nach der Unabhängigkeit führte die Festlegung der Staatsgrenzen jedoch zu zahlreichen zwischenstaatlichen Konflikten. Brasilien spielte insofern eine Sonderrolle, als dem Land 1822 nicht nur ein relativ problemloser Weg in die nationale Unabhängigkeit von der Kolonialmacht Portugal gelang, sondern in der Folgezeit auch die territoriale Einheit des riesigen Staates gewahrt werden konnte.

Einige der heute unabhängigen Nationalstaaten waren nach dem Ende der Kolonialherrschaft phasenweise in größere staatliche Gebilde integriert, die sich allerdings nicht dauerhaft durchsetzen konnten. Dazu gehörten Großkolumbien (1821-1830), die Vereinigten Provinzen von Zentralamerika (1823-1838) und die Peruanisch-Bolivianische Konföderation (1836-1839). Während Zentralamerika und der karibische Raum bis weit ins 20. Jahrhundert stark unter der Einmischung und den direkten Interventionen externer Mächte litten, bildete sich in Südamerika bereits im 19. Jahrhundert ein relativ unabhängiges System von zwischenstaatlichen Machtbeziehungen heraus (Burr 1994). Sowohl an der Pazifikküste (v.a. zwischen Chile, Bolivien und Peru) als auch im Cono Sur (v.a. zwischen Argentinien und Chile sowie zwischen Argentinien und Brasilien) kam es immer wieder zu Konflikten, bei

1 Jüngstes Beispiel für die verbale Bezugnahme auf ein geeintes Lateinamerika war das XXI. Gipfeltreffen der Rio-Gruppe am 22./23. Februar 2010 im mexikanischen Playa del Carmen, das als *Cumbre de la Unidad de América Latina y el Caribe* (Gipfeltreffen der Einheit Lateinamerikas und der Karibik) bezeichnet wurde.

denen es um konkurrierende Gebietsansprüche und um hegemoniales Vormachtstreben ging. Trotzdem führten diese Konflikte nur in wenigen Fällen zu größeren militärischen Auseinandersetzungen. Dazu gehörten insbesondere der Tripel-Allianz-Krieg (1864-1870) zwischen Paraguay einerseits und Argentinien, Brasilien und Uruguay andererseits sowie der Pazifikkrieg (1879-1883) zwischen Chile, Peru und Bolivien. Die beiden letztgenannten Länder büßten dabei Teile ihres Territoriums an Chile ein und trotz später abgeschlossener Friedensverträge belasten die Folgen dieser militärischen Auseinandersetzung, insbesondere der Verlust des direkten Pazifikzugangs für Bolivien, bis zum heutigen Tag die zwischenstaatlichen Beziehungen zwischen den drei Ländern (Birle 2009).

Im 20. Jahrhundert fanden nur wenige größere militärische Auseinandersetzungen zwischen lateinamerikanischen Staaten statt. Dabei handelte es sich in erster Linie um den Chaco-Krieg zwischen Bolivien und Paraguay (1931-1935), den Leticia-Konflikt zwischen Peru und Kolumbien (1932) sowie um die Kriege zwischen Peru und Ecuador (1939-41, 1981 und 1995). In zahlreichen anderen Fällen gelang es trotz zwischenstaatlicher Rivalitäten und Konflikte, den Ausbruch größerer bewaffneter Feindseligkeiten zu verhindern (zu den Ursachen siehe Mares 1997 und 2001). Dabei ist allerdings zu betonen, dass Lateinamerika auch im 20. Jahrhundert trotz des Ausbleibens weiterer großer Kriege keine Zone der Friedfertigkeit war, wie bereits ein Blick auf die zahllosen internen Gewaltkonflikte und Bürgerkriege zeigt. Auch zwischenstaatliche Spannungen traten immer wieder auf. So konnte 1978 ein drohender Krieg zwischen Chile und Argentinien nur in letzter Minute vermieden werden. 1987 und nochmals 1993 bahnte sich nach einer vollständigen Mobilmachung des venezolanischen Heeres eine kriegerische Auseinandersetzung mit Kolumbien an. Die Androhung des Einsatzes militärischer Gewalt blieb somit auch im 20. Jahrhundert ein Mittel der lateinamerikanischen Außenpolitiken.

Wichtige Impulse dafür, dass trotz vieler ungelöster zwischenstaatlicher Konflikte in der zweiten Hälfte des 20. Jahrhunderts das Thema regionale Integration an Bedeutung gewann, gingen von der 1948 gegründeten CEPAL aus. Als wichtigster regionaler Think Tank mit großem Einfluss auf die entwicklungstheoretischen Debatten empfahl die CEPAL den Ländern Lateinamerikas seit den 1950er Jahren eine Entwicklungsstrategie der Importsubstituierenden Industrialisierung in Kombination mit regionaler Integration. Auf der Grundlage regionaler Industrialisierungspläne sollte, unterstützt durch massive staatliche Steuerung, durch eine Liberalisierung des innerlateinamerikanischen Handels bei gleichzeitiger Abschottung nach außen eine ausgewogene wirtschaftliche Entwicklung in der Region erreicht werden. In der Praxis führte dies zu einer weitgehenden Abschottung der lateinamerikanischen Märkte vom Weltmarkt, während die Integration nur schleppend vorankam. 1960 wurde die Lateinamerikanische Freihandelsvereinigung ALALC (*Asociación Latinoamericana de Libre Comercio*) gegründet, deren Ziel es war, innerhalb von 12 Jahren eine Freihandelszone zwischen den Mitgliedsstaaten[2] zu errichten. Die Ver-

2 Gründungsmitglieder der ALALC waren Argentinien, Brasilien, Chile, Mexiko, Paraguay, Peru und Uruguay, später schlossen sich Kolumbien (1961), Ecuador (1962), Venezuela (1966) und

handlungen führten jedoch trotz anfänglicher Fortschritte nicht zu dem gewünschten Ergebnis. Aus Unzufriedenheit über die fehlenden Integrationsfortschritte auf regionaler Ebene entstanden mit dem Zentralamerikanischen Gemeinsamen Markt (*Mercado Común Centroamericano*; MCCA)[3] und dem Andenpakt (*Pacto Andino*)[4] zwei wirtschaftliche Integrationsbündnisse[5] auf subregionaler Ebene (Mols 1996).

Mit der Schuldenkrise der 1980er Jahre geriet das entwicklungsstrategische Denken in Lateinamerika und damit auch die bis zu diesem Zeitpunkt dominierende Integrationsphilosophie in eine Krise. Die CEPAL reagierte darauf mit einem neuen Konzept, sie sprach ab den 1990er Jahren von einem Prozess des "offenen Regionalismus". Damit verband sich die Idee, Integration nicht mehr im Sinne einer weitgehenden Abschottung der lateinamerikanischen Märkte vom Weltmarkt zu betreiben, sondern sie als Sprungbrett zur Integration in den Weltmarkt anzusehen. Die CEPAL empfahl den weitgehenden Abbau von tarifären und nichttarifären Handelsbeschränkungen innerhalb Lateinamerikas. Die Öffnung zum Weltmarkt sollte mit dem Erhalt gewisser Präferenzen gegenüber den regionalen und subregionalen Handelspartnern kombiniert werden. Hinzu kommen sollten gemeinsame lateinamerikanische Regeln für die Zirkulation von Waren, Dienstleistungen und Investitionen sowie für den Schutz Intellektuellen Eigentums und für öffentliche Ausschreibungen. Die nationalstaatlichen Handels-, Wettbewerbs-, Fiskal- und Geldpolitiken sollten innerhalb der Region schrittweise angepasst werden. Angemahnt wurden außerdem aktive Bemühungen zum Abbau der Asymmetrien zwischen den einzelnen Ländern. Um all dies zu gewährleisten, sollten die institutionellen Grundlagen der regionalen Integration systematisch gestärkt werden (CEPAL 1994). In den Folgejahren wurde das Konzept des offenen Regionalismus zwar zur rhetorischen Grundlage der regionalen und subregionalen Integrationsbemühungen, de facto reduzierten sich die entsprechenden nationalen Politiken jedoch weitgehend auf eine Umsetzung der Liberalisierungskomponenten, während die anderen Bestandteile des Konzeptes (Stärkung der Institutionen, gemeinsame Politiken) von den Staaten kaum umgesetzt wurden. Die entwicklungsstrategische Praxis der 1990er Jahre war sehr viel mehr durch neoliberale Konzepte und den "Konsens von Washington" geprägt (Sanahuja 2008).

Die subregionale Integration erhielt durch die Gründung des Mercosur (*Mercado Común del Sur*; Gemeinsamer Markt des Südens) im Jahr 1991 zunächst neue Impulse. Bis in die zweite Hälfte der 1990er Jahre galt der Verbund zwischen Argenti-

Bolivien (1967) an. 1980 erfolgte die Umbenennung in ALADI (*Asociación Latinoamericana de Integración*; Lateinamerikanische Integrationsvereinigung).

3 Gründungsmitglieder des 1960 gegründeten MCCA waren Guatemala, El Salvador, Honduras und Nicaragua, 1963 schloss sich Costa Rica dem Bündnis an.

4 Der 1969 gegründete Andenpakt umfasste zunächst Bolivien, Chile, Ecuador, Kolumbien und Peru. 1974 schloss sich Venezuela an, 1976 trat Chile wieder aus.

5 Die subregionalen Kooperations- und Integrationsprozesse in der Karibik werden in diesem Beitrag nicht näher berücksichtigt. Dazu gehören vor allem die 1973 gegründete Karibische Gemeinschaft (*Caribbean Community and Common Market*, CARICOM) sowie die 1994 gegründete *Association of Caribbean States*. Siehe dazu Altmann 2007 und Grenade 2005.

nien, Brasilien, Paraguay und Uruguay als Erfolgsmodell, der intraregionale Handel nahm zunächst stark zu. Spätestens ab 1997 geriet der Mercosur dann jedoch in eine Krise, die im Prinzip bis heute andauert.

Der zentralamerikanische Integrationsprozess war bereits Ende der 1960er Jahre aufgrund eines Konfliktes zwischen Honduras und El Salvador ("Fußballkrieg") ins Stocken geraten, in den Folgejahren behinderten vor allem die internen Gewaltkonflikte in den meisten zentralamerikanischen Ländern zwischenstaatliche Integrationsfortschritte. Erst die in der zweiten Hälfte der 1980er Jahre abgeschlossenen Friedensabkommen von Esquipulas schufen auch neue Rahmenbedingungen für die subregionale Zusammenarbeit. Im Dezember 1991 unterzeichneten die Präsidenten von Costa Rica, El Salvador, Guatemala, Honduras, Nicaragua und Panama das Protokoll von Tegucigalpa, mit dem das Zentralamerikanische Integrationssystem SICA (*Sistema de la Integración Centroamericana*) als neuer rechtlich-politischer Rahmen für alle Bereiche der zentralamerikanischen Integration entstand.

Der Andenpakt entschied sich 1989 zu einer Abkehr von der bis zu diesem Zeitpunkt verfolgten Marktabschottungsstrategie. 1993 bildeten die Mitgliedsländer eine Freihandelszone, was in den Folgejahren zu einer deutlichen Zunahme des innergemeinschaftlichen Handels führte. 1997 beschlossen die Präsidenten der Mitgliedsländer eine Reihe von institutionellen Reformen. Dazu gehörte, dass die Führung des Integrationsprozesses in Zukunft in ihren Händen liegen sollte. Um die erhofften neuen Impulse für die Integration auch symbolisch zu demonstrieren, erfolgte eine Umbenennung des Andenpaktes in Andengemeinschaft (*Comunidad Andina*, CAN).

Die innerlateinamerikanische Integrationsdynamik wurde in den 1990er Jahren zunehmend durch Kooperationsprozesse und Freihandelsverhandlungen mit Partnern außerhalb der Region überlagert. 1994 schlossen Mexiko, Kanada und die USA das Nordamerikanische Freihandelsabkommen (*North American Free Trade Agreement*; NAFTA) ab. Im gleichen Jahr begannen auch die von den USA initiierten Verhandlungen über eine gesamtamerikanische Freihandelszone (*Área de Libre Comercio de las Américas*; ALCA, engl. FTAA), die von Alaska bis Feuerland reichen und alle Länder der Amerikas außer Kuba umfassen sollte. 1999 initiierten die Europäische Union (EU) und der Mercosur Verhandlungen über ein Assoziierungsabkommen. Beide Verhandlungsprozesse führten nicht zum Abschluss von Verträgen. Der FTAA-Prozess wurde 2005 nach einem Treffen der Organisation Amerikanischer Staaten im argentinischen Mar del Plata, bei dem keine Einigung über die Fortführung der Verhandlungen erzielt werden konnte, auf Eis gelegt. Die Verhandlungen EU-Mercosur führten bis heute nicht zu einem greifbaren Ergebnis.

Seit dem Scheitern der Gespräche über eine gesamtamerikanische Freihandelszone setzen viele Länder verstärkt auf die Aushandlung bilateraler Freihandelsabkommen, wie Mexiko und Chile dies bereits zuvor zum Kern ihrer Außenwirtschaftsstrategie gemacht hatten. Anfang des Jahres 2009 existierten innerhalb Lateinamerikas 13 bilaterale Freihandelsabkommen. Hinzu kamen 23 Freihandelsabkommen mit Staaten außerhalb der Region, Rahmenabkommen innerhalb Lateinamerikas und solche mit Staaten außerhalb der Region, 30 Präferenzabkommen innerhalb

Lateinamerikas und 12 unterzeichnete, aber noch nicht in Kraft getretene Abkommen. Weitere 42 Verhandlungsprozesse über Freihandelsabkommen mit Partnern innerhalb und außerhalb Lateinamerikas waren 2009 im Gange.[6] Diese Vielzahl an bilateralen Abkommen und Verhandlungsprozessen, die von Ökonomen auch als "Spaghetti Bowl" bezeichnet wurde, bleibt nicht ohne Auswirkungen auf die regionalen und subregionalen Integrationsprozesse. Zum einen bedeutet die administrative Handhabung und Koordination der zahlreichen parallelen Abkommen und Verhandlungsprozesse eine große Herausforderung. Zum anderen sind vor allem die Freihandelsabkommen mit Industrieländern in den lateinamerikanischen Bevölkerungen sehr umstritten. Man befürchtet, dass die existierenden Asymmetrien nicht in ausreichendem Maße berücksichtigt werden, so dass die stärkeren Partner (vor allem die USA und die EU) sich durch derartige Abkommen einseitige Marktzugangschancen in Lateinamerika sichern können, ohne selbst angemessene Zugeständnisse zu machen.

Neben den subregionalen Integrationsprozessen im Rahmen von Mercosur, CAN und SICA und den bilateralen Freihandelsabkommen mit Partnern innerhalb und außerhalb der Region spielen für die innerlateinamerikanische Zusammenarbeit einige neuere regionale Initiativen eine zunehmend wichtigere Rolle. Dazu gehören die 2008 gegründete Union Südamerikanischer Nationen (*Unión de Naciones Suramericanas*; UNASUR), die vom venezolanischen Präsidenten Hugo Chávez initiierte Bolivarianische Allianz für die Völker unseres Amerikas (*Alianza Bolivariana para los Pueblos de Nuestra América*; ALBA) sowie Vorhaben zur physischen Integration wie die Initiative für die Integration der Regionalen Infrastruktur Südamerikas (*Iniciativa para la Integración de la Infraestructura Regional Suramericana*; IIRSA) oder das Projekt für die Integration und Entwicklung Mesoamerikas (*Proyecto Integración y Desarrollo Mesoamérica*; früher *Plan Puebla Panamá*). Im folgenden Abschnitt werden sowohl die subregionalen Integrationsprozesse als auch die neuen regionalen Initiativen genauer untersucht.

6 Eine Übersicht zu Handelsverträgen, -politiken und –gesetzen in den Amerikas findet sich unter <http://www.sice.oas.org/> (30.3.2010).

Tabelle 1: Übersicht: Regionalinitiativen in Lateinamerika 2010 (Auswahl)

Regionale Organisationen	*Asociación Latinoamericana de Integración* (ALADI) *Grupo de Rio* *Organización Latinoamericana de Energía Atómica* (OLADE) *Sistema Económico Latinoamericano* (SELA) *Unión de Naciones Suramericanas* (UNASUR)
Subregionale Integrationsinstitutionen	*Comunidad Andina de Naciones* (CAN) *Caribbean Community* (CARICOM) *Mercado Común del Sur* (MERCOSUR) *Sistema de la Integración Centroamericana* (SICA)
Initiativen zur physischen Integration	*Iniciativa para la Integración de la Infraestructura Regional Suramericana* (IIRSA) *Proyecto de Integración y Desarrollo de Mesoamérica* (zuvor *Plan Puebla Panamá*)
Alternative (bolivarianische) Projekte	*Alianza Bolivariana para los Pueblos de Nuestra América* (ALBA) *Banco del Sur* *Petrocaribe* *Telesur* *Tratado de Comercio de los Pueblos* (TCP) *Sistema Unitario de Compensación Regional* (SUCRE)
Interamerikanische Organisationen	*Banco Interamericano de Desarrollo* (BID) *Instituto para la Integración de América Latina y el Caribe* (INTAL) *Comisión Interamericana de Derechos Humanos* *Corte Interamericana de Derechos Humanos* *Organización de los Estados Americanos* (OEA)
Gipfeltreffen mit lateinamerikanischer Beteiligung	*Cumbre de América Latina y el Caribe sobre Integración y Desarrollo* *Cumbre de las Américas* *Cumbre Iberoamericana* *Cumbre Europeo-Latinoamericana*
Wissenschaftliche Netzwerke und Think Tanks	*Consejo Latinoamericano de Ciencias Sociales* (CLACSO) *Facultad Latinoamericana de Ciencias Sociales* (FLACSO) *Comisión Económica para América Latina y el Caribe* (CEPAL)
Zivilgesellschaftliche Netzwerke	*Agencia Latinoamericana de Información* *Coalición Ríos Vivos* *Comisión Andina de Juristas* *Coordinadora Andina de Organizaciones Indígenas* *Coordinadora Regional de Investigaciones Económicas y Sociales* *Mercociudades* *Somos Mercosur*

Quelle: Eigene Zusammenstellung.

3. *Subregionale und regionale Integrationsprojekte*

3.1 Der Mercosur

Grundlegende Ziele des mit dem Vertrag von Asunción 1991 gegründeten Mercosur, dem als Vollmitglieder Argentinien, Brasilien, Paraguay und Uruguay angehören, waren die Schaffung eines gemeinsamen Marktes und die Unterstützung der nationalen Volkswirtschaften bei ihrer Eingliederung in den Weltmarkt. Dazu wurde nicht nur die Abschaffung von Zöllen und nicht-tarifären Handelshemmnissen vereinbart, sondern auch die Einrichtung eines gemeinsamen Außenzolls, eine gemeinsame Handelspolitik gegenüber Drittstaaten, die Koordination von makroökonomischen und Sektorpolitiken zwischen den Mitgliedsstaaten und eine schrittweise Harmonisierung der nationalstaatlichen rechtlichen Rahmenbedingungen. Fast 20 Jahre nach Gründung des Mercosur ist nur ein geringer Teil dieser ursprünglichen Ziele umgesetzt. Der Abbau von Zöllen und nicht-tarifären Handelshemmnissen machte in der ersten Hälfte der 1990er Jahre rasche Fortschritte und führte zu einer Vervierfachung des Handels innerhalb des Blocks, der bis 1997/1998 auf ca. 20% des gesamten Außenhandelsvolumens der Mitgliedsstaaten anstieg (CEPAL 2007: 124). Dieser Wert konnte jedoch nicht gehalten werden. Gegen Mitte des laufenden Jahrzehnts belief sich der Binnenhandel nur noch auf ca. 13% des Außenhandels der Mitgliedsstaaten. Die Perfektionierung der Zollunion war in weite Ferne gerückt, vielmehr häuften sich die Handelskonflikte zwischen den Mitgliedsstaaten.

Selbst das Funktionieren des Mercosur als Freihandelszone ist angesichts immer neuer nicht-tarifärer Handelshemmnisse und Quoten für den Handel in sensiblen Bereichen nicht mehr gewährleistet. Ein bilateraler Konflikt zwischen Argentinien und Uruguay über den Bau von zwei Zellulosefabriken am Uruguay-Fluss führte ab 2005 zu einer zusätzlichen Belastung für das Bündnis. Eine makroökonomische Koordination oder die Koordination von Sektorpolitiken findet so gut wie nicht statt. Weniger als die Hälfte der zwischen den Mitgliedsstaaten vereinbarten gemeinsamen Regeln, Normen und Standards wurde in nationale Regelungen überführt. Auch die gemeinsame Integration in den Weltmarkt hat nur wenig Fortschritte gemacht, bis heute hat der Mercosur nur ein einziges Freihandelsabkommen mit einem Staat außerhalb Lateinamerikas abschließen können.

Der Mercosur verfügt über eine komplexe institutionelle Struktur, die allerdings einer rein intergouvernementalen Logik folgt. Die Etablierung von supranationalen Steuerungsmechanismen stößt auf entschiedenen Widerstand von Seiten der nationalen Regierungen. Entscheidungsprozesse sind in den nationalen Exekutiven konzentriert, die Entscheidungsfindung innerhalb der Mercosur-Gremien basiert auf Konsens. Trotz einer großen Anzahl von regelmäßigen Arbeitstreffen auf Minister- und Expertenebene ist es nicht gelungen, gemeinsame Visionen zu entwickeln, es dominiert der Eindruck der Fragmentierung. Allein im zweiten Halbjahr 2008 fanden 237 Treffen im Rahmen von ca. 150 Verhandlungsprozessen innerhalb des Mercosur statt. Diese Treffen von Gruppen, Untergruppen, Ad Hoc-Gruppen, Foren, etc. dienen ausschließlich der Vorbereitung von Entscheidungen, sie verfügen über keinerlei eigene Entscheidungskompetenzen. Die Mitglieder der drei mit Entscheidungskompetenzen ausgestatteten Institutionen des Mercosur (Rat des Gemeinsamen Marktes; Gruppe Gemeinsamer Markt; Handelskommission) werden von den Regierungen der Mitgliedsstaaten ernannt und verfügen diesen gegenüber über keinerlei Autonomie (Caetano/Vázques/Ventura 2009: 29ff.).

Neben den Gremien mit Entscheidungskompetenzen verfügt der Mercosur über eine Reihe weiterer Institutionen: Das 1998 geschaffene Forum für Politische Konsultation und Konzertierung (*Foro de Consulta y Concertación Política*, FCCP), das Mercosur-Sekretariat, die 2003 eingeführte Kommission Ständiger Vertreter (*Comisión de Representantes Permanentes de Mercosur*; CRPM), den 2004 eingerichteten Ständigen Kontrollausschuss (*Tribunal Permanente de Revisión*) sowie das im gleichen Jahr geschaffene Mercosur-Parlament und das Konsultivforum der Gemeinden, Bundesländer, Provinzen und Verwaltungen. Das Mercosur-Sekretariat und die *Comisión de Representantes Permanentes* gelten in den Mitgliedsländern als weitestgehend bedeutungslos, sie verfügen über keinerlei Entscheidungskompetenz innerhalb des institutionellen Geflechtes des Mercosur, haben wenig Legitimation und ihre Beziehungen zu den Repräsentanten der Mitgliedsländer sind schlecht.[7]

Im Juli 2006 wurde Venezuela, das im April 2006 überraschend aus der Andengemeinschaft ausgetreten war, als fünftes Vollmitglied in den Mercosur aufgenommen. Bis heute ist der Beitritt allerdings noch nicht von allen Mitgliedsstaaten ratifiziert worden und damit nicht wirksam. Der brasilianische Senat stimmte einer entsprechenden Vorlage im Dezember 2009 nach jahrlangen Verzögerungen zu, aber eine Ratifizierung durch den von der oppositionellen Colorado-Partei beherrschten paraguayischen Senat war auch im Frühjahr 2010 noch nicht absehbar. Viele Beobachter fürchten, dass eine Vollmitgliedschaft Venezuelas im Mercosur zu einer stärkeren Politisierung der Organisation führen und die ursprünglichen Integrationsziele weiter in den Hintergrund rücken lassen könnte (Husar/Maihold 2006).

19 Jahre nach seiner Gründung befindet sich der Mercosur in einer schwierigen Situation. Die kleinen Mitgliedsländer Paraguay und Uruguay sehen sich als Integrationsverlierer und erwarten von den beiden großen Mitgliedsstaaten mehr Unterstützung und größere Anstrengungen zum Abbau der innergemeinschaftlichen Asymmetrien. Die Einrichtung eines Strukturellen Konvergenzfonds (*Fondo de Convergencia Estructural*; FOCEM) im Jahr 2007 war zwar ein Schritt in die richtige Richtung, sein finanzieller Umfang ist mit ca. 125 Mio. US-Dollar jedoch eher bescheiden. Die Beiträge zu dem Fonds werden zu 70% von Brasilien und zu 27% von Argentinien getragen, während der größte Teil der mit den Geldern finanzierten Entwicklungsprojekte in Paraguay (48%) und Uruguay (32%) realisiert wird.[8]

Obwohl die Regierungen aller Mitgliedsstaaten in der Vergangenheit wiederholt von einer "Vertiefung" und "Wiederankurbelung" des Mercosur gesprochen haben, scheint der politische Wille dazu nicht vorhanden zu sein. Zwar ist aufgrund der damit verbundenen politischen Kosten nicht damit zu rechnen, dass eines der Mit-

7 Interview mit Roberto Bouzas, Universidad de San Andrés, im März 2009.

8 Siehe <http://www.mercosur.coop/recm/spip.php?article264> (8.6.2009).

gliedsländer das Bündnis verlässt, aber vor allem Brasilien scheint nicht daran interessiert zu sein, dem Mercosur größere Entscheidungskompetenzen zuzugestehen.[9] Die strukturellen Asymmetrien zwischen Brasilien und den anderen Mitgliedsländern haben sich seit Gründung des Mercosur eher verstärkt als reduziert. Insbesondere Argentinien hat für Brasilien stark an Bedeutung verloren. Noch Anfang der 1990er Jahre war Argentinien für Brasilien als Energie- und Lebensmittellieferant nicht unwichtig. Inzwischen ist Brasilien selbst in beiden Bereichen zu einem Exporteur geworden. Die wiederholten wirtschaftlichen und politischen Krisen in Argentinien bei einer gleichzeitig relativ kontinuierlichen und erfolgreichen Entwicklung Brasiliens haben die "strategische Partnerschaft" zwischen beiden Ländern stark relativiert (Birle 2010). Brasilien sieht sich immer mehr als *global player* und ist trotz Integrationsrhetorik nicht dazu bereit, seinem Streben nach außenpolitischer Autonomie und Universalismus durch eine institutionelle Stärkung des Mercosur Schranken setzen zu lassen. Da ohne Brasilien keine Fortschritte der regionalen Integration möglich sind, ist zumindest gegenwärtig nicht damit zu rechnen, dass es auf absehbare Zeit zu einer grundlegenden Veränderung der schwierigen Situation des Mercosur kommt.

3.2 Die Andengemeinschaft (CAN)

Die Andengemeinschaft (*Comunidad Andina*; CAN; bis 1997 Andenpakt) entstand 1969 im Kontext der von der CEPAL propagierten Strategie einer importsubstituierenden Industrialisierung. Institutionell orientierte sie sich an der Europäischen Gemeinschaft, in puncto Integrationsstrategie setzten die Mitgliedsländer auf eine gemeinsame Planung und Umsetzung von industriellen Entwicklungsprojekten auf subregionaler Ebene. Mit der Schuldenkrise, der nachfolgenden neoliberalen Wende und den einseitigen Handelsliberalisierungen der 1980er Jahre wurde es immer schwieriger, ein derartiges Handelsregime aufrechtzuerhalten, da der Wettbewerb zwischen den Ländern zunahm. Das überkommene Integrationssystem verlor an Sinn. Einige Mitgliedsländer der Andengemeinschaft setzten in den 1990er Jahren auf den Abschluss eines gesamtamerikanischen Freihandelsabkommens mit den USA. Demgegenüber wurde das Handelsregime der Andengemeinschaft zweitrangig, der intra-regionale Handel sank und betrug 2007 nur noch 9,3% des gesamten Außenhandels der Mitgliedsstaaten (CEPAL 2007: 124).

Den institutionellen Rahmen der CAN, der ähnlich wie der Mercosur im wesentlichen einer intergouvernementalen Logik folgt, bilden der Präsidentenrat (*Consejo Presidencial Andino*), der die politischen Ziele der Gemeinschaft festlegt, der Rat der Außenminister (*Consejo Andino de Ministros de RR.EE.*), das Andenparlament (*Parlamento Andino*) als Beratungs- und Kontrollorgan, das Generalsekretariat

9 Interviews mit Pablo Bustos, Friedrich-Ebert-Stiftung Argentinien, und Monica Hirst, Universidad Torcuato Di Tella, Buenos Aires, im März 2009.

(*Secretaria General*) als Durchführungsorgan sowie der Gerichtshof (*Tribunal de Justicia*). Die Beschlüsse des Gerichtshofes sind für die Mitgliedsländer bindend. Als Konsultativorgane mit Beteiligung zivilgesellschaftlicher Akteure fungieren der *Consejo Consultivo Empresarial* (Privatwirtschaft), der *Consejo Consultivo Laboral* (Gewerkschaften) sowie der *Consejo Consultivo de Pueblos Indígenas* (Indigene Bevölkerung). Die 1985 gegründete *Universidad Andina Simón Bolívar* mit Sitz in Bolivien und Ecuador dient der Förderung der akademischen Zusammenarbeit innerhalb der CAN. Die 1970 gegründete multilaterale Entwicklungsbank *Corporacion Andina de Fomento* (CAF) gehört zum Institutionensystem der CAN, unter ihren Aktionären befinden sich jedoch nicht nur die Mitgliedsländer der CAN, sondern beispielsweise auch Spanien, Argentinien, Brasilien und Mexiko.

In den 1990er Jahren setzten die Regierungen der Mitgliedsstaaten phasenweise darauf, die Schwächen der Handelsintegration durch eine stärkere politische Integration zu kompensieren. Dies war insofern möglich, als eine gewisse Interessenkoinzidenz zwischen den damaligen Regierungen im Hinblick auf eine liberale Demokratie und eine liberale Wirtschaftsordnung bestand. Die militärische Eskalation des bilateralen Grenzkonfliktes zwischen Peru und Ecuador im Jahr 1995 setzte diesen Bemühungen ein Ende. In den darauffolgenden Jahren wirkten sich auch die internen politischen Krisen in den Mitgliedsländern der CAN, insbesondere in Bolivien, Ecuador und Venezuela, auf den Zustand der subregionalen Integration aus.[10]

In den letzten Jahren haben sich die politischen und entwicklungsstrategischen Gräben zwischen den Mitgliedsländern der CAN weiter vertieft. Die seit 1999 amtierende venezolanische Regierung unter Präsident Hugo Chávez, die 2006 angetretene bolivianische Regierung unter Präsident Evo Morales und die seit 2007 amtierende ecuadorianische Regierung unter Präsident Rafael Correa stehen für einen Bruch mit den traditionellen politischen und wirtschaftlichen Eliten ihrer Länder, für eine große Skepsis gegenüber der liberal-repräsentativen Demokratie und einen linksnationalistischen Wirtschaftskurs. Demgegenüber setzen die Regierungen Kolumbiens unter Präsident Álvaro Uribe (seit 2002) und Perus unter Präsident Alan García (seit 2006) auf eine enge politische und vor allem wirtschaftliche Zusammenarbeit mit den USA. Beide Länder haben bilaterale Freihandelsabkommen mit den USA abgeschlossen, allerdings ist das Abkommen zwischen Kolumbien und den USA noch nicht in Kraft, da der US-Kongress bislang nicht dazu bereit war, es zu ratifizieren. Der Abschluss dieser Freihandelsabkommen war für den venezolanischen Präsidenten Chávez ein Grund dafür, im April 2006 aus der CAN auszutreten, da er in diesen Abkommen einen Verstoß gegen die Grundgedanken der Gemeinschaft sah (Malamud 2006).

Der Austritt Venezuelas hat die CAN in ökonomischer Hinsicht geschwächt. Zwar änderte sich an den realen Handelsströmen, die insbesondere zwischen Venezuela und Kolumbien einen erheblichen Umfang aufwiesen, zunächst wenig. Es herrscht jedoch Unsicherheit darüber, wie es nach dem Ende einer mehrjährigen

10 Interviews mit Adrian Bonilla, FLACSO Ecuador, und Marco Romero Cevallos, Universidad Andina Simón Bolívar, im April 2009.

Übergangsphase, in der Venezuela trotz des Austritts dazu verpflichtet ist, die eingegangenen Kompromisse zu garantieren, weitergehen wird. Auch die Beziehungen zwischen den verbliebenen Mitgliedern der CAN sind alles andere als harmonisch. Der Übergriff kolumbianischer Militärs auf ecuadorianisches Territorium im März 2008 zur Verfolgung von Mitgliedern der FARC-Guerilla wurde zu einer Belastung der bilateralen Beziehungen, die bis heute andauert. In wirtschaftlicher Hinsicht sorgte Ecuador 2009 für Unruhe, da es im Zuge der globalen Wirtschaftskrise und aufgrund wachsender Handelsbilanzdefizite Sondersteuern auf Importe erließ, die auch für die anderen Mitgliedsstaaten der CAN gelten sollten. Die ideologische Spaltung zwischen den Freihandelsbefürwortern Kolumbien und Peru einerseits und den Freihandelsgegnern Bolivien und Ecuador auf der anderen Seite wurde auch zu einer Belastung für die seit 2007 laufenden Verhandlungen über ein Assoziierungsabkommen mit der EU.

Fundamental divergierende politische und ökonomische Weltbilder bei einer gleichzeitig nur geringen Bedeutung des Handels zwischen den Mitgliedsländern sind keine guten Voraussetzungen, um der Integration im Rahmen der CAN in den kommenden Jahren neuen Schwung zu verleihen. Hinzu kommt, dass es dem Integrationsprozess an gesellschaftlicher Legitimation fehlt. Viele Menschen können sich unter der CAN kaum etwas vorstellen, von einer "andinen Identität" kann nicht die Rede sein. Selbst die mit dem Integrationsprozess verbundenen direkten Vorteile, z.B. die Reiseerleichterungen aufgrund des gemeinsamen Andinen Passes, sind vielen nicht bekannt.[11]

Die ecuadorianische Präsidentschaft *pro tempore* der CAN sprach in einem Dokument vom Frühjahr 2009 viele der Probleme des Integrationsbündnisses offen an und kam zu dem Ergebnis, dass man sich möglicherweise von der Vorstellung eines gemeinsamen andinen Rechtsrahmens verabschieden und stattdessen gemeinsame Strategien entwickeln müsse (Comunidad Andina 2009). Notwendig sei eine neue Form der Integration, die die Unterschiede zwischen den Mitgliedsländern akzeptiere und berücksichtige. Vorgeschlagen wurde eine Bestandsaufnahme des Ist-Zustandes der Integration in allen vier Mitgliedsländern, um auf dieser Grundlage gemeinsame Strategien für fünf Bereiche zu entwickeln: eine Integrationsstrategie der andinen Bürgerschaft (zur Stärkung der zivilgesellschaftlichen Beteiligung am Integrationsprozess); eine andine Strategie der Integration in die lateinamerikanische Gemeinschaft und die Weltgemeinschaft; eine andine Strategie der wirtschaftlichen Komplementarität (Markt, Handel, Produktion, Konsum); eine andine Strategie für die Bereiche Biodiversität, Wasser und Klimawandel; eine Strategie des Andinen (*ser andino*) in der Welt. Allerdings finden sich in dem Dokument keine Aussagen darüber, wie es angesichts der fundamental divergierenden Weltbilder der gegenwärtigen Regierungen der CAN-Mitgliedsländer gelingen soll, tatsächlich gemeinsame Strategien zu entwickeln. Daher ist zu befürchten, dass sich auch diese Initiative in eine lange Reihe von Aktivitäten einfügt, die zwar von der Sache her erstre-

11 Interview mit Marco Romero Cevallos, Universidad Andina Simón Bolívar, im April 2009.

benswert sein mögen, denen es aber an der notwendigen Realitätsnähe fehlt. Ähnliche Skepsis produziert ein Blick in die Arbeitsprogramme des CAN-Generalsekretariats, die sich wie eine Wunschliste an politisch ehrenwerten Absichten lesen, für die tatsächliche Entwicklung der CAN jedoch kaum Bedeutung haben.

3.3 Das Zentralamerikanische Integrationssystem (SICA)

Dem Zentralamerikanischen Integrationssystem (*Sistema de la Integración Centroamericana*, SICA) gehören insgesamt sieben Länder an: Costa Rica, El Salvador, Guatemala, Honduras, Nicaragua, Panama sowie seit 2000 Belize; allerdings partizipieren nicht alle Länder an allen Gremien des in formaler Hinsicht stark ausdifferenzierten Integrationssystems.[12] Dieses System besteht aus vier Hauptorganen und mehreren Hilfsorganen, acht Sekretariaten und 24 spezialisierten Institutionen. Höchstes Entscheidungsorgan des SICA ist die Versammlung der Präsidenten (*Reunión de Presidentes*). Zudem gibt es einen Ministerrat (*Consejo de Ministros*), ein Exekutivkomitee (*Comité Ejecutivo*), ein Generalsekretariat (*Secretaría General*), ein Zentralamerikanisches Parlament (*Parlamento Centroamericano*), einen Gerichtshof (*Corte Centroamericana de Justicia*) und ein Konsultativgremium der Zivilgesellschaften (*Comité Consultivo*). Die wichtigste Rolle unter den Sekretariaten kommt der für wirtschaftliche Integration zuständigen SIECA (*Secretaria de Integración Económica Centroamericana*) zu. Auch SICA folgt einer intergouvernementalen Logik, es weist keine supranationalen Bestandteile auf.

SICA ist in finanzieller Hinsicht extrem abhängig von internationalen EZ-Geldern. Schätzungsweise 80 bis 90% der Gelder, die zur Finanzierung des Systems benötigt werden, stammen von internationalen Gebern.[13] Angesichts derartiger finanzieller Abhängigkeiten ist es fraglich, inwieweit die einzelnen Institutionen des SICA noch einer Logik der subregionalen Integration folgen und nicht eher dazu tendieren, Projekte und Programme zu entwickeln, mit denen die von den Gebern angebotene finanzielle Unterstützung optimal absorbiert werden kann.

Der Freihandel innerhalb Zentralamerikas funktioniert relativ reibungslos, die Zollunion ist bis auf ca. 6% der gehandelten Waren vollständig. Nach Angaben von SIECA entfielen im Jahr 2008 29,5% der Exporte und 12,7% der Importe auf den Binnenhandel innerhalb Zentralamerikas (SIECA 2009). Wichtigster Außenhandelspartner sind die USA, an dritter Stelle liegt die Europäische Union. Die zentralamerikanischen Länder haben Freihandelsabkommen mit einer Reihe externer Partner (USA, Mexiko, Kanada, Chile, Dominikanische Republik) abgeschlossen. Innerhalb des SICA deuten sich in den vergangenen Jahren zentrifugale Tendenzen an. Zwei Mitgliedsländer (Nicaragua unter Präsident Daniel Ortega und Honduras unter

12 Seit 2003 ist die Dominikanische Republik assoziiertes Mitglied des SICA.

13 Interviews mit Rony Abiú Chali, Programa de Apoyo de la Integración Regional Centroamericana, Juan Ignacio Pita, Generalkoordinator der Cooperación Española en El Salvador und Richard Barathe, Representante Residente Adjunto de PNUD in El Salvador im April 2009.

dem Ende Juni 2009 vom Militär gestürzten Präsident José Manuel Zelaya) schlossen sich der venezolanischen ALBA-Initiative an. Insbesondere Nicaragua steht dem traditionellen zentralamerikanischen Integrationskonzept seit Beginn der erneuten Präsidentschaft Daniel Ortegas zunehmend kritischer gegenüber, wie sich auch im Verlauf der seit Oktober 2007 laufenden Verhandlungen über ein Assoziierungsabkommen zwischen der EU und Zentralamerika zeigte. Ähnlich wie Venezuela unter Präsident Chávez kritisiert auch Nicaragua in der jüngeren Vergangenheit die traditionellen lateinamerikanischen Integrationskonzepte als "neoliberal" und propagiert demgegenüber die "solidarische Integration" im Rahmen von ALBA.

Während El Salvador und Guatemala und mit gewissem Abstand auch Honduras und Nicaragua traditionell als Triebkräfte der Integration gelten, bleiben Costa Rica und Panama eher am Rande. Dem CA-4 (*Central America Four*) Grenzabkommen zwischen El Salvador, Guatemala, Honduras und Nicaragua, das Reiseerleichterungen im Personenverkehr vorsieht, sind weder Costa Rica noch Panama beigetreten. Während die zentralamerikanischen Länder traditionell diplomatische und wirtschaftliche Beziehungen zu Taiwan und nicht zur Volksrepublik China unterhalten, ist Costa Rica im Jahr 2007 aus dieser gemeinsamen Position ausgeschert. Es hat die diplomatischen Beziehungen zu Taiwan abgebrochen und unterhält seitdem als einziges zentralamerikanisches Land Beziehungen zur VR China.

Der zentralamerikanische Integrationsprozess leidet unter einer unzureichenden gesellschaftlichen Verwurzelung. Viele SICA-Institutionen sind den Bürgern völlig unbekannt, andere, beispielsweise das Zentralamerikanische Parlament, genießen einen schlechten Ruf und gelten als Selbstbedienungsladen für ausgediente Politiker. Der Integrationsprozess scheint keine Priorität der nationalen Regierungen zu sein. Trotz der Existenz vieler gemeinsamer Probleme und Herausforderungen fehlt eine systematische Verbindung zwischen nationalen Agenden und zentralamerikanischer Agenda. Für die politischen Parteien und andere politische Akteure der Länder ist die subregionale Integration kein wichtiges Thema.

3.4 Die Union Südamerikanischer Nationen (UNASUR)

Die Union Südamerikanischer Nationen (*Unión de Naciones Suramericanas*, UNASUR) wurde am 23. Mai 2008 in Brasília gegründet. Ihr gehören die Mitglieder des Mercosur und der CAN sowie Chile, Guyana, Suriname und Venezuela an, d.h. alle 12 unabhängigen südamerikanischen Staaten. Die Gründung von UNASUR ging ursprünglich auf eine brasilianische Initiative zurück, die seit dem Jahr 2000 zu mehreren Gipfeltreffen der südamerikanischen Staats- und Regierungschefs und im Dezember 2004 zur Konstituierung einer Gemeinschaft Südamerikanischer Nationen (*Comunidad Sudamericana de Naciones*; CSN) führte. Die Umbenennung in UNASUR erfolgte 2007 auf Initiative von Hugo Chávez.

Ziel der UNASUR ist es laut Art. 2 des Gründungsvertrages,[14] einen Raum der Integration und Union zwischen den beteiligten Völkern in kultureller, sozialer, wirtschaftlicher und politischer Hinsicht zu konstruieren. Priorität sollen dabei der politische Dialog, die Sozialpolitiken, die Bildung, die Energie, die Infrastruktur, der Finanzsektor und die Umwelt genießen, um so sozio-ökonomische Ungleichheit zu beseitigen, soziale Inklusion und Bürgerbeteiligung zu garantieren, die Demokratie zu stärken und Asymmetrien abzubauen. Als spezifische Ziele der UNASUR werden in Art. 3 unter anderem die Stärkung des politischen Dialogs zwischen den Mitgliedsstaaten, die Bekämpfung von Armut, Ungleichheit und Analphabetismus, energetische Integration, der Ausbau der Infrastruktur, die Integration der Finanzsysteme, der Schutz der Biodiversität, der Wasserressourcen und Ökosysteme sowie die Zusammenarbeit bei der Katastrophenvorsorge und dem Kampf gegen die Ursachen und Auswirkungen des Klimawandels genannt. UNASUR erhebt den Anspruch, einen neuartigen Integrationsprozess zu konstituieren, der über eine bloße Konvergenz von Mercosur und CAN hinausgehen soll. Aus dem Vertragstext geht allerdings nicht hervor, worin dieses innovative Element bestehen könnte. Die institutionelle Struktur der UNASUR folgt einer rein intergouvernementalen Logik, alle Entscheidungen müssen im Konsens getroffen werden. Als Organe des Bündnisses sind ein Rat der Staats- und Regierungschefs, ein Rat der Außenminister, ein Delegiertenrat sowie ein Generalsekretariat vorgesehen. Sitz des Generalsekretariats soll die ecuadorianische Hauptstadt Quito werden. Im bolivianischen Cochabamba soll ein Südamerikanisches Parlament entstehen, auch eine regionale Zentralbank, eine einheitliche Währung und ein gemeinsamer Reisepass waren im Gespräch.

Der 2008 unterzeichnete Gründungsvertrag der UNASUR tritt erst in Kraft, wenn er von mindestens neun Ländern ratifiziert worden ist. Bis März 2010 hatten erst vier Staaten (Bolivien, Ecuador, Guyana, Venezuela) diesen Prozess abgeschlossen. Ursprünglich war als erster Generalsekretär der frühere ecuadorianische Staatspräsident Rodrigo Borja vorgesehen, der jedoch aus Unzufriedenheit über die institutionelle Struktur von UNASUR die Übernahme des Amtes schließlich ablehnte. Der danach als Generalsekretär vorgeschlagene ehemalige argentinische Staatspräsident Nestor Kirchner erwies sich nicht als konsensfähig. Insbesondere Uruguay drohte aufgrund des bilateralen Konflikts wegen des Baus von zwei Zellulosefabriken damit, die UNASUR wieder zu verlassen, wenn Kirchner in das Amt berufen werden sollte. Die Tatsache, dass es zwei Jahre nach Unterzeichnung des Gründungsvertrages noch keinen Konsenskandidaten für den Posten des Generalsekretärs gab und auch der Ratifizierungsprozess noch nicht abgeschlossen war, verweist auf die divergierenden Interessen innerhalb des Bündnisses und zeigt, dass die jeweiligen nationalen Interessen weiterhin Vorrang gegenüber der Bereitschaft zu regionalen Kompromissen genießen.

Eine erfolgreiche Rolle konnte UNASUR im Jahr 2008 im Hinblick auf die Deeskalation der innenpolitischen Konflikte in Bolivien leisten. Bei einer im Novem-

14 Der vollständige Vertragstext findet sich auf den Seiten der CAN: <http://www.comunidadandina.org/unasur/tratado_constitutivo.htm> (15.1.2010).

ber 2008 einberufenen Sondersitzung in Santiago de Chile verabschiedete die UNASUR eine Resolution, mit der die Konfliktparteien zum Dialog aufgerufen wurden und die der demokratisch gewählten Regierung von Präsident Morales explizit der Rücken stärkte. Venezuela konnte sich dabei nicht mit seinem Vorschlag durchsetzen, die USA explizit mitverantwortlich für die Eskalation der Krise in Bolivien zu machen. Vielmehr setzte sich die moderatere brasilianische Position durch, jeden Hinweis auf eine mögliche Rolle der USA zu vermeiden (Serbin 2009: 151f.).

Die konstruktive Rolle der UNASUR im Rahmen der Suche nach einer Lösung für die innerbolivianischen Konflikte ist ein Beleg für die wachsende Autonomie der lateinamerikanischen Länder bei der Lösung von regionalen Konflikten. Ob dazu eine neue Organisation notwendig gewesen wäre, bleibt allerdings fraglich, denn bereits seit 1990 existiert mit der aus dem Contadora-Prozess hervorgegangenen Rio-Gruppe ein Ständiger Konsultations- und Konzertierungsmechanismus, dem inzwischen fast alle lateinamerikanischen Länder angehören. Die Rio-Gruppe spielte 2008 eine wichtige Rolle bei der Deeskalation des Konfliktes zwischen Kolumbien und Ecuador, zu dem es nach den Angriffen der kolumbianischen Streitkräfte auf ein Lager der Guerillaorganisation FARC (*Fuerzas Armadas Revolucionarias de Colombia*) auf ecuadorianischem Territorium im März des Jahres gekommen war. Gegenwärtig ist noch nicht absehbar, wie sich das Verhältnis zwischen UNASUR und Rio-Gruppe in Zukunft entwickeln wird und ob sich möglicherweise eine Arbeitsteilung zwischen beiden Mechanismen etabliert.

Beim Gipfeltreffen der Rio-Gruppe im mexikanischen Cancún im Februar 2010 wurde die Gründung einer weiteren Regionalorganisation beschlossen, der alle 23 Mitglieder der Rio-Gruppe und 10 karibische Staaten – alle Länder der Amerikas außer den USA und Kanada – angehören sollen. Ziel der Organisation, über deren konkrete Ausgestaltung frühestens 2011 gesprochen wird, soll die Förderung der regionalen Zusammenarbeit und die Aushandlung von gemeinsamen Positionen in globalen Foren sein. Da dies Ziele sind, die auch von UNASUR und der Rio-Gruppe verfolgt werden, droht bei Gründung einer weiteren Regionalorganisation ohne Klärung des Verhältnisses zu den übrigen Organisationen eine weitere Verzettelung der regionalen Zusammenarbeit.

3.5 Die Bolivarianische Allianz für die Völker unseres Amerikas (ALBA)

Die vom venezolanischen Staatspräsidenten Hugo Chávez Ende 2004 ins Leben gerufene *Alianza Bolivariana para los pueblos de Nuestra América* (ALBA) entstand als direkte Anti-These zu dem von den USA in den 1990er Jahren vorgeschlagenen und 2005 zumindest vorläufig ad acta gelegten Projekt einer Gesamtamerikanischen Freihandelszone ALCA.[15] Programmatisch steht sie nicht nur für eine

15 Das Bündnis nannte sich zunächst *Alternativa Bolivariana para los pueblos de Nuestra América*, später wurde der Begriff *Alternativa* (Alternative) durch *Alianza* (Allianz) ersetzt.

grundlegende Kritik an den USA und am traditionellen lateinamerikanischen Regionalismus, sondern auch für eine mit Neoliberalismus- und Kapitalismuskritik einhergehende gesellschaftliche Umgestaltung. ALBA erhebt den Anspruch, eine regionale Integration voranzutreiben, die auf den Grundprinzipien Zusammenarbeit, Komplementarität, wechselseitige Hilfe und Solidarität basiert.[16] Das erste Abkommen im ALBA-Rahmen wurde im Dezember 2004 zwischen Venezuela und Kuba abgeschlossen. Es sieht die Ausarbeitung eines gemeinsamen strategischen Plans vor, der eine für beide Seiten vorteilhafte Zusammenarbeit garantieren soll. Darüber hinaus listet es eine Fülle von wechselseitigen Vergünstigungen und gemeinsamen Projekten in unterschiedlichen Bereichen (z.B. Technologietransfer, wechselseitige Investitionen, finanzielle und kulturelle Zusammenarbeit) auf. Im April 2006 erklärte die bolivianische Regierung unter Präsident Evo Morales in einer in Havanna unterzeichneten Erklärung ihre Zustimmung zu den Grundprinzipien der ALBA. Sie schlug ihrerseits einen Handelsvertrag der Völker (*Tratado de Comercio de los Pueblos*) vor. Im Januar 2007 erfolgte die Unterzeichnung weiterer bilateraler Abkommen zwischen Kuba und Venezuela in den Bereichen Landwirtschaft, Erdöl, Tourismus und Finanzen. Im Februar 2007 unterzeichneten Venezuela und Dominica ein bilaterales Abkommen im ALBA-Rahmen. Anlässlich des fünften ALBA-Gipfeltreffens im Mai 2007 schloss sich Nicaragua der Initiative an. Im August 2008 erklärte die damalige honduranische Regierung ihre Zustimmung zu den ALBA-Grundprinzipien.[17] Im Juni 2009 traten Antigua and Barbuda, Ecuador und Saint Vincent and the Grenadines dem Bündnis bei.

In ALBA-Veröffentlichungen ist davon die Rede, dass eine Integration auf der Grundlage sogenannter großnationaler Projekte (*proyectos grannacionales*) stattfinden soll. Diese Projekte basieren auf drei zentralen Prinzipien: erstens einer gemeinsamen historisch-geopolitischen Position im Sinne einer bolivarianischen Vision der Einheit der lateinamerikanischen und karibischen Republiken mit dem Ziel der Bildung einer gemeinsamen Nation; zweitens einer sozio-ökonomischen Entwicklungsstrategie, die auf die Befriedigung der Grundbedürfnisse der großen Mehrheiten abzielt; drittens der ideologischen Nähe zwischen den Bündnispartnern im Hinblick auf eine kritische Haltung gegenüber der neoliberalen Globalisierung, die Notwendigkeit nachhaltige Entwicklung mit sozialer Gerechtigkeit, Souveränität der Völker, Recht auf Selbstbestimmung und Bildung eines regionalen Blocks mit souveränen politischen Strukturen. Großnationale Projekte sind in zahlreichen Bereichen (Finanzen, Bildung, Infrastruktur, Wissenschaft und Technologie, Ernährung, Energie,

16 Hierzu und zum folgenden siehe die Dokumente und Stellungnahmen auf der Website des Bündnisses (<http://www.alianzabolivariana.org/>) sowie Altmann (2008a; 2009) und Fritz (2007).

17 Der honduranische Kongress ratifizierte den Beitritt im Oktober 2008. Nach dem Putsch gegen Präsident Manuel Zelaya im Juni 2009 kam es zu Spannungen zwischen der Regierung von de-facto-Staatschef Roberto Micheletti und der venezolanischen Regierung. Der im November 2009 neugewählte honduranische Kongress beschloss im Dezember des Jahres den Rückzug des Landes aus dem ALBA-Bündnis. Diese Entscheidung wurde im Januar 2010 ratifiziert.

Umwelt, Gesundheit, Bergbau, gerechter Handel, Tourismus, Industrie, Kultur, Telekommunikation) im Aufbau bzw. geplant.

Höchstes Entscheidungsgremium der ALBA-Initiative ist der Rat der Präsidenten (*Consejo de Presidentes*). Daneben existieren Ministerräte für politische, ökonomische und soziale Fragen (*Consejo Ministerial Político, Consejo Ministerial para los Programas Sociales, Consejo Ministerial de Complementación Económica*) sowie ein Ministerrat der Frauen (*Consejo Ministerial de Mujeres*), der sich um die Berücksichtigung von Genderbelangen in allen Integrationsbereichen kümmern soll. Zudem soll ein Rat der Sozialen Bewegungen (*Consejo de Movimientos Sociales*) aufgebaut werden. Die Koordination zwischen den verschiedenen Instanzen soll durch eine Ständige Politische Koordinierungskommission (*Comisión Política y la Coordinación Permanente*) gewährleistet werden. Trotz dieser Strukturen werden die realen Möglichkeiten zivilgesellschaftlicher Akteure, Einfluss auf die im ALBA-Rahmen ablaufenden Prozesse zu nehmen, eher skeptisch eingeschätzt (Fritz 2007; Serbin 2009b). Auch wenn in den im ALBA-Rahmen unterzeichneten Abkommen und Gemeinsamen Erklärungen viel von einer neuen Form der solidarischen Integration die Rede ist, so handelt es sich dabei im Kern um bilaterale Kooperationsvereinbarungen auf intergouvernementaler Ebene zwischen Venezuela und den anderen beteiligten Staaten, die sehr stark auf die persönliche außenpolitische Agenda des venezolanischen Staatspräsidenten Chávez und dessen Erdöldollar-Diplomatie zugeschnitten sind.

4. *Zwischen funktionaler Zusammenarbeit, Integration und Fragmentierung*

In Lateinamerika existiert heute eine große Vielfalt an Kooperations- und Integrationsansätzen auf unterschiedlichen Ebenen. Neben den analysierten regionalen und subregionalen Integrationsprozessen gibt es zahlreiche weitere Formen der Zusammenarbeit zwischen staatlichen und zivilgesellschaftlichen Akteuren. An dieser Stelle seien nur einige Beispiele dafür genannt: Bi- und multilaterale Kooperation findet – zum Teil seit vielen Jahren – auf funktionaler Ebene in Netzwerken statt, wie sie im Verbraucherschutz, in der Meteorologie, zwischen Staatsanwaltschaften aus mehreren Ländern oder zwischen Umweltfonds aus der Region besteht. Im akademischen Bereich tragen die 1957 gegründete Lateinamerikanische Fakultät für Sozialwissenschaften FLACSO (*Facultad Latinoamericana de Ciencias Sociales*) und der 1967 entstandene Lateinamerikanische Rat für Sozialwissenschaften CLACSO (*Consejo Latinoamericano de Ciencias Sociales*) zur grenzüberschreitenden Koordination bei. Mit ihren Forschungsprogrammen, Publikationen und wissenschaftlichen Tagungen sind beide Organisationen zudem wichtige identitätsstiftende Elemente für die lateinamerikanischen Sozialwissenschaften.

Lange Zeit galt auch die Kooperation zwischen sich ideologisch nahestehenden politischen Parteien aus verschiedenen lateinamerikanischen Ländern als ein Erfolgsmodell. Die bekanntesten entsprechenden Vereinigungen sind die christdemokratische *Organización Demócrata Cristiana de América* (ODCA) und das sozialdemokratisch-sozialistische *Comité de la Internacional Socialista para América Latina y el Caribe*. Angesichts des Bedeutungsverlustes vieler traditioneller politischer Parteien seit den 1990er Jahren verloren allerdings auch diese Bündnisse an Relevanz. Viele der zum Teil rasch in politische Machtpositionen gelangten neuen politischen Akteure verfügen nur über wenig internationale Erfahrung und sind in ihrem Denken – trotz Globalisierung und Internet – stark auf den eigenen nationalstaatlichen Horizont konzentriert. Demgegenüber sind in den vergangenen zwei Jahrzehnten zahlreiche zivilgesellschaftliche Netzwerke grenzüberschreitender Natur entstanden, in denen beispielsweise indigene Organisationen, Frauenorganisationen, Gewerkschaften oder globalisierungs- und freihandelskritische Organisationen kooperieren.

Parallel zu den zwischenstaatlichen Integrationsprojekten auf subregionaler Ebene sind Städtenetzwerke und andere Formen der dezentralen grenzüberschreitenden Zusammenarbeit entstanden, die sich darum bemühen, die gesellschaftliche Verwurzelung der Integrationsprojekte zu stärken. Im Mercosur-Rahmen bildete sich 1995 das Netzwerk *Mercociudades*, dem zunächst die Städte Buenos Aires, La Plata, Rosario, Córdoba, Río de Janeiro, Brasilia, Curitiba, Florianópolis, Porto Alegre, Salvador, Asunción und Montevideo beitraten. Ziel von *Mercociudades* ist es, die Partizipation von Städten und Gemeinden im Rahmen der regionalen Integration zu stärken, einen institutionellen Raum für die Städte innerhalb des Mercosur zu schaffen sowie den Austausch und die horizontale Zusammenarbeit untereinander zu entwickeln. Heute gehören dem Netzwerk fast 200 Städte aus den vier Mitgliedsländern Argentinien, Brasilien, Paraguay und Uruguay, aus den assoziierten Ländern Bolivien, Chile und Peru sowie aus Venezuela, das auf die Ratifizierung seiner Vollmitgliedschaft wartet, an. Insgesamt leben in diesen Städten mehr als 80 Millionen Menschen. Die Bedeutung von *Mercociudades* liegt nicht nur in der Stärkung des Integrationsprozesses *von unten* (*bottom up*), sondern auch in den Möglichkeiten, die es den beteiligten Städten für einen Austausch über die Förderung und Implementierung von *best practices* in unterschiedlichen Themengebieten bietet.[18]

Eine andere Form der dezentralen grenzüberschreitenden Zusammenarbeit im Mercosur-Raum ist die zwischen nordöstlichen argentinischen und südbrasilianischen Provinzen. Auf beiden Seiten der Grenze existieren Kooperationsbündnisse der jeweiligen nationalen grenznahen Provinzen. In Argentinien ist dies die seit 1984 bestehende *Comisión Regional de Comercio Exterior del Noreste Argentino* (CRECENEA). Sie wurde durch ein Abkommen zwischen den Provinzen Chaco, Corrientes, Entre Ríos, Formosa, Misiones und Santa Fe ins Leben gerufen, um die Integration zwischen diesen subnationalen Gebietskörperschaften zu fördern. Auf brasilianischer Seite besteht mit dem *Conselho de Desenvolvimento e Integração Sul* (CODESUL) bereits seit 1961 ein Verbund zwischen den Bundesstaaten Rio Grande do Sul, Santa Catarina und Paraná. Seit 1992 gehört auch Mato Grosso do Sul dazu.

18 Siehe <http://www.mercociudades.net/>

Sowohl CRECENEA als auch CODESUL verstehen sich zunächst im jeweiligen nationalen Kontext als Foren zur Diskussion und Bearbeitung gemeinsamer Probleme, insbesondere solcher, die Fragen der wirtschaftlichen und sozialen Entwicklung betreffen. Ähnlich wie im Falle von *Mercociudades* ist auch die dezentrale Zusammenarbeit CRECENEA-CODESUL ein wichtiger Beitrag zur territorialen Verwurzelung der subregionalen Integration. Subnationale Akteure befinden sich in einer privilegierten Position, um die Erwartungen und Forderungen der Bevölkerung zur Kenntnis zu nehmen und – sofern sie nicht selbst dazu in der Lage sind, ihnen zu entsprechen – diese an zentralstaatliche Entscheidungsgremien zu übermitteln. Allerdings sollte man die Rolle der lokalen und regionalen Akteure nicht idealisieren, denn Städte, Gemeinden und selbst Bundesländer sind oft hochgradig abhängig von nationalstaatlichen Fiskaltransferleistungen.

Die genannten Beispiele zeigen, dass grenzüberschreitende Zusammenarbeit sowohl zwischen staatlichen als auch zwischen nichtstaatlichen Akteuren in Lateinamerika erfolgreich sein kann. Demgegenüber ist es bislang nicht gelungen, die verschiedenen subregionalen und regionalen Integrationsprozesse stärker zu bündeln und systematischer miteinander zu koordinieren. Diese Prozesse laufen vielmehr oft parallel zueinander, was dazu führt, dass verschiedene Organisationen gleiche oder ähnliche Zielsetzungen verfolgen und knappe finanzielle und personelle Ressourcen nicht optimal genutzt werden. Statt die Defizite der existierenden Regionalorganisationen und der subregionalen Integrationsprozesse zu beseitigen, werden immer wieder neue Initiativen ins Leben gerufen. Der Generalsekretär der *Facultad Latinoamericana de Ciencias Sociales* (FLACSO) verdeutlichte die fehlende Koordination am Beispiel des Themas Energie:

> Beispielsweise organisierte UNASUR ein Gipfeltreffen der Präsidenten, um über die energiepolitischen Herausforderungen in der Region zu sprechen. Nur wenige Tage später fand ein Gipfeltreffen im Rahmen des Plan Puebla-Panamá statt, bei dem es ganz zentral um das Thema Energie und um die Errichtung von Raffinerien in Zentralamerika ging. Gleichzeitig ist der Petro-Caribe-Plan im Rahmen von ALBA darum bemüht, die Probleme dieser Region zu lösen. Trotzdem findet kaum ein Informationsaustausch in diesem Bereich statt und da keine Kooperation zwischen den verschiedenen Initiativen existiert, bleiben Gelegenheiten ungenutzt, um ein regionales Energieprogramm guter Qualität für Lateinamerika und die Karibik zu etablieren. (Rojas Arocena 2008: 21; Ü.d.V.)

Im Rahmen der subregionalen Integrationsprozesse sind unvollständige Freihandelszonen entstanden, die zu einer Zunahme des Handels zwischen den Mitgliedsländern in absoluten Zahlen geführt haben. Der relative Anteil des Binnenhandels innerhalb der Integrationskörperschaften blieb jedoch niedrig und der intra-regionale Handel entwickelte sich in den vergangenen Jahren weniger dynamisch als der Handel mit externen Partnern. Nach wie vor existieren zahlreiche tarifäre und nichttarifäre Handelsbarrieren. In Zeiten der Krise tendieren alle Länder zu einseitigen Schutzmaßnahmen für die einheimische Wirtschaft ohne Rücksichtnahme auf die Integrationspartner. Die angestrebte Errichtung von Zollunionen ist in keinem Fall vollständig gelungen, in den vergangenen Jahren sind in dieser Hinsicht eher Rückschritte zu beobachten. Eine makro-ökonomische Harmonisierung findet so gut wie nicht statt. Auch Ausgleichsleistungen (*trade offs*) für Integrationsverlierer oder Politiken zum Abbau der existierenden strukturellen Asymmetrien gibt es nur in Ausnahmefällen. Die entstandenen Integrationsbürokratien sind komplex, folgen jedoch einer rein intergouvernementalen Logik. Entscheidungsprozesse sind in den nationalen Exekutiven konzentriert, es besteht keine Bereitschaft zur Etablierung supranationaler Institutionen. Auf regionaler Ebene verabschiedete Regeln und Normen werden oft nicht in nationale Normen übertragen und bleiben damit wirkungslos. Die existierenden Gremien zur Beteiligung zivilgesellschaftlicher Akteure an den Integrationsprozessen sehen keine effektiven Mitspracherechte vor. Die gesellschaftliche Legitimation der Prozesse ist entsprechend gering.

Die Schwächen der regionalen Integrationsprozesse hängen oft mit innenpolitischen Faktoren zusammen. Wenn es den Regionalinitiativen an Nachhaltigkeit fehlt, so ist dies zum Teil auch darauf zurückzuführen, dass in den präsidentiellen Systemen Lateinamerikas nach einem Regierungswechsel oft die gesamte Verwaltung ausgetauscht wird. Hinzu kommt in vielen Fällen die Schwäche und Personalisierung der nationalen politischen Institutionen, die sich auch auf subregionale und regionale Prozesse und Organisationen überträgt. Mittel- und langfristige Lernprozesse sowie die Konstituierung von Stakeholdern, die sich dauerhaft mit der regionalen Integration identifizieren, sind angesichts solcher Rahmenbedingungen nur schwer möglich.

Eine wichtige Hürde für die regionale Integration stellen die in Lateinamerika vorherrschenden Souveränitätskonzepte dar, die durch eine starke Aversion gegenüber jeder Art von Souveränitätsverzicht zugunsten des Aufbaus gemeinsamer supranationaler Strukturen geprägt sind. Obwohl der Gedanke der lateinamerikanischen Einheit zumindest rhetorisch stets präsent ist und obwohl bei vielen Akteuren ein Bewusstsein dafür besteht, dass die Region gerade in Zeiten der beschleunigten Globalisierung auf globaler Ebene nur dann eine stärker gestaltende Rolle spielen kann, wenn sie geeint auftritt, überwiegt letztlich immer wieder das Bedürfnis nach Sicherstellung der nationalen Prärogativen. Die starken nationalen Souveränitätsbedürfnisse sind insofern nachvollziehbar, als viele Länder der Region ihre Souveränität auch nach der Unabhängigkeit immer wieder bedroht sahen und bei vielen lateinamerikanischen Eliten bis heute der Eindruck vorherrscht, dass externe Mächte wie die USA und internationale Organisationen wie der Internationale Währungsfonds oder die Weltbank wenig Rücksicht auf nationale Souveränität nehmen. Für die Herausbildung effizienter Regionalorganisationen ist eine solche Haltung jedoch wenig hilfreich (Birle 2008).

Ein weiteres Problem stellen konkurrierende Führungsansprüche und divergierende außenpolitische Konzepte dar. Zum gegenwärtigen Zeitpunkt sind Brasilien und Venezuela diejenigen Länder, die sich – auf sehr unterschiedliche Art und Weise und mit voneinander abweichenden Zielen – am aktivsten um eine gestaltende Rolle im Hinblick auf die regionale Zusammenarbeit bemühen. Gleichwohl sind ihre außenpolitischen Strategien nur bedingt mit der Rolle als regionale Führungsmacht kompatibel.

Brasilien zeichnet sich seit langem durch eine professionelle, gut institutionalisierte, langfristig orientierte, pragmatische und um Konsens bemühte Außenpolitik aus. Das Land lieferte seit den 1980er Jahren wichtige Impulse für eine Intensivierung der innerlateinamerikanischen Zusammenarbeit. Brasilien strebt eine multilaterale regionale Kooperation auf zahlreichen Ebenen (Infrastruktur, Wirtschaft, Handel, Sicherheit, Umwelt u.a.) an und setzt dabei auf eine pragmatische Zusammenarbeit mit den USA. Doch auch wenn in der brasilianischen Elite das Bewusstsein dafür zugenommen hat, dass eine engere wirtschaftliche und politische Zusammenarbeit mit den Nachbarländern auch die Rolle Brasiliens als *global player* stärkt, so tut sich das Land schwer damit, ein konkretes Führungsprojekt zu entwickeln. Dies hängt zum einen damit zusammen, dass sich die brasilianische Außenpolitik stets im Spannungsfeld zwischen erwünschter Übernahme von Verantwortung einerseits und Ängsten seiner Nachbarn vor einem brasilianischen Hegemoniestreben andererseits bewegen muss (Danese 2001). Zum anderen impliziert die Übernahme eine Führungsrolle auch, dass die dadurch entstehenden (politischen und finanziellen) Kosten übernommen werden. Um die regionale Integration zu stärken, müsste Brasilien zumindest ansatzweise dazu bereit sein, nationale Entscheidungskompetenzen an multi- oder supranationale Entscheidungsgremien abzutreten. Der Universalismus, das Autonomiestreben und die traditionellen Souveränitätsvorstellungen der brasilianischen Außenpolitik führen jedoch dazu, dass Brasilien sich nicht in Strukturen einbinden lässt, die diesen Maximen zuwiderlaufen könnten. Das Land ist nicht dazu bereit, sich durch regionale oder subregionale Integrationskörperschaften "Fesseln" anlegen zu lassen (Birle 2006).

Venezuela ist ebenso wie Brasilien um eine regionale Führungsrolle bemüht, tut sich damit jedoch – aus völlig anderen Gründen als Brasilien – ebenfalls schwer. Die gegenwärtige venezolanische Außenpolitik ist eng verknüpft mit der Person von Hugo Chávez und dessen anti-hegemonialem, radikalem und konfrontativem Diskurs. Chávez denkt in Freund-Feind-Kategorien, seine Scheckbuchdiplomatie ist fast vollständig von den Einnahmen aus dem Erdölexport abhängig. Der Voluntarismus, die permanente Improvisation und die Unberechenbarkeit der venezolanischen Außenpolitik setzen einer von den Nachbarländern akzeptierten Führungsrolle enge Grenzen. Regionale Zusammenarbeit und erst recht regionale Integration basieren nicht zuletzt auf wechselseitigem Vertrauen, auf Verlässlichkeit und auf Ausgleich. Die venezolanische Außenpolitik unter Chávez hat zwar einen solidarischen Ausgleich zwischen armen und reichen Ländern – auch innerhalb Lateinamerikas – auf die Tagesordnung gesetzt, verlässlich und vertrauenserweckend ist sie jedoch nicht.

Die Zukunft der regionalen Integration in Lateinamerika wird ganz wesentlich davon abhängen, ob sich in den einzelnen Ländern – oder zumindest in einigen wichtigen Ländern, die dann als Motor der Integration dienen – ein politischer Wille herausbildet, die kontinuierliche Verdichtung der innerlateinamerikanischen Zusammenarbeit zu einem zentralen Zukunftsprojekt zu machen, das nicht von Regierungswechseln abhängt und das nicht immer wieder auf dem Altar kurzfristiger nationaler Interessen geopfert wird. Nur dann werden die nationalen politischen Entscheidungsträger dazu bereit sein, die für die Herausbildung effizienter Regionalorganisationen notwendigen politischen und finanziellen Ressourcen zur Verfügung zu stellen. Wenn dies nicht gelingt, droht trotz der vielfältigen Kooperations- und Integrationsansätze und trotz der regelmäßigen rhetorischen Beschwörung der "lateinamerikanischen Einheit" eine weitere Fragmentierung der Region.

Literaturverzeichnis

Altmann, Jossette (2007): *Dossier: The Association of Caribbean States (ACS)*. San José.

— (2008a): *Dossier ALBA*. San José.

— (2008b): *Dossier Comunidad Suramericana de Naciones*. San José.

— (2009): *ALBA. Institutions and Mechanisms*. San José.

Birle, Peter (2006): "Brasilien und die Amerikas: Lateinamerika und die USA als Bezugspunkte der brasilianischen Außenpolitik". In: Birle, Peter/Braig, Marianne/Ette, Ottmar/Ingenschay, Dieter (Hrsg): *Hemisphärische Konstruktionen der Amerikas*. Frankfurt am Main, S. 139-166.

— (2008): "Muchas voces, ninguna voz. Las dificultades de América Latina para convertirse en un verdadero actor internacional". In: *Nueva Sociedad* 214, S. 143-151.

— (2009): "Zwischenstaatliche Konflikte in Südamerika vom 19. Jahrhundert bis heute. Ursachen, Lösungsansätze, Perspektiven". In: Lothar Mark/Erich G. Fritz (Hrsg.): *Lateinamerika im Aufbruch. Eine kritische Analyse*. Oberhausen, S. 123-136.

— (2010): "Argentinien und Brasilien zwischen Rivalität und Partnerschaft". In: *Aus Politik und Zeitgeschichte* 12, S. 3-8.

Bodemer, Klaus (Hrsg.) (2005): *La seguridad en las Américas: nuevos y viejos desafíos*. Madrid.

Bollin, Christina (2008): "Der zentralamerikanische Integrationsprozess". In: Kurtenbach, Sabine/Mackenbach, Werner/Maihold, Günther/Wünderich, Volker (Hrsg.): *Zentralamerika heute. Politik. Wirtschaft. Kultur*. Frankfurt am Main, S. 207-228.

Burr, Robert N. (1994) [1955]: "The Balance of Power in Nineteenth-Century South America: an Exploratory Essay". In: Domínguez, Jorge I. (Hrsg.): *Latin America's International Relations and their Domestic Consequences: War and Peace, Dependency and Autonomy, Integration and Disintegration*. New York, S. 1-24

Caetano, Gerardo (Hrsg.) (2009): *La reforma institucional del Mercosur. Del diagnóstico a las propuestas*. Montevideo.

Caetano, Gerardo/Vázquez, Mariana/Ventura, Deisy (2009): "Reforma institucional del MERCOSUR. Análisis de un reto". In: Caetano 2009, S. 21-76.

Caldentey del Pozo, Pedro et al. (2006): *La integración regional como marco de las estrategias de desarrollo en América Latina*. Madrid.

Carciofi, Ricardo (2008): "Cooperation and Provision of Regional Public Goods: The IIRSA Case". In: *Integration & Trade Journal* N° 28, S. 51-82.

CEPAL (1994): *El regionalismo abierto en América Latina y el Caribe: la integración económica al servicio de la transformación productiva con equidad*. Santiago de Chile.

CEPAL (2007): *Latin America and the Caribbean in the World Economy*. Santiago.

Comunidad Andina (2009): *Presidencia pro tempore Comunidad Andina. Reunión Delegados Presidenciales. Documentos de Trabajo*. Quito.

Danese, Sérgio F. (2001): "O Brasil e a América do Sul: apontamentos para a história de uma convergência." In: *Política Externa* IX, 4, S. 49-71.

Effner, Henning (2003): "Die Andengemeinschaft: Scheitern eines Integrationsmodells?". In: Bodemer, Klaus/Gratius, Susanne (Hrsg.): *Lateinamerika im internationalen System. Zwischen Regionalismus und Globalisierung*, Opladen 2003, S. 105-125.

Flemes, Daniel (2009): *Konkurrierender Regionalismus: Fünf Jahre UNASUR und ALBA*. Hamburg (GIGA Focus Lateinamerika 12).

Flemes, Daniel/Radseck, Michael (2009): *Creating Multilevel Security Governance in South America*. Hamburg (GIGA Working Paper 117).

Fritz, Thomas (2007): ALBA contra ALCA. *Die Bolivarianische Alternative für die Amerikas: ein neuer Ansatz regionaler Integration in Lateinamerika*. Berlin.

Gratius, Susanne u.a. (Hrsg.) (2008): *MERCOSUR y NAFTA: instituciones y mecanismos de decisión en procesos de integración asimétricos*. Madrid.

Grenade, Wendy C. (2005): *An Overview of Regional Governance Arrangements Within the Caribbean Community*. Miami.

Husar, Jörg/Maihold, Günther (2006): *Neue Prioritäten im Mercosur. Der Beitritt Venezuelas und seine Folgen für das südamerikanische Integrationsbündnis*. Berlin (SWP aktuell 36).

IDB-INTAL (2009): *MERCOSUR Report No. 13*. Buenos Aires.

Lagos, Ricardo (Hrsg.) (2008): *América Latina: ¿Integración o fragmentación?*. Buenos Aires.

Malamud, Carlos (2006): *La salida venezolana de la Comunidad Andina de Naciones y sus repercusiones sobre la integración regional (1ª parte)*. Madrid.

Mares, David R. (1997): "Regional Conflict Management in Latin America: Power Complemented by Diplomacy". In: Lake, David (Hrsg.): *Regional Orders. Building Security in a New World*. San Diego, S. 195-218.

Mares, David R. (2001): *Violent Peace: Militarized Interstate Bargaining in Latin America*. New York, NY.

Mols, Manfred (1996): *Integration und Kooperation in zwei Kontinenten. Das Streben nach Einheit in Lateinamerika und in Südostasien*. Stuttgart.

Rojas Aravena, Francisco (2008): *La Integración regional: un proyecto político Estratégico. III Informe del Secretario General de FLACSO*. San Jose, C.R.

Sanahuja, José Antonio (2008): "Del ‚regionalismo abierto' al ‚regionalismo post-liberal'. Crisis y cambio en la integración regional en América Latina". In: Martínez Alfonso, Laneydi/Peña, Lázaro/Vazqzez, Mariana (Hrsg.): *Anuario de la Integración Regional de América Latina y el Gran Caribe No. 7, año 2008-2009*, Buenos Aires, S. 11-54.

Serbin, Andrés (2009a): "América del Sur en un mundo multipolar: ¿es la Unasur la alternativa?". In: *Nueva Sociedad* 219, S. 145-156.

Serbin, Andrés (2009b): "¿Convidados de piedra? Ciudadanía e integración regional". In: Martínez Alfonso, Laneydi/Peña, Lázaro/Vazqzez, Mariana (Hrsg.): *Anuario de la Integración Regional de América Latina y el Gran Caribe No. 7*, Buenos Aires.

SIECA (2009): *Estado de situación de la integración económica centroamericana*. Guatemala, 4 <http://www.sieca.org.gt/site/VisorDocs.aspx?IDDOC=Cache/17990000002915/17990000002915.swf> (8.6.2009).

"Dezentralisierte Zusammenarbeit". Eine neue Achse in den europäisch-lateinamerikanischen Beziehungen[1]

Klaus Bodemer

1. Die (Wieder-)Entdeckung des Lokalen

"Alle Politik ist Lokalpolitik" – diese in der nordamerikanischen *local community*-Forschung bereits in den fünfziger Jahren des vergangenen Jahrhunderts gewonnene Erkenntnis erscheint heute, über ein halbes Jahrhundert danach und in Zeiten der Globalisierung, auf den ersten Blick antiquiert. Ein genauerer Blick auf das aktuelle Geschehen macht jedoch schnell deutlich, dass das Lokale allenthalben eine Aufwertung erfährt. Auch die internationale Zusammenarbeit legt davon Zeugnis ab. So ist es kein Zufall, dass seit den neunziger Jahren die traditionelle Entwicklungszusammenarbeit in der "dezentralisierten Zusammenarbeit" (DZ) – spanisch "cooperación descentralizada" – eine Ergänzung erfährt, die sowohl die konzeptionelle Debatte wie die Praxis der internationalen Kooperation zunehmend befruchtet.

Um die Motive, Ziele und Strategien dieser neuen Kooperationsform sowie die praktischen Erfahrungen mit ihr zu verstehen, ist zunächst der Kontext zu benennen, in dem diese Kooperationsvariante ihren Ausgangspunkt nahm und der den Beteiligten neue Entwicklungschancen auf der Basis einer ausgewogenen Beziehungsstruktur und geteilter Verantwortlichkeit bot.

Eines der interessantesten Phänomene der Gegenwart ist die Gleichzeitigkeit von Prozessen der Globalisierung und der Lokalisierung. Lokale Räume werden einerseits globalisiert (hierauf verweist das Kunstwort "Glokalisierung"), andererseits werden sie als Ausgang oder Standort, Umschlagsort und Hafen unverzichtbar für unterschiedliche Globalisierungsströme, sobald diese eine stoffliche Form annehmen. Einige Beobachter sprechen in diesem Zusammenhang von "Dekonzentration" oder "Denationalisierung" (ausführlich hierzu Zürn 1998). Auf politischem und wirtschaftlichem Gebiet können wir beobachten, dass beide Tendenzen simultan, aber in entgegengesetzte Richtungen verlaufen und sich dadurch auszeichnen, dass sie sich vom Zentrum (der nationalen Ebene) fortbewegen (World Bank 2000). Macht und Entscheidungskompetenzen der Nationalstaaten verlagern sich zum einen auf supranationale Institutionen und Regelsysteme, was ein Verlust, eine Verlage-

1 Bei dem folgenden Text handelt es sich um eine gekürzte, geringfügig modifizierte und vom spanischen Original ins Deutsche übertragene Fassung des für die Startkonferenz des europäisch-lateinamerikanischen Netzwerks *Observatorio de la Cooperación Descentralizada Unión Europea – América Latina* (28.-30. März 2004 in Montevideo) verfassten Basisdokuments. Siehe <http://www.observ-ocd.org/> (9.3.2010).

rung bzw. ein *pooling* von Souveränität der involvierten Nationalstaaten beinhaltet. Gleichzeitig verlagert sich nationale Entscheidungsmacht von der staatlichen Arena auf Akteure und Agenturen der subnationalen Ebene, wodurch gleichfalls die Regelungs- und Implementierungskapazität der nationalen Regierung reduziert wird. Das Monopol des *rule making* der Nationalregierungen wird so mehr und mehr aufgeweicht, teilweise sogar ersetzt durch eine Pluralität von untereinander konkurrierenden Akteuren und Verfahrensweisen. Angesichts der Tatsache, dass die sich beschleunigende Globalisierung der wirtschaftlichen, finanziellen und medialen Beziehungen bis in die abgelegensten Winkel des Globus gelangt und sich in positiver oder negativer Weise auf die Mehrheit der Bürger auswirkt, möchte keiner am Rande dieses Geschehens verharren, vielmehr aktiv beteiligt sein. Alle haben die Hoffnung, dass die Globalisierung sich positiv auf ihr alltägliches Leben auswirkt. Alle sind für einen freieren Austausch von Ideen, Kenntnissen, Gütern und Dienstleistungen über die nationalen Grenzen hinaus, aber niemand möchte seine Würde und kulturelle Identität verlieren. Alle sind sich schließlich bewusst, dass das Lokale der Ort ist, wo sich der konkrete *output* der Globalisierung politisch entscheidet. Es ist somit die Globalisierung selbst, die uns zur (Wieder-)Entdeckung des Lokalen führt.

Ergänzende Belege für die Wiederentdeckung des Lokalen in Lateinamerika liefern die seit den 1980er Jahren in dieser Region beobachtbaren Dezentralisierungs- und Modernisierungsprozesse (Rhi-Sausy 2004; Nohlen 1991). In deren Verlauf wurden Verantwortlichkeiten und Ressourcen an subnationale Einheiten delegiert mit dem Ziel, auf unbefriedigte Bedürfnisse der Bürger zu antworten, die noch jungen Demokratien zu stärken und insgesamt staatliches Handeln näher an die Gesellschaft heranzurücken.

Auch die Verschuldungskrise und die nach dem Rückzug der Militärs in ganz Lateinamerika sukzessive initiierten Demokratisierungsprozesse trugen zur Wiederentdeckung bzw. Aufwertung des Lokalen in Lateinamerika bei. Mit der "dritten Welle der Demokratisierung" (Huntington 1991) gewannen Politiker, Experten und Bürger zunehmend die Überzeugung, dass man mit der Tradition des Zentralismus brechen müsse und den Provinzen und Kommunen mehr Rechte zustünden, aber auch mehr Verantwortung, wenn die demokratische Konsolidierung eine Chance haben sollte. Auf gesellschaftlicher Ebene ließen die großenteils frustrierenden Erfahrungen der Bürger mit den rigiden Anpassungsprogrammen des sogenannten *Washingtoner Konsenses* (der Verarmung des Staates im Gefolge der internationalen Zinszahlungen, der sozialen Verschuldung) und den unerfüllten Versprechungen ihrer politischen Repräsentanten ("Wachstum erst, Verteilung später") ergänzend den Ruf nach einem entwicklungspolitischen Paradigmenwechsel und nach starken, kompetenten und repräsentativen Lokalregierungen laut werden. Schließlich trug auch der demographische Wandel zur Aufwertung des Lokalen bei.

2. *Die dezentralisierte Zusammenarbeit (DZ)*

2.1 Herkunft, Motive und Ziele der DZ

Historisch hat die DZ ihren Ursprung in den nach dem Zweiten Weltkrieg in Europa ins Leben gerufenen Städtepartnerschaften. Ihre Protagonisten waren französische und deutsche Kommunen, die an der Versöhnung der beiden Völker und dem Wiederaufbau Europas ein besonderes Interesse hatten. Im Vordergrund der Initiativen standen der kulturelle Austausch und wechselseitige Besuchsprogramme. In den 1950er Jahren wurden die Programme auch auf Partnerschaften jenseits der europäischen Landesgrenzen ausgedehnt. 1957 wurde der Weltverband der Städtepartnerschaften gegründet, der sich 1989 in Weltverband der Vereinigten Städte umbenannte. Typische Merkmale der traditionellen Städtepartnerschaften waren 1. der symbolische Gehalt, der sich im freundschaftlichen Charakter der beiderseitigen Beziehungen manifestiert; 2. regelmäßige Besuche politischer Repräsentanten beider Seiten und ein vom Engagement der Bürger lebender kultureller Austausch und 3. die Dauerhaftigkeit der Partnerschaft (Gutiérrez Camps 2006: 102).

Eine zweite Form der bilateralen DZ, zugleich eine der am weitesten verbreitete, sind bilaterale Projekte. Durch sie wird eine direkte Beziehung zwischen zwei lokalen oder regionalen Stadtverwaltungen geschaffen, die – im Unterschied zu Typ 1, den Partnerschaften – auf der Durchführung einer konkreten Aktivität mit begrenzter Dauer gegründet ist.

Ein dritter Typ bilateraler DZ sind Beziehungen zwischen regionalen oder nationalen Städteverbänden. Neben dem Ziel der konkreten Zusammenarbeit in spezifischen Tätigkeitsfeldern geht es bei diesem Kooperationstyp vor allem darum, eine Gesprächsbrücke zwischen verschiedenen Verwaltungsebenen zu bilden und Erfahrungen auszutauschen.

Eine zweite Kategorie der DZ ist pluri-institutioneller Natur. Gutiérrez Camps unterscheidet diesbezüglich zwei Spielarten: Netzwerke und multilaterale Projekte. Netzwerke sind flexible, auf wechselseitigem Vertrauen gründende Beziehungsstrukturen zwischen verschiedenen territorialen oder lokalen Verwaltungen, die sich von gemeinsamen Aktivitäten einen Mehrwert versprechen. Die Vorteile dieses Kooperationstyps sind seine Flexibilität, die den einschlägigen Aktivitäten eine große Dynamik und eine hohe Anpassungsfähigkeit erlaubt; die Zusammenarbeit zwischen Gleichen und das Vorhandensein geteilter Ziele, zum Beispiel die Ausnutzung von Skalenvorteilen; der Aufbau einer *lobby*-Struktur; eine aktivere Eingliederung in das internationale System, die den Zugang und die aktive Nutzung einer wachsenden Informationsmenge erlaubt; der Austausch von Erfahrungen und Technologien; die Wahrnehmung spezifischer Führungsfunktionen und, zu guter Letzt, der Zugang der Teilnehmer zu höheren Entscheidungsebenen (Borja/Castells 1997).

Auch die zweite Variante dieses Kooperationstyps, multilaterale Projekte, hat konkrete Aktivitäten zum Inhalt. Sie erwachsen häufig aus einem internationalen Programm, zum Beispiel dem Städte-Kooperationsprogramm URB-AL der EU. Zentrale Merkmale sind die Existenz eines konkreten Ziels, die Einbindung aller beteiligten Institutionen in die Planung und Implementierung des Projekts, schließlich der zeitlich begrenzte Ansatz (Gutiérrez Camps 2006: 106).

Eine dritte Kategorie der DZ bilden informelle Beziehungen und Treffen. Sie zeichnen sich durch ihre kurze Lebensdauer und eine relativ geringe Intensität aus.

Bereits in den 1970er Jahren weiteten sich die Aktivitäten der DZ auch auf die Länder des Südens aus, wobei neue Akteure (lokale Verbände, Nichtregierungsorganisationen [NRO]) einbezogen und die klassischen Städtepartnerschaften um neue Vertragsformen ergänzt bzw. durch diese ersetzt wurden.

Es war in diesem Kontext, dass die Europäische Union (EU) im Jahr 1989 diesen Kooperationsansatz aufgriff und in das Vertragswerk der 4. Konvention von Lomé mit den AKP-Staaten aufnahm. Ab diesem Zeitpunkt versteht die Gemeinschaft die DZ als eine wichtige Variante ihrer internationalen Kooperationspolitik. Für Lateinamerika wurde die DZ 1992 in den Haushaltsansatz für Asien und Lateinamerika, 1992/93 zudem für den Mittelmeerraum aufgenommen. Dem gleichen Ansatz verpflichtet sind ab Mitte/Ende der neunziger Jahre die auf spezifische *policy*-Felder bezogenen sogenannten Horizontalprogramme ALFA und ALBAN (für den Erziehungssektor), AL-INVEST (für den Unternehmensbereich), @lis (neue Informations- und Kommunikationstechnologien), ALURE (Energiesektor) und URB-AL (Kooperation auf der lokalen Ebene).

Während der normative Rahmen dieser Horizontalprogramme durch die EU vorgegeben ist, werden die einschlägigen Aktivitäten durch die jeweiligen Teilnehmer auf der Basis des wechselseitigen Respekts und der Wahrung der jeweiligen nationalen, regionalen und lokalen Besonderheiten geplant und ausgeführt. All diese Programme schließen bestimmte Merkmale der wirtschaftlichen Zusammenarbeit mit ein, so das Prinzip der Co-Finanzierung, des wechselseitigen Nutzens und der Arbeit in regionalen Netzwerken unter Einbezug zivilgesellschaftlicher Akteure.

Parallel zu dem geschilderten Prozess auf der Ebene der EU etablierten verschiedene Regierungsinstitutionen auf regionaler und lokaler Ebene in Europa ihre eigenen DZ-Aktivitäten mit dem Ergebnis, dass die DZ in den europäischen Provinz- und Lokalverwaltungen immer mehr Gewicht erhielt und mit nationaler und internationaler Unterstützung rechnen konnte. All dies war eine Antwort auf Veränderungen im nationalen und internationalen Umfeld: dem wachsenden Gewicht der Zivilgesellschaft, der Reform des Staates, dem exponentiellen Wachstum der Städte und der (Wieder-)Entdeckung der lokalen Kollektive. Schließlich lenkten auch die wachsenden Probleme der Regierbarkeit auf der nationalen Ebene das Augenmerk auf die Mitverantwortung lokaler Instanzen im Entwicklungsprozess.

Was waren die zentralen Motive für diese neue internationale Kooperationsform? Ein Faktor von Gewicht war sicher das Interesse zahlreicher substaatlicher Einheiten der OECD-Welt, zur Entwicklung jener Dritte-Welt-Staaten einen konstruktiven Beitrag zu leisten, zu denen enge historische und kulturelle Bindungen bestanden. Im Falle der fortgeschritteneren Kooperationspartner, auf die das Prinzip der Co-Finanzierung und des wechselseitigen Nutzens zutraf, ging es hauptsächlich um den Austausch von Erfahrungen, Aus- und Weiterbildungsangebote und die Suche nach gemeinsamen Lösungen für gemeinsame Probleme.

Aus europäischer Sicht ist die DZ ein neuer Ansatz der Entwicklungskooperation, dessen übergreifendes Ziel es ist, von einer Projektlogik zu einer Akteurslogik im weitesten Sinn überzugehen. Das potentielle Partnerspektrum ist breit: Lokalverwaltungen, NRO, Kooperativen, Gewerkschaften, Frauen- und Jugendverbände, Forschungs- und Bildungsinstitutionen. Seit der Verankerung eines entsprechenden Postens im EU-Haushalt (1992) können diese lokalen Akteure, soweit ihre Anträge die Hürden des Auswahlprozesses erfolgreich überwinden, über entsprechende Mittel verfügen. Damit wurde das Monopol gebrochen, das die Zentralregierung bislang als Ansprechpartner der Entwicklungskooperation innehatte. Nach Marie Virapatirin stützt sich diese Art der DZ auf fünf Pfeiler:

- die aktive Mitarbeit und Verantwortlichkeit der Gesamtheit der zivilgesellschaftlichen Akteure;
- die Suche nach Konzertierung und Komplementarität der verschiedenen Akteure;
- das dezentrale, möglichst akteursnahe und die finanziellen Aspekte einschließende Programmmanagement;
- die Anwendung einer prozessorientierten Methodik, die auf Langlebigkeit des Beziehungsgeflechts abzielt und schließlich
- den Vorrang von *capacity building* und institutioneller Entwicklung (Virapatirin 2004: 62ff.).

Bereits in der ersten Jahren nach der Verankerung der neuen Kooperationsform im EU-Haushalt war dank der Mobilisierung der zentralen nationalen und internationalen Städte- und Lokalverbände eine wachsende Verbreitung des Konzepts der DZ in Europa zu registrieren, vor allem in Frankreich, Spanien und den Niederlanden. Dabei durchliefen das Format der Zusammenarbeit und deren Intensität eine wechselvolle Entwicklung mit dem Ergebnis, dass die DZ heute mehreren Modellen folgt. Die klassischen Städtepartnerschaften funktionieren nach wie vor, gestützt auf die Entwicklungsaktivitäten der entwicklungspolitisch engagierten NRO, sie sind aber gegenüber anderen Kooperationsformen eher in den Hintergrund getreten.

Trotz der wachsenden Bedeutung, die der lokalen Ebene im Entwicklungsprozess zugeschrieben wird, und des intensiven Engagements substaatlicher Akteure auf der lokalen und regionalen Ebene sind die von den nationalen und internationalen Agenturen der Industrieländer lancierten einschlägigen DZ-Programme bislang in der Kooperationspraxis eher bescheiden. Lediglich die EU mit ihren Programmen ALFA (ab 1995) und ASIA_URBS und die Weltbank mit *Cities Alliance* haben bislang spürbare Akzente gesetzt. In den europäisch-lateinamerikanischen Beziehungen spielt die DZ, wie Eduardo Feldman unterstrichen hat, auch eineinhalb Jahrzehnte nach ihrem offiziellen Start eine eher marginale Rolle. Noch immer werden diese Beziehungen wesentlich von unilateralen und wenig koordinierten Maßnahmen der Mitgliedsländer bestimmt (Feldman 2006: 247). Auch in neueren Kommuniqués der EU-Kommission erscheint die DZ nicht als integraler und innovativer Bestandteil der europäisch-lateinamerikanischen Beziehungen.

2.2 Vorrangige Konzepte und Modelle

Die DZ als ein auf die Stärkung der territorialen Kapazitäten und Kompetenzen abzielender Kooperationsansatz entstand im Kontext neuer Überlegungen über Modelle und Strategien der Entwicklung und internationalen Zusammenarbeit. Ungeachtet einiger konzeptueller Ambivalenzen herrscht ein Konsens über die 1992 von der Kommission vorgelegte Definition der DZ. In ihrem Dokument "Decentralized Cooperation. Objectives and Methods" definiert sie die DZ als einen neuen Ansatz in den Kooperationsbeziehungen der auf direkte Beziehungen zu den lokalen Repräsentationsorganen abzielt, eigene Kapazitäten aufbauen will und unter direkter Beteiligung interessierter Bevölkerungsgruppen, ihrer Wünsche und Sichtweisen, Entwicklungsinitiativen starten will. Diese Definition wurde in der Folgezeit zum Bezugspunkt aller wissenschaftlichen und entwicklungspolitischen Auseinandersetzungen mit dem Thema.

Maria del Huerto Romero unterscheidet vier Typen der DZ:

- den akteurszentrierten Ansatz. Dabei stehen privilegierte private oder öffentliche Akteure im Vordergrund des Interesses. Dieser in einigen europäischen Ländern, z.B. Spanien, favorisierte Ansatz weist insbesondere den lokalen Verwaltungsinstanzen einen bevorzugten Platz zu.
- den auf Dezentralisierungsprozesse abzielenden Ansatz. Dabei stehen dezentralisierte territoriale Einheiten mit ihren Programmen und Haushalten im Zentrum.
- den auf die erwarteten Ergebnisse abstellenden Ansatz. Er ist die Antwort auf den traditionellen assistenzialistischen Ansatz der Entwicklungskooperation und stellt mit Nachdruck auf den beiderseitigen Nutzen ab. Diese Perspektive ist typisch für die einschlägigen französischen Aktivitäten und die Horizontalprogramme der EU (im Einzelnen hierzu: Massiah 2006).
- den an den Dezentralisierungsergebnissen ausgerichteten Ansatz (del Huerto Romero 2006: 51-53).

Seit dem Ende des 20. Jahrhunderts, als das neoliberale Paradigma zunehmend hinterfragt und vom Konzept der menschlichen Entwicklung als Leitbild verdrängt wurde, erfährt die DZ einen spürbaren Aufschwung. Die Notwendigkeit, Konzepte und Praxiserfahrungen der DZ zu sammeln, systematisieren, erforschen, bekannt zu machen und einschlägige Handlungsempfehlungen zu erarbeiten, veranlasste die EU-Kommission auf einer internationalen Konferenz in Valparaiso/Chile im März 2004, im Rahmen des Programms URB-AL eine Ausschreibung für ein *Observatorio de Cooperación Descentralizada* (OCD) zwischen beiden Regionen zu platzieren. Nach Sichtung der eingegangenen Bewerbungen wurde im März 2005 von den Gewinnern – der Stadtregierung *(Diputación)* von Barcelona, der Stadtregierung von Montevideo, dem *Centro Catalán de Investigación, Docencia y Documentación sobre las Relaciones Internacionales y Desarrollo* (CIDOB), Barcelona, der *Universidad de la República* in Montevideo und der *Fundación para la Paz y Democracia de Costa Rica* (FUNDAPEM) mit Sitz in San José, Costa Rica – ein entsprechendes Konsortium gebildet, das sich gezielt und systematisch den o.g.

Aufgaben widmen sollte. Einen Großteil der Kosten des *Observatorio* trägt – zumindest für die ersten drei Jahre – die EU-Kommission. Die Gesamtkoordination sowie die Koordination des europäischen Parts liegt bei der Stadtregierung von Barcelona, die sich auch finanziell engagiert; die Koordination der lateinamerikanischen Seite bei der Stadtregierung von Montevideo. Sie wird unterstützt von der "Antenne" FUNDAPEM in San José, Costa Rica.

Inhaltlich stehen drei für beide Regionen bedeutsame Themenschwerpunkte im Zentrum der Aktivitäten: soziale Kohäsion und Kampf gegen die Armut; Regierbarkeit und Stärkung der Institutionen; schließlich regionale Integration. Es ist kein Zufall, dass sich diese Themen mit den auf den bilateralen Gipfeltreffen der Staats- und Regierungschefs in Guadalajara (2004) und Wien (2006) als zentrale Politikfelder ausgewiesenen Kooperationsschwerpunkten decken. In der zum Abschluss der Startkonferenz in Montevideo (März 2006) verabschiedeten "Deklaration von Montevideo" wurden so auch Empfehlungen zu den drei thematischen Schwerpunktbereichen formuliert, die den Teilnehmern des 4. biregionalen Gipfels (Mai 2006) in Wien vorgelegt wurden. Zentrale Produkte des *Observatorio* sind das Jahrbuch *(Anuario)*, von dem bislang drei Bände erschienen sind, Forschungsarbeiten unter dem Titel *Aportes de la Cooperación Descentralizada* (del Huerto Romero 2007), die Zeitschrift *Observa* sowie ein praxisorientiertes Handbuch *(Guía)* für die lokalen Verwaltungen (Zapata Garesché 2007). Die Zeitschrift erscheint halbjährlich und enthält neben einem Informationsteil systematische Beiträge und Interviews (<http://www.observ-ocd.org>, 9.3.2010).

Das Konzept des OCD gründet nach Ricardo Jordan auf fünf Prinzipien: die Überwindung der Armut und die Verbesserung der Lebensqualität; ein angemessenes institutionelles Umfeld; eine größere Partizipation und die Implementierung systemischer, komplexer und an diversen Zielen orientierter Politiken; schließlich die Umsetzung territorial ausgerichteter nachhaltiger Entwicklungspolitiken unter starker Bürgerbeteiligung (Jordan 2003).

Die DZ unterscheidet sich von der traditionellen Entwicklungskooperation durch ihre Multilateralität und die Prinzipien der Partnerschaft, des gemeinsamen Nutzens sowie der Beteiligung aller Involvierten als Bedingungen für Effizienz, Effektivität und *ownership*. Auf der operativen Ebene stehen als Instrumente neben dem Transfer von finanziellen Ressourcen technische Hilfe, Technologietransfer, Aus- und Fortbildung, Maßnahmen zur Institutionenstärkung sowie der Austausch praktischer Erfahrungen zur Verfügung.

Potentielle Akteure, um deren Integration die DZ sich bemüht, sind die lokalen Regierungen und Verwaltungen, die Wirtschaft und die Zivilgesellschaft. Im Einzelnen gilt insbesondere folgenden Akteuren besondere Aufmerksamkeit:

- den Frauen: Sie sind, wie die nationalen und internationalen Statistiken mit aller Deutlichkeit ausweisen, die von Armut, Analphabetismus, Arbeitslosigkeit, familiärer Gewalt sowie beruflicher und politischer Marginalisierung am stärksten Betroffenen. Zugleich stehen aber gerade die organisierten Frauen an vorderster Front im Kampf gegen Armut – nicht nur im Rahmen assistenzialistischer Programme wie den Volksküchen, den Mütterzentren und Frauenwerkstätten, sondern auch im Produktivbereich mit der Leitung kleiner und mittlerer Unternehmen. Zudem sind Frauen aktiv in Maßnahmen der Bewusstseinsbildung für mehr Geschlechtergerechtigkeit und innerparteiliche Demokratie eingebunden sowie in die Ausbildung von Führungspersonal in den verschiedensten Tätigkeitsfeldern. Ein weiterer positiver Faktor ist das zunehmende Engagement von Frauen in der Lokalpolitik. Zahlreiche Wahlgesetze schreiben in Lateinamerika wie in Europa eine Frauenquote vor. Ihre Zahl in Stadtparlamenten und Bürgermeisterpositionen steigt.

- Ein weiterer Akteur mit wachsender Artikulationsfähigkeit sind indigene Gemeinschaften. Dies gilt naturgemäß insbesondere für Länder mit einem hohen indigenen Bevölkerungsanteil wie Mexiko, Guatemala, El Salvador, Ecuador und Bolivien. Deren über reichhaltige historische Erfahrungen verfügende indigene Ethnien finden national und international zunehmend Aufmerksamkeit; mit dem Ergebnis, dass Themen wie historische Rechte und Überlieferungen, politische Partizipation, Zugang zu Land und Arbeit, soziale Diskriminierung sowie kulturelle Überlieferungen von Staat und Gesellschaft nicht länger ignoriert werden können.
- Ein dritter Akteur mit wachsendem Gewicht sind ländliche Basisorganisationen, die in marginalisierten ländlichen oder städtischen Regionen nicht selten konkrete Verantwortung übernehmen in den Bereichen Gesundheit, Umweltschutz und Erziehung, häufig darüber hinaus auch in Fragen der Entwicklungsplanung und/oder der öffentlichen Haushalte und auf diese Weise zur Demokratisierung der Lokalpolitik beitragen.
- Entwicklungspolitisch zunehmend bedeutsam sind im lokalen Bereich zudem Kleinunternehmer. Zahlreiche Familienunternehmen haben sich in den letzten Jahren zu kleinen und mittleren Unternehmen entwickelt und auf diese Weise, wie die Statistiken ausweisen, mehr als 80% der Arbeitsplätze im industriellen, Handels- und Dienstleistungssektor geschaffen. Es ist deshalb kein Zufall, dass in diesem Feld die europäische Erfahrung und der Austausch im Rahmen der DZ als besonders erfolgversprechend eingestuft werden.

Die Mehrzahl der lateinamerikanischen Bevölkerung ist jung. Angesichts dieses Befunds ist es nur natürlich, dass für Maßnahmen der DZ Jugendliche eine besonders geeignete Zielgruppe darstellen – dies im Übrigen auch deshalb, weil die junge Generation am stärksten von den wiederholten wirtschaftlichen Krisen der letzten Jahre betroffen wurde. Dass dies nicht nur für Lateinamerika gilt, sondern auch für Europa, zeigen die sozialen Turbulenzen der jüngeren Zeit in einigen französischen Städten. Sowohl die Probleme – wie die fehlende gesellschaftliche Integration, familiäre Zerrüttung, Arbeitslosigkeit, Vandalismus, Drogenkonsum – wie auch erfolgreiche Erfahrungen wie der Umgang mit den neuen Informations- und Kommunikationsmedien verdienen, in den Programmen und Projekten der DZ berücksichtigt zu werden.

Um Zweideutigkeiten und Ungenauigkeiten auf der Handlungsebene zu vermeiden, bedarf es einer Klärung der Rolle der in DZ-Maßnahmen jeweils Beteiligten. María del Huerto Romero differenziert diesbezüglich zwischen Führern, Promotoren und aktiv Beteiligten (del Huerto Romero 2006: 50), um schließlich folgende Definition für die europäisch-lateinamerikanische DZ anzubieten:

Die DZ auf der lokalen Ebene ist als Gesamtheit jener öffentlichen Entwicklungsmaßnahmen zu verstehen, die, unter der Regie lokaler Autoritäten, auf die Stärkung der Kapazität territorialer Akteure und eine stärker partizipative Entwicklung abstellt. Ohne die Existenz von Praktiken zu leugnen, die dem Konzept assistenzialistischer Entwicklungskooperation zuzurechnen sind, stützt sich die lokale DZ vorrangig auf die Prinzipien der Multilateralität, des wechselseitigen Interesses und der Partnerschaft. Sie zielt in wachsendem Maße auf solche Initiativen ab, die für die Aktivitäten der lokalen Regierungen einen Mehrwert liefern (del Huerto Romero 2006: 53).

Die Autorin attestiert der DZ eine Reihe von Tugenden und Entwicklungspotentialen: die Praxis der involvierten Akteure und ihre herausragende Rolle während des gesamten Projektzyklus, die komplexe Zielausrichtung, der Zuwachs an *ownership* und die Nachhaltigkeit der Aktivitäten. Die Vielfalt der Akteure und Aktivitäten ist, auf der einen Seite, ein Element der Demokratisierung der DZ, verursacht jedoch auf der anderen Seite Kosten im Bereich der Steuerung, Koordinierung, Kontrolle, Begleitung und Wirksamkeit, die berücksichtigt werden müssen.

Der durch die Aktivitäten der DZ geschaffene Mehrwert ist mehrfacher Art: Die Arbeit in Netzwerken trägt, wie die Erfahrung zeigt, zur Enthierarchisierung der Kooperation bei und stellt Ungleichheiten und Asymmetrien zwischen den Kooperationspartnern in Frage. Auch kann der Einbezug von Akteuren auf der substaatlichen Ebene die zwischenstaatliche Zusammenarbeit insgesamt bereichern. Die DZ kann ergänzend dazu beitragen, Impulse in Richtung einer größeren Komplementarität der Maßnahmen zu geben und damit die Kosten der Kooperation zu senken. Durch Unterstützung der lokalen Akteure wird deren Verhandlungspotential auf der nationalen und internationalen Ebene gestärkt. Schließlich können durch die Stärkung der institutionellen Strukturen und Kapazitäten insgesamt nachhaltigere Wirkungen erzielt werden als durch den simplen Ressourcentransfer (del Huerto Romero 2006: 53-55).

3. Bilanz und Perspektiven

Ungeachtet des Umstandes, dass die DZ eine internationale Kooperationsform neueren Typs ist, die bislang investierten Ressourcen relativ bescheiden sind und der gesetzliche Rahmen in vielen Fällen noch schwach ist, kommt der Zusammenarbeit zwischen lokalen Akteuren, wie der DAC-Bericht *Aid extended by Local and State Government* (2005) zeigt, wachsende Bedeutung zu. In Lateinamerika kommt es auf der lokalen Regierungs- und Verwaltungsebene mehr und mehr zur Gründung von Institutionen der internationalen Zusammenarbeit. Bislang beschränkt sich dieser Prozess mangels ausreichender finanzieller und Human-Ressourcen allerdings weitgehend auf die größeren und mittleren Städte und konzentriert sich, wie das Programm URB-AL zeigt, auf einige wenige Länder (Chile, Argentinien, Mexiko und Brasilien).

Zu Beginn des 21. Jahrhunderts registrieren wir ein breites Spektrum internationaler Kooperationsformen, von der Städtepartnerschaft traditionellen Typs, der assistenzialistischen Entwicklungskooperation (mit direktem oder indirektem Ressourcentransfer) bis hin zu Formen direkter Zusammenarbeit zwischen den lokalen Autoritäten beider Regionen, gegründet auf die Prinzipien des geteilten Interesses und des beiderseitigen Nutzens, der Multilateralität und der Partnerschaft. Es ist vor allem diese letztere Variante, die immer mehr an Bedeutung gewinnt. Ungeachtet des unbestreitbaren Erfolgs der bisherigen DZ-Aktivitäten ist diese Variante der horizontalen Zusammenarbeit nicht frei von Schwierigkeiten und Beschränkungen, wie das auf der Konferenz in Valparaiso 2004 vorgelegte Basisdokument ausweist (*Municipalidad de Valparaíso* et al. 2004). Deren wichtigste sind:

- Steuerungsdefizite der zentralen Akteure der DZ. Sie haben u.a. ihre Ursache im Fehlen von spezialisiertem Personal, ungenügenden Finanzmitteln sowie institutionellen und technologischen Engpässen.
- Mit dem Übergang der Haushaltsverantwortlichkeit: Fehlende Anpassung der Akteure an die Gegebenheiten und finanziellen Möglichkeiten auf der lokalen Ebene; unterschiedliche Verfahren, Abrechnungs- und Kontrollpraktiken, die einer effizienten Bürokratie entgegenstehen.
- Die finanziellen Mittel sind häufig völlig unzulänglich, in einigen Ländern praktisch inexistent. Zudem ist der Zugang zu ihnen schwierig.
- Das Prinzip der Co-Finanzierung privilegiert jene Lokalverwaltungen, die über die entsprechenden Mittel verfügen und kollidiert mit dem Prinzip der Chancengleichheit.
- Die Chancengleichheit wird auch dadurch verletzt, dass die DZ jene Kommunen bevorteilt, die in Sachen Dezentralisierung und der Förderung endogener Prozesse besonders engagiert sind, eine internationale Projektion aufweisen und über eine artikulations- und aggregationsfähige Zivilgesellschaft verfügen.
- Die Vielzahl der involvierten Akteure und die breite Palette ihrer – häufig unkoordinierten – Aktivitäten verursachen Steuerungs-, Koordinations-, Kontroll- und Effizienzkosten, die in vielen Fällen bislang nur unzureichend angegangen wurden.
- Der institutionelle Rahmen der DZ ist auf nationaler und internationaler Ebene nicht ausreichend kohärent und bremst bisweilen die Initiativen der Beteiligten.
- In Lateinamerika ist die nationale Handlungsebene nach wie vor dominierend und behindert nicht selten lokales Engagement. Politische Instabilität, schwere Wirtschaftskrisen oder bürgerkriegsähnliche Turbulenzen bringen es mit sich, dass die lokalen Akteure keinen freien Zugang zu den internationalen Kooperationsprogrammen haben bzw. diese nicht in wünschenswerter Weise nutzen können.
- Auf europäischer Seite erstaunt die geringe Beteiligung lokaler Verwaltungen im Norden und Osten, teilweise erklärbar durch fehlende Tradition, historische

und kulturelle Bindungen zu lateinamerikanischen Partnern und schließlich durch Sprachprobleme.

- Die Arbeit in Netzwerken hat gegenüber der traditionellen bilateralen DZ zwar unbestreitbare Vorteile, erhöht jedoch andererseits die Koordinationskosten und macht Ungleichheiten und Asymmetrien sichtbar.
- Trotz größerer Bürgernähe der lokalen Regierungen haben diese nicht immer ein ausreichendes Interesse an der Förderung und Mobilisierung der Bürger für Projekte der DZ.
- Nicht selten mangelt es an einer transversalen Kommunikationsstrategie, die darauf abzielt, die lokalen Akteure zu mobilisieren, die Zivilgesellschaft zu informieren und mit Nachdruck auf die Formulierung und Implementierung der *policies* einzuwirken.
- Dezentralisierung allein garantiert nicht die Abschaffung der bürokratischen Natur und vertikalen Struktur der Regierungsinstitutionen. Wie das Basisdokument von Valparaiso unterstreicht, kann der Dezentralisierungsprozess zu einer entwicklungspolitisch inakzeptablen Trennung zwischen "armen Programmen für die ärmsten Kommunen" und "reichlich ausgestatteten Programmen für die reichen Kommunen" führen.
- Nicht zu unterschätzen ist auch die Gefahr, dass die für Dezentralisierungsmaßnahmen vorgesehenen Finanzmittel wie auch der aus ihr resultierende Nutzen von den lokalen Eliten, zu denen nicht selten auch bestimmte NGOs zählen, vereinnahmt werden. Dieses rentistische und klientelistische Verhalten kann die Staatsgewalt aushöhlen, die regionalen Ungleichheiten verschärfen, die Legitimität der Repräsentanten und lokalen Regierungen untergraben und zur Vertiefung jener Politikverdrossenheit beitragen, die in den Umfrageergebnissen des *Latinobarómetro* seit Jahren dokumentiert wird. Es ist dies der Grund dafür, dass der Stärkung der lokalen Institutionen strategische Bedeutung für den Wandel der lateinamerikanischen Gesellschaften und den Erfolg der DZ zukommt.
- Von lateinamerikanischer Seite wird die DZ häufig in erster Linie als zusätzliche Finanzierungsquelle gesehen. Nach dieser Sichtweise bedeutet der Kampf gegen Armut, dem auch die DZ Priorität einräumt, in erster Linie den Transfer finanzieller Ressourcen. Geld ist jedoch nur ein Element der Problemlösung. Vielmehr muss sich die Aufmerksamkeit auf den durch die DZ geschaffenen Mehrwert richten. Zudem wird die EU nicht müde, darauf hinzuweisen, dass fehlende Mittel auf der lokalen Ebene nicht durch Ressourcen der DZ ausgeglichen werden können.

Ungeachtet der vorstehend genannten Grenzen und Schwächen der DZ herrscht in der entwicklungspolitischen Debatte wie in der Literatur Konsens, dass diese durch die Potentiale und positiven Externalitäten der DZ mehr als aufgewogen werden:

- die Realitätsnähe der Akteure, ihre prominente Rolle während des gesamten Programm- bzw. Projektzyklus und die komplexe Zielausrichtung der DZ fördern eine Ausrichtung an den lokalen Bedürfnissen auf beiden Seiten, eine starke *ownership* und die Nachhaltigkeit der Aktionen.

- Die Vielzahl der in die Programme und Projekte der DZ involvierten Akteure und Aktivitäten ist ein Element der Demokratisierung.
- Die Arbeit in Netzwerken ist, wie die Erfahrung zeigt, an sich bereits eine nützliche und die Nachhaltigkeit fördernde Strategie und trägt zur Enthierarchisierung der Zusammenarbeit bei.
- Die Einbindung von Akteuren der substaatlichen Ebene leistet auch einen positiven Beitrag zur Vertiefung der interregionalen Kooperation auf staatlicher Ebene.
- Angesichts der Notwendigkeit, die Kosten der Steuerung und der Beteiligung einer Vielzahl von Akteuren zu senken, kann die DZ einschließlich ihres traditionellen, assistenzialistischen Ansatzes zum Impulsgeber für einen höheren Grad an Komplementarität, Kohärenz und Koordination im Dezentralisierungsprozess wie zwischen diesem und der bilateralen und multilateralen Kooperation werden.
- Durch die Stärkung der lokalen Kapazitäten mittels ihrer Internationalisierung wird die Handlungs- und Verhandlungskapazität der lokalen und territorialen Akteure im nationalen und internationalen Kontext gestärkt.
- Die DZ ist zu verstehen im Rahmen der Gesamtheit der europäisch-lateinamerikanischen Beziehungen. Als eine *public policy* kann sie nicht getrennt werden von den jeweiligen politischen Interessen, den Beziehungen zwischen den Regierungen und transnationalen- und subnationalen Akteuren in anderen Politikfeldern.
- Die DZ ist weder eine nachgeordnete Politik, noch sind die lokalen Partner solche zweitrangiger Bedeutung.
- Die DZ ist ein Schlüsselelement in Richtung einer weiteren Demokratisierung von Staat und Gesellschaft; sie erlaubt eine Annäherung der lokalen und der nationalen Ebene, des Mikro- und Makrobereichs – in der Terminologie von Adam Prczeworski, der "principals" und der "agents" (Prczeworski 1998).
- Die DZ trägt zudem zur Bildung von Sozialkapital auf der lokalen Ebene bei. In Anlehnung an José Luis Rhi-Sausy kann die DZ als ein Laboratorium verstanden werden, das es möglich macht, einen unverstellten Blick auf Probleme zu richten, die im Zentrum der Entwicklungspolitiken stehen: die Beziehungen zwischen Regierungsaktivitäten und denen im zivilgesellschaftlichen Bereich, zwischen der nationalen Ebene der öffentlichen Verwaltung und ihren lokalen Pendants, zwischen den Regeln des Marktes und den Anforderungen an gesellschaftliche Solidarität (Rhi-Sausy 2004).

Lateinamerika steht Europa näher als jedwede andere Entwicklungsregion. Beide Seiten teilen das gleiche Entwicklungsverständnis und unterstreichen die bedeutende Rolle, die der lokalen Ebene in einer globalisierten Welt zukommt. Die Programme und Projekte der DZ bewegen sich in einem institutionellen Bezugsrahmen, in dem die demokratische Regierbarkeit, die repräsentative Demokratie, die Bürgerbeteiligung und die soziale Kohäsion von beiden Seiten geteilte Werte und vorrangige Handlungsachsen der beiderseitigen Beziehungen darstellen. Auf dieser Grundlage versucht die DZ mittels Ressourcen und Kapazitäten zur Herausbildung einer europäisch-lateinamerikanischen strategischen Partnerschaft beizutragen, wie sie auf dem ersten biregionalen Gipfel im Juni 1999 in Rio de Janeiro proklamiert und den Nachfolgegipfeln bestätigt wurde.

4. Abschließende Empfehlungen

Auf der Basis der vorangehenden Überlegungen und Tatbestände lassen sich abschließend eine Reihe von Empfehlungen formulieren. Die Asymmetrie zwischen den europäischen und lateinamerikanischen Lokalverwaltungen stellt für die mit dem Anspruch der Horizontalität auftretende DZ eine große Herausforderung dar. Diese Asymmetrie manifestiert sich sowohl auf dem Gebiet der Finanzen und des Personals wie dem der Infrastruktur und der technisch-administrativen Professionalität. Um eine wirklich horizontale Zusammenarbeit zu erreichen, müssen diese Asymmetrien sowohl konzeptionell wie auf der operativen Ebene berücksichtigt und durch entsprechende Maßnahmen ausgeglichen werden. So könnte zum Beispiel in den Haushaltspositionen für die DZ eine bestimmte Finanzquote für Maßnahmen der Süd-Süd-Zusammenarbeit vorgesehen werden mit dem Ziel, einschlägigen Sachverstand und Erfahrungen von Kooperationspartnern vergleichbarer Kontexte zu bündeln. Eine andere Maßnahme könnte die Unterstützung lokaler Verwaltungen bei der Ausarbeitung von Projektanträgen mittels kleiner Fonds und technischer Expertise sein. Diese Maßnahme wäre eine Reaktion darauf, dass die ungleiche Mittelverteilung zugunsten europäischer Antragsteller, zum Beispiel im Rahmen des URB-AL-Programms – von lateinamerikanischer Seite bisweilen kritisiert – kein "natürlicher" Faktor ist, schon gar nicht Ergebnis einer bewussten politischen Entscheidung, vielmehr dem Umstand geschuldet ist, dass lateinamerikanische Kommunen, vor allem jene mittlerer Größe, in der Regel nicht über die Erfahrung und das *know how* verfügen, um gegen europäische Antragsteller konkurrieren zu können. Hier können das *Obversatorio* und seine regionalen "Antennen" mit ihrer Datenbank und ihrer Expertise wertvolle Hilfe anbieten.

Um zu vermeiden, dass die Programme der DZ lediglich einen assitenzialistischen Charakter haben oder als Feuerwehraktionen verpuffen, müssen sie in die lokalen Strategieplanungen integriert sein. In jenen Fällen, in denen derartige Planungen nicht vorhanden sind, kann ihre Ausarbeitung gemeinsam mit den lokalen Autoritäten ein wichtiges Ziel der DZ sein.

Grundsätzlich sollte die künftige DZ sich nicht auf den ökonomischen Bereich beschränken, vielmehr auch andere Gebiete einschließen, so die Stärkung der institutionellen Kapazitäten durch Maßnahmen der Aus- und Weiterbildung sowie technische Beratung, den Erfahrungsaustausch, *in-comings* sowie die Unterstützung im Bereich der Infrastruktur unter besonderer Berücksichtigung der neuen Medien.

Vorrangig ist ergänzend die Stärkung der Zivilgesellschaft, ihrer Teilnahme an öffentlichen Angelegenheiten, der Planung und Umsetzung spezifischer Politiken, insbesondere in den Bereichen Gesundheit, Erziehung und Wohnungsbau.

Der Gedanke der Partnerschaft, der der DZ zugrunde liegt, verlangt (auf beiden Seiten!) Abschied zu nehmen vom traditionellen Leitbild der "Hilfe", das konzeptionell dürftig und strukturell schädlich ist. Von echter Partnerschaft kann nur gesprochen werden, wenn den lokalen Regierungen eine bestimmende Rolle im Entwicklungsprozess sowie in der Förderung der wirtschaftlichen, sozialen und territorialen Kohäsion zugestanden wird. Es sind die sich durch ihre Bürgernähe auszeichnenden lokalen Verwaltungen, die bei der DZ Vorrang verdienen.

Von besonderem Wert ist der Austausch von Konzepten und praktischen Erfahrungen auf Gebieten wie der strategischen Planung, der Ausarbeitung von Sektorpolitiken, der Zusammenarbeit in Grenzregionen und auf dem Feld der sogenannten "neuen sicherheitspolitischen Herausforderungen", die das Alltagsleben der Bürger beeinträchtigen, so in Migrationsfragen, im Kampf gegen die organisierte und nicht organisierte Kriminalität sowie gegen den Drogenhandel und -konsum.

Seit dem Weltbank-Bericht von 1997: *Der Staat in einer Welt des Wandels* (Weltbank 1997), steht die Stärkung des Staates und der institutionellen Kapazitäten im Zentrum der Aufmerksamkeit der nationalen Regierungen wie der internationalen Entwicklungsagenturen. In diesem Kontext ist auch die Institutionalisierung neuer Rollen der lokalen Verwaltungen zu sehen. Dabei handelt es sich, wie die Erfahrung zeigt, um einen ungleich verlaufenden Prozess, gekennzeichnet durch Brüche, Rückschläge, Teilerfolge und eine erhebliche Distanz zwischen Rhetorik und Praxis. Die Konsolidierung neuer Rollen ist eng verknüpft mit neuen Formen der Regierbarkeit. Dies bedeutet, dass die verschiedenen, zum Einsatz kommenden Kooperationsansätze der DZ nicht nur die lokalen Verwaltungen stärken müssen, sondern darüber hinaus sich auf die jeweilige Region und deren Entwicklungsprioritäten beziehen müssen.

Angesichts der Dialektik global – lokal und der zunehmenden Bedeutung der sogenannten "inter-mestic issues" ist es ein Gebot der Stunde, dass Impulsgeber wie Akteure der DZ dazu in der Lage sind, das Lokale durch das Prisma des Globalen zu sehen. Zugleich ist geboten, dass alle relevanten Akteure der Entwicklungs-*community* dem Umstand Rechnung tragen, dass die Entwicklungsagenda, wie sie in den Millenniumszielen konkretisiert wurde, eine starke lokale Komponente aufweist. Durch Bündelung der spezifischen Ressourcen und Fähigkeiten der einzelnen Akteure und die Bereitstellung eines Anreizsystems für ihre Zusammenarbeit erhöht sich die Chance, dass auf der lokalen Ebene die notwendigen Beiträge zur Umsetzung der Millenniumsziele erbracht werden können.

Der kulturelle Austausch bietet sich in besonderem Maße für eine ausgewogene und reziproke Kooperation an. Deshalb sollte dieses bislang eher stiefmütterlich behandelte Kooperationsfeld neue Impulse erfahren. Zur Kultur im weitesten Sinn gehört auch das sensible Thema der Integration der Immigranten (ausführlich hierzu: Wehr 2006; REDIAL/CEISAL 2007; Husa/Parnreiter/Stacher 2000). Sie wiederum sollte nicht nur mit Blick auf die Aufnahmeländer, sondern auch unter Einbeziehung möglicher Folgen für die Entwicklungsdynamik in den Ursprungsregionen der Migranten diskutiert werden. Angesichts des wachsenden Migrationsstroms von den

Armutsregionen in die nördlichen Wohlstandsinseln ist es nur konsequent, dass eine Reihe von europäischen Städten die Integration der Immigranten zu einer vorrangigen kommunalen Aufgabe gemacht und in diesem Zusammenhang die Beziehungen zu den Ursprungsländern intensiviert hat.

Aus demokratietheoretischer Sicht kann die DZ als eine *policy* verstanden werden, die auf eine Versöhnung von repräsentativer und partizipativer Demokratie im lokalen Bereich abstellt. Dies bezieht sich, wie Gustave Massiah vor einigen Jahren anmerkte, auf der einen Seite auf die Erneuerung des im Gefolge der Globalisierung brüchig gewordenen sozialen Kitts, zum anderen auf die Frage der Beziehungen zwischen verantwortlichen Politikern und Bürgern bei der Planung und Umsetzung lokaler Politiken (Massiah 2006: 343). Beide Phänomene haben viel zu tun mit dem oben genannten "Dekonzentrationsprozess", mit dem Phänomen der Individualisierung und dem Verschwinden des öffentlichen Raums als Konsequenz der neoliberalen Politiken unter dem Diktat des sogenannten "Konsens von Washington". Die DZ bietet sich als privilegierter Raum dafür an, um auf diese Sachverhalte neue Antworten zu geben, indem sie in ihren horizontalen Kooperationsprogrammen im lokalen Bereich auf eine strategische Allianz zwischen den traditionellen kollektiven Akteuren und der Solidaritätsbewegung abstellt, dabei stets die Prinzipien der Reziprozität und des beiderseitigen Nutzens beachtend.

Jegliche Planung der DZ sollte die aktive Teilnahme der Zivilgesellschaft, des Privatsektors und der wirtschaftlichen und sozialen Akteure ins Zentrum ihrer Aufmerksamkeit rücken und ihre Aktivitäten als genuinen Bestandteil einer strategischen Allianz Europa – Lateinamerika begreifen. Eine derartige Strategie erfordert ein mittel- und langfristiges Engagement, flexible Instrumente und eine langfristige Finanzierung. Dieses Erfordernis richtet sich an beide Seiten: Die europäische Seite müsste für DZ-Maßnahmen in ihrer im Dezember 2005 verabschiedeten Regionalstrategie für Lateinamerika für die Jahre 2007 bis 2015 wie in ihren Länderstrategien einen gebührenden Haushaltsanteil ausweisen, desgleichen die Mitgliedsländer der EU in ihren jeweiligen nationalen Entwicklungsbudgets. Auf lateinamerikanischer Seite darf die Höhe der nationalen Beiträge für die lokale Ebene kein Tabu mehr sein (Virapatirin 2004: 121). Damit ist nicht zuletzt das sensible Thema der Steuerpolitik angesprochen (siehe hierzu: Boeckh/Rubiolo González 2001), das im Rahmen der *public-private-partnership* zu diskutieren wäre (siehe hierzu: Kern 2002).

Schließlich soll daran erinnert werden, dass die Anfänge der DZ weit vor dem Start offizieller Programme, d.h. dem Jahr 1989, liegen und auch über das Kooperationsprogramm URB-AL hinausgehen. Dies anzuerkennen bedeutet nicht, die Verdienste von URB-AL zu schmälern, das nach wie vor das einzige interregionale Programm zwischen lokalen Kollektivitäten darstellt, das den beteiligten Akteuren ein breites Kooperationsfeld und den erleichterten Zugang zu nicht rückzahlbaren Fonds bereitstellt. Wie die URB-AL-Konferenz in Rosario (Juli 2007) mit ihren zahlreichen Erfahrungsberichten erneut unter Beweis stellte (Seminar URB-AL 2007), ist URB-AL eines der erfolgreichsten Horizontalprogramme der EU. Sein grundsätzlicher Fortbestand scheint zwar gesichert zu sein, Andeutungen des EU-Verantwortlichen für das URB-AL-Programm auf der Konferenz in Rosario dahingehend, dass die EU sich genötigt sehe, die Mittel zu kürzen, URB-AL zu reformieren, die einschlägigen Programme künftig auf wenige Länder und Programme zu konzentrieren und den Netzwerkgedanken aufzugeben, machen es jedoch eher fraglich, dass ein derart reformiertes Programm die richtige Antwort auf die bisherigen Erfahrungen darstellt. Insbesondere mit der Aufgabe des Netzwerkgedankens, der noch vor wenigen Jahren als bedeutende Innovation gefeiert wurde, würde die EU ausgerechnet jenes Prinzip ihrer bisherigen Kooperationsstrategie aufgeben, dem URB-AL wie auch die anderen Horizontalprogramme einen erheblichen Teil ihres Erfolgs, ihrer Breitenwirkung sowie ihrer internationalen Reputation verdanken. Nach mehr als einem Jahrzehnt an Erfahrungen mit Horizontalprogrammen ist der Zeitpunkt gekommen, über seine Verknüpfung mit anderen Programmen nachzudenken – und insofern den Netzwerkgedanken eher zu vertiefen als ihn aufzugeben. Zu denken ist hier insbesondere an den Einbezug einer Süd-Süd-Dimension, die in den letzten Jahren in den verschiedensten Politikfeldern mehr und mehr an Bedeutung gewonnen hat. Konkret wäre hier z.B. an eine Vertiefung der Städtekooperation URB-AL mit dem Netzwerk *MercoCiudades* zu denken, wobei es insbesondere um Mechanismen der Komplementarität, um Synergien und/oder der Arbeitsteilung auf spezifischen Handlungsfeldern von gemeinsamem Interesse ginge. Um schließlich die DZ in der Gebergemeinschaft besser zu verankern, empfiehlt es sich, den Austausch mit den nationalen und internationalen Gebern und zwischen den lateinamerikanischen Partnern zu verstärken mit dem Ziel, einen *Pool* von Kompetenzen und *best practices* aufzubauen und, falls eine kritische Masse erreicht wird, neue Generationen der DZ zu initiieren.

Literaturverzeichnis

Bodemer, Klaus (2004): *La cooperación descentralizada Europa – América Latina frente a los desafíos del siglo XXI. Documento de base*. Vorgetragen auf: 1era Conferencia Anual del Observatorio de la Cooperación Descentralizada Local entre Europa y América Latina, 28, 29 y 30 de marzo 2004.

Boeckh, Andreas/Rubiolo González, Monika (2001): "Crisis financieras, bloqueos impositivos y reformas fiscales en América Latina". In: Benecke, Dieter; Loschky Alexander (Hrsg.) (2001): *Reformas tributarias en América Latina*. Buenos Aires, S. 7-22.

Borja, Jordi/Castells, Manuel (1997): *Local y global. La gestión de las ciudades en la era de la información*. Madrid.

Comisión de las Comunidades Europeas (2005): *Comunicación de la Comisión al Consejo y al Parlamento Europeo. "Una Asociación reforzada entre la Unión Europea y América Latina: presentación detallada"*. Brüssel.

DAC (Development Assistance Group) (2005): *Aid Extended by Local and State Government*. Paris.

del Huerto Romero, María (2006): "Aportes para la construcción de un marco de referencia conceptual en el espacio de las relaciones Unión Europea – América Latina". In: *Anuario Observatorio de la cooperación descentralizada UE-América Latina 2005*. Barcelona, S. 44-63.

— (2007): *Aportes de la cooperación descentralizada Unión Europea – América Latina a la cooperación territorial en América Latina. Elementos para el debate*. Montevideo.

Gutierrez Camps, Arnau (2006): "Una aproximación a la cooperación descentralizada". In: *Anuario Observatorio de la cooperación descentralizada entre la UE y América Latina 2005*. Barcelona, S. 100-117.

Feldman, Eduardo (2006): "Governance, desarrollo y poli-centrismo: Hacia la potenciación de la cooperación descentralizada y europea". In: *Anuario Observatorio de la cooperación descentralizada entre la UE y América Latina, ano 2005*. Barcelona, S. 222-249.

Huntington, Samuel S. (1991): *The Third Wave. Democratization in the Late Twentieth Century*. Norman.

Husa, Karl/Parnreiter, Christof/Stachel, Irene (Hrsg.): *Internationale Migration. Die globale Herausforderung des 21. Jahrhunderts*. Frankfurt am Main/Wien.

Jordan, Ricardo (2003). "Ciudad y desarrollo en América Latina y el Caribe". In: Jordan, Ricardo/Simioni, Daniela: *Gestión urbana para el desarrollo sostenible en América Latina y el Caribe*. Santiago de Chile.

Kern, Alejandra (2002): *Public Private Partnership en la cooperación alemana para el desarrollo. Una visión desde América Latina*. Hamburg.

Massiah, Gustave (2006): "El enfoque francés de la cooperación descentralizada". In: *Anuario Observatorio de la cooperación descentralizada entre la UE y América Latina 2005*. Barcelona, S. 324-359.

Municipalidad de Valparaiso/URB-AL/Diputació Barcelona/Europaid (2004): *Balance y perspectivas de la cooperación descentralizada entre colectividades locales de la Unión Europea y de América Latina en el terreno de las políticas urbanas*. Valparaíso.

Nohlen, Dieter (Hrsg.) (1991): Descebtrailzación política y Consolidación democrática. Europa – América del Sur. Caracas.

Prczeworski, Adam (1998): "Acerca del diseno del Estado: una perspectiva principal-agente". In: *Revista Argentina de Ciencia Política*, Nr. 2, S. 11-39.

REDIAL/CEISAL (Hrsg.) (2005): *La migración transatlantica. Fuentes, fondos y colecciones. Anuario Americanista Europea, Band 3*. Paris.

Rhi-Sausy, José Luis (Hrsg.) (2004): *El desarrollo local en América Latina. Logros y desafíos para la cooperación europea*. Caracas.

Seminar URB-AL (2007): *Lessons Learned and Experiences. The Contribution of Local and Regional Policies to Social and Territorial Cohesion*, 3-5 july. Rosario, Argentina (<http://www.urbal2007rosario.eu>, 9.3.2010).

Virapatirin, Marie (2004): "Estado de la situación de la cooperación descentralizada: análisis comparativo de la oferta y las perspectivas". In: Godinez Zúñiga, Victor/del Huerto Romero, María (Hrsg.): *Tejiendo lazos entre territorios. La cooperación descentralizada local Unión Europea – América Latina*. Valparaíso, S. 53-122.

Wehr, Ingrid (Hrsg.) (2006): *Un continente en movimiento. Migraciones en América Latina*. Frankfurt am Main/Madrid.

Weltbank (1997): *Der Staat in einer Welt des Wandels*. Washington, D.C.

World Bank (2000): *World Development Report 1999-2000: Entering the 21 Century*. New York.

Zapata Garesché, Eugene D. (2007): *Guía para la acción exterior de los gobiernos locales y la cooperación descentralizada Unión Europea – América Latina. Vol. 1: Manual práctico para internacionalizar la ciudad.* Barcelona.

Zürn, Michael (1998): *Regieren jenseits des Nationalstaates. Globalisierung und Denationalisierung als Chance* (Edition Zweite Moderne, hrsg. von Ulrich Beck). Frankfurt.

Politische Integration der Ärmsten in ein politisches System auf Krücken? Brasilien unter Präsident Lula

Bruno Wilhelm Speck

1. Einleitung

Mit der Wahl von Luis Inácio Lula da Silva zum Staatspräsidenten im Jahr 2002 nahm Brasilien eine weitere Hürde auf dem Weg der demokratischen Konsolidierung. Eine Machtübernahme der Opposition gilt als wichtiger Belastungstest für jede Demokratie. Wie bereits zuvor in der brasilianischen Geschichte – etwa bei der Unabhängigkeit oder der Abschaffung der Sklaverei – vollzog das Land auch den Wechsel von einem autoritären zu einem demokratischen politischen System schrittweise. Der letzte Generalspräsident João Figueiredo übergab die Präsidentschaft 1986 an einen ehemaligen regimetreuen, dann aber abtrünnigen Konservativen, José Sarney. Auf diesen folgte 1999 Fernando Collor mit seinem wirtschaftsliberalen Reformprogramm, gefolgt von dem sozialdemokratischen Fernando Cardoso, der zunächst als Minister unter Interimspräsident Itamar Franco und ab 1994 als Präsident die Währung stabilisierte und den Staatsapparat modernisierte. Die Wahl 2002, die den Sozialisten Lula und seine Arbeiterpartei an die Macht brachte, erfolgte anderthalb Jahrzehnte nach der Rückkehr zur zivilen Herrschaft. Wie schon sein Vorgänger Cardoso wurde auch Lula nach vier Jahren für eine zweite Amtszeit bestätigt, was nach den turbulenten Anfangsjahren unter ziviler Herrschaft als ein Zeichen politischer Stabilität gewertet werden darf.

Als Lula sich 2002 gegen den Regierungskandidaten José Serra durchsetzte, waren die Erwartungen im linken Lager groß. Die angekündigten Innovationen bezogen sich auf praktisch alle Politikbereiche. In der Wirtschaftspolitik sollte ein neuer Wachstumszyklus eingeleitet werden, die Fesseln der internationalen Verschuldung und hoher Zinsen sollten wenn nicht abgeschüttelt, so doch zumindest gelockert werden; auf internationalem Parkett sollte Brasiliens Rolle als aufstrebende Großmacht gestärkt werden. Von einer sozialistischen Regierung war vor allem ein Neuanlauf bei der Bekämpfung der sozialen Ungleichheit und eine Linderung der absoluten Armut zu erwarten. Und schließlich hatte Lulas Arbeiterpartei seit geraumer Zeit die Vorgängerregierung wegen korrupter Machenschaften in Politik und Verwaltung angeklagt. Es war also ein Neuanfang auch in dieser Richtung zu erwarten.

Die folgende Bilanz der ersten sechs Jahre der Regierung Lula konzentriert sich auf drei Themen dieses Politikspektrums. Zunächst wird die Sozialpolitik der Regierung untersucht. Dabei wird vor allem das Programm der sozialen Grundrente, das Zugpferd der Sozialpolitik der Regierung, unter die Lupe genommen. Neben der

Frage nach den direkten sozialpolitischen Auswirkungen stellen Kritiker vor allem immer wieder die langfristige Haushaltsbelastung heraus, die ein solches gesetzlich verankertes Programm bedeutet. Die Ausgaben in Milliardenhöhe müssen entweder durch Kürzungen in anderen Bereichen, durch ein weiteres Anziehen der Steuerschraube oder über ein schnelleres Wachstum der Wirtschaft aufgebracht werden. Außer den haushaltspolitischen Argumenten ist aber auch zu fragen, welche politischen Auswirkungen das Programm hat. Dient es vor allem dem Machterhalt von Präsident Lula und seiner Arbeiterpartei? Oder integriert es die Ärmsten der Armen erfolgreich in einen Staat, der bisher unfähig war, die Kluft zwischen Reich und Arm zu verringern?

Wie schon die Vorgängerregierungen sah sich auch die Regierung Lula mit zahlreichen Korruptionsskandalen auf höchster politischer Ebene konfrontiert. Wie steht es mit Lulas Versprechen einer moralischen Erneuerung der brasilianischen Politik? Eine nüchterne Bilanz muss aber auch zur Kenntnis nehmen, dass nicht nur die Bundesregierung ein schlechtes Bild abgab. Auch die Justiz, vor allem aber der Kongress und schließlich auch zahlreiche Länder und Gemeinden schnitten nicht besser ab auf der Korruptionsskala. Scheinen Skandale aufgrund einer wachsamen Opposition, einer kritischeren Presse und einer aktiveren Zivilgesellschaft unvermeidlich, so stellt sich die Frage, ob die Regierung Lula die entsprechenden personellen Konsequenzen zog und auch im präventiven Bereich aktiv wurde, um aufgedeckte Korruptionsrisiken in Politik und Verwaltung zu schließen.

Schließlich gilt es auch, Bilanz zu ziehen auf politischer Ebene. Als wie stabil kann die junge brasilianische Demokratie unter diesen Rahmenbedingungen eingeschätzt werden? Wie wird sie von ihren Bürgern gesehen? Die politische Kulturforschung zeichnet die brasilianische Demokratie als ein ephemeres Gebilde. Schon seit geraumer Zeit ist in Brasilien eine Diskussion um notwenige politische Reformen in Gange, um Parteien zu stärken, die Machtbalance zwischen Kongress und Regierung wieder herzustellen und das Vertrauen der Bürger in die politische Elite aus dem Dauertief zu führen. Dabei fehlte es auch in Kreisen der Arbeiterpartei nicht an der Überzeugung über die Notwendigkeit politischer Reformen. Aber einmal an der Regierung, zeigten sich diese „dekadenten Erscheinungsformen der bürgerlichen Demokratie“ auch von einer anderen Seite. Sie ermöglichen es nicht nur, die eigene Gefolgschaft durch den Zugang zu den Töpfen des Staates zufrieden zu stellen, sondern auch die notwendigen politischen Mehrheiten für die eigene Regierungspolitik zu schmieden. Ist es der Regierung Lula gelungen, entsprechende Reformen im Kongress voranzutreiben?

2. *Die Sozialpolitik*

Lateinamerika ist weltweit die Region mit den größten Einkommensdifferenzen. Gemessen am Gini-Index nimmt Brasilien sowohl innerhalb der Region als auch weltweit eine die Position als eines der Länder mit der ungleichsten Einkommensverteilung ein. Mit einem Gini-Index von 55.0 lag das Land 2007 weltweit auf Rang

75 (UNDP 2009). Die Bemühungen des brasilianischen Staates, die Einkommenskluft zu verringern und die absolute Armut zu bekämpfen, haben sich in der Vergangenheit auf verschiedene Bereiche erstreckt.

Eines der Standbeine ist die Regionalentwicklung. Bereits seit den 1950er Jahren versucht der brasilianische Staat, die regionalen Einkommensunterschiede durch Investitionsanreize im armen Norden und Nordosten anzukurbeln. Programme wie SUDAM (*Superintendência de Desenvolvimento da Amazônia*) oder SUDENE (*Superintendência Desenvolvimento do Nordeste*) waren lange Zeit der Inbegriff für eine Kanalisierung staatlicher und privater Investitionen in die kapitalschwachen Regionen. Verschiedene Skandale brachten diese Institutionen aber in den Verdacht, von der lokalen politischen Elite missbraucht zu werden und damit die Entwicklungsunterschiede eher noch zu zementieren.

Auch im brasilianischen Steuersystem sind verschiedene Umverteilungsmechanismen eingebaut, über die ein Teil des Steueraufkommens an ärmere Städte und Gemeinden umverteilt wird. Ein beträchtlicher Teil des Steueraufkommens des Bundes geht an den Umverteilungsfonds für Länder und Gemeinden. Der *Fundo de Participação dos Estados* erhält 21,5% des Aufkommens aus der Einkommenssteuer und der Steuer auf Industrieprodukte, der *Fundo de Participação dos Municípios* zusätzliche 22,5%. Die Verteilung erfolgt vor allem an einkommensschwache Länder und Gemeinden, die zum Teil stark bis ausschließlich von diesen Transferzahlungen abhängen.

Auch verschiedene staatliche Dienstleistungen haben trotz des Nutzungsanspruchs aller Bürger einen starken Umverteilungscharakter. So führte beispielsweise die Ausweitung des öffentlichen Gesundheitswesens zu einem Qualitätsverlust, der die Mittel- und Oberschicht in private Krankenversicherungen flüchten ließ. Die staatlichen Ausgaben im Gesundheitswesen kommen also überproportional den ärmeren Bürgern zugute. Ähnlich verhält es sich auch mit den staatlichen Schulen. In den letzten Jahrzehnten wurde das Bildungsangebot stark ausgeweitet, wodurch nun fast jedes Kind einen Platz in einer öffentlichen Schule bekommen kann. Aber gleichzeitig kam es zu einem starken Einbruch bei der Qualität des Bildungsangebots, so dass auch hier die Mittel- und Oberschicht in die Privatschulen abwanderte.

Trotz der massiven Investitionen im sozialpolitischen Bereich konnte der brasilianische Staat in der Vergangenheit doch die vom Wirtschaftssystem produzierte soziale Ungleichheit nicht entscheidend abfedern. Die Bilanz sieht so aus, dass der brasilianische Staat zwar viel ausgibt im sozialen Bereich, dass diese Ressourcen jedoch schlecht investiert werden. Eine vor der Regierung in Auftrag gegebene Studie zu den Sozialausgaben kam sogar zu dem Schluss, dass der Staat eine negative Umverteilung produziert hat, d.h. die Armen noch ärmer und die Reichen noch Reicher gemacht habe (Ministério da Fazenda 2003). Deshalb hatte seit geraumer Zeit die Suche nach Alternativen in der Sozialpolitik begonnen. Eine der diskutierten Alternativen bestand darin, anstelle der Förderung bestimmter Regionen oder Sektoren die bedürftigen Bürger möglichst direkt finanziell zu unterstützen. Vorläufer dieser Grundrentenprogramme wurden in kleinem Format bereits von der Vorgängerregierung und auf Landes- und Gemeindeebene experimentell durchgeführt. Die Regierung Lula bündelte, vereinfachte und erweiterte diese Initiative und machte das Konzept zu einem zentralen Standbein und zum wichtigsten Aushängeschild ihrer neuen Sozialpolitik.

2.1 Vorläufer des Grundrentenprogramms

Grundrentenprogramme sind in vielen Industrieländern Teil eines festen Programms der sozialen Fürsorge. In armen Ländern fehlt es meist nicht an Initiativen einzelner Regierungen, Grundnahrungsmittel, Medikamente oder andere Bedarfsgüter über einen beschränkten Zeitraum an eine ausgelesene Klientel zu verteilen. Diese Programme nähren oft klientelistische Netzwerke oder haben populistischen Charakter. Je nach politischer Konjunktur können sie nach Bedarf gestrichen oder wiederbelebt werden. Auch in Brasilien sind die Politiker Legion, die kurz vor den Wahlen Hilfspakete für die Bedürftigen schnürten, um ihre Wiederwahl zu sichern. Ein gesetzlich abgesichertes Grundrentenprogramm jedoch, das nicht Güter verteilt, sondern eine Geldrente an alle Bürger auszahlt, die bestimmte Zugangskriterien erfüllen, war ein Novum in Brasilien.

Bereits seit Mitte der 1990er Jahre hatten verschiedene Kommunen in Brasilien Grundrentenprogramme eingeführt. Pioniere waren 1995 die Hauptstadt Brasilia und Campinas im Bundesstaat São Paulo, die damit begannen, eine individuelle Grundrente an bedürftige Bürger auszuzahlen. Diese Erfahrungen wurden in den folgenden Jahren in verschiedenen Kommunen nachgeahmt. Eine Erhebung im Jahr 1998 ergab, dass es zu diesem Zeitpunkt bereits 24 Grundrentenprogramme gab, drei davon sogar auf Landesebene (Ramos/Amaral 1999). Die kommunalen Programme konzentrierten sich zur Hälfte im Bundesstaat São Paulo.

Zentrale Idee der Grundrentenprogramme war es, Familien, die ein sehr niedriges absolutes oder pro Kopf Einkommen haben (ein Bruchteil des Minimallohnes) ein Zusatzeinkommen (ebenfalls ein Bruchteil eines Minimallohnes) aus der öffentlichen Hand zu garantieren. Die Kommunen begrenzten die Programme auf alteingesessene Bürger, um keine künstliche Zuwanderung zu stimulieren. Ein Teil der kommunalen Programme galt nur für Familien mit Kindern und machte Gegenleistungen zur Bedingung. Dazu gehörten typischerweise regelmäßiger Schulbesuch der Kinder, Gesundheitsvorsorgemaßnahmen mit allen vorgesehenen Impfungen sowie das Verbot der Kinderarbeit. Aus diesem Grund waren viele der Programme nicht als Grundrente (*renda mínima*), sondern als Schulstipendium (*bolsa escola*) bekannt. Obgleich die Programme in den meisten Kommunen gesetzlich verankert wurden, hatten sie oft experimentellen Charakter. Auch waren die Gemeinden in der Regel dazu gezwungen, den Kreis der Zugangsberechtigten wegen fehlender Mittel klein zu halten. Die kommunalen Programme erreichten kaum mehr als einige Hundert Bedürftige. Die numerisch größten Programme wurden von den Bundesstaaten umgesetzt, das größte Programm in Amazonas erreichte 1998 55.000 Familien (Ramos/Amaral 1999: 23).

Aufgrund der starken Belastung der öffentlichen Hand wurde bald deutlich, dass nur mit Unterstützung der Bundesregierung ein breit angelegtes Grundrentenprogramm möglich sein würde (Lavinas/Varsano 1997). Ein Anlauf zur Ausweitung des Programms der individuellen Grundrente als Modell der sozialen Umverteilung war bereits unter der zweiten Regierung Cardoso (1999-2002) unternommen worden. Seit 1999 unterstützte auch die Bundesregierung die Grundrentenprogramme der Kommunen mit Bundeszuschüssen. Ein Programm, das auf die Ausmerzung der Kinderarbeit abzielte, erreichte 1998 140 Kommunen. Ein zweites Programm, basierend auf dem Grundrentengedanken, bezog 106 Kommunen ein. Die Regierung Lula konnte also bei ihrer Initiative der Familienrente auf umfangreiche praktische Vorerfahrungen zurückgreifen (Souza 2003: 3).

2.2 Neuformulierung der Sozialpolitik unter der Regierung Lula

Das von der Regierung Lula lancierte Programm *fome zero* (Null Hunger) basierte zunächst auf der Idee, die Grundversorgung der Ärmsten durch eine Bankkarte umzusetzen, über die eine Grundrente der Regierung von 50 Real (ca. 20 Euro) pro Familie ausgeschüttet werden sollte. In Verhandlung war, dieses Programm mit Hilfe der Länder und Gemeinden auf 150 Real aufzustocken und 10 Millionen Familien (25% der Bevölkerung) zu erreichen. Außerdem sollte die Verwendung des Plastikgeldes auf den Kauf bestimmter Lebensmittel beschränkt bleiben. Die logistische Umsetzung erwies sich jedoch als weitaus komplizierter als angenommen.

In einem zweiten Anlauf wurde das Programm daher mit drei bestehenden (*bolsa escola* [Sozialgeld für Schulbesuch], *bolsa alimentação* [Ernährungsgeld], *auxilio gas* [Unterstützung für Kochgas]) zu einer *bolsa familia* (Familiengeld) für die Ärmsten zusammengeführt. Familien mit einem Prokopfeinkommen unter 50 Real erhalten weitere 50 Real von der Regierung. Familien mit Kindern und einem Prokopfeinkommen unter 100 Real erhalten pro Kind je 15 Real, bis zu einem Maximalbetrag von 45 Real. Beide Programme können kumuliert werden, was einer Spitzenförderung von 95 Real (ca. 40 Euro) entspricht. In dieser zweiten Variante wurde das Programm schließlich rasch umgesetzt. Bereits im zweiten Regierungsjahr war das Programm in praktisch allen Kommunen eingeführt. Zu diesem Zeitpunkt erhielten bereits 16% der Haushalte irgendeine Form von Grundrente von der Regierung.[1] Im Nordosten, dem Armenhaus Brasiliens, lag der Anteil doppelt so hoch, im Süden betrug er etwa die Hälfte. Bei der Wiederwahl Präsident Lulas wirkte sich dieses Grundrentenprogramm positiv auf das Wahlergebnis aus. Gerade in den von der *bolsa familia* am stärksten profitierenden Regionen des Nordens und Nordostens (IBGE 2006) erzielte Lula die besten Wahlergebnisse .

1 Da die durchschnittliche Personenzahl in den begünstigten Haushalten weit über dem Landesdurchschnitt liegt (4,8 gegenüber 3,3), ist der Bevölkerungsanteil noch höher.

2.3 Neopopulismus oder neuer Ansatz der staatlichen Sozialpolitik?

Aus wirtschaftspolitischer Perspektive wurden verschiedene Argumente gegen das Grundrentenprogramm vorgetragen. So wurde argumentiert, das Grundrentenprogramm würde auf dem Arbeitsmarkt die Preise drücken, da Bedürftige nun ihre Arbeitskraft zu einem billigeren Lohn zur Verfügung stellen könnten. Während auf dem formellen Arbeitsmarkt der staatlich verordnete Mindestlohn dieser Gefahr vorbeugen kann, dürfte der Druck sich vor allem auf den informellen Arbeitsmarkt auswirken. Erste Analysen schienen diesen Befürchtungen im Hinblick auf die mikroökonomischen Auswirkungen des Programms eher Recht zu geben. Vor allem an den Resultaten wird sich messen lassen müssen, inwiefern das Grundrentenprogramm tatsächlich die versprochenen Erfolge bei der Bekämpfung des Hungers erzielen kann. Erste Untersuchungen zeichneten ein eher skeptisches Bild, denn von den bereits im Rahmen des Programms berücksichtigten Familien litten immer noch zwei Drittel Hunger (FAO 2006).

Ein zweites Argument ordnungspolitischer Natur bezog sich auf die Belastung des öffentlichen Haushalts durch ein Programm, das öffentliche Mittel aufgrund des Rechtsanspruches auf Jahre hinaus bindet und damit die ohnehin knappen Staatskassen stark belastet. Tatsächlich gibt der brasilianische Staat gegenwärtig etwa 1% des jährlichen Budgets für das Programm aus, ein Volumen, das den Haushalt mehrerer Ministerien übertrifft. Abhängig von der politischen Couleur melden Kritiker an, dass diese Ressourcen besser in die Gesundheits- und Bildungspolitik investiert oder zur Ankurbelung der Wirtschaft und damit zur Schaffung neuer Arbeitsplätze verwendet werden sollten (Souza 2003). Da die öffentlichen Einnahmen gegenwärtig weiter zunehmen, ist das Argument der strukturellen Haushaltsbelastung jedoch eher in den Hintergrund getreten.

Eine dritte Kritik wirft dem Programm politische Instrumentalisierung vor. So stellt sich die Frage, ob das Grundrentenprogramm tatsächlich vom Pilz des Klientelismus befreien konnte, welcher staatliche Sozialprogramme in vielen Bereichen kennzeichnet. Gerade die kommunalen Dienstleistungen werden immer noch ausgiebig als Tauschgut für die Wahlstimme missbraucht (Speck 2003). Sollte ein Programm von der Dimension des neuen Grundrentenprogramms politisch manipulierbar sein, also an politisches Wohlverhalten der Empfängergruppen konditioniert werden können, so würde dies möglicherweise auch die Qualität der brasilianischen Demokratie negativ beeinflussen.

Das brasilianische Grundrentenprogramm versuchte, diesen Bedenken und Risiken durch Effizienzsteigerung und verstärkte Kontrollmaßnahmen zu begegnen. Die Presse unterwarf das Programm einer schonungslosen Kritik.[2] Die Liste der Skandale, die sich um das Programm ranken, ist lang. Es wurden Fälle von Doppelbeziehern von Leistungen aufgedeckt, während andere Anspruchsberechtigte leer ausgin-

2 In dem Pressearchiv *Deu-no-Jornal*, das sich auf korruptionsbezogene Berichte konzentriert, ergab eine Suche nach dem Programm *bolsa familia* mehr als 800 Artikel in der Lokalpresse über einen Zeitraum von drei Jahren. Siehe <http://www.deunojornal.org.br/>.

gen. In manchen Fällen wurden die Leistungen durch Falschangaben erschlichen oder Verwaltungsbeamte unterschlugen die Auszahlungen. Schließlich gab es auch Fälle, in denen der Verdacht des politischen Missbrauchs des Programms bestand. Die Regierung versuchte, diese Formen des Missbrauchs durch Kontrollen und durch Zusammenarbeit mit der Staatsanwaltschaft zu unterbinden. Auch die Rechnungshöfe unterzogen das Programm einer intensiven Bewertung und verfügten strengere Vergabemaßstäbe (TCU 2003). Letztlich kam diese vehemente Kritik jedoch dem Programm zugute. Verglichen mit dem Missbrauch der Regionalentwicklungsprogramme der SUDENE und der SUDAM, die wegen jahrzehntelangen politischen Missbrauchs, Misswirtschaft und Korruption von der Regierung Cardoso aufgelöst worden waren, konnte das Grundrentenprogramm diese Kritik durch Verbesserung und Anpassung überwinden. Auch die Zusammenarbeit mehrerer Regierungen verschiedener politischer Couleur auf Bundes-, Landes- und Kommunalebene bei der praktischen Umsetzung des Programms ist ein Hemmschuh für die fallweise einseitige politische Instrumentalisierung.

Aufgrund der oben beschriebenen Charakteristika – gesetzliche Verankerung, universeller Anspruch, Ausführung in Kooperation mit Ländern und Gemeinden – wird man das Programm nur schwerlich als populistische Manipulation der Wählerschaft abstempeln können. Auch eine Nachfolgeregierung wird dieses Programm wohl fortschreiben. Der feste Kriterienkatalog und die gesetzliche Verankerung sind darauf angelegt, das Programm zu einem festen Bestandteil der brasilianischen Sozialpolitik zu machen. Schließlich hatte, wie oben geschildert, bereits die Regierung Cardoso einen ersten Anlauf in dieser Richtung unternommen.

Auch wenn es nicht zu einer politischen Manipulation des Programms kam, trug das Grundrentenprogramm natürlich enorm zur Popularität von Präsident Lula bereits in seiner ersten Amtszeit bei und war ein wichtiger Grund für seine Widerwahl. Dies ist jedoch nur schwerlich als politische Manipulation auszulegen. Nach Ansicht vieler Beobachter hat der Neuansatz in der Sozialpolitik jedoch auch politische Auswirkungen innerhalb des Regierungslagers. Die Anhänger der Arbeiterpartei PT (*Partido dos Trabalhadores*) stammten ursprünglich aus dem organisierten Teil der Arbeiterschaft, der sich gegen staatlichen Dirigismus und Assistenzialismus aussprach. Demgegenüber entstand durch die Sozialpolitik der Regierung Lula für die Ärmsten eine neue politische Basis für den Präsidenten und seine Partei. Nicht mehr die Avantgarde der Arbeiterklasse, sondern das Lumpenproletariat unterstützt ihn nun (Marques/Mendes 2006). Die Analyse der Wahlergebnisse der Wiederwahl von 2006 bestätigt, dass sich die Wählerbasis der Arbeiterpartei und ihres Präsidenten vom Süden und Südosten in den Nordosten und Norden verschoben hat. Es sind nun die Armen und Ärmsten in den ländlichen Gebieten, die Links wählen, während in den vergangenen zwei Jahrzehnten diese Bevölkerungsschichten die Hochburgen der konservativen Parteien darstellten (Meneguello 2007).

3. *Effizienz und Integrität der Verwaltung*

3.1 Der Aufstieg des Korruptionsthemas von der Boulevardpresse in die politischen Schlagzeilen

Die Wahl Lulas im Jahr 2002 wurde nicht nur als Hoffnungszeichen im Kampf gegen die soziale Ungerechtigkeit, sondern auch als Neuanfang im Bereich der politischen Kultur gewertet. Die Arbeiterpartei PT hatte im Laufe der 1990er Jahre immer wieder den mahnenden Finger erhoben, wenn die Vorgängerregierungen in Korruptionsskandale verwickelt waren. Schon die Regierung José Sarney sah sich in zwei große Skandale verstrickt. Im Jahr 1987 hatte die Presse aufgedeckt, dass die Ausschreibung eines Infrastrukturprojektes (Ferrovia Norte-Sul) manipuliert worden war. Die Zeitung Folha de São Paulo konnte nachweisen, dass die Gewinner der Ausschreibung, die sich auf 2,5 Mrd. US$ belief, bereits vor der Öffnung der Angebote festgestanden hatten. Wenig später wurde eine Liste bekannt, auf der detailliert festgelegt war, wie Kongressmitglieder Einfluss auf die Vergabe von Ämtern in der Bundesverwaltung nahmen und im Gegenzug die Regierung politisch unterstützen (*lista do fisiologismo*). Beide Skandale können als Auftakt der modernen Antikorruptionsbewegung in Brasilien gewertet werden. Natürlich gab es auch Korruptionsskandale unter der Regierung der Generäle, aber jede öffentliche Kritik war gewaltsam unterdrückt worden. Unter der Herrschaft der Zivilisten konnte die Presse solchen Machtmissbrauch ohne Gefahr der Zensur ans Licht der Öffentlichkeit bringen. Die Zweifel an der politischen Moral der neuen zivilen Führung führten dazu, dass die brasilianische Bischofskonferenz CNBB (*Coordenação da Igreja Católica no Brasil*) die Regierung wegen ihres Fehlverhaltens ermahnte.

Diese und andere Skandale in den späten 1980er Jahren heizten das politische Klima so weit auf, dass der Präsidentschaftswahlkampf 1989 bereits sehr stark von dem Thema Korruption beherrscht wurde. Der Präsidentschaftskandidat Collor de Mello nutzte diese Welle geschickt aus und versprach, nicht nur dem staatszentrierten Entwicklungsmodell, sondern auch der Bestechung Einhalt zu gebieten. Tatsächlich setzte seine Regierung dann jedoch eine neue Rekordmarke in Sachen Amtsmissbrauch. Collor besetzte Schlüsselpositionen in der Verwaltung mit Vertrauten und vergab staatliche Aufträge nur gegen Schmiergeldforderungen, die noch höher waren als die seiner Vorgänger. Das ganze Schema wurde von seinem Wahlkampfmanager Paulo Cesar Farias koordiniert, flog aber auf, als eine Untersuchungskommission des Abgeordnetenhauses die Machenschaften aufdeckte. Der Senat setzte Präsident Collor in einem *Impeachment*-Verfahren ab. Damit war das Korruptionsproblem endgültig zu einem zentralen Thema der brasilianischen Politik geworden, mit dem sich die politischen Parteien auseinandersetzen mussten. In der folgenden Dekade bis zum Amtsantritt Lulas schrieb sich die Arbeiterpartei PT das Thema politische Moral als ein zentrales Motto auf ihre Fahnen.

Die Skandale der 1990er Jahre weiteten sich auch auf den brasilianischen Kongress sowie auf die Landes- und Gemeinderegierungen aus. Im Skandal um den Haushaltsausschuss des Kongresses (*anoes do orçamento*) wurde aufgedeckt, wie Mitglieder dieses Ausschusses ihre Position dazu missbraucht hatten, Infrastrukturprojekte noch nach der Abstimmung im Plenum einzuschleusen und dafür Kommissionen von Unternehmen einstrichen. Obgleich es unter der Regierung Cardoso nicht zu Korruptionsskandalen kam, die eine Regierungskrise ausgelöst hätten, beherrschte das Thema Korruption auch während seiner Amtszeit immer wieder die Schlagzeilen. Da der Erfolg des ökonomischen Stabilisierungskurses kaum Angriffsfläche bot, schlachtete die Arbeiterpartei PT stärker als in der Vergangenheit das moralische Fehlverhalten der Regierung aus. Dies kam in einer Parteipublikation aus dem Jahr 2002 zum Ausdruck, in der die gesamte Kritik am politischen Gegner in Skandale übersetzt wurde (Partido dos Trabalhadores 2002). Aufgelistet wurden das schwache Wirtschaftswachstum, die Währungskrise, die Auflösung der Regionalentwicklungsbehörden SUDENE und SUDAM, aber auch die Bestechungsaffäre im Zusammenhang mit der Verfassungsänderung, die die Wiederwahl Cardosos ermöglichte. Die Korruptionsbekämpfung war zu einem derart zentralen Thema aufgestiegen, dass alle Kritik an der Regierung in diesem Gewand präsentiert wurde. Dieser Trend, die politische Opposition zum Fahnenträger der moralischen Erneuerung der brasilianischen Politik zu machen, trug mit dazu bei, dass die moralischen Erwartungen an die 2002 gewählte Regierung Lula sehr hoch angesetzt waren.

3.2 Korruptionsskandal *mensalão* und Regierungskrise

Während sich das Hauptaugenmerk der Bevölkerung gegenüber der Regierung Lula im ersten Amtsjahr vor allem auf den ökonomischen Stabilitätskurs und die neuen Initiativen im sozialen Bereich konzentrierte, kam es zu Anfang des zweiten Amtsjahres erstmals zur Andeutung einer Krise, die die Integrität der Regierung in Frage stellte. Es wurde bekannt, dass Waldomiro Diniz, ein Mitarbeiter des Präsidialamts, im Wahlkampf 2002 von illegalen Glücksspielunternehmern Wahlkampfspenden erpresst hatte. Im Gegenzug sollte diese Spielmafia bei Regierungsaufträgen begünstigt werden. Obgleich sich der Vorfall auf die Zeit vor der Amtsübernahme Lulas bezog und die Regierung sofort mit der Entlassung des Beraters reagierte, wurde der Skandal in der Presse und von der politischen Opposition breit ausgeschlachtet.

Der erste richtige Skandal, der sich auf die Regierungszeit Lulas bezog, sollte jedoch noch ein Jahr auf sich warten lassen. Im Juni 2005, im drittem Amtsjahr Lulas, kam es zur Aufdeckung des "Taschengeld-Skandals" (*mensalão*), der sich zum den größten politischen Korruptionsskandal seit der Absetzung Collors im Jahr 1992 entwickelte. Im Verlauf des Skandals mussten José Dirceu, der Chefstratege der Regierung, und praktisch die gesamte Führungsspitze der Arbeiterpartei ihren Hut nehmen. Im Zuge politischer Auseinandersetzungen innerhalb des Regierungslagers wurde aufgedeckt, dass die PT Zahlungen an kleinere Koalitionsparteien geleistet hatte, um sich deren politische Unterstützung bei wichtigen Gesetzesvorhaben zu sichern. Während ein Teil der Gelder in schwarze Parteikassen geflossen war, waren andererseits auch regelmäßige Zahlungen an einzelne Kongressabgeordnete dieser Parteien geflossen, die diese zu privaten Zwecken oder zur Wahlkampffinanzierung verwendeten.

Die Untersuchungen konzentrierten sich zunächst auf die Empfängerseite der Bestechungsgelder, also auf die betroffenen Parlamentarier aus dem Regierungslager, die monatliche Zahlungen (Taschengelder) von etwa 30.000 Real (ca. 12.000 Euro) eingesteckt hatten. Als auch die Herkunft der Gelder untersucht wurde, geriet zunächst die Regierungspartei und später auch die Regierung selbst unter Druck. Ein Gutteil der Ressourcen war über die Arbeiterpartei PT kanalisiert oder vermittelt worden, wobei der Unternehmer Marcos Valerio eine Schlüsselrolle spielte, da er zusammen mit PT-Schatzmeister Silvio Pereira die Gelder besorgt und verteilt hatte. Im Verlauf der Untersuchungen mussten auch Parteichef José Genoino, Generalsekretär Delúbio Soares und Schatzmeister Silvio Pereira zurücktreten. Die Herkunft der Gelder wiederum brachte verschiedene Regierungsorgane unter Druck, denn sie hatten den Unternehmer Valerio mit millionenschweren Aufträgen finanziert. Zum Teil handelte es sich dabei auch um Scheinaufträge, die letztlich dazu dienten, Staatsgelder in die Parteikassen zu schleusen. In der Folge kam es in staatlichen Institutionen wie der Postbehörde und in der Banco do Brasil zur Entlassung von Führungskadern. Im Verlauf der Untersuchungen erfuhr der Skandal noch Ausweitungen in verschiedene Richtungen. Präsident Lula, der bis zu seinem Amtsantritt Ehrenpräsident der Partei gewesen war und dessen Regierungskoalition von dem Bestechungsnetz profitierte hatte, ging aus dem ganzen Eklat erstaunlich unbefleckt hervor.

In der Folgezeit kam es zu einigen kleineren Skandalen, die sich wiederum auf den Kongress bezogen. So führte eine Untersuchung der Eingaben der Abgeordneten (*emendas parlamentares*) zum Haushaltsgesetz zu der Enthüllung, dass diese zu korrupten Geschäften verwendet wurden. Laut Haushaltsgesetz können die Abgeordneten jährlich Haushaltsmittel im Wert von etwa einer Million Euro an öffentliche Investitionen festlegen. Typischerweise nutzen sie diese Gelder für öffentliche Sozialinvestitionen in ihrem Wahlkreis. Mehrere Abgeordnete benutzten diese Haushaltsgelder jedoch, um Gewinne für die eigene Tasche zu erwirtschaften. Die von den Haushaltsgeldern begünstigten öffentlichen Institutionen mussten zu überhöhten Preisen Krankenwagen von einer Firma erwerben, die wiederum einen Teil des überhöhten Gewinnes an die Abgeordneten zurückzahlte. Weitere Betrugsmanöver von Abgeordneten wurden im Laufe der Untersuchungen aufgedeckt.

3.3 Konsequenzen der Korruptionsskandale

Wie reagierte die Regierung auf die Skandale und welche Konsequenzen zog sie daraus? Wie schon die Vorgängerregierungen musste auch die Regierung Lula lernen, mit Korruptionsskandalen umzugehen. Sie griff dabei zum einen auf das traditionelle Argument zurück, die Attacken als politische Manöver der Opposition abzuwimmeln. Mit dem zweiten Schritt, personelle Konsequenzen zu ziehen, tat sich die Regierung meist sehr schwer. Präsident Lula hielt seinem Chefstrategen José Dirceu bis zum Schluss die Stange und entließ ihn erst in allerletzter Minute. Bei der Verurteilung der verantwortlichen Abgeordneten im Kongress, denen der Verlust des Abgeordnetenmandats drohte, unterschied sich die Haltung der Regierungspartei PT nicht von der der anderen Parteien. Außer den beiden Hauptfiguren aus dem Regierungslager, Jefferson Pereira (PDT; *Partido Democrático Trabalhista*) und José Dirceu (PT), die beide das Mandat verloren und für acht Jahre kein politisches Amt anstreben durften, wurden alle anderen Abgeordneten vom Plenum der Abgeordneten entlastet.

Allerdings startete die Regierung Lula mehrere Präventionsmaßnahmen, um weiteren Korruptionsfällen vorzubeugen. Erstens wurde die *Contraloria Geral da Republica* (CGU), eine zentrale Behörde zur Innenrevision des Regierungsapparates, entscheidend ausgebaut und direkt dem Präsidenten unterstellt. Ihr untersteht nun die Rechnungsprüfung aller Bundesorgane. Sie verfügt damit nicht nur über mehr Macht und Unabhängigkeit, sondern wurde auch personell gestärkt. Einer der Hauptschwerpunkte der Kontrollaktivitäten liegt im Bereich der Mittel, die an Länder und Gemeinden transferiert werden. Ein beträchtlicher Teil des Bundeshaushaltes fließt als Transferzahlung an Länder und Gemeinden. Die Korruptionsprobleme auf dieser Ebene sind aufgrund mangelnder Verwaltungserfahrung und schwacher Kontrolle tatsächlich erheblich. Die CGU startete bereits im ersten Regierungsjahr regelmäßige Stichprobenprüfungen, in deren Verlauf die Verwendung der Bundesmittel vor Ort geprüft wurde. Dass Programm ist weitgehend gegen politischen Missbrauch geschützt, da alle zwei Monate jeweils 50 Munizipien nach dem Zufallsprinzip ausgewählt werden. Dennoch ist nicht zu übersehen, dass dieses Programm die Frage der Korruption in den Bundesbehörden elegant umgangen hat. Damit wird ein Kräftemessen mit den anderen Ministerien, die theoretisch ebenfalls dieser Kontrollbehörde unterstellt sind, ausgewichen.

Eine zweite Initiative bestand im Ausbau der Bundespolizei und der Intensivierung von Untersuchungen, die sich auf Wirtschaftskriminalität, Drogenhandel und Schädigung des Bundesvermögens richten. Das Personal der Bundespolizei wurde um 25% aufgestockt und moderne kriminalistische Untersuchungsmethoden wurden eingeführt. Neben der Ausweitung der Zahl der Untersuchungen kam es auch zu einer neuen Zielrichtung der Ermittlungen, die nun nicht mehr vor den Repräsentanten der politischen und ökonomischen Elite des Landes Halt machten. So gerieten erstmals in spektakulären Aktionen illegale Devisenhändler (*doleiros*) und ihre Kunden, die korrupte Gewinne ins Ausland schmuggeln, ins Visier der Strafverfolgung. Auch Richter, Staatsanwälte und Politiker wurden untersucht. Dadurch kam es zur Aufdeckung zahlreicher Korruptionsfälle, in die höchste Vertreter der Bundesverwaltung verstrickt waren. So führte eine Untersuchung von manipulierten Ausschreibungen in neun Bundesstaaten (*operação navalha*) zur Festnahme von 48 Personen, darunter auch Unternehmer, Bürgermeister, Landesabgeordnete und ehemalige Abgeordnete. Sie hatten zusammengewirkt, um dem Unternehmen Gautama überteuerte öffentliche Aufträge zu besorgen und dabei Einflussnetze bis tief in die öffentliche Verwaltung hinein aufgebaut.

Mit diesen und zahlreichen ähnlichen Untersuchungen versuchte die Regierung Lula ein Zeichen zu setzen, dass sie es ernst meint mit der Bekämpfung der Korruption und auch vor den Vertretern der Elite nicht Halt macht. Die spektakulären Festnahmen haben allerdings oft nur vordergründige Wirksamkeit. Allzu oft verfügen die Verdächtigen über einflussreiche Kontakte auf politischer Ebene und können sich auf die langsamen Mühlen der brasilianischen Justiz verlassen. Auch wenn die verstärkten Kontrollen von CGU und Bundespolizei wichtige Zeichen setzen gegen die Straflosigkeit des immer noch oft als Kavaliersdelikt angesehenen Missbrauchs öffentlicher Gelder und Ämter zu privaten Zwecken, sind Reformen, die die Qualität der politischen Elite nachhaltig positiv beeinflussen könnten und den Einfluss der Wirtschaft auf die Volksvertreter abschwächen, bisher weitgehend ausgeblieben. Dazu gehören unter anderem eine Änderung des brasilianischen Wahlsystems und andere Reformen im politischen System. Diese werden im nächsten Abschnitt behandelt.

4. Konsolidierung der Demokratie

Wie hat sich die brasilianische Demokratie entwickelt und welchen Einfluss auf diese Entwicklungen hatte die Regierung Lula? Als wie stabil kann die junge brasilianische Demokratie eingeschätzt werden? Wie wird sie von ihren Bürgern gesehen? Die politische Kulturforschung zeichnet die brasilianische Demokratie als ein ephemeres Gebilde. In den Augen der meisten Bürger sind die zentralen demokratischen Institutionen des Landes nicht glaubwürdig. Die jährlichen Erhebungen des *Latinobarómetro* zeigen, dass Brasilien im Vergleich mit den Nachbarn in Mittel- und Südamerika gerade im Hinblick auf das Vertrauen in staatliche Grundfunktionen (Vertrauen in den Rechtsstaat, effiziente Ressourcenverwaltung) unter den Schlusslichtern liegt. Auch was das Bekenntnis zur Demokratie angeht, liegen die Bewertungen der Brasilianer im Vergleich mit den Nachbarstaaten im unteren Bereich. Allerdings hat sich die Zustimmung zur Demokratie als System von 1995 bis 2009 von 43% auf 55% erhöht.

4.1 Kaum politische Mobilisierung gegen das System

Die extreme Kluft zwischen Reich und Arm ist sicher mitverantwortlich für die diese kritische Haltung zur Demokratie, die den Armen weder soziale Absicherung noch wirkliche Lebenschancen liefern kann. Diese Enttäuschung hat sich jedoch nicht umgewandelt in organisierte Protestbewegungen, die ihre Anhänger gegen das politische System mobilisieren. Gab es noch vor Antritt der Regierung Lula Anzeichen dafür, dass das Protestpotential von Bewegungen wie dem MST (*Movimento dos Trabalhadores Sem Terra*; Bewegung der Landarbeiter ohne Boden) oder dem MTST (*Movimento dos Trabalhadores Sem Teto*; Bewegung der obdachlosen Arbeiter) weiter wachsen würde, so hat sich dies nicht bewahrheitet. Diese Bewegungen sind als alternative politische Kraft weitgehend von der politischen Landschaft verschwunden. Weder haben die außerparlamentarischen Protestbewegungen, die sich als Alternative zur bürgerlichen Demokratie präsentieren, ihre Aktivitäten intensiviert, noch haben die parlamentarischen Ableger dieser neuen Linken, wie beispielsweite die PSTU (*Partido Socialista dos Trabalhadores Unificado*), einen entscheidenden Durchbruch bei den Wahlen erreicht.

Es kann spekuliert werden, inwiefern diese Demobilisierung das Ergebnis der sozialen Umverteilungsprogramme der Regierung ist oder der Verteilung von Posten im Staatsapparat zuzuschreiben ist. Von einer ernsthaften Gefährdung der brasilianischen Demokratie durch eine organisierte politische Bewegung außerhalb der demokratischen Institutionen kann jedoch gegenwärtig nicht gesprochen werden. Die Verteilung von Pfründen und die ausgeweitete Sozialpolitik haben zweifellos integrative Funktion. Das politische System weist aber beträchtliche Dysfunktionen auf, die in Brasilien bereits weitgehend bekannt sind, deren Korrektur jedoch bisher an der notorischen Reformunfähigkeit gescheitert ist. Die im Jahr 1988 verabschiedete Verfassung wurde in vielen Bereichen bereits geändert, um sie an die Öffnung zum Weltmarkt, die Privatisierung verschiedener Wirtschaftsbereiche und den Umbau des Sozialstaates anzupassen. Im Bereich der politischen Reformen gab es ähnliche Anläufe, deren Umsetzung jedoch wiederholt scheiterte.

Tabelle 1: Unterstützung für die Demokratie in Lateinamerika, 1996-2009

	Durchschnitt der Jahre 1995-2009	Wert 2009	Differenz
El Salvador	52	68	16
Venezuela	68	84	16
Bolivien	59	71	12
Brasilien	43	55	12
Chile	53	59	6
Panama	59	64	5
Honduras	51	55	4
Uruguay	79	82	3
Paraguay	44	46	2
Domin. Republik	67	67	0
Kolumbien	50	49	-1
Costa Rica	75	74	-1
Peru	53	52	-1
Nicaragua	57	55	-2
Argentinien	68	64	-4
Ecuador	49	43	-6
Mexiko	51	42	-9

Quelle: Corporación Latinobarómetro 2009: 20.

4.2 Verzerrte Repräsentation

Kritiker verweisen zum einen auf Verzerrungen im brasilianischen Repräsentationssystem, durch die rückständige Regionen überrepräsentiert sind. Im Kongress vertritt der Senat die verschiedenen Bundesstaaten, während das Abgeordnetenhaus die Bürger repräsentiert. Jeder Bundesstaat ist deshalb mit drei Senatoren vertreten, was bevölkerungsarme Staaten numerisch den Schwergewichten wie São Paulo, Minas Gerais oder Bahia völlig gleichstellt. Auch im Abgeordnetenhaus haben kleine Bundesstaaten tendenziell mehr Sitze, als ihnen nach dem Proporzsystem eigentlich zustünden, und der Bundesstaat São Paulo ist unterrepräsentiert. Die Gesamtzahl der Sitze, die „falsch" verteilt sind, liegt bei etwa 10% (Nicolau 1997). Etwa 50 der Sitze im Abgeordnetenhaus müssten anderen Bundesstaaten zugeteilt werden, sollte das Prinzip der Proportionalität eingehalten werden. Die Verlierer bei dieser Verzerrung sind der industrialisierte Südosten, Gewinner sind vor allem der Norden und der Zentralwesten. Das gereicht konservativen Parteien tendenziell zum Vorteil, die in diesen Regionen stärker vertreten sind. Diese Vorherrschaft der Eliten aus den konservativeren Regionen Brasiliens im Staatsapparat und deren Überrepräsentation im Kongress wird als Hemmschuh bei der Modernisierung des öffentlichen Sektors angesehen.

4.3 Schwache Parteien und übertriebener Individualismus

Als weitere Hindernisse für die politische Entwicklung werden die Schwäche des Parteiensystems, das unausgeglichene Verhältnis zwischen Legislative und Exekutive sowie die Legitimitätsprobleme der politischen Elite angesehen. Schwächen im Parteiensystem wie die zersplitterte Parteienlandschaft oder der häufige Parteiwechsel gewählter Repräsentanten werden auf das Wahlsystem zurückgeführt. Die brasilianische Variante der personalisierten Verhältniswahl bindet den Abgeordneten nur sehr schwach an seine Partei und macht ihn zu einem Einzelgänger. So braucht jeder Kandidat für ein politisches Wahlamt zwar ein Parteibuch, um sich zur Wahl aufstellen zu lassen, und muss der Partei sogar über ein Jahr angehören. Bei der Finanzierung des Wahlkampfes ist er jedoch wieder weitgehend auf sich selbst angewiesen. Insgesamt überwiegen die Anreize, die den Abgeordneten zum Einzelgänger machen, über die Identifikation mit der Partei. So kommt es denn auch, dass die gewählten Abgeordneten nach den Wahlen oft die Partei wechseln, manche sogar gleich mehrmals. Erhebungen der letzten Legislaturperioden ergaben, dass fast ein Drittel der über Parteilisten gewählten Abgeordneten zu einer anderen Partei wechselten. Das macht es sehr schwer, stabile Regierungsmehrheiten bei Abstimmungen herzustellen, denn letztlich muss nicht mit Fraktionen, sondern mit einzelnen Abgeordneten verhandelt werden.

Der Gesetzgeber hat sich immer wieder geweigert, dieses Problem konsequent anzugehen. Ein Gesetz aus der Zeit der Militärdiktatur, das bei Parteiaustritt automatisch den Mandatsverlust vorsah, wirft seine Schatten bis in die Gegenwart. Im Jahr 2007 entschied jedoch das oberste Wahlgericht TSE (*Tribunal Superior Eleitoral*), dass Volksvertreter, welche die Partei nach der Wahl wechseln, ihr Mandat verlieren. Damit hat das Wahlgericht seine regulativen Vollmachten weitestgehend ausgeschöpft oder sogar überzogen. Auf jeden Fall ist es der handlungsunfähigen (bzw. unwilligen) politischen Klasse zuvorgekommen. Zahlreiche Volksvertreter, die die Partei nach dem Beschluss des Wahlgerichts wechselten, glaubten nicht an die Durchsetzung dieser Bestimmung und haben inzwischen ihr Amt verloren. Allerdings kann diese von oben verordnete Parteiloyalität programmatische Identifikation nicht ersetzen. So ist es auch jetzt noch so, dass Abgeordnete derselben Partei nach eigenem Gutdünken abstimmen und sich kaum an die Linie der Partei halten. Brasilianische Politiker verstehen ihr Mandat immer noch vorwiegend als ausschließlich ihnen selbst gehörend, die Parteidisziplin ist schwach ausgeprägt.

Auch das Wahlsystem mit offenen Listen, das die Bürger in den bevölkerungsstärkeren Bundesstaaten vor die Wahl aus Hunderten von Kandidaten stellt, wird immer wieder kritisiert. Die Diskussion um die Einführung von reinen Listenwahlen, die parteiintern mit festen Listenplätzen besetzt werden, hat bislang allenfalls akademische Zirkel bewegt. Gesetzesvorschläge in dieser Richtung wurden im Kongress nicht ernsthaft diskutiert. Es dürfte vor allem die Unsicherheit der gegenwärtigen Politikerklasse über die Konsequenzen einer solchen Änderung für ihr eigenes politisches Überleben sein, die solche Reformen bisher scheitern ließ. Die größere Auswahl, für manche mit einem mehr an Demokratie gleichzusetzen, wird vor allem durch weniger Übersichtlichkeit bezahlt. Das bestehende politische System erlaubt es den Kandidaten, sich von den Parteien praktisch ungefiltert für die Wahlen aufstellen zu lassen. Je mehr Kandidaten, desto schwieriger wird es allerdings für die Bürger, sich adäquat zu informieren. So fällt auch die Auswahl durch die Wähler als Filter für die Selektion fähiger und sauberer Politiker weitgehend aus. Die meisten Politiker sind allerdings nur eine Amtszeit im Abgeordnetenhaus und werden dann nicht wiedergewählt. Dagegen fehlt es nie an neuen Kandidaten, die bei den nächsten Wahlen antreten. Solche unerfahrenen Politiker werden leicht zur Manövriermasse der Fraktionsspitze und zum Ziel der Vorteilsgewährung durch die Regierung.

4.4 Kluft zwischen Verhaltensstandards und Verhaltenserwartungen

Mitverantwortlich für die eher niedrigen ethischen Standards der brasilianischen Volksvertreter ist auch der sehr weit gefasste Begriff der parlamentarischen Immunität. Entstanden vor dem Hintergrund der Militärdiktatur, bietet das politische Mandat Politikern weitgehenden Schutz vor Strafverfolgung durch die Justiz nicht nur im Hinblick auf die politische Meinungsfreiheit, sondern für jede Art von strafrechtlicher Untersuchung. Außerdem dürfen gewählte Amtsinhaber nicht vor ordentlichen erstinstanzlichen Gerichten, sondern nur vor Landesgerichten, im Fall der

Bundesabgeordneten sogar nur vor dem obersten Bundesgericht STF (*Supremo Tribunal Federal*) angeklagt werden. Diese obersten Gerichte sind nicht nur stark überlastet, sondern zum Teil auch aus Richtern zusammengesetzt, auf deren Ernennung die Landesregierung einen erheblichen Einfluss hat. In der Praxis führt diese Kombination aus Immunität, Straffreiheit, gesondertem Gerichtsstand und politischer Einflussnahme zur Straflosigkeit eventueller Vergehen der Abgeordneten bei praktisch jeder Straftat. Eine Erhebung der Prozesse, die gegen Abgeordnete bei der brasilianischen Justiz anhängig sind, zeigt, dass gegen ein Drittel der Abgeordneten Prozesse bei der Justiz und bei den Rechnungshöfen anhängig sind.

Emblematisch ist der Fall Paulo Maluf, einer der bekanntesten brasilianischen Politiker, der mehrmals Bürgermeister der Stadt São Paulo und Gouverneur des Bundesstaates São Paulo war. Gegen ihn sind zahlreiche Prozesse wegen verschiedenster Formen des Amtsmissbrauchs zu privaten Zwecken anhängig. Maluf kandidierte bei den Wahlen 2006 erstmals wieder für ein Abgeordnetenmandat und stellte als meistgewählter Abgeordneter seine anhaltende Popularität unter Beweis. Das Mandat dient aber auch dazu, ihn vor Strafverfolgung zu schützen. Die zahlreichen Prozesse, die beim Amtsgericht gegen ihn anhängig waren, wurden mit seiner Wahl alle an das oberste Bundesgericht STF abgegeben, wo sie aller Voraussicht nach für lange Zeit ruhen werden.

Versuche, die Immunität der Abgeordneten auf die politische Meinungsfreiheit einzuschränken, sind bisher gescheitert. Der Korpsgeist der Abgeordneten hat sich als stärker erwiesen als der Wille, dem Mandatsmissbrauch zur Garantie der Straffreiheit Einhalt zu gebieten. Dieses Bild der Abschottung der Politikerklasse vor Kritik von Außen verfestigte sich auch bei den zahlreichen Fällen, in denen Abgeordnete von ihren eigenen Kollegen wegen amtsunwürdigen Verhaltens (*decoro parlamentar*) untersucht wurden. In den meisten Fällen enden diese Prozesse sehr kollegial, wie beispielsweise im Falle des ehemaligen Präsidenten des Abgeordnetenhauses Severino Cavalcanti, der im September 2005 in eine Bestechungsaffäre verwickelt war und noch im selben Monat auf Druck der Kollegen auf das Amt und sein Mandat verzichtete (Hofmeister 2005). Damit blieben ihm eine Untersuchung vor der Ethikkommission und eine wahrscheinliche Aberkennung des Mandats durch das Abgeordnetenhaus erspart. Der entscheidende Unterschied zwischen der freiwilligen Aufgabe des Mandats und einer Aberkennung wegen Verfehlungen ist, dass letztere einhergeht mit einem achtjährigen Verlust der politischen Rechte. Cavalcanti dagegen kandidierte ein Jahr später erneut für dasselbe Amt und steht nun auf der Liste der Nachrücker, sollten die derzeitigen Amtsinhaber ihr Amt wegen anderer Verpflichtungen aufgeben.

Einen ähnlichen Weg nahm auch die Untersuchung gegen Senatspräsident Renan Calheiros, gegen den im Jahr 2007 zahlreiche Anklagen anhängig waren, die alle den Amtsmissbrauch zu privaten Zwecken zum Zentrum hatten.[3] Gegen Calheiros

3 So zahlte das Bauunternehmen Mendes Junior Unterhaltszahlungen von Calheiros für ein uneheliches Kind und seine Mutter. Calheiros soll außerdem eine geheime Geschäftspartnerschaft unterhalten haben, um zwei Radiosender zu kaufen. Er soll zudem seinen Einfluss gel-

wurde ein Verfahren vor der Ethikkommission des Senats eingeleitet. Bei der geheimen Abstimmung im Plenum des Senats sprach ihn die Mehrheit der Kollegen jedoch von allen Anklagen frei. Nur seine Position als Senatspräsident musste Calheiros schließlich auf politischen Druck hin aufgeben.

Es ist nicht klar auszumachen, ob sich das Gebaren der brasilianischen Volksvertreter tatsächlich verschlechtert hat, oder ob Presse und Öffentlichkeit heute strengere Maßstäbe anlegen als früher. Sicher ist jedoch, dass sich in den letzten zwei Dekaden (nimmt man einmal die Skandale unter Sarney als Auftakt an) die Kluft zwischen dem manifesten Verhalten von Teilen der politischen Elite und den Verhaltenserwartungen der Bürger bedrohlich erweitert hat. Dies schlägt sich auch in Umfragen wieder, in denen Parteien, Politiker und Parlamente regelmäßig als diejenigen Institutionen genannt werden, die mit Abstand das geringste Vertrauen der Bürger genießen.

4.5 Politik als Geschäft

Ein weiterer Schwachpunkt des politischen Systems des Landes besteht in der sehr liberalen Wahlkampffinanzierung. So erlauben Parteien- und Wahlgesetze praktisch unbegrenzte Spenden von Unternehmen an die Kandidaten und Parteien. Die Wahlkampffinanzierung wird vor allem durch Spenden großer Unternehmen bestritten. Viele Kandidaten finanzieren einen beträchtlichen Teil des Wahlkampfes auch aus eigenen Mitteln. Die private Finanzierung von Wahlkampagnen ist auch in anderen Ländern üblich. Allerdings sind in Brasilien keine Beitragsgrenzen festgelegt, so dass viele Kandidaten die Finanzierung ihrer Ausgaben auf wenige Großspender konzentrieren, von denen sie dann entsprechend stark abhängen. Diese Struktur der Wahlkampffinanzierung erhöht das Risiko, dass Repräsentanten ihr Mandat entweder in den Dienst ihres Eigeninteresses stellen, um die getätigten Investitionen aus eigener Tasche zu amortisieren, oder aber um Unternehmen durch verschiedene Amtshandlungen für ihre Unterstützung zu entschädigen, damit sie auch bei der nächsten Wahl wieder als Spender zur Verfügung stehen.

Obgleich der brasilianische Staat inzwischen beträchtliche Mittel zur Finanzierung der laufenden Ausgaben der Parteien beisteuert (etwa 150 Mio. Real pro Jahr) und den Kandidaten in Wahlkampfzeiten kostenlose Werbeblöcke in Radio und Fernsehen zur Verfügung stellt (100 Minuten pro Tag auf allen privaten und öffentlichen Fernsehsendern), konnten sich die Parlamentarier bisher noch auf keine Formel einigen, um den Einfluss von kommerziellen Interessen auf die Politik über die private Wahlfinanzierung (die sich bei der Wahl 2006 nach offiziellen Angaben auf 1,5 Mrd. Real belief) nachhaltig einzudämmen.

tend gemacht haben, um die Bierbrauerei Schinkariol, die millionenschwere Schulden gegenüber der Sozialversicherungskasse INSS hat, zu begünstigen.

4.6 Exekutive Handlungsvollmachten

Ein weiterer Schwachpunkt des politischen Systems ist das unausgeglichene Verhältnis zwischen Exekutive und Legislative. Verschiedene institutionelle Arrangements weisen der Exekutive sehr weitreichende Vollmachten zu, die den Kongress weitgehend gleichschalten. Dazu gehören zum einen die sogenannten vorläufigen Gesetzesanordnungen (*medidas provisorias*), die es der Exekutive erlauben, Gesetze mit einer vorläufigen Laufzeit von maximal 120 Tagen zu erlassen. Werden sie innerhalb dieser Frist nicht auf normalem Weg im Kongress diskutiert und dann in ordentliche Gesetze umgewandelt, verlieren sie ihre Gültigkeit. Alle Präsidenten seit 1988 haben diesen bequemeren Weg der Regierung per Dekret dem mühsamen Aushandeln von Mehrheiten im Kongress vorgezogen. Die *medidas provisorias* beschränken sich längst nicht mehr auf Ausnahmesituationen, sondern sind zum politischen Alltagsgeschäft geworden. Die Zahl der vorläufigen Maßnahmen lag auch unter der Regierung Lula bei 5 pro Monat.[4] Da sie im Kongress vor allen anderen Gesetzesvorhaben Vorrang haben, können oft die ordentlichen Geschäfte im Senat und Abgeordnetenhaus kaum noch erledigt werden. Von der Opposition kritisiert, werden diese Vollmachten jedoch vom amtierenden Präsidenten als bequemes Mittel zur Umgehung langwieriger politischer Verhandlungen angesehen. Eine Abschaffung oder Änderung der Vollmachten ist deshalb nicht in Sicht.

Ein weiteres Mittel, um Abgeordnete auf Regierungslinie zu bringen, besteht in der Verteilung von Posten und Pöstchen in der Bundesverwaltung. Während diese oft mit der Fraktion ausgehandelt werden, werden die einzelnen Abgeordneten eher über Haushaltseingaben (*emendas parlamentares*) bei der Stange gehalten. Jeder Abgeordnete kann Haushaltsmittel im Wert von etwa einer Million Euro jährlich an seinen Wahlkreis verteilen. Das brasilianische Haushaltsgesetz hat jedoch die Besonderheit, dass es die Regierung nur autorisiert, nicht aber verpflichtet, die Haushaltsposten auch auszuführen. So ist es auch bei den *emendas parlamentares* der Parlamentarier so, dass die Freigabe der Gelder durch die Regierung an das Abstimmungsverhalten der Abgeordneten geknüpft wird.

Die Regierung hat in der Vergangenheit immer wieder ausgiebig Gebrauch gemacht von diesem Tauschgeschäft und die fehlende politische Kohäsion in der Parteienlandschaft durch die konditionierte Freigabe von Geldern der *emendas parlamentares* kompensiert. Wenn der Tausch von politischer Unterstützung im Gegenzug gegen Gelder für den eigenen Wahlkreis an so zentraler Stelle im politischen System verankert ist, ist es nur schwer vorstellbar, die bestehende Kultur der Politik als Geschäft jedes einzelnen Abgeordneten im Dienste der Machterhaltung und Selbstbereicherung aufzuweichen und das öffentliche Interesse zum Tragen kommen zu lassen.

4 Die Zahl der *medidas provisorias* für die einzelnen Jahre der Regierung Lula beläuft sich auf 59 (2003), 73 (2004), 42 (2005), 66 (2006) und 71 (2007). Eine Auflistung aller *medidas Provisorias* ist einzusehen unter http://www.planalto.gov.br/ccivil/MPV/Principal.htm.

4.7 Keine glaubwürdigen Reforminitiativen

Obgleich praktisch alle oben genannten Defizite des politischen Systems noch vor Antritt der Regierung Lula gerade auch von der PT kritisiert wurden, ist es auch seiner Regierung nicht gelungen, entsprechende Reformen im Kongress voranzutreiben. Dabei fehlte es auch in Kreisen der Arbeiterpartei nicht an der Überzeugung über die Notwendigkeit politischer Reformen. Tatsächlich gab es bereits 1999 ein klares Programm für politische Reformen, damals noch entwickelt vom Chefstrategen José Dirceu (Dirceu/Ianoni 1999). Dieselben Punkte (Repräsentationsverzerrung, Wahlkampffinanzierung, Parteitreue) wurden auch in das Regierungsprogramm von 2002 übernommen[5] und dann tauchten dann mangels Einlösung wieder im Regierungsprogramm von 2006 auf.[6] Aber aus der Regierungsperspektive zeigen sich diese „dekadenten Erscheinungsformen der bürgerlichen Demokratie" auch von einer anderen Seite. Sie ermöglichen es nicht nur, die Parteigenossen durch Zugang zu Ämtern und Mitteln des Staatsapparates zufrieden zu stellen, sondern sie sind auch notwendig, um politische Mehrheiten für die eigene Regierungspolitik zusammenzuschmieden. Die Regierung Lula hat deshalb auf dem Feld der politischen Reformen nur sehr wenig durchgesetzt.

5. Ausblick

Bis zur Mitte der zweiten Amtszeit der Regierung Lula zeichnete sich ab, dass ein bleibendes Erbe seiner Regierung im Ausbau der brasilianischen Sozialpolitik zu liegen schien, ähnlich wie die Regierung Cardoso heute mit der Währungsstabilisierung gleichgesetzt wird. Sollten die Vorzeichen einer günstigen Wirtschaftsentwicklung anhalten, so kann dieses Programm einen wichtigen Beitrag nicht nur zur Linderung der absoluten Armut leisten. Es hat auch eine politische Dimension, die nicht zu unterschätzen ist. Vieles deutet darauf hin, dass die Ärmsten der Armen wieder stärker in den brasilianischen Staat integriert wurden und politische Bewegungen, die gegen das System mobilisieren, ihrer Klientel beraubt wurden.

Im Bereich der ethischen Erneuerung der brasilianischen Politik sind die Fortschritte eher zaghaft. Während auf der einen Seite die Abschirmung der politischen und ökonomischen Elite vor Strafverfolgung zu bröckeln beginnt, sind auf der ande-

5 Im Regierungsprogramm von 2002 hieß es: "63. A reforma do sistema político necessária para promover uma efetiva democratização da sociedade e do Estado, permitindo que as disputas eleitorais sejam mais transparentes, equânimes e capazes de abrir espaço para o surgimento de novas lideranças. ... 64. Finalmente, deverão ser adotadas medidas que assegurem a efetiva proporcionalidade da representação."

6 Regierungsprogramm 2006: "Terá prioridade uma Reforma Política a ser definida por meio de amplo diálogo entre o Congresso Nacional, os partidos e a sociedade brasileira. Ela deverá assegurar a pluralidade de partidos, a fidelidade partidária, o financiamento público de campanhas eleitorais e o voto proporcional, preferencialmente por lista pré-ordenada, além de incentivar a construção de maiorias necessárias à governabilidade."

ren Seite entscheidende Innovationen des politischen Systems am Korpsdenken der politischen Klasse gescheitert. Die Regierung versucht, die Verantwortung für mangelnde Kontrolle und Sanktion von Korruptionsfällen den anderen Gewalten wie Staatsanwalt, Justiz, Legislative und Rechnungshof zuzuschieben. Ihre eigenen Kontrollaktivitäten richtet sie eher auf die Landes- und Gemeindeebene als auf die Bundesverwaltung selbst. Es bleibt zu hoffen, dass die günstige Wirtschaftslage und die vollen öffentlichen Kassen die Frage des Missbrauchs öffentlicher Mittel zu privaten Zwecken nicht in den Hintergrund treten lassen. Längst handelt es sich bei der Einforderung von mehr Transparenz durch Presse und Zivilgesellschaft nicht mehr um eine rein ökonomische Frage, sondern um die Wiederherstellung des Vertrauens in das politische Gemeinwesen.

Literaturverzeichnis

Almeida, Evaristo (2000): *Programas de Garantia de Renda Mínima: inserção ou utopia?* São Paulo.

Carvalho Borges, Angela Maria/Castro, Mary Garcia (2007): *Família, gênero e gerações: desafios para as políticas sociais*. São Paulo.

Corporación Latinobarómetro (2009): *Informe 2009*. Santiago de Chile.

Dirceu, José/Ianoni, Marcus (1999): *Reforma Política: Instituições e Democracia no Brasil Atual*. São Paulo.

FAO (2006): *Brasil. Fome Zero: Lições Principais*. Documento de Trabalho, Escritorio Regional da FAO para a America Latina e o Caribe, Santiago de Chile.

Filgueiras, Luiz Antonio Mattos/Gonçalves, Reynaldo de Souza (2007): *A economia política do governo Lula*. Rio de Janeiro.

Hofmeister, Wilhelm (2005): *Neuwahl des Präsidenten der Abgeordnetenkammer nährt die Hoffnung der Regierung auf ein Ende der politischen Krise*. Rio de Janeiro (KAS Focus Brasilien 8).

IBGE (2006): *Aspectos Complementares de Educação e Acesso a Transferências de Renda de Programas Sociais*. Brasilia.

Lavinas, Lena (1999): "Renda mínima: práticas e viabilidade". In: *Novos Estudos*, 53, S. 65-83.

Lavinas, Lena/Garcia, Eduardo Henrique (2004): *Programas sociais de combate à fome : o legado dos anos de estabilização econômica*. Rio de Janeiro.

Lavinas, Lena/Varsano, Ricardo (1997): "Renda mínima: integrar e universalizar". In: *Novos Estudos*, 49, S. 213-229.

Marques, Rosa Maria/Mendes, Áquilas (2006): "O Social no Governo Lula: a construção de um novo populismo em tempos de aplicação de uma agenda neoliberal". In: *Revista de Economia Política*, 26, 1 (101), S. 58-74.

Meneguello, Rachel (2007): "Tendencias eleitorais ao fim de 21 anos de democracia". In: Melo, Carlos Ranulfo/Alcántara Sáez, Manuel (Hrsg.): *A democracia brasileira. Balanço e perspectivas para o século 21*. Belo Horizonte, S. 367-403

Ministério da Fazenda (2003): *Gasto social do governo central: 2001 e 2002*. Brasilia.

Nicolau, Jairo Marconi (1997): "As Distorções na Representação dos Estados na Câmara dos Deputados Brasileira". In: *Dados*, 40, 3 [online]. <http://www.scielo.br>.

— (2002): “Como controlar o representante? Considerações sobre as eleições para a câmara dos deputados no Brasil”. In: *Dados. Revista de ciências sociais*, 45, 2, S. 219 – 236.

— (2003): *Reforma política no Brasil: realizações e perspectivas*. Fortaleza.

Nicolau, Jairo Marconi/Power, Timothy J. (Org.) (2007): *Instituições representativas no Brasil: balanço e reforma*. Belo Horizonte.

Paes-Sousa, Rômulo/Santos, Leonor Maria Pacheco (2009): *Measuring the Impact of Bolsa Familia Program based on Data from Health and Nutrition Days (Brazil)*. Santiago de Chile (FAO).

Partido dos Trabalhadores (2002): *O Brasil não esquecerá - 45 escândalos que marcaram o governo FHC*. Brasilia (<http://www.consciencia.net/corrupcao/documentos/fhc-45escandalos.html>).

Ramos, Carlos/Amaral, Silvia (1999): “Programas de Renda Mínima e Bolsa-Escola. Panorama Atual e Perspectivas”. In: *Revista Interface* 1. <http://www.iets.org.br/biblioteca/Programas_de_renda_minima_e_Bolsa_Escola.pdf>

Souza, Juarez/Cavalcante, Idalina (2003): *Estudo N° 273 referente à STC nº 200304427, da Senadora Lúcia Viana, sobre a unificação dos programas de transferência de renda, enado Federal, Consultoria Legislativa*. Brasilia.

Souza, Marcelo Medeiros Coelho de (2003): *Os ricos e a formulação de políticas de combate á desigualdade e á pobreza no Brasil*. Brasília.

Speck, Bruno Wilhelm (2003): “A compra de votos - Uma aproximação empírica”. In: *Opinião Pública, Revista do CESOP*, 9, 1, S. 148-169.

Speck, Bruno Wilhelm (2004): “Campaign finance reform: is Latin America on the road to transparency?”. In: Transparency International (Ed.): *Global Corruption Report 2004*. London u. Sterling, S. 32-34.

Speck, Bruno Wilhelm/Weber Abramo, Claudio (2002): *Second Survey on Vote Buying in Brazilian elections*. São Paulo (<http://www.transparencia.org.br/docs/votebuying2002.pdf>).

TCU (2003): *Relatório Levantamento de auditoria no Programa Fome Zero. TC 006.944/2003-6, Tribunal de Contas da União*. Brasília.

Teixeira, Marco Antonio Carvalho/Godoy, Melissa G. de/Prado, Otávio (2005): *Histórias de um Brasil que funciona: governos locais ajudando a construir um país mais justo.*

Thomas, Vinod (2005): *O Brasil visto por dentro: desenvolvimento em uma terra de contrastes*. Rio de Janeiro.

UNDP (2009): *Human Development Report 2009. Overcoming barriers: Human mobility and development*. New York.

Valla, Victor Vincent (Org.) (2005): *Para compreender a pobreza no Brasil*. Rio de Janeiro.

Velloso, João Paulo dos Reis/Albuquerque, Roberto Cavalcanti de/Mantega, Guido/Santiago, Ricardo L./Rocha, Sônia (Coord.) (2005): *Cinco décadas de questão social e os grandes desafios do crescimento sustentado*. Rio de Janeiro.

Weyland, Kurt (2006): *Bounded rationality and policy diffusion: social sector reform in Latin America*. Princeton, NJ.

Auf dem Weg zum "anderen" Mexiko: Eine Bilanz der Amtszeit von Vicente Fox

Günther Maihold

1. Einleitung

Mit dem Wahlsieg des Oppositionskandidaten Vicente Fox bei den Präsidentschaftswahlen im Juli 2000 ist für Mexiko ein grundlegender Wandel in der politischen Tradition der präsidentiellen Amtsführung anzusetzen: Nach über 70 Jahren gelang es erstmals einem Politiker, der nicht der Staatspartei PRI *(Partido de la Revolución Institucional)* angehörte, das Präsidentenamt zu erobern und damit den in einer Fülle von Wahlen auf Ebene der einzelnen Bundesstaaten schon eingeführten Wechsel in der Verantwortung zwischen den verschiedenen Parteien erstmals auch auf nationaler Ebene zu vollziehen. Der Amtsantritt von Präsident Vicente Fox wurde daher mit einer Fülle von Erwartungen verbunden, gefördert nicht zuletzt von ihm selbst durch einen neuen politischen Stil und eine Wahlkampagne der Mobilisierung breiter Kreise der Bevölkerung (Schedler 2000). Ziel war es, ein "anderes" Mexiko sichtbar werden zu lassen: Nach Ansicht des neuen Präsidenten hatte die mexikanische Gesellschaft "für einen Wandel der Normen, Institutionen und Ziele gestimmt" (Fox 2006: 30). Nach sechs Jahren Amtsführung der "Regierung des Wandels", wie sie sich selbst titulierte, muss indes festgestellt werden, dass viele dieser Aspirationen in den Mühlen des Alltags und der Institutionen hängen blieben. Die persönliche Dynamik des Präsidenten ließ sich nicht über sechs Jahre bruchlos fortschreiben und die Bevölkerung neigte dazu, in seiner Amtsführung die negativen Kontinuitätsaspekte *(más de lo mismo)* zu erkennen. Dies führte zu einem weitreichenden Gefühl der Enttäuschung, die sich weniger auf die Figur des Präsidenten als auf die Leistungsbilanz des angestrebten Wandels bezog. Die "neuen Zeiten", die mit dem Regierungswechsel anbrechen sollten, wichen aber nicht nur der Ernüchterung, sondern entsprachen durchaus auch der in der mexikanischen Gesellschaft vorherrschenden Grundposition, die kein alternatives Konzept politischen Handelns zu entwickeln vermag. Der "Wandel um des Wandels willen" war somit auch in der Selbstbezeichnung der Regierung Fox abzulesen, die als "Gobierno de Cambio" antrat, ohne dass erkennbar geworden wäre, in welche Richtung der Wechsel oder der Wandel führen sollte (Rubio 2004: 17).[1] Die Frage, ob die Amtsführung von Fox (2000 bis 2006) Ausdruck einer "frustrierten Transition" (Reyna 2006: 163) ist, da

1 Der Tradition ihrer Vorgängerregierungen der PRI folgend legte die Regierung Fox zu ihrem Amtsende eine 36 Bände umfassende Publikation unter dem Titel *Colección Editorial del Gobierno del Cambio* vor, die die eigene Arbeit umfassend dokumentieren soll.

es dem Präsidenten nicht gelungen sei, die Strukturen im politischen System und im Regierungsapparat, die von der PRI beherrscht werden, aufzulösen und neue Elemente der Steuerung in den Regierungsapparat einzubringen, dominiert die wissenschaftliche Debatte.

Im Folgenden geht es um eine Bewertung der Regierungspolitik von Präsident Vicente Fox, die insbesondere von der Frage geleitet ist, ob es der "Regierung des Wandels" gelang, entscheidende Weichenstellungen vorzunehmen, die Mexiko in eine neue Qualität demokratischen Lebens führten und das politische System von den Elementen autoritärer Tradition befreiten, die von Mario Vargas Llosa im Jahre 1990 als "perfektive Diktatur" bezeichnet wurden. Dazu werden verschiedene Teilbereiche des politischen Handelns der Regierung untersucht. Im Mittelpunkt der Analyse stehen vier Politikfelder, die besondere Aufmerksamkeit erhielten: die Wirtschafts- und Finanzpolitik, die Energiepolitik, die Außenpolitik und die Weiterentwicklung der Demokratie in Mexiko. Zunächst werden aber einige Rahmenbedingungen dieses Regierungshandelns thematisiert.

2. *Politischer Stil als Programm? Vicente Fox und der plebiszitäre Präsidentialismus*

Für die Protagonisten der PRI-Opposition stellt sich im Rückblick die Regierungszeit von Fox als "verlorenes Sexenium" (Paredes 2006) dar, das insbesondere durch den persönlichen Stil des *Foxeo* im Sinne eines Politikverständnisses geprägt war, das das Marketing-Interesse an die erste Stelle rückte. Zentral für dieses Politikverständnis sei eine Technik der indirekten Attacke gewesen, nicht zuletzt bezogen auf die vom Präsidenten in erster Linie angestrebte Medienwirkung, die von der Maxime des Boxkampfes ausgegangen sei, "quien pega primero, pega dos veces" (wer zuerst zuschlägt, erzielt doppelte Wirkung). Hiermit wird schon ein Element des für die Amtszeit kennzeichnenden politischen Stils beschrieben, der stark durch die Persönlichkeit des Präsidenten und seine Auseinandersetzung mit den Medien bzw. der Projektion seines Bildes in den Medien geprägt war. Die Inszenierung von Politik erhielt gerade damit eine neue Bedeutung, zum einen, indem sie Fox von der alten politischen Klasse des Landes durch ein neues Auftreten mit Cowboystiefeln, offenem Hemd und stark umgangssprachlich gefärbtem Vokabular abzusetzen versuchte, zum anderen aber mit der Promotion für das Produkt "Vicente Fox", das über das Fernsehen als zentralem Medium propagiert wurde und weniger durch ein politisches Projekt zu erkennen war. Diese mediale Inszenierung, auf der Basis einer offenen Anti-PRI-Koalition bereits während des Wahlkampfes erfolgreich, bedeutete gleichzeitig eine Distanz zu den etablierten Institutionen des politischen Prozesses, nicht zuletzt bezogen auf die eigene politische Partei, zu der der Präsident während seiner gesamten Amtsführung kein organisches Verhältnis entwickeln konnte. Vielmehr verstand der Präsident sein Handeln als direkte Ansprache der Bevölkerung in einer Art des permanenten Wahlkampfes (Aguilar/Castañeda 2007: 267) unter Verzicht auf die Vermittlung durch intermediäre Instanzen und Institutionen. Dieses zunächst erfolgreiche Konzept musste sich jedoch über die lange Amtszeit von sechs Jahren abschleifen, die Möglichkeiten zur Definition neuer Schwerpunkte, die zu Schlagzeilen in der Presse und den elektronischen Medien werden konnten, unterlag einer deutlichen Abnutzung. Der Versuch zum Aufbau eines "plebiszitären Präsidentialismus" (Loaeza 2006: 7) scheiterte zum einen an der Unterschätzung der institutionellen Ressourcen als Voraussetzung präsidentieller Autorität, fand aber zum anderen auch seine Grenze an der praktischen Implementierung einer personalisierten Dauerkampagne des Präsidenten, der durch Bindung an seine Person jenen nationalen Konsens bilden wollte, den er – angesichts fehlender parlamentarischer Mehrheiten – als Druckmittel auf das Parlament zum Einsatz bringen wollte. Dieses insbesondere von der Medienberaterin und späteren Präsidentengattin Marta Sahagún verfolgte Konzept, die in Abhebung von der Vergangenheit von der institutionellen Einbindung des PRI-Regimes befreite Persönlichkeit des Präsidenten in den Vordergrund zu rücken, musste auf die Gegenwehr des Kongresses treffen, der sich gerade durch die Schwächung alter Parteidisziplin als eigentlicher Gewinner gegenüber dem Präsidentenamt sah. Dahinter ist die Fehleinschätzung des Präsidenten bezüglich der Größe und der Dauerhaftigkeit des "Demokratiebonus" zu erkennen, der sein Handeln auch gegenüber den anderen Gewalten des Staates (Parlament, Justiz) zu einem durchschlagenden Erfolg führen würde (Aguilar/Castañeda 2007: 238).

Während der gesamten Regierungszeit gelang es dann dem Präsidenten auch nicht, seine positiven Umfragewerte in eine entsprechende Zustimmung für seine Partei zu verwandeln, bei den Zwischenwahlen des Kongresses im Jahr 2003 musste die PAN *(Partido Acción Nacional)* sogar noch acht Prozentpunkte abgeben (Loaeza 2006: 24). Bekundet wurde vor allem ein explizites und öffentlich zur Schau gestelltes Bekenntnis zur katholischen Kirche, das in der Tradition der PRI nicht denkbar gewesen wäre. So heiratete er Marta Sahagún am 2. Juli 2001, dem ersten Jahrestag seines Wahlsieges, der gleichzeitig auf seinen Geburtstag fiel. Mit dieser Zentrierung auf das Private als Teil der öffentlichen Person Vicente Fox erhielten die Herkunft des Präsidenten aus einem ländlichen Kontext, seine Ausbildung an einer privaten katholischen Universität, seine Karriere bei Coca Cola und sein Anti-Intellektualismus besondere Prägung, um das Image eines Präsidenten des einfachen Volkes zu projizieren.[2] Der Kreation der politischen "Marke Fox" entsprach eine Marketing-Strategie, die auf der Basis wöchentlicher Umfragen durch das Präsidentenamt den Wert der "Marke" sowie Einstellung der Bevölkerung zu aktuellen Fragen der Politik als Leitlinie für das weitere politische Handeln überwachte (Aguilar/Castañeda 2007: 259). Das Vertrauen in die Umfragen entwickelte sich bei Fox zu einer zentralen Bezugsgröße, die erkennbar hinter das ursprüngliche Interesse zur Gestaltung eines Wandels zurücktrat; Fox' Politik fehlte es daher an Führung und insbesondere Kohärenz, da es ihm auch innerhalb des eigenen Kabinetts nicht ge-

2 Dieser Lebenslauf wurde vom Präsidenten selbst in seiner Biographie nicht ohne Koketterie und mit dem klaren Interesse an Abgrenzung gegenüber seinen Vorgängern vorgetragen (vgl. Fox/Allyn 2007).

lang, Kohäsion herzustellen. Sein Führungsstil, der als dezentralisiert, ohne Drang zu Kabinettsdisziplin oder Zentralisierung der Macht beschrieben wurde (Aguilar/Castañeda 2007: 101), war nicht dazu angetan, der Komplexität des mexikanischen Regierungssystems mit seinen formellen und informellen Regeln gerecht zu werden. Anfänglich wurde nur eine geringe Bereitschaft des Präsidenten moniert, sich selbst in Verhandlungen mit den Parlamentsfraktionen zur Durchsetzung seiner Gesetzesinitiativen einzubringen und damit die wachsende Spannung zwischen Exekutive und Legislative zu überwinden, zunehmend wuchs sich dies jedoch zu einer umfassenden Kritik an seiner Unfähigkeit aus, politische Allianzen zu schmieden und Konsens durch Kompromisse zu ermöglichen (Rubio 2004: 22). Der für die Beziehungen zum Kongress zuständige Innenminister Santiago Creel erwies sich nicht also hinreichend effektiv, um die Defizite des Präsidenten auszugleichen. Zudem litt auch er in seinem Handeln unter der inneren Heterogenität des "Super-Kabinetts" *(gabinetazo)*, das Fox durch "*head-hunter*-Firmen" hatte auswählen lassen. Der Versuch, durch drei den Ministerien übergeordnete Koordinationsinstanzen ein Sozial-, Wirtschafts- und Sicherheitskabinett zu schaffen, scheiterte zudem an seiner fehlenden Unterstützung für die bestellten Koordinatoren und dem institutionellen Beharrungsvermögen der Ministerialbürokratie (Aguilar/Castañeda 2007: 59), die eine Abwanderung von Kompetenzen zu verhindern wusste.

Sowohl die Bevölkerung als auch die Medien erwarteten mit Fortschreiten der Amtszeit in stärkerem Maße Politikergebnisse und mochten die Inszenierung von Politik, die sich zudem mit den Präsidentschaftsambitionen der Gattin des Präsidenten auf die Familie von Fox erweiterte, nicht länger hinnehmen.[3] Die enge Bindung an die Persönlichkeit des Präsidenten erwies sich als kontraproduktiv für die Gestaltung einer kontinuierlichen Präsenz für seine Partei, aber auch für die Wahrnehmung des politischen Handelns. Der "plebiszitäre Präsidentialismus" führte zusammen mit einem fragmentierten Kabinett und einer starken Konfrontation zwischen Exekutive und Legislative zu einem Zustand der Blockade in der Entscheidungsfindung, die das Bild der Regierung nachdrücklich prägte. Diese Konstellation beeinträchtigte das Handeln der Regierung derart, dass nicht nur aufgrund des früh beginnenden – zunächst parteiinternen – Wahlkampfes um die Nachfolge die effektive Regierungszeit von Fox auf vier bis fünf Jahre angesetzt werden kann, während danach vor allem die Verwaltung der Amtsgeschäfte dominierte.

3. *Funktionsmuster und Instrumente der Regierungsführung*

Ein zentrales Kennzeichen der Amtsführung von Vicente Fox war die Prägung des Präsidenten durch seine Erfahrungen in der Privatwirtschaft. Daraus leitete sich ein ausgeprägter Voluntarismus ab, der sich von bürokratischen Verfahrensweisen be-

3 Diese sich auch vor mexikanischen Gerichten abspielende Auseinandersetzung wurde von der mexikanischen Presse sowie in dem Band von Olga Wornat (2003) öffentlich inszeniert.

hindert fühlte und diese mit einem direkten Zugang zum Volk substituieren wollte (Fox/Allyn 2007: 57).

Delegation von Verantwortung und Dezentralisierung der Amtsführung waren Elemente, die für die mexikanische Tradition der Bürokratie unbekannt und auch für die Erwartungen der Bevölkerung ungewohnt waren. Fox betrachtete es als seine Aufgabe, auch den Ministern die Chance zur Werbung für ihre eigenen Positionen in der Öffentlichkeit einzuräumen, wobei ihn das Bild eines weithin desorganisierten Kabinetts nur beschränkt zu beeindrucken schien (Aguilar/Castañeda 2007: 118f.). Die Folgen dieses Funktionsmusters im Führungsstil des Präsidenten beschädigten sein Image dauerhaft: Es setzte sich der Eindruck eines zaudernden, entscheidungsschwachen und zur Leitung seines Kabinetts durch klare Vorgaben unfähigen Präsidenten durch, der vor der harten Arbeit am Schreibtisch in den direkten Kontakt mit der Bevölkerung flüchtete. Dieses Vertrauen auf seine eigenen kommunikativen Fähigkeiten, die ihn in die Lage versetzten, für seine Positionen zunächst bei der Bevölkerung, dann bei den Medien und der medialen Öffentlichkeit und schließlich bei den politischen Institutionen und Parteien Unterstützung zu finden, erwies sich angesichts der Komplexität der politischen Agenda als Illusion, in der Durchsetzung seiner Gesetzesinitiativen war die Strategie sogar kontraproduktiv. Da sich die Parteien und insbesondere der Kongress übergangen und unter öffentlichen Druck gesetzt fühlten, waren Blockadepositionen und Verweigerungshaltungen die Folge, die ihrerseits sehr viel höhere Kosten für ihre Auflösung bedingten.

Maßgeblich für diese Fehleinschätzung mag auch das überzogene Vertrauen in die Wirksamkeit des "Demokratiebonus" gewesen sein, der gleichwohl mit der Zeit einer enormen Entwertung unterworfen war (Aguilar/Castañeda 2007: 238). Damit war der Präsident zunehmend darauf angewiesen, die Kommunikation mit der Bevölkerung über Befragungen und Umfragedaten sicherzustellen, die vom Präsidentenamt und dem *Centro de Investigación y Seguridad Nacional* (CISEN) des Innenministeriums als nachrichtendienstliche Aufgabe angefertigt wurden (Aguilar/Castañeda 2007: 259).

Obwohl Fox am Ende seiner Regierungszeit mit einer positiven Bewertung seiner Amtsführung von 59% der Bevölkerung sehr positiv abschloss, verschlechterte sich sein Image nach dem Abschied vom Amt insbesondere bezogen auf Korruptionsvorwürfe.[4] Gleichwohl waren für Fox Umfragen die "Stimme des Volkes", die er genau verfolgte und – wie bei Politikern, die sich im permanenten Wahlkampf wähnen (Aguilar/Castañeda 2007: 267), nicht anders zu erwarten – auch massiv befolgte, um sein eigenes Image zu gestalten. Diese Neigung, Politik nach Ansage der Umfragen zu gestalten, die beispielsweise entscheidend war für den Verzicht auf das Projekt eines neuen Flughafens der Hauptstadt (Aguilar/Catstañeda 2007: 229), vermittelt ein Politikverständnis, das sich wenig an der Komplexität der politischen Entscheidung orientierte, sondern in den jeweiligen Antworten der Befragten vorschnelle Handlungsanleitungen zu finden bereit war.

4 Vgl. hierzu die Berichterstattung durch die *Consulta Mitofsky* unter <http://www.consulta.com.mx>.

3.1 Außenpolitik im Dienste der innenpolitischen Absicherung der Demokratie

Bei der Einschätzung der Regierungszeit von Präsident Fox ist insbesondere die Kluft zwischen dem Anspruch auf Mitwirkung am weltpolitischen Geschehen zu Beginn der Amtszeit im Gegensatz zu dessen Realisierung hervorgehoben worden. Die Außenpolitik kann als jenes Politikfeld angesehen werden, in dem die Regierung den deutlichsten Schwenk nach der Amtsübernahme vollzog und ihren "Demokratiebonus" investierte (Rozenthal 2004). Dabei orientierte sich das Land sehr stark an Chile und seiner Rolle in der Weltpolitik, wozu nicht zuletzt die persönliche Nähe von Fox zu seinem chilenischen Amtskollegen Ricardo Lagos beigetragen haben mag (Aguilar/Castañeda 2007: 160f.). Die von Fox selbst als zentral begriffene Aufgabe, sein Land von dem außenpolitischen Isolationismus und der Insularität zu befreien (Fox/Allyn 2007: 389), um es nicht in die Rolle eines Verlierers der Globalisierung zu führen, prägte das außenpolitische und kulturpolitische Programm seiner Regierung. Mexiko sollte sich von einem Nationalismus und Patriotismus alter Prägung lösen, der das Land insbesondere vom Austausch mit den USA abzuschotten versuchte und damit einen kulturellen Selbstbezug begründete, den Fox als ein negatives Erbe der PRI-Herrschaft betrachtete.

Bezogen auf die Gestaltungs-Erwartungen in der Weltpolitik wurde Mexiko als "underachiever" gesehen (Pastor/Wise 2005: 138), als ein Land, das sein Potential nicht zu nutzen in der Lage war und damit unterhalb seiner Möglichkeiten bei der Gestaltung der internationalen Politik blieb. Dies wurde nicht zuletzt mit der Frage in Verbindung gebracht, in wieweit das anspruchsvolle außenpolitische Programm von Präsident Fox, das von seinem ersten Außenminister Jorge G. Castañeda (bis 2003) formuliert wurde, letztlich scheiterte. Hintergrund dafür war das Interesse des Landes, sich als Mittelmacht in der internationalen Politik zu positionieren und die neu gewonnene demokratische Qualität als wichtige Präsentationskarte zu nutzen. Dabei lässt sich auch erkennen, dass die Regierung Fox zu Beginn ihrer Amtszeit durchaus von Zweifeln geprägt war, ob es ihr nach 70 Jahren Vorherrschaft der PRI gelingen könne, die demokratische Qualität gegen die bremsende Rolle der PRI in der Verwaltung und den wichtigsten Ministerien zu bewahren. Insofern beabsichtigte man offensichtlich anfänglich eine Absicherung der Demokratie durch ihre internationale Verankerung, dem Beispiel der spanischen Transition bezogen auf die EU folgend, erkannte jedoch bald, dass die Möglichkeiten demokratischer Außenpolitik dem Land größere Handlungsoptionen eröffneten.

Mit dem Rücktritt Castañedas im Jahr 2003 setzte eine Neuorientierung der Außenpolitik ein, die zu erheblichen Konflikten mit Kuba, Venezuela und auch Brasilien führte, die als Vorboten für die im Jahre 2006 bestehende internationale Isolierung des Landes verstanden werden können. Rückblickend gelang es der Regierung offensichtlich nicht, die beabsichtigte außenpolitische Neuorientierung als eine entscheidende Ressource für die Gestaltung der innenpolitischen Auseinandersetzung zu gewinnen. Zeitweise scheint sich eine inverse Beziehung etabliert zu haben, die zu einer Politisierung innenpolitischer Art über außenpolitische Themen beitrug.

3.2 Demokratische Amtsführung als Markenzeichen und ihre Grenzen

Insbesondere hinsichtlich ihrer demokratiepolitischen Impulse geriet die Regierung Fox sehr schnell in die nationale Kritik von Seiten der PRD-Opposition wie auch der internationalen Beobachter, zumal sich die Regierung mit ihrem Interesse an einer autonomeren Rolle des Justizsystems nicht durchsetzen konnte. Gerade der Versuch des Präsidenten, seinen Gegenspieler von der PRD *(Partido de la Revolución Democrática)*, den Bürgermeister der Hauptstadt und späteren PRD-Präsidentschaftskandidaten Andrés Manuel López Obrador bereits 2004 durch ein Amtsenthebungsverfahren in die Defensive zu drängen,[5] führte dazu, dass der Wahlgang im Jahr 2006 sich politisch hoch polarisiert, umstritten und konfliktiv entwickelte. Diese Situation setzte sich über den Wahlprozess hinaus bis zum daran anschließenden Rechtsstreit über das Wahlergebnis vor dem Obersten Wahlgericht TEPJF *(Tribunal Electoral del Poder Judicial Federal)* fort. Von der Opposition wurde der Regierung Fox vorgehalten, dass sie, entgegen ihrer ursprünglichen Ankündigung, die Demokratie in allen Bereichen der Gesellschaft umzusetzen, eher als "Verräter der Demokratie" durch einen Versuch der Wahlbeeinflussung und der Behinderung der Opposition tätig geworden sei.[6]

3.3 Die Erneuerung des Personals: Traditionelle politische Klasse vs. *newcomer*

Die Übernahme der Regierungsverantwortung durch die PAN nach 71 Jahren der Herrschaft von PRI-Regierungen stellte einen entscheidenden Abschnitt in der demokratischen Transition und Konsolidierung Mexikos dar. Die Klientelbeziehungen, die sich aus politischem und gewaltsamem Druck sowie Kooptationen missliebiger Opponenten in den vielen Jahrzehnten der PRI-Herrschaft eingespielt hatten, wollte und konnte die Regierung Fox nicht kurzfristig außer Kraft setzen. Eine solche Erwartung bestand jedoch seitens der Bevölkerung, zumal auch von der Regierung selbst angekündigt worden war, dass man die PRI-Korruption aufdecken und vor Gericht bringen werde. Indes erwiesen sich offensichtlich die Beweise dafür als nicht hinreichend, so dass die Regierung letztlich für eine Allianzbildung mit der PRI optierte, um ihre prekäre parlamentarische Basis nicht weiter zu beschädigen (Aguilar/Castañada 2007: 55). So machte die Regierung durch die Beteiligung von Politikern, die der PRI angehörten (Finanzminister Francisco Gil und sein Privatsekretär Alfonso Durazo), den pluralistischen Charakter des Kabinetts deutlich und ließ gleichzeitig erkennen, dass sie nicht an einer offene Konfrontation mit der größten Oppositionspartei interessiert war. Seitens der Bevölkerung gewann dadurch sehr schnell die Position Anhängerschaft, es handele sich um eine Amtsführung des "más

5 Zu den Details dieses mit juristischen Spitzfindigkeiten beladenen Vorgehens vgl. Aguilar/Castañeda (2007, Kap. 7).

6 Vgl. hierzu die Rede des Oppositionskandidaten Andrés Manuel López Obrador am 30. Juli 2006 auf dem Zócalo in Mexiko-Stadt (López Obrador 2006).

de lo mismo", d.h. die Kontinuitäten mit Verfahrensweisen und Politiktraditionen zu den PRI-Regierungen seien deutlicher bewahrt worden, als dass ein Wandel angestrebt worden sei. Letztlich habe sich die alte politische Klasse doch mit den innovativen Kräften aus dem Fox-Lager (nicht der PAN!) arrangiert.

Nicht zuletzt mag dies auf den Tatbestand zurückzuführen sein, dass Präsident Fox seinen Wahlkampf mit einer außerhalb seiner Partei PAN stehenden Organisation, der "Amigos de Fox" führte, so dass seine Wahlkampagne und seine Regierungsführung sich stark aus der Distanz zur eigenen Partei nährten (Maihold 2001). Die PAN-Politiker empfanden diese in der Öffentlichkeit inszenierte Unabhängigkeit der Regierung auf der Basis eines Kabinetts der Sachkompetenz als eine gewollte Distanzierung (Shirk 2000), die sich für die Durchführung der von der Partei übernommenen Wahlversprechen als Hindernis erwies. Wichtige Politiker der PAN wie etwa der ehemalige Präsidentschaftskandidat und Senator Diego Fernández de Cevallos sahen sich nicht in der Lage, eine Loyalität zur Regierung zu bewahren; selbst der Fox nachfolgende Präsident Felipe Calderón suchte zunächst eine Tätigkeit im Ausland, um erst zu einem späteren Zeitpunkt in die Regierung einzutreten. Allerdings wirkte das im Wahlkampf als Erfolgsinstrument praktizierte Modell der "Überparteilichkeit" von Fox zunehmend als Belastung für seine Möglichkeiten zur Durchsetzung von Regierungsinitiativen, da die eigene Partei sich nicht mehr mit der Person und seiner Amtsführung zu identifizieren vermochte.

Diese Distanz gegenüber der eigenen Partei vermochte die Regierung jedoch auch nicht in der Offenheit gegenüber anderen politischen Kräften und in der Fähigkeit zur Koalitionsbildung bei der Umsetzung von Gesetzesinitiativen zu potenzieren. Da die Regierung Fox ohne eigene Parlamentsmehrheit agieren musste, war die Suche nach Konsensen mit den Oppositionsparteien eine unvermeidbare Notwendigkeit und bei politischen Initiativen zu berücksichtigen. Indes fehlte dem Präsidenten und einem Großteil seiner politischen Berater die Fähigkeit, rechtzeitig vor der Einbringung von Gesetzesanträgen im Parlament ein geeignetes politisches Klima mit der Opposition oder zumindest ihren tragenden Kräften zu schaffen. Dabei mag zum einen die grundsätzliche Orientierung des Präsidenten, zunächst den Weg über die Medien für die Lancierung seiner Initiativen zu wählen, ein wichtiges Element gewesen sein, zum anderen erwies sich aber auch Innenminister Santiago Creel als wenig glücklich in seiner Amtsführung, um die Defizite des Präsidenten durch eine stärkere Hinwendung zur Konsensfindung im Parlament auszugleichen (Aguilar/Castañeda 2007: 141). Daher erfuhr der Präsident in wachsendem Maße die Konfrontation mit dem Kongress und dem Senat, die ihm sogar gegen Ende seiner Amtszeit Reisen ins Ausland nicht mehr gestatteten. Hier zeigte sich die fehlende politische Erfahrung des Präsidenten und seiner Berater, die eher außerhalb des politischen Apparates sozialisiert worden waren und den Notwendigkeiten einer Bildung von Koalitionen nicht die notwendige Aufmerksamkeit schenkten.

Eine weitere Beschränkung der Amtsführung von Präsident Fox wurde schon zu Beginn seiner Tätigkeit erkennbar: Es gelang ihm nicht, eine gemeinsame Grundposition der wichtigsten Amtsinhaber in einer Mannschaft herauszubilden, insbesondere erwies sich das Präsidialamt als zu schwach, um die unterschiedlichen Intentionen innerhalb des Kabinetts zusammenzubinden. Den Inhabern der Führungspositionen fehlte eine gemeinsame Grundlage im Sinne eines Regierungsprogramms. Letztlich wurden die Minister nur durch die Bindung an den Präsidenten zusammengehalten. Die Kohärenz des Regierungshandelns litt zusätzlich an einer Fülle von Wechseln in den wichtigsten Positionen, zum einen durch die von politischen Skandalen begleitete Ablösung bestimmter Minister, mit fortschreitender Regierungszeit zum anderen aber auch durch die Kandidatur verschiedener Politiker für den beginnenden Präsidentschaftswahlkampf. Sowohl die Partei als auch die Minister versuchten sich auf Kosten und in Distanz zum Präsidenten zu profilieren.[7]

3.4 Zentrifugale Kräfte in der Opposition

Die eingeschränkte Grundlage für ein erfolgreiches Regierungshandeln bezog sich nicht nur auf die internen Prozesse in Regierung und Regierungsfraktionen. Auch im Bereich der Opposition, insbesondere der PRI, entwickelte sich eine Dynamik, die einer kontinuierlichen Allianzbildung nicht zuträglich war. Durch die Wahlniederlage hatte sich die Fähigkeit der PRI-Führung zur Kontrolle der eigenen Partei und insbesondere der Parlamentsfraktion erheblich reduziert, den von ihr gestellten Gouverneuren wuchs eine immer deutlichere Rolle in der Gestaltung der Linie der Partei zu. Damit vergrößerten sich jedoch auch die Schwierigkeiten, eine verlässliche Position der Partei aus der Vielzahl an individuellen Meinungen und Ansprüchen zu entwickeln. Inhaltlich führte das zu einer Stagnation in der programmatischen Positionierung der PRI, die ihre bisherige, an Erneuerung und Modernisierung orientierte Linie aufgab, nicht zuletzt unter dem Druck der wachsenden politischen Bedeutung der PRD. Innerhalb der Partei verloren Personen an Bedeutung, die sich an NAFTA *(North American Free Trade Agreement)* und der damit verbundenen Marktöffnung orientierten. Das Modell der Wirtschaftsöffnung wurde in der PRI zunehmend nur mehr als Endpunkt und nicht mehr Ausgangspunkt der Reform von Wirtschaft und Politik Mexikos verstanden.

Mithin wurde es für die Regierung Fox, die in besonderem Maße auf eine Reduzierung des regulierten Wirtschaftsbereichs setzte, immer schwieriger, Gemeinsamkeiten mit der Opposition zu finden. Zudem wollte auch die PRI im Angesicht der Niederlage nicht Gefahr laufen, sich in die Rolle eines "Steigbügelhalters" für einen sich populistisch gebenden Präsidenten hineinzubegeben. Hinzu kam, dass Fox ausgewählte Persönlichkeiten der PRI in Regierungsämter berufen hatte, die aus ihrer Einbindung in die Regierungsverantwortung auch auf die Oppositionspartei einwirken sollten. Indes erwies sich diese Strategie als wenig erfolgreich, da die verschie-

7 Bei den Zwischenwahlen im Parlament 2003 musste Fox eine deutliche Niederlage hinnehmen, da seine Partei entsprechende Einbußen erlitt. Die Aussage des Präsidenten, dass er bei dieser Wahl kein Kandidat gewesen sei, verweist deutlich auf die Distanz zu seiner Partei (vgl. Grayson 2003: 11).

denen Flügel der PRI stark auseinanderstrebten und keine kohärente Position in der Opposition zu erreichen war.

Insofern musste sich die Regierung, die sich zunächst auf eine Welle der Unterstützung durch die breite Bevölkerung und die Medien stützen konnte, auf eigene Kosten in die Debatte der politischen Öffentlichkeit begeben, wenn sie Maßnahmen zur Begrenzung bisheriger Privilegien durchsetzen wollte. Sehr schnell wurde deutlich, dass in Mexiko keine Bedingungen für die Bildung einer Reformallianz vorhanden waren. Alle politischen Akteure der Regierung und der Opposition fürchteten die politischen Kosten für Reformprojekte bzw. für deren Unterstützung und versuchten sie zu vermeiden. Dies führte zu einer Stagnation des Reformprozesses und zum Scheitern vieler Regierungsinitiativen.

4. *Die Regierung Fox und ihre Bilanz in einzelnen Politikbereichen*

4.1 Die Wirtschafts- und Finanzpolitik

Die Regierungszeit von Präsident Fox war geprägt von einer sehr ungleichmäßigen Entwicklung des wirtschaftlichen Wachstums. Einer Wachstumsrate von 6,6% im Jahr 2000 folgte 2001 ein Nullwachstum. Erst in der Folgezeit war wieder ein langsamer Anstieg zu verbuchen. Dies war nicht zuletzt auf den konjunkturellen Einbruch in den USA zurückzuführen, der die mexikanische Wirtschaft in besonderem Maße traf. Die mit über 80% sehr starke Abhängigkeit des mexikanischen Außenhandels vom US-Markt erwies sich als negativ wirkende Rahmenbedingung für die eigenen wirtschaftlichen Entwicklungsanstrengungen. Damit blieb die Regierung hinter ihren Ansprüchen der Gewährleistung eines 7%igen jährlichen Wachstums in den gesamten sechs Jahren der Regierungsführung deutlich zurück.

Ähnliches gilt auch für die Bilanz im Bereich der Beschäftigung. In den vergangenen Jahrzehnten bezog das Land maßgebliche Impulse für die Verbesserung der Beschäftigungssituation aus der Expansion der *maquila*-Industrie, die sich zunächst im nördlichen Grenzbereich und dann immer weiter in das Land hinein ausdehnte (Maihold 2005). In dieser Lohnveredelungsindustrie kann angesichts der Beschäftigungsnotwendigkeiten für die nachwachsenden Jahrgänge arbeitsfähiger Bevölkerung schnell eine hohe Zahl an neuen Beschäftigungsverhältnissen eingerichtet werden. Auch diese Tendenz setzte sich in der Regierungszeit von Präsident Fox nicht fort. Nicht zuletzt aufgrund der eingebrochenen Nachfrage auf dem US-Markt wurde die Zahl der Beschäftigungsverhältnisse pro Jahr deutlich reduziert, wobei auch das aufkommende Konkurrenzverhältnis mit den aus China kommenden Billiganbietern als zusätzliche Einschränkung anzuführen ist (Dussel Peters/Dong 2004). Es gelang während der gesamten Regierungszeit nicht, die Beschäftigung in der *maquila*-Industrie erneut an Zahlen aus dem Jahr 2000 heranzuführen, so dass insgesamt eine Reduktion der Beschäftigten auf 1,2 Mio. Personen pro Jahr festzustellen war.

Graphik 1: Reales Wachstum des Bruttoinlandproduktes (% p.a.)

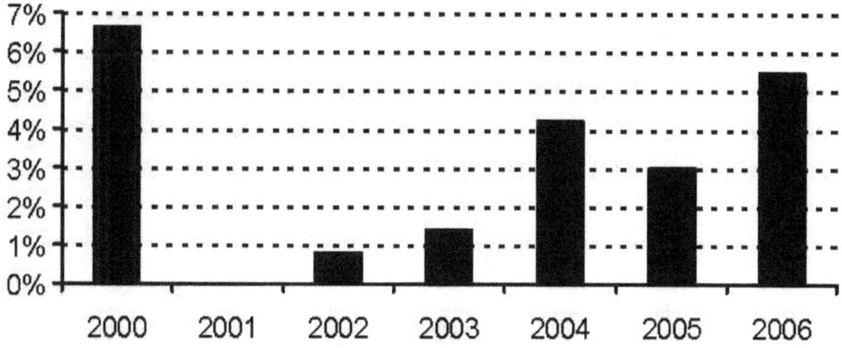

Quelle: Instituto Nacional de Estadística, Geografía e Informática; Sistema de Cuentas Nacionales de México.

Zwar konnte die Zahl der Erwerbstätigen gesteigert werden, allerdings blieb die Zahl der Versicherten im Sozialversicherungssystem IMSS fast auf dem Niveau des Jahres 1999. Hier konnten nur sehr geringe Veränderungen erreicht werden, was deutlich macht, dass nach wie vor nur eine sehr begrenzte Zahl von Bürgern über ein dauerhaftes Beschäftigungsverhältnis verfügt. Der Prozess der Informalisierung von Beschäftigungsverhältnissen setzte sich fort, so dass keine dauerhafte Altersabsicherung für die in der Wirtschaft Tätigen abzusehen ist.

Graphik 2: Beschäftigung in der maquila-Industrie (durchschnittliche Anzahl Beschäftigte pro Jahr)

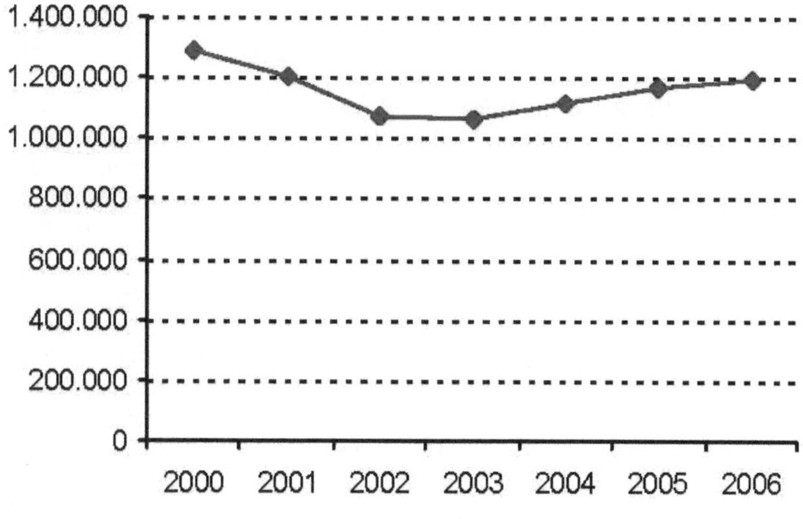

Quelle: Instituto Nacional de Estadística, Geografía e Informática.

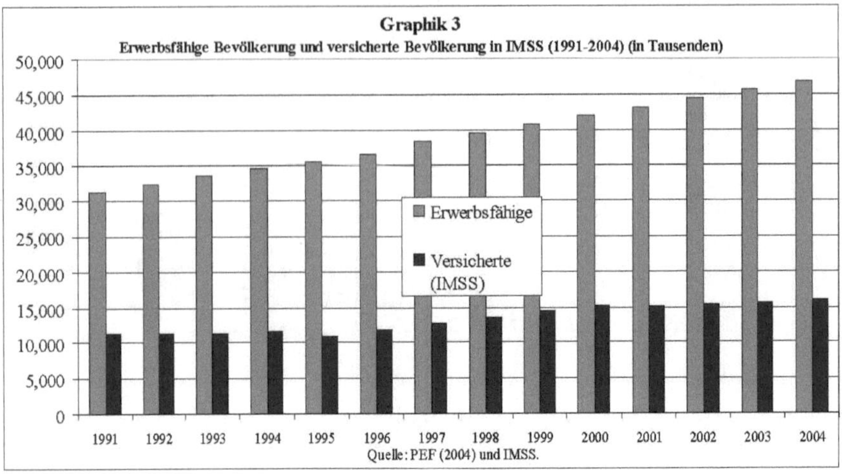

Quelle: Dussel Peters/Maihold (2007: 15).

Ein Blick auf die Exporte in die wichtigsten Zielmärkte zeigt, dass Mexiko unter Präsident Fox vor allem in den Mitgliedsländern des NAFTA-Marktes präsent war. Mit dem Anziehen der Konjunktur in den USA erhöhten sich auch die Exporte in diesen Markt wieder, während sich die anderen Zielmärkte als wenig dynamisch erwiesen. Lediglich die Exporte in die Karibik und nach Südamerika konnten leicht gesteigert werden.

Die Attraktivität des Landes für ausländische Investoren verringerte sich deutlich. Nach zunächst positiver Entwicklung flachten die ausländischen Direktinvestitionen erkennbar ab, insbesondere aus den USA wurden keine dynamischen Impulse für Mexiko als Zielland von neuen Direktinvestitionen wirksam. Einen Ausreißer stellte die Investition der spanischen Großbank BBVA in Mexiko dar, die 2004 kurzfristig die Präsenz Europas in der Investitionsbilanz Mexikos veränderte.

Indes gelang es der Regierung, die Belastungen durch Verschuldung stabil zu halten bzw. zu senken. Eine wichtige Voraussetzung dafür war das konstante Ansteigen des Ölpreises. Es gelang, die Auslandsschulden deutlich zu reduzieren, während sich eine stärkere Inanspruchnahme des internen Kapitalmarktes für die Finanzierung der öffentlichen Schuld abzeichnete. Damit konnte die mexikanische Wirtschaft in ökonomischer Hinsicht ihre stabile Entwicklung fortsetzen.

Die Situation der öffentlichen Einnahmen gestaltete sich sehr einseitig, mit einer Steuerquote von 9,7% lag Mexiko im lateinamerikanischen Vergleich mit auf den untersten Rängen. Die Regierung Fox scheiterte mit ihren Bemühungen, eine Steuerreform durch das Parlament zu bringen und damit eine Veränderung der fiskalischen Lage herbeizuführen (Aguilar/Castañeda 2007: 113ff.). Der Opposition gelang es mit dem Motto “Gegen die Mehrwertsteuer auf Nahrungsmittel und Medizin”, das gesamte Paket auch in der Öffentlichkeit zu diskreditieren und damit die finanziellen Bewegungsspielräume der Regierung massiv zu beschneiden. Auch der Versuch der

Regierung, das Thema durch die Ansprache der Gouverneure des Landes zu befördern, misslang. Einen zweiten Reformanlauf unternahm die Regierung 2003 mit Unterstützung der früheren Generalsekretärin der PRI und Vorsitzenden der Lehrergewerkschaft Elba Esther Gordillo. Deren Versuch, die PRI-Fraktion im Kongress zugunsten des Projektes einzunehmen, scheiterte jedoch am Widerstand der anderen PRI-Lager und dem Versuch der Regierung, eine rücksichtsvolle Aufdeckung der Vergangenheit der Partei mit der Annahme der Steuerreform zu verbinden. Der Regierung Fox gelang es auch nicht, durch eine Steuerreform die großen Unternehmen stärker für Steuerabgaben heranziehen. Somit blieb der Regierung nur die Nutzung der Einnahmen aus dem Ölgeschäft, die mit 23% weiterhin eine bedeutsame Rolle der staatlichen Ressourcen ausmachen. Die einseitige Abhängigkeit von der Öl-Ökonomie hat jedoch im Vergleich zu früheren Jahren durch den Ausbau des verarbeitenden Sektors *(maquila)* deutlich abgenommen (Rousseau 2006: 23). Aus der Gefahr der abnehmenden Produktion des mexikanischen Erdölunternehmens PEMEX erwachsen für die Zukunft mögliche Restriktionen.

Tabelle 1: Öffentliche Einnahmen in % des BIP

	2000	2001	2002	2003	2004	2005
Einnahmen des öffentlichen Sektors	21,5	21,9	22,1	23,2	23,0	23,3
Einnahmen der Zentralregierung	15,8	16,2	15,8	16,4	16,5	16,9
Steuereinnahmen	10,6	11,3	11,6	11,1	10,0	9,7
Lohn- u. Einkommenssteuer	4,7	4,9	5,1	4,9	4,5	4,6
Mehrwertsteuer	3,4	3,6	3,5	3,7	3,7	3,8
Produkte/Dienstleistungen	1,5	1,9	2,2	1,7	1,1	0,6
Importe	0,6	0,5	0,4	0,4	0,4	0,3
Andere	0,3	0,4	0,4	0,5	0,3	04
Nicht-tributäre	5,2	4,9	4,2	5,3	6,5	7,2
Einnahmen der Institution unter direkter Haushaltskontrolle	5,7	5,7	6,4	6,8	6,5	6,4
Öleinnahmen	5,8	5,5	4,7	5,8	6,4	7,1
Nicht-Öl-Einnahmen	10,0	10,7	11,1	10,7	10,1	9,8
PEMEX	1,8	1,8	2,4	2,5	2,5	2,2
Andere	3,8	3,9	4,0	4,2	4,0	4,2

Quelle: Cuenta de la Hacienda Pública Federal.

Betrachtet man die Lage der mexikanischen Wirtschaft am Ende der Regierung Fox, so war nach wie vor eine starke Polarisierung zu erkennen. 95% der Exporte wurden von ca. 3.500 Firmen getätigt, die ca. 6% der erwerbsfähigen Bevölkerung beschäftigten. Dies waren insbesondere Betriebe der Lohnveredelungsindustrie *(maquila)* sowie jene ca. 300 Exporteure, die sich auf dem Weltmarkt engagierten. Demgegenüber verfügte das Land über etwa drei Millionen Firmen, die sich nur auf den Binnenmarkt konzentrierten und kaum mit dem internationalen Handel verbunden waren. Aufgrund unzureichender Wettbewerbsfähigkeit blieb ein Großteil der Wirtschaftsakteure von der Beteiligung am Weltmarkt ausgeschlossen. Verbindungen von Welt- und Binnenmarktproduktion in der Wertschöpfungskette wurden kaum ausgebildet. Auch die Regierung Fox konnte in dieser Hinsicht keinen Richtungswechsel bewirken.

Die mikroökonomische Anpassung im Sinne von gesteigerter Wettbewerbsfähigkeit für die Breite der mexikanischen Wirtschaft stand weiterhin aus. Die Chancen zur Umsetzung einer stärkeren Einbindung der Klein- und Mittelindustrie in die Weltwirtschaft blieben begrenzt. Die im internationalen Handel engagierten Unternehmen waren weiterhin zentral an die USA gebunden und konnten aufgrund des Konjunktureinbruchs in diesem Markt keine expansiven Strategien entwickeln. Gleichzeitig erwies sich China als neuer Konkurrent auf den US-Märkten. Mexiko rutschte als Handelspartner der USA auf Platz 3 ab. Die Bilanz zur Entwicklung neuer Marktchancen der mexikanischen Wirtschaft, insbesondere der Klein- und Mittelindustrie auf den US-Märkten, fiel insofern für die Regierung Fox sehr bescheiden aus. Es gelang nicht, eine dynamische Entwicklung anzustoßen und die eigenen Vorgaben für die Wirtschafts- und Finanzpolitik einzuhalten.

4.2 Die Energiepolitik

Betrachtet man die Bedeutung des Öls für die mexikanische Binnen- und Außenwirtschaft, so muss die Entwicklung der Ölreserven des Landes beunruhigen. Die nachgewiesenen Reserven haben sich kontinuierlich reduziert und betrugen im Jahr 2006 nur noch 12,9 Mrd. Fässer, die eine Versorgung für einen Zeitraum von 9,6 Jahren gewährleisteten (Shields 2005: 16).

Tabelle 2: Ölreserven Mexikos

	Reserven (Mrd. Barrel)	R/P (Jahre)
1980	47,2	61,0
1990	51,3	47,0
1995	48,8	44,0
2000	26,9	21,0
2001	25,4	20,0
2002	17,2	13,0
2003	16,0	12,0
2004	14,8	11,0
2005	13,7	10,0
2006	12,9	9,6

Quelle: BP Statistical Review of World Energy, Juni 2006.

Die Investitionen zur Erhöhung der Produktion von PEMEX sind als unzureichend zu beschreiben, zumal zur Absicherung der wirtschaftlichen Exportverpflichtungen auf die Erhöhung der Rohölproduktion besonderer Wert gelegt wurde. So zeichneten sich die Jahre der Regierung Fox durch eine Ankurbelung der Produktion von Rohöl und von Naturgas aus, die beide auf einem Höchstniveau etabliert wurden, während im Bereich der Raffinerieprodukte eine Stagnation festzustellen war. Die Ölquellen, insbesondere Mexikos größtes und weltweit zweitproduktivstes Ölfeld "Canterell", befinden sich auf dem Pfad abnehmender Ergiebigkeit, was den Druck auf das Land zur Beibehaltung seiner Förderzahlen angesichts hoher Ölpreise auf dem Weltmarkt zu einer schwierigen Aufgabe werden lässt. Es ist absehbar, dass Mexiko das erreichte Produktionsniveau nicht wird halten können und mittelfristig zu einem Importeur werden wird, wenn nicht durch massive Investitionen im Tiefwasserbereich neue Lager erschlossen werden können. PEMEX befindet sich insoweit in einer schwierigen Lage, als es aufgrund der extremen Abschöpfung durch die staatlichen Haushalte bislang trotz des Einsatzes neuer Instrumente zur Finanzierung von Investitionen (PIDIREGAS) nicht gelungen ist, eine Kehrtwende in der Kapitalausstattung des Staatsunternehmens zu erlangen. Die Abschöpfung durch den Staat bedeutete für PEMEX eine deutliche Reduktion des verfügbaren Kapitalvolumens. Weiterhin spiegelt sich in der Ausgestaltung der Ölpreisentwicklung auch eine Entsprechung in der Lage der öffentlichen Haushalte wider, wie ein Vergleich beider Ziffern ergibt. Der Anteil der Öleinnahmen an den Einnahmen des öffentlichen Sektors liegt bei 38,96%.

Gleichwohl ergab sich im Gegensatz zu früheren Jahren keine Abhängigkeit der Exporte vom Öl. Durch die Wirtschaftsintegration im NAFTA-Verbund hat sich die Abhängigkeit vom Öl reduziert, allerdings bildete sich keine erkennbare Dynamik für eine weitere Diversifizierung jenseits des Exportmarktes USA aus.

Tabelle 3: Öleinnahmen als Anteil der öffentlichen Haushalts Mexikos (in %)

	1998	1999	2000	2001	2002	2003	2004	2005	2006
Öleinnahmen in % der Einnahmen des öffentlichen Sektors	32,31	32,52	27,53	30,41	29,48	33,38	35,98	39,90	38,84

Quelle: SHCP und Moreno (2006: 11).

Bezogen auf den Investitionshaushalt von PEMEX, der zentral für die Sicherung zukünftiger Ausgaben und Erlöse maßgeblich ist, ist erkennbar, dass dieser in den Jahren 2002 bis 2005 eine deutliche Reduktion aufwies; er blieb jeweils deutlich hinter dem Ansatz zurück, so dass meist nicht einmal die Hälfte der veranschlagten Investitionszahlen realisiert werden konnten. Dies musste zu einer Unterentwicklung des Sektors führen, da die Erschließung und Exploration neuer Ölfelder insbesondere im Bereich von Tiefwasservorkommen mit sehr hohem Kapitalbedarf verbunden sind. Zwar waren die Regierungen Zedillo und Fox in der Lage, mit den PIDIREGAS

(Proyectos de Infraestructura Diferidos en el Registro del Gasto) ein Instrument einzusetzen, das es ermöglichte, Infrastrukturinvestitionen durch Garantien aus öffentlichen Haushalten privat vorzufinanzieren und nach Übergang der Einrichtungen auf den Staat die Kredite aus den laufenden Erlösen der Produktion zu begleichen; allerdings sind dem Konzern trotz dieser Hilfskonstruktionen durch die staatliche Abschöpfung der Erlöse und den Verfassungsvorbehalt für ausländische Beteiligungen an den Investitionen deutliche Grenzen gesetzt. Letztlich dürfte das Land nicht umhinkommen, im *downstream*-Bereich mit internationalen Partnern zusammenzuarbeiten, um die national nicht vorhandene Technologie zu erhalten und das notwendige Investitionsvolumen für die zukünftigen Aufgaben zu mobilisieren (Rousseau 2006: 30). Hier suchte man Möglichkeiten, gegenwärtige Kosten in die Zukunft zu verlagern. Das Unternehmen und der mexikanische Staat griffen auf das Instrument der PIDIREGAS zurück, um eine weitere Erschließung seiner Ressourcen zu ermöglichen. Damit sind jedoch umfassende Risiken für den zukünftigen Haushalt verbunden, da die entsprechenden Finanzvorleistungen durch eine Verschuldung ermöglicht wurden, die bereits jetzt mehr als 25% der mexikanischen Auslandsschulden ausmacht (Maihold 2007). Durch die massive Expansion der PIDIREGAS wurde eine deutliche Erhöhung der Investitionsvolumina erreicht, ohne das Strukturproblem in der Schieflage der Kapitalausstattung des Konzerns zu lösen.

Die Regierung Fox stieß mit allen Überlegungen, im *down-* und *upstream*-Bereich durch multiple Dienstleistungsverträge (CSM, *Contratos de Servicos Múltiples*) eine Verbindung von privatem und öffentlichem Kapital zu ermöglichen, auf den erbitterten Widerstand der Oppositionsparteien. Da man sich mit diesem Instrument zunächst vor allem dem Gassektor zuwandte, konnten in diesem Bereich erste Fortschritte erzielt werden. Allerdings ist der symbolische Wert der nationalen Kontrolle über das Öl in der mexikanischen Gesellschaft so hoch besetzt, dass auch diese Verträge einer Überprüfung durch die Obersten Gerichte unterzogen wurden. Ihre Funktionsweise unterläuft nach Ansicht der Kritiker die verfassungsrechtliche Position der Souveränität über die Energieressourcen (Rousseau 2006: 45), so dass in dieser Frage kein Kompromiss zwischen den politischen Kräften möglich erschien. Die Regierung Fox musste sich daher auf die Erweiterung vorhandener Instrumente (PIDIREGAS) sowie die Dienstleistungsverträge CSM als Hilfskonstruktionen stützen, um PEMEX zumindest ein Niveau an Investitionen zu ermöglichen, das die Zukunftsfähigkeit des Unternehmens sowie die Energieversorgung des Landes nicht weiter gefährdet. Dabei wurden die Grenzen erkennbar, die auch einem mit großer Mehrheit gewählten Präsidenten der PAN durch die revolutionären Symbole Mexikos gesetzt sind. Präsident Fox konnte diese weder überwinden noch reformieren, ihm blieb nur übrig, sie zu umgehen.

4.3 Die Außenpolitik

Die Außenpolitik der Regierung Fox war durch den massiven, für diesen Politikbereich in besonderem Maße wirksamen Einschnitt der Terroranschläge vom 11. September 2001 gekennzeichnet. Bis dahin hatte sich das Verhältnis zwischen Mexiko und den USA, der besonderen Beziehung des Präsidenten zu diesem Land und seinem Präsidenten geschuldet (Fox/Allyn 2007: 18ff.), als ein außergewöhnlich entwicklungsfähiger Bereich für die Regierungspolitik von Vicente Fox dargestellt. Entgegen der üblichen Tradition, seine erste Auslandsreise zum nördlichen Nachbarn Kanada zu unternehmen, besuchte Präsident George W. Busch nach Regierungsantritt zunächst Mexiko und erklärte dabei, der südliche Nachbar sei der wichtigste Partner der Großmacht (Maihold 2001: 17). Die Regierung Fox versuchte, dieses Sonderverhältnis als Kapital für die Erweiterung der außenpolitischen Agenda einzusetzen, insbesondere bezogen auf die Gestaltung einer Tagesordnung, die die bislang ausgeklammerten Fragen der Migration, der beiderseitigen Sicherheit und der wirtschaftlichen Entwicklung auf ein neues Niveau heben sollte. Zugrunde liegend war dabei zunächst die Einschätzung, die mexikanische Rolle in der internationalen Politik ließe sich durch die neue demokratische Qualität der Regierung Fox in viel größerem Ausmaß weiterentwickeln, als dies durch die autoritären Beschränkungen der vorausgehenden PRI-Regierungen möglich gewesen sei.

Bedeutsam in dieser Hinsicht war das außenpolitische Konzept von Außenminister José Castañeda, der sich um eine stärkere internationale Einbindung der mexikanischen Außenpolitik bemühte (Maihold 2006a: 366f.). Sein Hauptinteresse lag darin, Mexiko als maßgebliche Größe bei der Gestaltung der globalen Ordnung zu positionieren und damit Freiheitsgrade für die Außenpolitik eines Landes zu erschließen, das sich durch die geopolitische Bindung an die USA eher in seinen internationalen Ambitionen eingeschränkt betrachtete. Seine Vorstellung eines "multilateralen Bilateralismus" hob insoweit auf die besonderen Charakteristika Mexikos ab, als das Land in seinen wirtschaftlichen und politischen Beziehungen durch die starke Zentrierung auf die USA gebunden und daher nicht in der Lage sei, dieses Abhängigkeitsverhältnis durch eine Diversifizierung mit anderen Partner auszugleichen. In Erkenntnis dieser Lage schlug Castañeda vor, eine Verankerung Mexikos in der globalen Strukturpolitik und bei der Weiterentwicklung internationaler Regime voranzutreiben, um damit ein Gegengewicht zum bilateralen Beziehungsmuster mit den USA zu finden (Castañeda 2001: 100). Diesen Ansatz versuchte er durch eine Fülle von internationalen Engagements Mexikos voranzutreiben, indem er internationale Konferenzen wie etwa den Gipfel zur Entwicklungsfinanzierung (Monterrey), die WTO-Runde (Cancún), die OAS-Sicherheitskonferenz (Mexiko-Stadt) sowie den EU-Lateinamerika-Gipfel (Guadalajara) in das eigene Land holte.

Für die mexikanische Außenpolitik stellte dieser Aktivismus einen entschiedenen Fortschritt dar, da eine Ablösung vom traditionellen Verständnis der nationalen Souveränität als zentraler Begrenzung außenpolitischen Handelns eingeleitet wurde. Mexiko zeigte sich auf internationaler Ebene sehr viel stärker bereit, sich auf Debatten zur internationalen Ordnungspolitik und die Übertragung von Kompetenzen an internationale Institutionen einzulassen. Ergänzt wurde dieses Verständnis von Außenpolitik durch eine Neubestimmung der Rolle des Landes als Mittelmacht, dem daran gelegen sein musste, sich mit ähnlich positionierten Ländern zusammenzutun, um ihr Gewicht in der internationalen Politik zu verstärken. Neben dieses Konzept der Mittelmacht trat zudem das Interesse an der Gestaltung einer stärkeren Rolle im unmittelbaren Bereich der Karibik und Zentralamerikas, was insbesondere durch die Betonung des *Plan Puebla Panamá* als Entwicklungsinitiative vom mexikanischen Süden bis an die Grenze Kolumbiens vorangebracht wurde. Das zentrale Projekt, das die Regierung Fox aufgegriffen hatte, eröffnete die Möglichkeit, das Land auch für seine unmittelbar angrenzenden Nachbarn attraktiver zu machen und zugleich dem gestiegenen Sicherheitsbedürfnis (auch der USA) angesichts der wachsenden Ströme an Migranten und Drogenökonomie entgegenzukommen (Maihold 2006b).

Damit begab sich Mexiko jedoch auf eine neue wertorientierte Grundlage seiner Außenpolitik: Das zentrale Verständnis zur revolutionären Solidarität wurde relativiert, das Legitimationsbedürfnis von Herrschaft im Inneren durch die Beziehung zu revolutionären Regierungen im Ausland zurückgefahren, eine Entscheidung, die insbesondere das Verhältnis zu Kuba nicht unbeeinträchtigt lassen konnte. Mexiko änderte seine zuvor stark auf die Solidarität mit dem Castro-Regime ausgerichtete Position insbesondere in der Menschenrechtskommission der Vereinten Nationen und unterzeichnete erstmals eine Erklärung, die die Verletzung von Menschenrechten in Kuba öffentlich kritisierte (Aguilar/Castañeda 2007: 147ff.).

Damit wurde ein innenpolitischer Streit darüber losgetreten, ob der Menschenrechtsdiskurs der Regierung Fox als Grundlage außenpolitischen Handelns nach Innen wie nach Außen reichen sollte. Hier ist an die Entscheidung der Regierung Fox zu erinnern, im Außenministerium eine Abteilung für Menschenrechte einzurichten und gleichzeitig auch im Inneren eine stärkere, an Menschenrechten orientierte Politik gegenüber dem andauernden Konflikt in Chiapas mit der EZLN *(Ejército Zapatista de Liberación Nacional)* zu betreiben.[8] Gleichzeitig betrachtete sich Mexiko auf der Grundlage der neu gewonnenen Demokratie als ein entscheidender Akteur zur Absicherung demokratischer Stabilität durch ein sichtbares internationales Engagement, so dass auf Antrag des Landes die OAS (Organisation amerikanischer Staaten) eine Demokratieklausel vereinbarte, die die Mitgliedsstaaten auf die Demokratie als Herrschaftsform verpflichtete.

Indes geriet dieses Projekt des Verständnisses von Mexiko als "Brückenland" (Castañeda 2001: 62) in große Schwierigkeiten, als mit den Terroranschlägen vom 11.09.2001, unmittelbar nach dem Besuch des mexikanischen Staatspräsidenten in den USA, die außenpolitische Agenda des nördlichen Nachbarn eine massive Änderung erfuhr und somit auch das Sonderverhältnis zu Mexiko auf eine nachgeordnete Position in der amerikanischen Außenpolitik rutschte. Die Versuche der Regierung Fox, noch engere Beziehung zu ihrem nördlichen Nachbarn zu etablieren, erwiesen sich nicht weiter als tragfähig, das Interesse an einer gemeinschaftlichen Regelung der Migrationsfrage verschwand und das Land musste sich außenpolitisch neu posi-

8 An dieser Stelle kann nicht ausführlich auf die Bemühungen der Regierung Fox zur Beilegung des Konflikts eingegangen werden; in außenpolitischer Perspektive bleibt festzuhalten, dass es der Regierung gelang, das Land aus der Ecke negativer Schlagzeilen in Sachen "Menschenrechte" herauszuführen und ein offeneres Bild zu prägen. Allerdings scheiterten die Anstrengungen von Präsident Fox, einen Dialog mit der EZLN zu begründen.

tionieren. Diese Marginalisierung Mexikos durch den amerikanischen Präsidenten musste mit Vicente Fox eine Person in besonderem Maße treffen, die auf diese Beziehung baute und sich mit Fortschreiten der Amtszeit immer mehr von der Regierung Bush getäuscht fühlte (Fox/Allyn 2007: 28).

Mit dem Verlust dieser Entwicklungsperspektive einer aktiven Außenpolitik gegenüber den USA bewegte sich die mexikanische Außenpolitik, zumindest nach dem Ausscheiden von Außenminister Castañeda im Jahr 2003, immer stärker in eine Situation außenpolitischer Perspektivlosigkeit. Dies nicht nur gegenüber dem nördlichen Nachbarn, sondern auch durch den Verlust von Partnern in Südamerika in dem Maße, in dem sich dort "linke" Regierungen durchsetzen konnten. Nicht zuletzt gelang es der mexikanischen Regierung nicht, mit dem Konkurrenten Brasilien einen *modus vivendi* zu finden, der eine gemeinsame Gestaltung und eine tragende, für beide Akteure akzeptable Rolle in der globalen Agenda ermöglicht hätte. Vielmehr entwickelte sich diese Beziehung zu einem andauernden Rivalitätsverhältnis, das auch durch ordnungspolitische Differenzen hinsichtlich der Gestaltung der internationalen und hemisphärischen Wirtschaftsbeziehungen belastet wurde. Mexiko und Brasilien gerieten in einen Disput, der sich an der Frage der Unterstützung des amerikanischen Vorschlages einer kontinentalen Freihandelszone (ALCA, *Área de Libre Comercio de las Américas*) entzündete: Während Mexiko sich weiterhin nach dem NAFTA-Modell auf eine Offenmarktpolitik festgelegt hatte, betrieb Brasilien eine Strategie der Verlangsamung der Verhandlungen, die schließlich dazu führte, dass das Projekt ALCA beim hemisphärischen Gipfel in Mar del Plata/Argentinien im November 2005 definitiv auf Eis gelegt wurde.

Mit dem Amtsantritt von Außenminister Luis Ernesto Derbez wurde eine Neuausrichtung der mexikanischen Außenpolitik sichtbar. Die stark politisch getragene außenpolitische Agenda kam zu einem Ende, demgegenüber rückten nun sehr viel stärker wieder außen*wirtschaftliche* Maximen in den Vordergrund. Das anfangs als zentral verstandene Projekt einer politischen Initiative gegenüber Zentralamerika durch den *Plan Puebla Panamá* versandete zusehends, da die mexikanische Regierung nicht gewillt war, für dieses regional übergreifende Projekt auch entsprechende finanzielle Ressourcen bereitzustellen; stattdessen konzentrierte sich die Regierung darauf, den Schwerpunkt in der Finanzierung durch internationale Banken wie die Interamerikanische Entwicklungsbank (IADB) zu sehen. Somit begrenzte sich das mexikanische Engagement im Rahmen des Plans stark auf die binnenstaatliche Perspektive der Entwicklung der Infrastruktur im Süden des Landes, ohne das es gelang, diese Dynamik auch auf die zentralamerikanischen Nachbarn zu erweitern. Hinzu traten weitere Konfrontationen mit Kuba, die nach Auseinandersetzungen mit Fidel Castro im Kontext des Gipfels zur Entwicklungsfinanzierung in Monterrey und anschließenden Äußerungen des mexikanischen Außenministers eskalierten, so dass beide Regierungen ihre Botschafter zu Konsultationen abberiefen.

Auch im großkaribischen Raum konnte Mexiko keine nachhaltige Initiative voranbringen, insofern sich mit der Regierung von Hugo Chávez in Venezuela ein massiver Konkurrent bei der Gestaltung der Beziehungen zu den Anrainerstaaten des karibischen Beckens positionierte. Die aggressive Petropolitik von Chávez wurde auch dadurch erkennbar, dass er mit der Initiative *Petrocaribe* eine Option für diesen Raum stark machte, die sich gegen das bislang in Kraft befindliche, gemeinsam von Mexiko und Venezuela getragene Abkommen von San José zur präferentiellen Versorgung der zentralamerikanischen Länder mit Öl richtete. Die Regierung Fox reagierte auf diese expansive Agenda Venezuelas mit der Ankündigung, man wolle den *Plan Puebla Panamá* um eine Energie-Initiative erweitern, in die auch Kolumbien einbezogen wurde. Als sichtbarstes Merkmal hierfür versuchte die Regierung, mit der Ankündigung des Baus einer Raffinerie in Zentralamerika zu punkten, um das mexikanische Interesse an der Zusammenarbeit mit den zentralamerikanischen Staaten deutlich zu unterstreichen. Indes brachten die Wahlen in Nicaragua im November 2006 mit der Rückkehr von Daniel Ortega in das Präsidentenamt eine Verlagerung der politischen Kräfte zugunsten des von Venezuela getragenen Bündnisses ALBA *(Alternativa Bolivariana para las Américas)*, das neben Kuba auch Bolivien mit dem Ziel einer solidarischen Gestaltung ihrer Wirtschaftsbeziehungen einbezog. Dadurch wurde das mexikanische Projekt einer stärkeren Präsenz in der Region suspendiert.

Letztlich erlitt die mexikanische Außenpolitik bis zum Ende der Regierung Fox eine deutliche Reduktion ihrer Handlungsspielräume,[9] was nicht zuletzt auch in der gescheiterten Kandidatur des Außenministers für das Amt des Generalsekretärs der OAS ablesbar war. Diese Entwicklung konnte auch nicht durch die Versuche zur Weiterentwicklung der traditionellen Position Mexikos als zentraler Akteur in den außenwirtschaftlichen Beziehungen des Subkontinents ausgeglichen werden. Unter Außenminister Derbez wurde die traditionelle Position Mexikos wiederbelebt, das Land besitze mit dem Zugang zum großen NAFTA-Markt das entscheidende Potential, das es für die Potenzierung seiner Außenbeziehungen einsetzen müsse. Daraus leiteten sich dann die Bestrebungen ab, weitere Freihandelsabkommen abzuschließen und dadurch die Attraktivität Mexikos als Wirtschaftsstandort zu fördern. Zwar konnten neue Abkommen mit Zentralamerika, mit den EFTA-Ländern *(European Free Trade Association)* sowie mit Uruguay und Japan vorangetrieben werden, indes gelang es dem Land nicht, seine durch die aufkommende Konkurrenz durch China beeinträchtigte internationale Positionierung auszugleichen. Insoweit muss Mexiko sich in seiner außenpolitischen Projektion am Ende der Regierungszeit Fox eher eingeschränkt denn ermutigt für die Gestaltung neuer Initiativen sehen.

Die mexikanische Außenpolitik zeigte sich nur beschränkt in der Lage, neue Partnerbeziehungen mit Kontinuität zu füllen und in der Breite den transnationalen Austausch zu unterfüttern. Während der Amtszeit von Präsident Fox dominierte ein kurzfristiger Ansatz (Velázquez Flores 2007: 30ff.), was nicht zuletzt an der Marginalisierung der strategischen Kompetenzen des Außenministeriums lag. Das Land konnte sich nicht dauerhaft aus den Dilemmata befreien, die sich für die mexikanische Außenpolitik bezüglich ihrer Grundorientierungen zwischen Aktivismus und

9 Dem entspricht die von manchen Autoren hervorgehobene Aufgabe einer Rekonstruktion der mexikanischen Außenpolitik; vgl. hierzu Navarrete (2006).

begrenzter Beteiligung, Ausrichtung am Norden oder Süden des Kontinents, wert- oder interessenbasierter Außenpolitik etc. (González/Minushkin 2006: 9) stellen. Die Außenpolitik der Regierung Fox hat diese Fragen erneut aufgeworfen, war aber nicht in der Lage, sie dauerhaft im Sinne eines neuen Paradigmas zu lösen.

Tabelle 4: Die Freihandelsabkommen Mexikos

Abkommen	Partnerländer	Inkrafttreten
TLCAN/NAFTA	USA, Kanada	1.1.1994
G3-Gruppe	Kolumbien, Venezuela	1.1.1995
Mexiko-Costa Rica	Costa Rica	1.1.1995
Mexiko-Bolivien	Bolivien	1.1.1995
Mexiko-Nicaragua	Nicaragua	1.6.1998
Mexiko-Chile	Chile	1.8.1999
Mexiko-EU	EU	1.7.2000
Mexiko-Israel	Israel	1.7.2000
Mexiko-Triángulo del Norte	El Salvador, Guatemala, Honduras	15.3.2001 (El Salvador, Guatemala) / 1.6.2001 (Honduras)
Mexiko-EFTA	Island, Norwegen, Liechtenstein, Schweiz	1.7.2001
Mexiko-Uruguay	Uruguay	15.7.2004
Mexiko-Japan	Japan	1.4.2005

Quelle: Secretaría de Economía.

5. *Demokratie und Wandel in Mexiko – die begrenzte Reichweite eines historischen Wahlerfolgs*

Obwohl sich die mexikanische Bevölkerung mit einem überwältigenden Wahlergebnis für Vicente Fox massiv zugunsten eines politischen Wandels und einer Demokratisierung des politischen Systems aussprach, weisen Umfragen zur Messung der politischen Kultur des Landes paradoxerweise auf eine vergleichsweise beschränkte Unterstützung für die Demokratie als politisches System hin (Moreno/Méndez 2002). Möglicherweise zogen die Wähler eher den Wandel des politischen Personals als den Durchbruch zur politischen Demokratie mit dem Ende der PRI-Herrschaft vor. Zumindest würde diese These manche Entwicklungen im Hinblick auf die demokratische Qualität des Landes erklären, die am Schluss der Regierung Fox sichtbar wurden: Offensichtlich erwies sich die von Präsident Fox betriebene Koexistenz einer neuen Regierungspartei (PAN) mit den alten Systeminstitutionen als wenig hilfreich zur Durchsetzung der angestrebten Reformen. Es bildete sich eine Konstellation struktureller Inkompatibilität heraus, die zu Blockaden und Reformabbrüchen führte. Dies mag auf die Begrenzungen des Regierungsprojekts von Fox, auf die Defizite seiner Amtsführung oder auch auf die Angewiesenheit auf die PRI als Koalitionspartner und Unterstützer bei bestimmten politischen Entscheidungen zurückgeführt werden (Dresser 2005: 67). Aber hinzu kam die Zähigkeit der Institutionen des mexikanischen politischen Systems, die sich gegen den beabsichtigten, jedoch vielleicht unzureichend organisierten Wandel behaupten konnte. Dieses Zusammentreffen von Ungleichzeitigkeiten im Sinne eines angestrebten "modernen" Politikdesigns und traditioneller Strukturen begrenzte das politische Handeln der Regierung, die es zudem nicht verstand, den Demokratiebonus effektiv für die Durchsetzung von Strukturreformen einzusetzen. Trotz des Endes der hegemonialen Parteiherrschaft blieben informelle und nicht-institutionelle Strukturen und Akteure wirksam, denen gegenüber es der Regierung Fox nicht gelang, größere Transparenz und die Beachtung von Regeln und Gesetzen durchzusetzen. Die Folge war ein politisches Vakuum, das zudem durch ein unkoordiniertes Verhalten und geringe inhaltlich-programmatische Prägnanz der Regierung gefördert wurde. Zudem dehnten sich Konflikte, die zuvor innerhalb der 70 Jahre lang prägenden Staatspartei PRI angesiedelt gewesen waren, jetzt auf die Gesellschaft aus, so dass deren nur begrenzte Problemverarbeitungskapazitäten unter erheblichen Druck gesetzt wurden. Dies förderte eine Überlastung der Institutionen, notwendige institutionelle Reformen blieben aus und die "neue Demokratie" musste sich in Formen alter und etablierter Klientelsysteme bewähren.

Erkennbar wird dieses Defizit auch in der inkohärenten Regierungsarbeit, die sich eher durch eine Politik der Reformlücken und des Fehlens eines *Policy-Sequencing* auszeichnete (Pastor/Wise 2005: 137). Es gelang der Regierung nicht, ein geschlossenes Reformprogramm darzustellen, das die Zusammenführung der verschiedenen Notwendigkeiten zur Erneuerung von Staat und Gesellschaft miteinander verbunden und auf dieser Basis auch eine hinreichende gesellschaftliche und politische Reformallianz begründet hätte. Stattdessen verlegte sich die Regierung auf eine Strategie der permanenten Wahlkampagne, die sich insbesondere um die Person des Präsidenten rankte. Es dominierte insofern eine Position, die die Bedeutung von Umfragedaten in den Vordergrund stellte und sehr viel weniger eine kohärente Regierungsführung betonte. Das Fehlen einer substantiellen Zusammenarbeit und Kabinettsdisziplin wurde dabei besonders deutlich. Die Kritik an dieser Fehlorientierung von Regierungshandeln, das sich eher an Medienechos als an den politischen Notwendigkeiten orientierte (Rottinghaus/Alberro 2005: 151ff.), war umfassend. Dies zumal die Gattin des Präsidenten als ehemalige Wahlkampfmanagerin besonders auf die Dimensionen der Imagepolitik setzte und damit – nicht zuletzt unter der Perspektive eigener Präsidentschaftsambitionen – eher zu einer Belastung denn zu einer Unterstützung für die Ausübung des Amtes wurde.

Parallel zur Schwäche der Zentralregierung entwickelte sich eine Stärkung der anderen Regierungsebenen, insbesondere der Gouverneure der Bundesstaaten, die in der *Conferencia Nacional de Gobernadores* (CONAGO) größeres Gewicht erhielten. Die Ansicht des Präsidenten, in der CONAGO ein geeignetes Instrumentarium zur Hand zu haben, um mangelnde Kooperation mit dem Kongress ausgleichen zu können, erwies sich jedoch als Fehlschluss. Diese Strategie scheiterte an den politischen Parteien, die sich trotz interner Transformationsprozesse (Álvarez Béjar 2006: 23ff.) in der Abwehr entsprechender Versuche bewährten. Insbesondere die PRI-

Führung im Kongress stellte sich erfolgreich den Interessen der Gouverneure entgegen und verhielt sich als Gegenmacht zur präsidentiellen Interessenpolitik. Es gelang Präsident Fox nicht, diese Blockadeposition aufzulösen, zumal sich die PRI durch das Ergebnis der Zwischenwahlen 2003 gestärkt fühlen konnte (Lawson 2004). Dieser beschränkten Fähigkeit der Regierung, politische Allianzen so zu begründen, dass sie handlungsleitend wirksam wurden, entsprach eine unterentwickelte Fähigkeit, gesellschaftlichen Konsens zu begründen. Mit Fortschreiten der Amtsführung geriet die Regierung immer stärker in Auseinandersetzungen mit gesellschaftlichen Gruppen. Dies nicht nur aufgrund des völlig anders gelagerten Kulturverständnisses zwischen den zivilgesellschaftlichen Gruppen und der Regierungselite, sondern auch bezogen auf die nur geringe Einbindung außerinstitutioneller Akteure in das Regierungshandeln. Abgesehen von den medial negativ begleiteten Beziehungen zur Vorsitzenden der Lehrergewerkschaft SNTE, Elba Ester Gordillo, war es der Regierung nicht möglich, andere zentrale Akteure wie etwa die katholische Kirche oder Teile der sozialen Bewegung an sich zu binden. Vielmehr trug sie durch ihr Handeln dazu bei, das Oppositionslager weiter zu stärken.

Zentral hierfür war der aus dem Präsidialamt gesteuerte Prozess zur Amtsenthebung des Bürgermeisters von Mexiko Stadt, Andrés Manuel López Obrador, der die Zusammenführung von Oppositionskräften um diesen populären Politiker bestärkte. Letztlich musste die Regierung Fox nach langen Konfrontationen diese Initiative beenden. Mit der Absicht, eine Präsidentschaftskandidatur von López Obrador zu verhindern, hatte sie dazu beigetragen, den Oppositionskandidaten in der öffentlichen Politik noch stärker sichtbar und zum Kristallisationspunkt der oppositionellen Kräfte werden zu lassen. Im Rahmen dieses Prozesses wurde auch erneut erkennbar, dass sich das mexikanische Justizsystem bislang nicht von der Politik emanzipiert hat, sondern weiterhin unter dem Eindruck der politischen Einflussnahme steht. Hier sind nicht nur Fragen der Unabhängigkeit der Justiz angesprochen, sondern auch alle jene Klagen über die Defizite im Sicherheits- und Justizsystem, das sich durch Korruption und Ineffizienz auszeichnet, so dass das Land in umfangreiche Krisen innerer Sicherheit hineinstolperte. Hier seien nur die unaufgeklärten Morde an Hunderten von Frauen in der Grenzstadt Ciudad Juárez erwähnt oder die Auseinandersetzung mit der Drogenmafia, die die Sicherheitsorgane des Landes massiv unterlaufen hat. Gerade in dieser Hinsicht schlugen sich die Defizite einer voluntaristischen Politik, die sich wenig um Strukturen sorgte, in besonderem Maße nieder.

Die Kritik an der Regierungsarbeit unter Präsident Fox kam nicht nur von der Opposition und einem Teil der Medien des Landes, sondern auch aus der eigenen Partei, die sich nicht mit dem Regierungshandeln identifizieren konnte. Diese Auseinandersetzung hatte sich bereits im Wahlkampf vor dem Wahlsieg im Jahre 2000 abgezeichnet, als der Präsident sich mit der Gruppierung "Amigos de Fox" auf eine Unterstützergruppe aus der Privatwirtschaft stützte, die seine Kampagne trug. Auch in der Umsetzung der Regierungspolitik fanden viele führende Mitglieder der Regierungspartei nicht die Positionen der eigenen politischen Gruppe wieder und distanzierten sich zunehmend vom Präsidenten. Hinzu kam, dass die parteiinterne Nominierung des Präsidentschaftskandidaten gegen den vom Präsidenten favorisierten

Innenminister Santiago Creel ausfiel. Stattdessen ging der Energieminister und frühere Parteivorsitzende Felipe Calderón aus den parteiinternen Wahlen als Sieger her. Dies war ein deutliches Signal gegen die Kontinuität der Politik von Präsident Fox. Es lag offensichtlich im Interesse des Parteiapparates, auf die nächste Regierung größeren Einfluss ausüben zu können.

6. *Von Fox zu Calderón*

Nach dem knappen Wahlsieg von Felipe Calderón am 2. Juli 2006 (Maihold 2006a) war das Interesse erkennbar, der neue Präsident möge nun eine stärker an den politischen Positionen der PAN orientierte Politik voranbringen. Diese Erwartung schlug sich auch in der Besetzung des Kabinetts von Präsident Calderón nieder, der sehr viel mehr auf Politiker aus dem eigenen Lager setzte. Gleichwohl war er aufgrund des Wahlergebnisses dazu gezwungen, sich um eine Zusammenarbeit mit der Opposition zu bemühen, da er ohne deren Mitwirkung keine Mehrheit im Kongress besaß. Calderón erwies sich in dieser Hinsicht zunächst als sehr viel erfolgreicher als sein Vorgänger Fox (Priess 2007). Es gelang ihm, die Zustimmung des Parlaments zu seinem Haushaltsansatz für das Jahr 2008 zu erhalten und nach zähen Verhandlungen auch eine Steuerreform durch das Parlament zu bringen.

Indes blieb fraglich, ob die Regierung Calderón notwendige institutionelle Reformen dauerhaft würde durchsetzen können, zumal sie im Kreuzfeuer anhaltender Mobilisierung durch die Oppositionspartei PRD und den gescheiterten Kandidaten López Obrador stand und aufgrund von Konflikten innerhalb der eigenen Partei gezwungen war, sich in stärkerem Maße auf ein Koalitionshandeln einzustellen. Hier lagen zentrale Probleme vor der Regierung, die sich insbesondere auf die Frage der Gestaltung des Energiesektors, der Investitionen durch das Staatsunternehmen PEMEX, die Erziehungsreform sowie weitere zentrale Projekte der Neuorientierung der Gesellschaft bezogen. Komplex nahm sich das Verhältnis zur PRD-Opposition aus, da sie intern gespalten war in einen Flügel um López Obrador, der sich in Fundamentalopposition übte und jede Zusammenarbeit mit der Regierung Calderón verweigerte (Semo 2006), und in jene Teile der Partei, die sich einer Kooperation mit der Regierung nicht grundsätzlich verschließen wollten.

Der eigentliche Gewinner der starken Polarisierung zwischen PAN und PRD war die PRI, die sich in der Position des "lachenden Dritten" wiederfand. Sie erwies sich als großer Gewinner der Gouverneurswahlen nach den Präsidentschaftswahlen des Jahres 2006 und bei den Zwischenwahlen im Jahr 2009 (Maihold 2009) und konnte ihre Position als maßgebliche Partei im Parteienspektrum des Landes stärken, obwohl ihr interner Klärungs- und Reformprozess nur wenig vorankam. Die Partei suchte nach einem Profil, das sie jenseits ihrer institutionellen Ausformung zu einer attraktiven Oppositionskraft machen sollte, die auch in der Lage wäre, erneut den Zugang in das Präsidentenamt zu gewinnen.

Ob Mexiko, das "andere" Mexiko, in seiner jetzigen Verfassung eine zukunftsfähige Regierungspolitik gestalten kann, muss angesichts der ungelösten Strukturprobleme und des Fehlens einer tragfähigen Reformallianz eher als unwahrscheinlich angesehen werden.

Literaturverzeichnis

Aguilar V., Rubén/Castañeda, Jorge G. (2007): *La Diferencia. Radiografía de un sexenio*. México, D.F.

Álvarez Béjar, Alejandro (2006): "Mexico's 2006 Elections: The Rise of Populism and the End of Neoliberalism". In: *Latin American Perspectives*, 33, 2, S. 17-32.

Castañeda G., Jorge G. (2001): "Los ejes rectores de la política exterior del gobierno del presidente Fox". In: *Textos de Política Exterior. Discursos del Secretario de Relaciones Exteriores Jorge Castañeda*. México, D.F., S. 90-101.

— (2002): *Conferencia magistral sobre política exterior de México, dada por el secretario de relaciones exteriores Jorge Castañeda en la Universidad Autónoma de Tamaulipas, 1. Februar 2002*. In: <http://www.cubanuestra.nu/web/article.asp?artID=132> (07.01.08).

Dresser, Denise (2005): "Fox's Mexico: Democracy Paralyzed". In: *Current History*, 104, 679, S. 64-68.

Dussel Peters, Enrique/Dong, Lui Xue (2004): *Oportunidades y Retos Económicos de China, para México y Centroamérica*. México, D.F.

Dussel Peters, Enrique/Maihold, Günther (2007): *Die Rolle Mexikos in der globalen Strukturpolitik*. Bonn.

Edmonds-Poll, Emily (2006): "Decentralization under the Fox Administration: Progress or Stagnation?". In: *Mexican Studies/Estudios Mexicanos*, 22, 2, S. 387-416.

Fox Quesada, Vicente (2006): *Ideas del cambio democrático en México*. México, D.F.

Fox, Vicente/Allyn, Rob (2007): *Revolution of Hope. The Life, Faith, and Dreams of a Mexican President*. New York.

González, Guadalupe/Minushkin, Susan (eds.) (2006): *Mexico and the World 2006. Public Opinion and Foreign Policy in Mexico*. México, D.F.

Grayson, George (2003): *Beyond the Mid-term Elections. Mexico's Political Outlook 2003-2006*. Washington, D.C.

Lawson, Chappell (2004): "Fox's Mexico at Midterm". In: *Journal of Democracy*, 15, 1, S. 139-153.

— (2007): "How did we get here? Mexican Democracy after the 2006 Election". In: *PS: Political Science and Politics*, 40, 1, S. 45-48.

Loaeza, Soledad (2006): "Vicente Fox's Presidential Style and the New Mexican Presidency". In: *Mexican Studies/Estudios Mexicanos*, 22, 1, S. 1-32.

López Obrador, Andrés Manuel (2006): *Fox: traidor a la democracia*. In: <http://ierd.prd.org.mx/coy134/AMLO30jul.htm> (04.02.08).

Maihold, Günther (2001): *Aufbruch in Mexiko? Die langen 'ersten 100 Tage' der Regierung Fox*. Berlin (Ibero-Analysen Nr. 10).

— (2004): "Mexiko: Die Auszehrung der Regierung Fox – eine Gefahr für die Konsolidierung der Demokratie?". In: *Brennpunkt Lateinamerika*, 20, S. 217-224.

— "Die neue (Ohn-)Macht der Grenze: Mexiko-USA". In: Braig, Marianne/Ette, Ottmar/Ingenschay, Dieter/Maihold, Günther (Hrsg.): *Grenzen der Macht – Macht der Grenzen: Lateinamerika im globalen Kontext*. Frankfurt am Main, S. 39-76.

— (2006a): *Regieren nach dem Foto-Finish: Mexiko und die Wahlen vom 2. Juli 2006*. Hamburg (GIGA-Focus Lateinamerika Nr. 7).

— (2006b): "Außenpolitik im Schatten der USA: Kanada und Mexiko". In: Birle, Peter/Nolte, Detlef/Sangmeister, Hartmut (Hrsg.): *Demokratie und Entwicklung in Lateinamerika*. Frankfurt am Main, S. 341-388.

— (2007): "Mexiko: Bilaterale Einbindung und multilaterale Handlungsoptionen einer Ölmacht". In: Harks, Enno/Müller, Friedemann (Hrsg.): *Petrostaaten. Außenpolitik im Zeichen von Öl*. Baden-Baden, S. 171-195.

— (2009): *Die Rückkehr des Dinosauriers? Der Wahlerfolg der PRI vergrößert die Reformunfähigkeit Mexikos*. Hamburg (GIGA-Focus Lateinamerika 8).

Moreno, Rocío (2006): *Ingresos petroleros y gasto público. La dependencia continúa*. México, D.F.

Moreno, Alejandro/Méndez, Patricio (2002): "Attitudes toward Democracy: Mexico in Comparative Perspective". In: *Internacional Journal of Comparative Sociology*, 43, S. 350-367.

Navarrete, Jorge Eduardo (2006) (ed.): *La reconstrucción de la política exterior de México: Principios, ámbitos, acciones*. México, D.F.

Paredes, Beatriz (2008): "Sexenio perdido". In: http://beatriz-paredes.org/sitio/ index.php?option=com_content&task=view&id=41&Itemid=44> (07.01.08).

Pastor, Manuel Jr./Wise, Carol (2005): "The Lost Sexenio: Vicente Fox and The New Politics of Economic Reform in Mexico". In: *Latin American Politics and Society*, 47, 4, S. 135-160.

Priess, Frank (2007): "Reformen mit Licht und Schatten". In: *KAS-Auslandsinformationen*, Nr. 10, S. 62-95.

Reyna, José Luis (2006): "México: una democracia incipiente". In: Cornejo, Romer (ed.): *En los intersticios de la democracia y el autoritarismo. Algunos casos de Asia, África y América Latina*. Buenos Aires, S. 131-171.

Rottinghaus, Brandon/Alberro, Irina (2005): "Rivaling the PRI: The Image Management of Vicente Fox and the Use of Public Opinion Polling in the 2000 Mexican Election". In: *Latin American Politics and Society*, 47, 2, S. 143-157.

Rousseau, Isabelle (2006): "Las transformaciones de la política de hidrocarburos en México en el contexto de la transición democrática. Esquemas organizacionales y estrategias de actores (1989-2004)". In: *Foro Internacional*, XLVI, 183, S. 21-50.

Rozenthal, Andrés (2004): "Fox's Foreign Policy Agenda: Global an Regional Priorities". In: Rubio, Luis/Kaufman Purcell, Susan (eds.): *Mexico Under Fox*. Boulder, Col., S. 87-114.

Rubio, Luis (2004): "Democratic Politics in Mexico: New Complexities". In: Rubio, Luis/Kaufman Purcell, Susan (eds.): *Mexico Under Fox*. Boulder, Col., S. 5-34.

Schedler, Andreas (2000): "Mexico's Victory: The Democratic Revelation". In: *Journal of Democracy*, 11, 4, S. 5-24.

Semo, Enrique (2006): "What is Left of the Mexican Left?". In: *Latin American Perspectives*, 33, 2, S. 84-89.

Shields, David (2005): *PEMEX – la reforma petrolera*. México, D.F.

Shirk, David A. (2000): "Vicente Fox and the Rise of the PAN". In: *Journal of Democracy*, 11, 4, S. 25-32.

Vargas Llosa, Maria (1990): "México es la dictadura perfecta". In: *El País*, 1. Oktober.

Velázquez Flores, Rafael (2007): *Una primera evaluación de la política exterior de la administración de Vicente Fox: alcances y límites*. México, D.F.

Wornat, Olga (2003): *La Jefa. Vida pública y privada de Marta Sahagún de Fox*. México, D.F.

Chile nach dem Ende der Regierung Bachelet

Claudia Zilla

1. Einleitung

Der Sieg des Unternehmers Sebastián Piñera in der zweiten Runde der chilenischen Präsidentschaftswahlen am 17. Januar 2010 führte zum ersten Machtwechsel seit der Redemokratisierung im Jahr 1990. Der Vertreter der konservativen Partei *Renovación Nacional* (RN; Nationale Erneuerung) und Kandidat einer „Koalition für den Wandel", konnte sich in der Stichwahl mit 51,6 Prozent der Stimmen gegen den Christdemokraten Eduardo Frei durchsetzen, der als Kandidat der bisherigen Regierungskoalition *Concertación de Partidos por la Democracia* (Parteienkonzertierung für die Demokratie) angetreten war.

Unter vielen Demokratietheoretikern gilt der erste Machtwechsel nach den Gründungswahlen als das Ereignis, welches das Ende der demokratischen Transition und den Beginn der Konsolidierungsphase kennzeichnet. Die verfassungsmäßige und friedliche Übergabe des Präsidentenamtes von der Regierungspartei an eine politische Kraft der Opposition wird als Indikator für institutionelle Stabilität und demokratische Reife interpretiert. In Chile fand der erste Machtwechsel erst 20 Jahre nach der demokratischen Transition, mit Piñeras Amtsantritt am 11. März 2010 statt. Zwar leitete der Urnengang des Jahres 1989 den Übergang von der Militärdiktatur zur Demokratie ein. Aus diesen und den drei darauf folgenden Präsidentschaftswahlen ging aber jeweils die *Concertación,* an der bisher die Christdemokraten (PDC), die Sozialisten (PS und PPD) und die Sozialdemokraten (PRSD) beteiligt waren, siegreich hervor. Parallel zu dieser parteipolitischen Kontinuität vollzog sich aber stets ein Personenwechsel, denn im Unterschied zu zahlreichen Staaten Lateinamerikas wurde in Chile keine Verfassungsreform durchgeführt, um die unmittelbare Wiederwahl des Präsidenten zu ermöglichen. Vor Michelle Bachelet (PS, *Partido Socialista*, 2006-2010) hatten Patricio Aylwin Azócar (PDC, *Partido Demócrata Cristiano*, 1990-1994), Eduardo Frei Ruiz-Tagle (PDC, 1994-2000) und Ricardo Lagos Escobar (PPD, *Partido por la Democracia*, 2000-2006) für die *Concertación* das Präsidentenamt ausgeübt.

Chile sticht im lateinamerikanischen Kontext durch seine politische Stabilität und demokratische Qualität hervor. Das Land blieb in den letzten beiden Jahrzehnten verschont von den kritischen Erfahrungen, die seine Nachbarstaaten Argentinien, Bolivien und Peru sowie Ecuador mit dem frühzeitigen Rücktritt und dem "zivilen Sturz" von Präsidenten machten. Mit Michelle Bachelet bekleidete seit 2006 erstmals eine Frau das höchste Staatsamt des Landes. Der vorliegende Beitrag bietet einen Überblick über zentrale Entwicklungen während der Regierungszeit von Michelle Bachelet, zieht ein kurzes Resümee von 20 Jahren Regierungen der *Concertación* und wagt einen Ausblick auf die Präsidentschaft von Sebastián Piñera.

2. *Die Regierung von Michelle Bachelet*

2.1 Die Wahlen von 2005 und die Ausgangssituation

Am 11. Dezember 2005 fanden in Chile Präsidentschafts- und Parlamentswahlen statt. Michelle Bachelet konnte sich als Kandidatin der *Concertación* in der Stichwahl gegen Sebastián Piñera, der damals für die *Alianza por Chile* (Allianz für Chile) antrat, durchsetzen. Zwar erhielt Bachelet im ersten Wahlgang mit 46 Prozent zwei Prozentpunkte weniger als ihr Vorgänger Ricardo Lagos vom *Partido por la Democracia* (PPD, Partei für die Demokratie) sechs Jahre zuvor, im zweiten Wahlgang jedoch mit 53,5 Prozent zwei Prozentpunkte mehr als dieser. Bachelet siegte in zwölf der dreizehn Regionen des Landes, darunter in der Hauptstadt Santiago.

Jede Präsidentschaftskandidatur besitzt eine gewisse Symbolkraft, die über Parteizugehörigkeit und Regierungsprogramm hinausreicht: Breite Sektoren der chilenischen Gesellschaft sahen in der Kandidatur und dem Wahlsieg von Michelle Bachelet den Ausdruck eines politischen Lern- und Modernisierungsprozesses. Es setzte sich die Meinung durch, die Zeit sei reif für eine weibliche Präsidentin mit unkonventionellen, moralliberalen Ansichten und einer Biographie, die mit der neueren Geschichte des Landes eng verwoben ist. Denn Bachelet ist Agnostikerin, geschieden und Mutter von drei Kindern.[1] Diese Merkmale kontrastieren mit dem konservativen, humanistisch-christlich geprägten Normensystem Chiles, stellen jedoch zugleich eine gewisse Neuerung dar (Funk 2009: 302), die letztendlich von der Wählerschaft begrüßt wurde.[2] Bachelet ist außerdem die Tochter eines Generals der Luftwaffe, Alberto Bachelet Martínez, der 1974 im Zuge des Militärputschs festgenommen wurde und schließlich den Folgen der Folter in Gefangenschaft erlag. Michelle Bachelet selbst wurde mit ihrer Mutter im Januar 1975 von Agenten der DINA (*Dirección de Inteligencia Nacional*, Geheimdienst) "abgeholt" und mehrere

1 Nach einer seit Ende der Pinochet-Diktatur geführten, langen Debatte legalisierte das chilenische Parlament erst 2004 die Ehescheidung und ersetzte damit das seit 1884 gültige Familiengesetz.

2 Entsprechend den Kategorien des UNDP-Berichtes *(United Nations Development Programme)* 2004, der der Untersuchung der chilenischen Elite gewidmet war, lässt sich Michelle Bachelet in die moralliberale Gruppe einordnen, die 23 Prozent der Befragten ausmacht und durch folgende Einstellungen charakterisiert ist: eine liberale moralische Haltung (pro Legalisierung der Abtreibung, Sterbehilfe usw.); Kritik an der sozialen Ungleichheit und Befürwortung einer partiellen Begrenzung des Marktes; offenes Verständnis von Demokratie und Befürwortung eines kollektiven chilenischen Projekts; in der Regel konfessionslos und politisch linksorientiert. Weitere Kategorien zur Beschreibung der chilenischen Elite sind Moralkonservative (34 Prozent), Globalisierungsbefürworter (26 Prozent) und Antiglobalisierungsliberale (17 Prozent) (siehe hierzu auch Rovira Kaltwasser 2006b: 8ff.).

Wochen lang festgehalten und gefoltert. Kurz darauf gingen die beiden Frauen ins Exil nach Australien, dann in die damalige DDR und kehrten 1979 nach Chile zurück. Dass ein direktes Opfer der Pinochet-Diktatur Verteidigungsminister*in* und dann Präsidentin des Landes wird, ohne dabei eine revanchistische Rhetorik zu pflegen, sondern sogar gute Beziehungen zum Militär unterhält, wurde als Zeichen eines fortgeschrittenen Versöhnungsprozesses gesehen.

In ihrem Wahlkampf versuchte Bachelet mit einem Plädoyer für mehr Partizipation und durch ihre Distanzierung von der traditionellen politischen Elite Chiles einen neuen, unabhängigen und bürgernahen Politikstil zu verkörpern. In dem "Brief an die Chilenen", dem Vorwort ihres Regierungsprogramms, heißt es:

> Ich bin nicht zur Macht erzogen worden und ich habe mich nie bemüht, sie zu erlangen. Ich gehöre keiner traditionellen Elite an. Mein Nachname ist nicht der der Gründer Chiles. Meine Ausbildung genoss ich in einer öffentlichen Sekundarschule und an der *Universidad de Chile.* [...] Meine Kandidatur ist spontan, dank der Unterstützung der Bürger entstanden. Sie ist nicht das Resultat von Verhandlungen hinter verschlossenen Türen oder von Parteienkonklaven. Dieses Programm spiegelt diesen Ursprung meiner Kandidatur wider. Hunderte von Menschen haben sich dafür entschieden, in Bürgerdialogen und Arbeitsgruppen. [...] Man hat häufig mein Beharren auf der Konsultation, mein Bestreben, die Leute mit einzubeziehen, kritisiert. Zuhören ist für die Eliten ein Zeichen von Schwäche. Ich hingegen bin davon überzeugt, dass darin die Stärke dessen liegt, was wir gerade aufbauen (Bachelet 2005a: 5f.; Übers. C.Z.).

Diese Selbstdarstellung hat zweifelsohne eine empirische Grundlage (Funk 2009:302). Denn Bachelet ist alles andere als eine klassische Politikerin: Zwar absolvierte sie Kurse in Verteidigungspolitik in Chile und den USA, jedoch studierte sie weder Jura noch Ökonomie (typische Politikerfächer), sondern Medizin. Auch wenn sie schon in jungen Jahren Mitglied der Sozialistischen Partei Chiles wurde, durchlief sie keine typische Parteilaufbahn. Ihr öffentliches politisches Leben begann nicht wie das der drei vorhergehenden Präsidenten vor der Militärdiktatur, sondern erst unter der Regierung Lagos, in der sie zuerst Gesundheits- (2000-2002) und dann die erste Verteidigungsministerin (2002-2005) Chiles und Lateinamerikas wurde.[3] Daher wird von der Regierung Bachelet als der ersten "posttransitionalen" Regierung gesprochen (Valenzuela/ Dammert 2006: 65). Von einer eher sekundären Parteifigur avancierte Bachelet sehr schnell zur beliebtesten Politikerin in den Meinungsumfragen (Rovira Kaltwasser 2006b: 3; Mardones 2007: 88), was PPD und PS veranlasste, sie als Präsidentschaftskandidatin zu unterstützen.

Ihre Wahlkampagne stand nicht nur im Zeichen eines neuen politischen Führungsstils, sondern auch im Zeichen einer langjährigen Regierungskoalition – eine Kombination, die im Slogan "Kontinuität und Wandel" zusammengefasst wurde. Hiermit waren die Topoi ihres Regierungsprogramms benannt: Fortsetzung des ökonomischen Ordnungsmodells der *Concertación* und Schwerpunktsetzung auf die Sozialpolitik mit dem Ziel, die Chancengleichheit im Lande zu verbessern. Der Wahlkampf der Kandidatin bekam starken Rückenwind durch die sehr gute Lage der Wirtschaft sowie die hohen Zustimmungswerte im Lande (fast 70 Prozent) und das

3 Bachelet wurde 1995 in das Zentralkomitee der Sozialistischen Partei gewählt.

große internationale Ansehen des scheidenden Präsidenten Ricardo Lagos (Valenzuela/Dammert 2006: 66). Hinzu kam die seit 1990 mit Erfolg betriebene Politik der *Concertación*-Regierungen, die Chile zu einer Insel der politischen und wirtschaftlichen Stabilität in Lateinamerika werden ließ.

Diesem positiven Schwung, von dem Bachelet profitieren konnte, stand aber – bedingt durch die 16 Jahre kontinuierlicher Regierung der *Concertación* – ein gewisser "desgaste", also eine gewisse Ermüdungserscheinung, entgegen. Den fehlenden Machtwechsel konnte die zentrumslinke Parteienkoalition zum Teil mit dem Gender-Wechsel kompensieren: Die Wahl einer Frau in die Exekutive stellte ein innovatives Element dar (Navia 2006b: 6; Garretón 2006: 55). Auf diese wahlstrategische Überlegung war auch die Tatsache zurückzuführen, dass auf der Seite der *Concertación* neben Bachelet eine weitere Frau, Soledad Alvear vom PDC, Außenministerin in der Regierung Lagos, als potentielle Präsidentschaftskandidatin gehandelt wurde.[4] In der Tat blieb die Gender-Frage nicht ohne elektorale Auswirkungen, auch wenn diese gering waren. In Chile wählen Männer tendenziell stärker Parteien des linken ideologischen Spektrums, während Frauen traditionell stärker der politischen Rechten zugeneigt sind. Im Vergleich zu den vorherigen *Concertación*-Kandidaten konnte Bachelet unter den Frauen zusätzliche Stimmen für sich gewinnen, gleichzeitig verlor sie aber bei den männlichen Wählern an Stimmen. Dennoch konnte sich Bachelet in beiden Gruppen gegen die anderen Kandidaten durchsetzen.

Bachelet hatte aber auch mit der Befürchtung einiger Gesellschaftssektoren zu kämpfen, sie würde – vor dem Hintergrund ihrer politischen Vergangenheit – eine "linkere" Politik als ihre Vorgänger betreiben. Mit einer deutlichen Anlehnung an die Regierungspolitik von Lagos, dem Versprechen makroökonomischer Kontinuität und einem *concertacionistischen* Diskurs gelang es ihr, diese Ängste teilweise abzubauen. Außerdem konnte die Kinderärztin durch ihre ministerielle Arbeit unter Präsident Lagos Erfahrung mit Regierungsverantwortung und sogar im Umgang mit dem Militär nachweisen.

Im Vorfeld der Wahlen identifizierte die chilenische Gesellschaft die größten Probleme des Landes in folgenden Politikfeldern – nach absteigender Dringlichkeit: öffentliche Sicherheit, Gesundheitswesen, Bildungswesen, Beschäftigung und Armutsbekämpfung. Diese *issues* adressierte Michelle Bachelet weitestgehend mit ihrem Regierungsprogramm 2006-2010 "Estoy contigo" (Ich bin bei Dir) vom 18. Oktober 2005 (Bachelet 2005a), das später durch den "Plan 100 días y 36 compromisos" (Plan 100 Tage und 36 Verpflichtungen) vom 27. Dezember 2005 konkretisiert wurde (Bachelet 2005b). Beide programmatischen Dokumente, die aus der Zeit vor Bachelets Amtsantritt stammen, legten den Schwerpunkt in den Bereichen Institutionen *(Polity)* und politische Prozesse *(Politics)* auf eine Modernisierung und Öffnung des politischen Systems. Hierzu gehörten Dezentralisierungsprojekte[5] so-

4 Soledad Alvear zog am 24. Mai 2005 ihre Vorkandidatur für die Präsidentschaft zugunsten Michelle Bachelet zurück.

5 Chile ist ein zentralistischer Staat. Nur die nationale und die lokalen Regierungen (jedoch nicht die regionalen) werden direkt gewählt.

wie die Umstrukturierung bzw. Neuschaffung von Ministerien in Politikfeldern wie Umwelt, indigenen Fragen, Bürgersicherheit, Agrarwirtschaft und Ernährung, Außenhandel und regionaler Entwicklung. Zur Vertiefung der Demokratie (mehr Wettbewerb, Partizipation und Repräsentativität) wurden u.a. eine Reform des binominalen Wahlsystems, die Einführung von automatischen Wahlregistern sowie die Professionalisierung der Streitkräfte durch die Schaffung eines Zivildienstes und die Aufhebung des obligatorischen Militärdienstes angestrebt.

Im Mittelpunkt der geplanten *Policies* standen sozialpolitische Maßnahmen. Sie sollten auf effizienten, jedoch expansiven Sozialausgaben basieren und darauf ausgerichtet sein, die soziale Ungleichheit zu reduzieren und somit die Situation der Unterprivilegierten (der Älteren, Kranken, Kinder, Frauen und Armen) zu verbessern. Sie umfassten u.a. die Reform der Sozialversicherungssysteme (Renten- und Krankenkassensystem), Maßnahmen zur besseren Eingliederung junger Erwachsener in den Arbeitsmarkt, Verbesserungen der Infrastruktur und Qualität der Vorschulerziehung, den Ausbau von Programmen zur Studienfinanzierung (Stipendien und Kredite) sowie von Auslandsprogrammen für Hochschulabsolventen. Zur vorgesehenen Gender-Politik gehörten die Bildung eines paritätischen Kabinetts, die Entwicklung eines Kodex zur Nicht-Diskriminierung für den öffentlichen Sektor (optional für den Privatsektor), die Privilegierung von Frauen bei öffentlichen Zuwendungen und die Gewährleistung von ausreichend Krippenplätzen für Kinder berufstätiger Frauen. Bezüglich der Wirtschaftspolitik versprach Bachelet, den makroökonomischen Kurs der *Concertación* fortzusetzen und so Wachstum, Stabilität und Beschäftigung zu sichern. Neben der Beibehaltung der Fiskal- und Finanzpolitik sollten Maßnahmen zur Entwicklungsförderung durch die Unterstützung kleiner und mittelständischer Unternehmen und durch Investitionen in Innovation und Technologie ergriffen werden.

Außenpolitisch hielt Bachelet im Bereich Handel an einer geographisch diversifizierten Weltmarktintegration Chiles durch Freihandelsverträge fest. Diese enge handelspolitische Anbindung an die Ökonomien der Industrienationen sollte um eine aktivere Nachbarschaftspolitik ergänzt werden. Durch die Kooperation mit gleichgesinnten Nationen sollten des weiteren der Multilateralismus, *Global Governance* und die Achtung der Menschenrechte auf globaler Ebene gefördert werden.

Bachelet verfügte über weniger Zeit als die vorherigen Präsidenten, um ihr Regierungsprogramm umzusetzen, denn aufgrund der Verfassungsreform von 2005 dauerte ihre Amtszeit nicht mehr sechs, sondern nur noch vier Jahre.[6] Im Zuge dieser Verfassungsänderung wurden auch die noch vorhandenen autoritären Enklaven besei-

6 Gemäß der Verfassung von 1980 sollte die Amtszeit des Präsidenten acht Jahre betragen. 1989 wurde sie durch eine Verfassungsreform auf vier Jahre verkürzt und betraf damit die Regierungsperiode des ersten demokratisch gewählten Präsidenten Patricio Aylwin. Im März 1994 legte eine neue Verfassungsreform die Amtsdauer für die Präsidentschaft auf sechs Jahre fest. Schließlich wurde diese 2005 auf vier Jahre gekürzt; seitdem finden die Präsidentschafts- und Parlamentswahlen parallel statt. Die unmittelbare Wiederwahl ist nicht erlaubt. Für die übernächste Präsidentschaftsperiode kann eine scheidende Präsidentin jedoch erneut kandidieren.

tigt. Abgeschafft wurden die "institutionellen" bzw. ernannten Senatoren auf Zeit und die "Senatoren auf Lebenszeit" (ehemalige Staatspräsidenten),[7] die zwischen 1990 und 2006 knapp 20 Prozent des Oberhauses ausmachten (Mardones 2007: 86). So konnte die *Concertación* zum ersten Mal über eine absolute Mehrheit in beiden Kongresskammern verfügen.[8] Diese Mehrheit war zwar nicht ausreichend, um Verfassungsänderungen ohne die Opposition vorzunehmen, doch groß genug, um Gesetze zu verabschieden.[9]

Innerhalb der *Concertación* verfügte die aus PS, PPD und PRSD (*Partido Radical Social Demócrata*) bestehende Gruppe gemessen an der Anzahl der parlamentarischen Mandate über größeres politisches Gewicht als der PDC. Nach den Wahlen 2005 verlor der stärker zentrumsgerichtete und wertekonservativere PDC innerhalb der Regierungskoalition drei Abgeordneten- und fünf Senatsmandate. Dies war aber weniger eine Folge des erlangten Stimmenanteils, der sich tatsächlich im Vergleich zur vorgängigen Wahl erhöhte, als des Wahlsystems.[10]

Die sozioökonomische Ausgangslage für die Regierung Bachelet war besonders günstig. Während zwischen 1990 und 2005 das gesamtlateinamerikanische[11] Bruttoinlandsprodukt (BIP) durchschnittlich um 2,8 Prozent wuchs, betrug der Anstieg im Fall Chiles 5,6 Prozent (CEPAL 2007). Im Jahr 2005 verzeichnete die chilenische Wirtschaft sogar eine Wachstumsrate von 6,3 Prozent (Cochilco 2006: 64). Noch deutlicher wird die Stärke der chilenischen Wirtschaft im Vergleich zum lateinamerikanischen Durchschnitt, betrachtet man die Entwicklung des BIP pro Kopf: Während Chile zwischen 1990 und 2005 einen Anstieg von 4,1 Prozent erfuhr, lag diese Wachstumsrate in der Region durchschnittlich nur bei 1,1 Prozent (CEPAL 2007). Durch zahlreiche Freihandelsabkommen, die mit verschiedenen Ländern und Integrationssystemen unterzeichnet wurden, ist Chile an den Weltmarkt sehr gut angebunden und weist eine diversifizierte Außenhandelsstruktur auf.[12] Der für mehr als

7 "Senatoren auf Lebenszeit" waren die ehemaligen Staatspräsidenten; vier durch den Nationalen Sicherheitsrat bestimmte ehemalige Generäle der Streitkräfte, drei durch den Obersten Gerichtshof ernannte sowie zwei durch den Staatspräsidenten designierte Personen stellten die "institutionellen Senatoren" dar (vgl. Chávez/Fernández 2005: 7).

8 Zusammen mit den Präsidentschafts- wurden Parlamentswahlen abgehalten. Dabei wurden die Gesamtheit der Abgeordneten und 20 der 38 Senatoren gewählt.

9 Diese parlamentarische Mehrheit hielt lediglich bis Dezember 2007, als der christdemokratische Senator Adolfo Zaldívar entsprechend eines Urteils des Gerichtshofs seiner Partei aufgrund wiederholten abweichenden Abstimmungsverhaltens (Verletzung der Parteidisziplin) aus dem PDC ausgeschlossen wurde. Mit ihm verliessen auch (freiwillig) die Partei die Abgeordneten Jaime Mulet, Eduardo Díaz und Carlos Olivares, die den *Partido Regionalista Independiente* (PRI, Unabhängige Regionalistische Partei) gründeten, sowie Alejandra Sepúlveda und Pedro Araya, die den Status als Unabhängige wählten.

10 Es geht hierbei um das binominale Wahlsystem und den dazugehörigen Aufteilungsmodus der Wahlkreiskandidaturen unter den Parteien eines Wahlbündnisses.

11 Ohne die karibischen Staaten.

12 Chile hat Freihandelsabkommen mit China, USA, Kanada, Mexiko, Korea, Zentralamerika (Costa Rica, El Salvador, Guatemala, Honduras, Nikaragua), Panama, Kolumbien, Peru und der EFTA (Island, Lichtenstein, Norwegen, Schweiz) unterzeichnet. Assoziierungsabkommen hat Chile mit der EU und mit Brunei Daressalam, Neuseeland und Singapur (Pazifik-4) abge-

50 Prozent der Exporte verantwortliche Bergbausektor profitierte von hohen Weltmarktpreisen für Gold, Molybdän sowie Kupfer (Cochilco 2006: 22).

Chile ist zudem eines der wenigen Länder Lateinamerikas, das deutliche Erfolge bei der Armutsbekämpfung verzeichnen konnte: Zwischen 1990 und 2003 sank der Anteil der in Armut und extremer Armut lebenden Bevölkerung von 38,6 Prozent auf 18,7 Prozent bzw. von 13 Prozent auf 4,7 Prozent (CEPAL 2007: 57). Die soziale Ungleichheit blieb dennoch unverändert. Im Hinblick auf das Ausmaß der sozialen Disparitäten liegt Chile im lateinamerikanischen Kontext auf dem zweiten Platz hinter Brasilien. Dies weist auf ein strukturelles Problem von Chancenungleichheit bzw. geringer sozialer Mobilität hin, dem durch den moderaten Anstieg der Sozialausgaben zwischen 1990 und 2003 von 12 Prozent auf 14 Prozent des BIP bzw. von 61,2 Prozent auf 67,6 Prozent der gesamten Staatsausgaben nicht entgegengewirkt werden konnte (CEPAL 2005: 130f.).

2.2 Ein neuer Politikstil

Den ersten konkreten Hinweis auf einen neuen Politikstil gab Michelle Bachelet mit der Besetzung ihres Kabinetts, die der Regierung durch Geschlechterparität sowie neue und jüngere Gesichter eine höhere Repräsentativität verleihen sollte. Die Präsidentin holte zunächst eine gleiche große Anzahl von Männern und Frauen an die Spitze der Ministerien sowie in die Sekretariate.[13] Die Gleichstellung der Geschlechter innerhalb eines politischen Systems, in dem nur rund 5 Prozent der Senatoren und 15 Prozent der Abgeordneten Frauen sind, sowie innerhalb einer Gesellschaft mit den größten Lohndisparitäten zwischen den Geschlechtern und der niedrigsten Frauenbeschäftigungsquote in Lateinamerika (UNDP 2004: 51; WEF 2006), war eines der zentralen Anliegen Bachelets. Dies schlug sich auch in ihrem politischen Diskurs nieder. Bachelet machte ihre weibliche Identität sowie ihr Bekenntnis zu einer affirmativen Gleichstellungspolitik immer wieder explizit. In einer Rede, die sie vier Monate nach ihrem Amtsantritt vor dem Parlament hielt und in der sie ihre ersten Regierungsergebnisse bilanzierte, deutete Bachelet ihre Präsidentschaft als das historische Produkt des Engagements einer Reihe chilenischer Pionierfrauen (Bachelet 2006b). In derselben Rede hieß es auch:

> Wer hätte das gedacht! Heute ist es eine Frau Präsidentin, die zu dieser Vollversammlung spricht. Hier sind meine zehn Ministerinnen und meine fünfzehn Staatssekretärinnen. Hier ist alles, was ich in meinem Wahlkampf versprochen habe: Die erste paritätische Regierung in unserer Geschichte. [...] Ein Land ohne Exklusion verlangt, dass die Frauen die Bürgerschaft in allen ihren Facetten voll ausüben. In Chile erfährt man weiterhin täglich Diskriminierung

schlossen. Mit Ecuador, dem Mercosur, Bolivien und Venezuela hat Chile Abkommen wirtschaftlicher Kooperation unterschrieben. Mit Indien und Kuba bestehen Abkommen partieller Reichweite (siehe: *Dirección General de Relaciones Económicas Internacionales* <www.direcon.cl>).

13 Am Ende der Amtszeit von Ricardo Lagos waren lediglich fünf Ministerinnen im 20-köpfigen Kabinett durch Frauen vertreten.

und Segregation. Meine Regierung wird die effektive Ausübung der Rechte der Frauen entschieden unterstützen (Bachelet 2006b: 2ff.; Übers. C.Z.).

Im Bachelets Kabinett waren nicht nur viele Frauen, sondern auch zahlreiche neue Gesichter vertreten. Es handelte sich um junge Politiker und Politikerinnen der "zweiten Reihe" und Vertraute der Präsidentin, die eine gewisse Elitenzirkulation verkörperten. Zu ihrem Stab gehörten aber auch einige altbekannte Parteipolitiker, die bereits unter früheren *Concertación*-Regierungen Ministerposten innehatten. Insgesamt ging das durchschnittliche Alter der Ministerinnen und Minister von 53 auf 50 Jahre zurück (Mardones 2007: 87). Im Laufe ihrer Amtszeit und im Zuge von Kabinettsumbildungen musste Bachelet ihre eigenen Ansprüche mäßigen. Weder die Geschlechterparität noch die angestrebte größere Unabhängigkeit von den Parteistrukturen konnten aufrechterhalten werden. Ihre Regierungsriege blieb jedoch die „weiblichste" und „jüngste" in der Geschichte der *Concertación.*

Kritische Beobachter sahen in der Funktionsweise ihres Kabinetts eine für Chile (jedoch nicht für andere lateinamerikanische Länder) unübliche "präsidentielle Dominanz".[14] Den Kabinettsmitgliedern mangele es an Koordination und politischem Gewicht (Mardones 2007: 88) und Bachelet lasse nicht zu, dass sie sich in ihren eigenen Politikfeldern profilieren. Andere interpretierten diesen Führungsstil als Überreaktion auf den (nicht selten "gendergefärbten") Vorwurf, Bachelet mangele es an Führungskompetenz. Tatschsächlich bewertete die Bevölkerung Bachelets "Führungskompetenz" eher niedrig (5. Platz), verglichen mit anderen Merkmalen wie "Glaubwürdigkeit" und "Krisismanagement" (3. bzw. 4. Platz), wobei sie in allen drei Dimensionen stets mehr als 50 Prozent Positivpunkte, also gute Noten, erreichte. Die höchsten Werte wurden Bachelet in den Kategorien "Beliebtheit" und "Achtung" (1. bzw. 2. Platz) vergeben, was auf eine emotionale Bindung zwischen der Bevölkerung und der Präsidentin hinweist (Adimark 2006-2007). Zu diesem positiven Verhältnis trug möglicherweise die betonte Rückbeziehung auf die Zivilgesellschaft bei. Bereits am Tag ihres Amtsantritts versprach Bachelet in ihrer ersten Rede vom Balkon des Regierungssitzes "La Moneda", eine "Regierung der Bürger" zu führen und im Rahmen eines "Pakts zwischen den Bürgern und den Regierenden" an einem offenen und partizipativen Dialog festzuhalten (Bachelet 2006a).

Gleichwohl war ihre Regierungsführung nicht frei von den technokratischen Zügen, die für chilenische Politik charakteristisch sind (Silva 2006). Bachelet errichtete eine Reihe von "Reformkommissionen der Präsidentschaft", die für die Evaluierung und die Erarbeitung von Reformprojekten in verschiedenen Problemfeldern zuständig waren. Diese Praxis war nicht neu in der jungen Demokratie Chiles; die unter Bachelet geschaffenen Beratungsgremien waren aber besonders zahlreich und thematisch breit gefächert: Sie widmeten sich den Themen Bildungsreform, Wahlreform, Kindheit, Rentensystemreform, Innovation und Wettbewerb etc. Zwar waren politische Parteien eingeladen, an diesen "Comisiones" bzw. "Consejos de Refor-

14 Die Erfolgsquote der Gesetzesinitiativen der Präsidenten in Chile lieg seit 1991 bei rund 55 Prozent. Dies weist auf eine aktive legislative Rolle der Exekutive hin (Toro Maureira 2007: 24).

ma" neben Experten und anderen zivilgesellschaftlichen Akteuren teilzunehmen. Stimmen der Opposition prangerten jedoch an, diese *ad-hoc*-Institionen seien von "Spezialisten" dominiert und würden durch vorlegislative Arbeit und Meinungsbildung das Parlament und die Parteien in ihren Kernaufgaben schwächen und zugleich das Fehlen politischer, programmatischer Führung seitens der Regierung deutlich machen.

2.3 Inhaltliche Schwerpunkte der Regierungspolitik

Bachelet führte die marktorientierte Wirtschaftspolitik ihrer Vorgänger fort. Bereits mit der Besetzung der wirtschaftspolitisch relevanten Ressorts durch Liberale bzw. Vertreter der ökonomischen Orthodoxie wurde Befürchtungen der Boden entzogen, unter der Sozialistin wäre mit einem "Linksruck" in der Wirtschaftspolitik zu rechnen. Auch wenn zum Schwerpunkt ihres Regierungsprogramms eine expansive und intensive Sozialpolitik gehörte, beharrte Bachelet lange Zeit auf der tradierten Fiskalpolitik des strukturellen Haushaltsüberschusses von 1 Prozent des BIP.[15] Erst im Mai 2007 gab sie der Forderung einiger Mitglieder der Regierung und Gesellschaftssektoren nach einer Auflockerung der konservativen Fiskaldisziplin zugunsten verstärkter sozialer Investitionen nach. In ihrer Rede zur zweiten Regierungsbilanz am 21. Mai 2007 kündigte Bachelet nicht nur die Reduzierung des strukturellen Überschusses für das Haushaltsjahr 2008 um 50 Prozent, sondern auch ein ehrgeiziges und umfangreiches Sozialprogramm an (Bachelet 2007).

Der sozialen Agenda Bachelets lagen moralliberale Ansichten zugrunde. So reichte die Präsidentin ein Gesetzesprojekt zur Einführung der Straflosigkeit in Abtreibungsfällen ein, gegen das sich jedoch die Mehrheit des Abgeordnetenhauses aussprach. Auf Widerstand stieß auch die Regierungsentscheidung, den städtischen Gesundheitszentren die Erlaubnis zur Verabreichung der "Pille danach" an Mädchen zwischen 14 und 18 Jahren zu erteilen, ohne eine Zustimmung der Eltern zu verlangen. Die UDI reichte eine Verfassungsbeschwerde ein, die zu widersprüchlichen Entscheidungen des Appellationsgerichts, des Obersten Gerichtshofs und des Verfassungsgerichtshofs führte. Eine ähnliche Reaktion rief die Initiative Bachelets hervor, die Rechte von Patienten, welche Fragen der Sterbehilfe und des "vitalen Testaments" berühren, gesetzlich zu regulieren.

Wie im Wahlprogramm versprochen, ging Bachelet früh die Reform des Wahlsystems für das Parlament an. Chile ist weltweit das einzige Land, das das binomi-

15 Die Regel des strukturellen Überschusses von 1 Prozent des BIP wurde 2001 von Präsident Lagos eingeführt. Demnach muss die strukturelle Bilanz jene Haushaltsbilanz widerspiegeln, die aus einer mittelfristigen, von der ökonomischen Konjunktur und den Preispeaks des Kupfers unabhängigen BIP-Entwicklung resultieren würde (Marcel 2006: 4.). Es handelt sich also um eine antizyklische, stabilisierende Fiskalpolitik. Der fiskalische Überschuss wird im Ausland angelegt (Sanfuentes 2007: 1).

nale Wahlsystem anwendet (Nohlen 2006: 192).[16] Dieses steht aus mehreren Gründen in der Kritik. Die Genese des Wahlsystems geht auf das autoritäre Regime Pinochets zurück. Es wird als ein Korsett angesehen, das einen bipolaren Wettbewerb zwischen Wahlallianzen erzwingt. Dies trägt zwar zur Strukturiertheit des Parteiensystems und zur Regierbarkeit bei. Dabei werden aber kleinere Parteien, die keinem Bündnis beitreten, vom Parlament ausgeschlossen (z.B. die Kommunisten mit rund 10 Prozent der Stimmen bis zu den Wahlen 2009), und der Parteienwettbewerb verlagert sich von der Ebene zwischen den Blöcken auf eine tiefere Ebene innerhalb dieser, auf der es um den vorelektoralen Kampf um die Wahlkreiskandidaturen geht. Hieraus resultieren geringe Handlungsspielräume für Parteien und eingeschränkte Wahlmöglichkeiten für die Wählerschaft (Nohlen 2006: 194, 200).

Im April 2006 ließ Innenminister Andrés Zaldívar eine Arbeitsgruppe für die Wahlsystemreform unter der Leitung von Edgardo Boeninger errichten. Es handelte sich um eine technische Kommission, bestehend aus Mitgliedern, Anhängern und Sympathisanten der *Concertación.* Zwei Monate nach ihrer Konstituierung stellte die sogenannte Boeninger-Kommission drei alternative Reformvorschläge vor. Diese sahen Verhältniswahlsysteme mit Mehrpersonenwahlkreisen, offenen Listen und Frauenquoten unter Anwendung des D'Hondtschen Verrechnungsverfahren vor. Zudem wurde eine Erhöhung der Anzahl der Mandate auf 150 im Abgeordnetenhaus und auf 50 im Senat empfohlen (Comisión Boeninger 2006: 10). Die *Alianza por Chile* stellte sich gegen die Vergrößerung der Kongresskammern und die Einführung der Frauenquote. Sie lehnte außerdem die drei Entwürfe mit der Begründung ab, sie seien extra für die *Concertación* zugeschnittene Wahlsysteme. Kritik kam aber auch von Seiten einiger *Concertación*-Abgeordneter, die in Anbetracht der Chancen für die eigene Kandidatur die neue Wahlkreiseinteilung in Frage stellten. Eine Gruppe aus Politikern der *Concertación* und der Kommunistischen Partei plädierte für die Abhaltung eines Plebiszits zur Wahlsystemreform.[17] Alles in allem konnten sich die Vorschläge der Boeninger-Kommission nicht durchsetzten.

Möglich war jedoch die Reform zweier wahlrechtlicher Regelungen. Durch das Gesetz Nr. 20.337 vom April 2009, das aber erst im Jahr 2012 wirksam wird, wurde die freiwillige Eintragung der Wähler in die Wahlregister und die folgende Wahlpflicht durch eine automatische Registrierung der Gesamtwählerschaft und das nicht pflichtige Wahlrecht ersetzt. Unter solchen Bedingungen wird sich eine neue Dynamik entfalten, bei der dem Mobilisierungspotential der Parteien entscheidende Bedeutung zukommen wird. Als Konsequenz wird eine stärkere Beteiligung jüngerer Bürgerinnen und Bürger erwartet, die unter den aktiven Wählern zunehmend unterrepräsentiert sind.

16 Im chilenischen binominalen Wahlsystem wird in Zweipersonenwahlkreisen an die zwei meistgewählten Parteien(-bündnisse) jeweils ein Mandat vergeben, es sei denn, die stärkste politische Kraft hat doppelt so viele Stimmen wie die zweitstärkste bekommen, in diesem Falle erhält diese beide Mandate (Nohlen 1995: 242).

17 Die chilenische Verfassung sieht allerdings die Anwendung direktdemokratischer Instrumente bei thematischen Fragen nicht vor.

Ein Schwerpunkt der Außenpolitik Bachelets bestand – in bester *Concertación*-Manier – in der Intensivierung und Diversifizierung der Handelsbeziehungen. Zum Ausbau der Verbindungen in der Region Asien/Pazifik trug die Unterzeichnung eines Freihandelsabkommens mit Australien im Juni 2009 sowie mit Japan im März 2007 bei. Ein Jahr zuvor hatte Chile ein Abkommen partieller Reichweite mit dem Schwellenland Indien abschließen können. Auch die vertragliche Vertiefung der Handelsbeziehungen innerhalb Lateinamerikas stellte sich als dem Pazifik zugewandt dar. Im Jahr 2006 unterzeichnete Chile Freihandelsabkommen mit Panama, Peru und Kolumbien. Mitte Juni 2007 formalisierte Bachelet den Beitritt Chiles als Assoziiertes Mitglied der *Comunidad Andina de Naciones* (CAN, Andengemeinschaft) (*La Nación*, 14.07.2007).[18] Dies geschah in einer Phase, in der die CAN zwar Verhandlungen für ein Assoziierungsabkommen mit der EU begonnen hatte, zugleich aber – bedingt durch den Abgang Venezuelas und die zunehmenden politischen und ökonomischen Divergenzen zwischen den andinen Regierungen – an Kohäsion und Zukunftsfähigkeit verlor. Eine Reihe von Faktoren legten nahe, dass die Regierung Bachelets an der CAN nicht in erster Linie aus wirtschaftlichen Gründen interessiert war. Chile war bereits mit drei CAN-Staaten über bilaterale Handelsverträge als auch mit der EU über ein Assoziierungsabkommen verbunden. Der Handelsaustausch mit dem Bündnis ist für weniger als 5 Prozent des gesamten chilenischen Außenhandels verantwortlich. Außerdem bestehen große ökonomische Asymmetrien zwischen Chile und den CAN-Ländern. Daher waren es eher politische und die Energiesicherheit betreffende Erwägungen, die die Annährung Chiles an die CAN begründeten.

Die maritime Grenzziehung zwischen Chile und Peru ist nach Ansicht Limas nicht endgültig geklärt;[19] gemeinsame Projekte könnten jedoch zur Abschwächung der Nationalismen beitragen. Auch wenn eine Lösung des Grenzkonflikts zwischen Chile und Bolivien nicht abzusehen ist, bemühten sich Michelle Bachelet und Evo Morales um die Ausarbeitung eines Kompromisses. Seit 2006 führten die Präsidenten zusammen mit ihren Außenministern eine gemeinsame Arbeitsagenda; umstritten blieb jedoch die Souveränitätsfrage. Während Chile nicht bereit ist, einen Teil seines nördlichen Territoriums abzutreten, erhebt Bolivien weiterhin den Anspruch auf einen souveränen Zugang zum Meer. Hiermit verbunden ist die Weigerung Boliviens, Gas direkt oder indirekt (durch Triangulation über Argentinien) an Chile zu verkaufen. Die Energiesicherheit ist ein ernsthaftes Anliegen Chiles. Argentinien, das selbst große Schwierigkeiten mit der Deckung des Eigenbedarfs hat, ist ein unzuverlässiger Partner, was den Preis und die Menge der Gaslieferungen angeht.

Das intensivere Engagement der Regierung Bachelet in Lateinamerika wurde auch durch die unterschiedliche Politik der lateinamerikanischen Regierungen er-

18 Chile gehörte zwischen 1969 und 1975 dem Andenpakt an. Der Austritt des Landes aus dieser Vorgängerorganisation der CAN erfolgte unter dem Pinochet-Regime. Grund war die protektionistische Haltung des Integrationssystems gegenüber ausländischen Investitionen.

19 Ein Fehler bei der Formulierung eines Gesetzesentwurfes in Chile rief im Januar 2007 einen diplomatischen Konflikt mit Peru hervor.

schwert. Paradigmatisch hierfür ist der Fall Venezuelas. Präsident Chávez bemühte sich bei der Abstimmung über den nichtständigen Sitz im UN-Sicherheitsrat im Oktober 2006, die Stimme Chiles für sein Land zu gewinnen und setzte damit Bachelet unter Druck. Während innerhalb Chiles der PDC zusammen mit Außenminister Foxley und extern die USA für die Unterstützung Guatemalas plädierten, wollte sich Bachelet – mit Unterstützung des PS – zusammen mit dem Mercosur hinter die Kandidatur Venezuelas stellen. Nach einigen Streitigkeiten innerhalb der *Concertación* und diplomatischen Reibungen zwischen Caracas und Santiago, die zum Wechsel des venezolanischen Botschafters in Chile führten, entschied sich die Regierung Bachelet für eine Enthaltung. Chile votierte schließlich für den neuen Kompromisskandidaten Panama. Damit setzt das Land seine unabhängige Politik in internationalen Fragen fort.

Ähnlich kontrovers gestaltete sich die Positionierung der lateinamerikanischen Regierungen hinsichtlich der Wahlen in Honduras vom November 2009, die einen Ausweg aus der politischen Krise nach dem Putsch gegen Präsident Manuel Zelaya fünf Monate zuvor ermöglichen sollten. Während Kolumbien, Panama und Peru den Wahlausgang anerkannten, hielten die meisten Staaten der Region den Urnengang für nicht legitim. In diesem Zusammenhang bezog Bachelet eine mittlere Position: Die Wahlen dürften nicht dazu instrumentalisiert werden, den Putsch zu legitimieren. Eine solche Haltung würde einen verheerenden Präzedenzfall für Lateinamerika darstellen. Die Wahlen würden jedoch einen wichtigen Schritt im Rahmen einer Krisenbewältigung bilden, die aber zudem versöhnungsorientierte Übereinkünfte zwischen den Konfliktparteien beinhalten sollte – so ihre Stellungnahme.

Eine prominente Rolle spielte Bachelet als Präsidentin pro-tempore Union Südamerikanischer Nationen UNASUR (*Unión de Naciones Suramericanas*) im Kontext der Bolivien-Krise („Massaker von Pando") im Jahr 2008. Sie rief zu einem außerordentlichen Gipfeltreffen in Santiago de Chile auf. Mittel der „Declaración de la Moneda" vom 15. September wurde der verfassungsmäßigen Regierung von Evo Morales uneingeschränkte Unterstützung zugesprochen und die Bildung einer unabhängigen Untersuchungskommission vereinbart, die nach Bolivien entsandt wurde.[20] Das Erbeben in Haiti im Januar 2010 war ein weiterer Anlass für die chilenische Präsidentin, ihr regionales Engagement unter Beweis zu stellen. Im Februar stattete Bachelet dem Land einen Besuch ab. In Port-au-Prince traf sie Regierungsvertreter und Frauenorganisationen und plädierte für ein effektives Engagement der internationalen Gemeinschaft beim Wiederaufbau nach der Naturkatastrophe. Chile stellte im Frühjahr 2010 7 Prozent der Truppen (499 Militärs) und rund 0,5 Prozent der zivilen Polizei (9 Polizisten) der UN-Friedensmission in Haiti MINUSTAH.[21]

20 „Declaración de la Moneda", Santiago de Chile, 15. September 2009, <http://www.gruposur.eu.org/Declaracion-de-la-Moneda.html>.

21 Daten aus RESDAL, Red de Seguridad y Defensa de América Latina, <www.resdal.org>.

2.4. Innenpolitische Krisen und Herausforderungen

Bildung: "Der Aufstand der Pinguine": Die schwerwiegendste Krise, mit der Bachelet bereits zu Beginn ihrer Amtszeit konfrontiert war, waren die Schüler- und Studentenproteste, die in Streiks, Schulbesetzungen und Demonstrationen ihren Ausdruck fanden und zu einer intensiven Bildungsdebatte führten. Zu den Hauptforderungen der Jugend gehörten infrastrukturelle und finanzielle Verbesserungen für sozioökonomisch schwache Schülerinnen und Schüler sowie die Abschaffung des Bildungsrahmengesetzes LOCE *(Ley Orgánica Constitucional de Educación)*, das noch Pinochets Unterschrift trug. Seit 1991 wurden zahlreiche Gesetze erlassen, um die LOCE-Regelung zu entschärfen, wobei es sich in den meisten Fällen lediglich um punktuelle Modifikationen handelte. Einer der Gründe für das Versäumnis der vorherigen *Concertación*-Regierungen, dieses Erbe des Militärregimes grundlegend zu reformieren, ist der Verfassungsstatus der Regulierung. Zur Verabschiedung oder Reform von Rahmengesetzen bedarf es einer qualifizierten Mehrheit von 4/7 aller Abgeordneten und Senatoren (Nolte 2004: 341). Diese juristische Grundlage wird aber für die mit den sozialen Disparitäten korrelierenden großen qualitativen Unterschieden zwischen dem privaten und öffentlichen Bildungssektor verantwortlich gemacht, die die Chancen auf die erfolgreiche Absolvierung der kostenpflichtigen Aufnahmeprüfung für die Universität und damit auf einen Studienplatz stark ungleich verteilt. Angesichts voller Staatskassen forderten die Schüler höhere Investitionen im Bildungsbereich. Damit wurde "von unten" ein Thema auf die politische Agenda gesetzt, denn Bachelet hatte vor ihrer Wahl zwar die vorschulische Erziehung und die Förderung von Universitätsstudenten zur Priorität erklärt, nicht jedoch die Sekundarschule.

Der "Aufstand der Pinguine" (wie die Schüler aufgrund ihrer Schuluniform genannt werden), der im April und Mai 2006 die Regierung herausforderte, war die größte Mobilisierung seit der Rückkehr der Demokratie 1990. Da das Anliegen dieser Protestbewegung, deren Protagonisten zur postautoritären Generation gehören, in der Öffentlichkeit allgemein für zentral und gerecht erachtet wurde, erfuhr es große Zustimmung in der Bevölkerung und seitens politischer Parteien. Mit der Radikalisierung eines Flügels der Protestler, der nicht nur das Bildungssystem, sondern auch das Wirtschaftsmodell in Frage stellte, und mit dem andauernden Einsatz von Druckmitteln wie der Suspendierung des Unterrichts nahm die gesellschaftliche und parteipolitische Unterstützung jedoch allmählich ab und die Forderung nach einer Normalisierung der Situation wurde lauter.

Die Reaktion der Regierung auf den Schülerprotest wurde stark kritisiert: Knapp 60 Prozent der Bevölkerung bewertete ihre Krisenmanagementkompetenz in dieser Frage als schlecht (Adimark 2006-2007), dabei schnitt Bachelet jedoch besser als die verantwortlichen Minister ab. Anfangs wurde das Problem von der Regierung unterschätzt; es wurde mit Verzögerung und zunächst nicht von den Spitzenpolitikern wie der Präsidentin und den zuständigen Ministern angegangen. Dann warf Bachelet den Verantwortlichen der betreffenden Ressorts vor, dem Konflikt die notwendige Beachtung nicht früh genug geschenkt zu haben. Sie zog die Konsequenzen mit der ersten Kabinettsumbildung am 14. Juli 2006: Der Bildungsminister (Martín Zilic, PDC), die Wirtschaftsministerin (Ingrid Antonijevic, PPD) und der Innenminister (Andrés Zaldívar, PDC) mussten die Regierung verlassen. Zwischen April und Juli 2006 sank die Zufriedenheit mit der Regierungsperformance Bachelets von 62,1 Prozent auf 43,3 Prozent (Adimark 2006-2007).

Am 11. Dezember 2006 legte ein Beratungskomitee,[22] das Bachelet im Zuge des Konfliktes bilden ließ, einen – nicht einstimmig angenommenen – Entwurf vor (Ruderer 2007: 6), der am 9. April 2007 als Gesetzesprojekt zur Reform der LOCE von Bachelet unterzeichnet wurde. Dieses stellte die subventionierten (Privat-)Schulen unter strengere staatliche Kontrolle und verbot ihnen, bis zur achten Klasse die Schüler selbst auszuwählen. Außerdem verfügte das Gesetzesprojekt LGE *(Ley General de Educación)* die Errichtung eines *Consejo Nacional de Educación* (Nationaler Bildungsrat) aus Akademikern, Dozenten und Schülern bestehen, der über die Qualität der Bildung wachen sollte.

Transparenz: *Chiledeportes*: Im September 2006 führte die Aufdeckung eines Korruptionsskandals durch die Verwaltungskontrollbehörde zur zweiten Krise im ersten Regierungsjahr Bachelets. Es kam ans Licht, dass im Jahr 2005 für die Finanzierung von Wahlkämpfen von Kandidaten des PPD und PS Mittel des Sportinstituts *Chiledeportes* sowie "Sonderausgaben der Präsidentschaft" *(Gastos Reservados)* missbraucht worden waren und Politiker Rechnungen von Phantomfirmen eingereicht hatten. Auch wenn diese Korruptionsaffäre vorherige Regierungen betraf, setzte die Enthüllung die Regierungskoalition unter Druck und führte zu Rissen. Trotz Bemühungen vieler Politiker der *Concertación*, diese Affären als Einzelfälle herunterzuspielen, setzten die Vorfälle eine koalitionsinterne Kritik in Gang. Jorge Schaulsohn vom PPD warf der *Concertación* eine "Ideologie der Korruption" vor, eine Aussage, die ihn die Parteimitgliedschaft kostete. Bachelet ersetzte das beschuldigte Regierungsmitglied und richtete eine Antikorruption-Kommission unter Wirtschaftsminister Alejandro Ferreiro (PDC) ein, die im November 2006 einen 30-Punkte-Katalog zur Bekämpfung der Korruption vorlegte. Eine Reihe der vorgesehenen Maßnahmen zielte auf die Modernisierung der Verwaltung ab, um mehr Transparenz zu schaffen (Mardones 2007: 84). Mit dem Gesetz über den Zugang zur öffentlichen Information (Nr. 20.295) wurde der Transparenzrat geschaffen, dessen fünf Mitglieder vom Senat ernannt wurden. Das im April 2009 in Kraft getretene Transparenzgesetz sieht zudem vor, dass alle Informationen des Staates als öffentliche Informationen behandelt werden, wenn kein Gesetz ihnen explizit einen anderen Status verleiht. Öffentliche Informationen können dann von Bürgerinnen und Bürgerinnen kostenlos verlangt und erhalten werden.

22 Der *Consejo Asesor Presidencial para la Calidad de la Educación* besteht aus 73 Mitgliedern und drei Arbeitsgruppen zu den Themen: Reform der LOCE, Munizipales Bildungssystem, Lehrerausbildung und Ganztagsschulen *(Jornada Ecolar Completa)*.

Transport: *Transantiago*: Die dritte Krise trat im Februar 2007 mit der Inbetriebnahme des neuen Linienverkehrs in der Hauptstadt, "Transantiago", ein, die in ein Chaos mündete. Das von der Regierung Lagos entwickelte Nahverkehrssystem zeigte große logistische Fehlkalkulationen, die zu überfüllten Bus- und U-Bahnstationen sowie zu langen Wartezeiten führten. Nachdem die Regierung zunächst versuchte, die Schuld auf die privaten Dienstbetreiber abzuwälzen, gestand Bachelet schließlich gravierende Fehler in der Implementierung von Seiten ihres Kabinetts, aber auch im Design von Seiten der Regierung Lagos ein. Neben einer Kabinettsumbildung, die die Ressorts für Transport, Verteidigung, Justiz und das Generalsekretariat der Präsidentschaft betraf, verfügte sie die staatliche Subvention des "Transantiago" und die Ernennung einer Kontrollinstanz für den Hauptstadttransport.

Militär und Gesellschaft: Pinochets Tod: Wenngleich keine Krise, so doch eine Herausforderung stellte für die Regierung Bachelet der Tod von Augusto Pinochet dar. Der ehemalige Diktator starb am 10. Dezember 2006 – ironischerweise dem "Internationalen Tag der Menschenrechte" – in Santiago de Chile. Sein Tod fungierte als Katalysator für Emotionsausbrüche bei Anhängern und Gegnern zugleich: Während einige sich trauernd um das Militärkrankenhaus versammelten, feierten andere fröhlich auf der "Plaza Italia". Noch einmal nach dem Übergag zur Demokratie wurde die tiefe Spaltung der Gesellschaft in Bezug auf die jüngere Vergangenheit deutlich (Rovira Kaltwasser 2007: 255).

Bachelet wählte einen ambivalenten Mittelweg im Umgang mit diesem Ereignis: Es gab zwar eine offizielle Zeremonie für Pinochet, jedoch nicht entsprechend seiner Position als ehemaliger Staatspräsident, sondern gemäß seiner Funktion als ehemaliger Oberkommandant der Streitkräfte. Es handelte sich um eine staatliche Trauerfeier, die in der "Escuela Militar", der militärischen Hauptakademie in Santiago, stattfand und bei der die Regierung durch die Verteidigungsministerin vertreten war. Bedenkt man, dass an diesem Ort "die neuen Generationen militärischer Eliten ausgebildet werden" (Rovira Kaltwasser 2007: 256), erschien die Entscheidung der Regierung aus demokratisch-normativen Gesichtspunkten fragwürdig. Vor dem Hintergrund der pragmatischen und versöhnungsorientierten Politik Bachelets in militärischen Fragen und der Umfragedaten, nach denen ein Drittel der chilenischen Bevölkerung 2006 der Meinung war, dass Pinochet bei seiner Beerdigung als Staatspräsident honoriert werden sollte bzw. zwei Drittel der Bürger mit einer Trauerfeier einverstanden waren, wird das Regierungshandeln nachvollziehbar (Rovira Kaltwasser 2007: 255).

Der Tod Pinochets blieb nicht ganz ohne Effekte. Die apologetische Rede seines Enkels (eines Mitglieds der Streitkräfte) bei der Trauerfeier sorgte für Unruhe in verschiedenen Gesellschaftssektoren und in der Regierung. Das Militär reagierte mit einem Ausschluss des jungen Pinochets. "Seitdem der General verstorben ist, wurden die Prozesse gegen ihn eingestellt. Einige Kollaborateure des Regimes beginnen nun über die während der Diktatur erfolgten Menschenrechtsverletzungen zu reden" (*La Nación*, 20.05.2007).

Naturkatastrophe: Das Erdbeben 2010: In den Morgenstunden des 27. Februar 2010 wurde Chile von einem der stärksten Erdbeben seiner Geschichte erschüttert. Das Beben erreichte eine Stärke von 8,8 Magnituden auf der Richter-Skala, hatte sein Epizentrum in der zentralen Region des Landes und forderte mehr als 300 Todesopfer. Die Zahl der Betroffenen belief sich auf mehrere Millionen. Die meisten Todesopfer waren als Folge eines Tsunamis zu beklagen, der auf das Erdbeben folgte. Es gab zudem zahlreiche starke Nachbeben. In diesem Kontext geriet die Regierung aufgrund von Defiziten im Krisenmanagement in die Kritik. Einige Beobachter vermissten eine rasche und effektive Reaktion der Präsidentin unmittelbar nach dem Erdbeben. Bachelet zögerte 36 Stunden mit der Entscheidung, den Notstand auszurufen. Ein solches Dekret hatte zuletzt Pinochet im Zuge des Erdbebens von 1985 unterzeichnet und es bedeutete, gerade in den letzten Tagen ihrer Amtszeit dem Militär eine wichtige Rolle einzuräumen. Auf diese negative Symbolik wies vor allem Bachelets engster Beraterkreis hin, als sie diese Option sehr früh in Erwägung zog. Kommunikations- und Koordinierungsprobleme zwischen der Regierung, dem Militär und der *Oficina Nacional de Emergencias* (ONEMI; Nationale Notstandsbehörde) gaben weiteren Anlass zur Kritik. Kriminell motivierte Plünderungen und die Flucht von Gefangenen in der Stadt Concepción verschärften das Katastrophenszenario. Bachelet bildete ein Notfall-Komitee, dem sich der gewählte Präsident Sebastián Piñera anschloss. Trotz der Herausforderungen, vor die diese Naturkatastrophe die scheidende Präsidentin stellte, blieben ihre Zustimmungswerte in der Bevölkerung sehr hoch. Sie sanken leicht bei den besser Situierten, nahmen aber bei den ärmeren Gesellschaftssektoren zu. Schlechtere Noten bekamen einige Minister, vor allem in den am stärksten betroffenen Regionen. Die mit der Regierung Piñera verbundenen Hoffnungen nahmen eindeutig zu (Adimark 2010).

2.5 Bilanz der Regierung Bachelet

Bachelet hatte einen sehr guten Start in den Meinungsumfragen – und einen noch besseren Abschied. Nach dem ersten Regierungsmonat übertraf ihre Zustimmungsquote mit 62,1% den im Dezember 2005 erlangten Stimmenanteil von 53,4% und erreichte somit die zu dem Zeitpunkt höchsten Werte aller *Concertación*-Präsidenten. Der Schülerkonflikt führte im Mai 2006 zu einem Rückgang der Zustimmungswerte vor allem in der Gruppe der jüngsten Wähler. Allgemein beeinträchtigten die sozialen Konflikte weniger die Beliebtheit der Präsidentin als die Zufriedenheit mit dem politischen System. Die Identifikationswerte der Bevölkerung sowohl mit der *Concertación* als auch mit der oppositionellen *Alianza* bei Meinungsumfragen wiesen eine hohe Stabilität aus. Dennoch gab die Hälfte der Befragten an, sich mit keiner der beiden Koalitionen zu identifizieren. Die Identifikationswerte mit der *Concertación* lagen höher als die Zufriedenheitswerte, was bedeutet, dass die Erwartungen vieler Anhänger nicht erfüllt wurden.

Ein Teil der Herausforderungen, mit denen sich die Regierung Bachelet konfrontiert sah, war dem Erfolg der *Concertación*-Regierungen geschuldet (Valenzuela/Dammert 2006: 71). Nicht selten gestaltet sich das Regieren in Opulenzzeiten schwieriger als in Phasen finanzieller Engpässe (Huneeus 2007a: 1). Mit üppiger werdenden Staatskassen nehmen die Forderungen der Bevölkerung zu, stärker an den Früchten des Aufschwungs teilzuhaben. Nach Einschätzungen von Ökonomen hatte der chilenische Fiskus Ende 2007 rund 20 Mrd. US$ angehäuft. Einige forderten, diese Gelder gezielter zur Reduzierung der sozialen Ungleichheit zu benutzen. Andere setzten sich – vor dem Hintergrund des tendenziell abnehmendem Wirtschaftswachstums – für Investitionen in die Infrastruktur ein. Hinzu gesellte sich das traditionelle Plädoyer der Rechten für Steuersenkungen (Sanfuentes 2007: 2).

Der Politikstil, den Bachelet verkörperte, näherte sich rhetorisch der aktuellen lateinamerikanischen Tendenz an: ein partizipatorischer Diskurs mit Distanz zu den traditionellen Parteien unter Betonung neuer, direkterer Beteiligungsformen. Dennoch blieb die nationalistische, ideologisierte und zum Teil revanchistische Rhetorik einiger südamerikanischer Staatspräsidenten der Chilenin vollkommen fremd. Vielmehr bewegte sich der Regierungsstil Bachelets im Rahmen der chilenischen technokratischen Tradition, die insbesondere seit der Regierung Pinochets stärker zum Vorschein gekommen ist. Bei Bachelet paarte sich dieses "versachlichte Politikverständnis" mit der Intention, das politische System für alternative Partizipationskanäle zu öffnen. Dies kann zur Folge haben, dass die politischen Parteien – durch den Protagonismus der Experten bzw. durch die Priorisierung von Einzelpersonen und neueren Beteiligungsformen – in den Hintergrund rücken. Zweifelsohne ist Chile einer der wenigen lateinamerikanischen Staaten mit einem hochgradig institutionalisierten und gut funktionierenden Parteiensystem. Die chilenische Parteienlandschaft ist von den Erdrutschen verschont geblieben, die sich in anderen Staaten der Region zur Jahrtausendwende ereigneten und neue, mit den Parteien konkurrierende politische Akteure ans Licht förderten. Auch wenn die politischen Parteien in Chile immer noch im Zentrum des politischen Systems stehen, sind sie jedoch gegen den "Druck von unten" und die Parteienverdrossenheit nicht gefeit.

Die Herausforderung besteht darin, den Grad von Partizipation und Repräsentativität der chilenischen Demokratie zu erhöhen, ohne das kostbare Kapital institutionalisierter Parteien und eines strukturierten Parteiensystems zu verspielen. Weder die nicht näher spezifizierte "Regierung der Bürger", die Bachelet anpries, noch eine Isolierung des Kabinetts gegenüber dem Einfluss der Regierungsparteien sind eine angemessene Antwort auf die Forderungen breiter Gesellschaftssektoren nach einem neuen, partizipativeren Politikansatz. Vielmehr sollten die Parteien und das Parteiensystem nach innen kompetitiver und nach außen durchlässiger werden. Eine Reform des Wahlsystems könnte den bipolaren Wettbewerb zwischen den Blöcken dekomprimieren und somit den Parteien mehr Handlungsspielraum und den Bürgern mehr und effektivere Wahlmöglichkeiten *(election and choice)* einräumen. Auf der Ebene der Parteien könnte der Ausbau von Beteiligungsstrukturen (Einführung von Vorwahlen für die Kandidatenauswahl, stärkere Elitenzirkulation) eine gewisse Erneuerung im institutionellen Rahmen fördern. Die Errichtung von Konsultationsgremien unter Beteiligung nicht nur ausgewiesener Experten, sondern auch der politischen Parteien und sozialer Organisationen wäre einem Reformkonsens dienlicher.

Die demokratische Legitimität der Beschlüsse dieser *ad-hoc*-Institutionen kann jedoch nicht an die demokratische Legitimität der Debatten und Kompromisse heranreichen, die im chilenischen Parlament erfolgen.

3. *Chile nach 20 Jahren Concertación-Regierungen*

3.1 Der graduelle Reformismus

Die junge chilenische Demokratie ging aus einem stark durch das abtretende Militär kontrollierten Transitionsprozess hervor. Die Streitkräfte behielten nach dem Regimewechsel eine Reihe von Vorrechten, was die Rede von einer „Demokratie unter Vormundschaft" (*democracia tutelada*) nährte. Die Verfassung, die heute die Grundlage der politischen Ordnung bildet, stammt aus dem Jahr 1980 und wurde unter der Pinochet-Diktatur konzipiert und durch ein zweifelhaftes Plebiszit angenommen. Es war ein Anliegen der *Concertación*-Regierungen, die „autoritären Enklaven" abzubauen. Dies erfolgte auf progressive, langsame Weise, die bei einigen Beobachtern zu der Kritik führte, Chile befinde sich in einer „ewigen Transition". Der Kongress führte zwischen 1991 und 2009 fast jährlich Reformen der „Verfassung Pinochets" durch. Wider den konstitutionellen Trend in Lateinamerika, immer längere und zunehmend detaillierte Verfassungen neu zu schreiben, die Regulierungskodizes gleichen, gehört die heute in Chile gültige Verfassung mit 122 Artikeln zu den kürzesten des Subkontinents (Venezuela: 320; Bolivien: 411).

3.2 Wachstum und Armutsreduzierung

Die Regierungen der *Concertación* zeichneten sich durch eine stabile Wirtschaftspolitik aus, die weitgehende Kontinuitäten zur unter Pinochet eingeschlagenen Entwicklungsstrategie aufwies. Die makroökonomischen Leitlinien wurden beibehalten und lediglich durch eine aktive und breit angelegte Sozialpolitik ergänzt. Das Land konnte starke Wachstumsraten verbuchen, die sowohl in Bezug auf das Bruttoinlandsprodukt (BIP) als auch auf das BIP pro Kopf deutlich über dem regionalen Durchschnitt lagen. Gemessen am Pro-Kopf-Einkommen belegte Chile im Jahr 2008 hinter Argentinien und Uruguay den drittbesten Platz (6.235 US-Dollar) in Lateinamerika (ohne Karibik). Im Januar 2010 unterschrieb Chile (als zweites lateinamerikanisches Land nach Mexiko) das Beitrittsabkommen zur Organisation für wirtschaftliche Zusammenarbeit und Entwicklung (OECD). Eine außengeöffnete Volkswirtschaft, ein unternehmensfreundliches Umfeld, Vertragssicherheit und marktwirtschaftliche Freiheiten zogen auch ausländische Direktinvestitionen stark an. Zwischen 2005 und 2008 stiegen die ausländischen Finanzströme (FDI) um 140 Prozent (von rund 7 auf rund 17 Mrd. US-Dollar). Auch wenn die Concertación-Regierungen nicht ganz frei von Korruptionsaffären waren, teilt sich Chile mit Uruguay die beste Platzierung Lateinamerikas (Rang 25 weltweit) im *Corruption Perceptions Index* 2008 von *Transparency International*.

Die liberale Außenwirtschaftsstrategie wurde durch zahlreiche bilaterale Handelsabkommen mit verschiedenen Ländern und Wirtschaftsblöcken aus unterschiedlichen Weltregionen untermauert. Hierzu gehören das Freihandelsabkommen mit den USA und das Assoziierungsabkommen mit der EU, die 2002 bzw. 2003 unterschrieben wurden. 40% des chilenischen Außenhandels wird inzwischen mit Pazifikanrainerstaaten abgewickelt. Im Zeitraum 1997-2007 verdoppelte sich die Exportquote und erreichte einen Wert von rund 40% des BIP. Hierzu trugen die hohen Rohstoffpreise auf dem Weltmarkt bei: Kupfer (rund 35%) und Kupferderivate (rund 19%) machen mehr als die Hälfte der chilenischen Ausfuhren aus.

Wirtschaftswachstum, Einkommensverbesserungen und zahlreiche Sozialprogramme führten zu einer starken Armutsreduzierung von 53%. Weniger eindeutig war die Entwicklung der Arbeitslosenquote, die in den letzten 20 Jahren zwischen 10 und 7,7% schwankte. Kaum positive Veränderung erfuhr unter den Regierungen der *Concertación* die soziale Ungleichheit. Diese bleibt – trotz einiger Verbesserungen – in den immer noch defizitären staatlichen Bildungs- und sozialen Sicherungssystemen begründet und repräsentiert weiterhin eine zentrale strukturelle Schwäche Chiles. Der ausgeprägte qualitative Unterschied zwischen den privaten und öffentlichen Säulen im Bildungsbereich sowie das wenig integrative Rentensystem wirken der Chancengleichheit und der sozialen Mobilität entgegen.

Auch wenn die Steuerbelastung in Chile über dem lateinamerikanischen Niveau liegt, befindet sich diese mit knapp 20% weit unter dem Durchschnitt der Industriestaaten (G7: rund 37%). Zudem finden 40% der wirtschaftlichen Aktivitäten im informellen Sektor statt, und das überwiegend auf der Mehrwertsteuer basierende Steuersystem wirkt sich stark regressiv aus; die Umverteilungseffekte sind entsprechend gering. Trotz einer durch die weltweite Finanzkrise verursachten Verlangsamung des Wirtschaftswachstums befand sich Chile am Ende der Regierung Bachelet in einer stabilen makro-ökonomischen Situation. Dank des Festhaltens der *Concertación* am strukturellen Haushaltsüberschuss von 1 bzw. 0,5% des BIP konnte das Land Staatsreserven im Ausland von rund 16 Mrd. US-Dollar akkumulieren.

3.3 Die Zentralität politischer Parteien und das technokratische Politikverständnis

In Chile haben Parteien – wie in kaum einem anderen lateinamerikanischen Land – das Monopol der politischen Repräsentation inne. Die Gesellschaft weist einen niedrigen Mobilisierungsgrad auf: Nennenswerte Protest- bzw. soziale Bewegungen oder neue Wahlakteure sind seit der Transition nicht entstanden. Dennoch bedeutet die steigende Komplexität und Differenzierung der Gesellschaft einen gewissen Anpassungsdruck für die Parteien. Die Modernisierung des Landes, die eine materielle Verbesserung für alle Bürgerinnen und Bürger mit sich brachte, erhöhte die Notwendigkeit symbolischer Integration. Neben der erforderlichen Berücksichtigung von Parteienquoten dominierte bisher die Suche nach technischen Lösungen für politische Probleme, für deren Bearbeitung nicht nur Politiker, sondern auch – und nicht selten in erster Linie – Spezialisten (Beratungsräte, Expertenkommissionen etc.) zu Rate gezogen wurden (Huneeus 2007a: 2). Angestrebt wurden rationale, objektive und neutrale Antworten auf Herausforderungen unterschiedlichster Natur. Diese Sicht des politischen Betriebs hat sicherlich ihre Vorteile: Professionalisierung der Elite, Kontinuität und Langfristigkeit der Politik, Transparenz, Explizierung der Prioritäten etc. Sie birgt jedoch auch Gefahren in sich: Entscheidungsprozesse, die abgekoppelt vom "politischen Puls" stattfinden, neigen dazu, an Responsivität zu verlieren und das sozialpsychologische Phänomen der Divergenz zwischen positiven objektiven Indikatoren und negativen subjektiven Bewertungen zu vernachlässigen. Dadurch können die Unzufriedenheit der Bevölkerung und schwindende Zustimmungswerte, die der demokratischen Regierbarkeit abträglich sind, nicht rechtzeitig erkannt werden. So kann die Technisierung der Politik auf Dauer destabilisierend wirken (Wehr 2004: 397).

4. Chile nach dem Machtwechsel

Trotz hoher Zustimmungsraten für Präsidentin Bachelet, die am Ende ihrer Amtszeit bei über 84 Prozent lagen (Adimark 2010), optierte die chilenische Bevölkerung für den Wechsel. Die unkonventionelle Figur Bachelets hatte bei den Präsidentschaftswahlen 2005 eine gewisse Erneuerung bedeutet und somit das „hohe Alter" und die Ermüdungserscheinungen der Regierungskoalition kompensieren können. Einen vergleichbaren Effekt konnte der 67-jährige Ex-Präsident und Angehörige der traditionellen politischen Elite, Eduardo Frei, als Präsidentschaftskandidat der Concertación im Jahr 2009 nicht erzielen. Die Entscheidung zugunsten des ehemaligen Senators Piñera fiel fast so knapp aus wie die des Jahres 1999, die damals der *Concertación* zum Vorteil gereichte. Seitdem war es dem Mitte-Links-Bündnis nicht mehr möglich gewesen, sich bereits im ersten Wahlgang durchzusetzen. Bei den Präsidentschaftswahlen 2009 verfehlte der *Concertación*-Kandidat jedoch erstmals auch die relative Mehrheit im ersten Wahlgang. Eduardo Frei landete mit weniger als einem Drittel der abgegebenen Stimmen auf dem zweiten Platz. Dies lag zum Teil daran, dass er sich die Wählerschaft des Mitte-Links-Spektrums mit zwei weiteren Präsidentschaftskandidaten, die aus der Sozialistischen Partei ausgetreten waren, teilen musste: Marco Enriquez-Ominami und Jorge Arrate (20,12 bzw. 6,21 Prozent). Auch wenn beide ihren Wählern empfahlen, im zweiten Wahlgang Frei zu unterstützen, gingen viele der Enriquez-Stimmen an Piñera.

Im Dezember 2009 wurden auch alle Abgeordneten und ca. die Hälfte der Senatoren neu gewählt. Im Unterhaus lagen zwar *Concertación* und Piñeras „Koalition für den Wandel" nach Stimmen (mit 44,36 bzw. 43,44%) sowie nach Mandaten (57 bzw. 58 Sitze) etwa gleich auf. Diese Ergebnisse bedeuteten jedoch eine gewisse

Machtverschiebung zugunsten der konservativen Kräfte. Zum ersten Mal seit der Rückkehr zur Demokratie sind die Kommunisten im Abgeordnetenhaus vertreten, was einen weiteren demokratischen Fortschritt darstellt. Ihr Wählerpotential lag in den letzten Jahren bei rund 10 Prozent; dieses konnte im Alleingang (aufgrund der faktischen Hürde in Zweierwahlkreisen) nicht in parlamentarische Sitze umgewandelt werden. Nach einer Übereinkunft mit der *Concertación* erhielten die Kommunisten 2009 drei Mandate und konnten somit ihren Status als außerparlamentarische Opposition überwinden. Im Senat erhielt die *Concertación* mehr als die Hälfte der Mandate. Vor diesem Hintergrund kann in Chile nicht wirklich von einem „Rechtsruck" die Rede sein.[23]

Piñera bemühte sich im Wahlkampf vor allem darum, sich als Kandidat der Zukunft zu profilieren. Der 60-jährige Unternehmer und Milliardär, der zu den reichsten Bürgern Chiles gehört und große Teile seines Vermögens während der Diktatur erworben hat, versprach, nach seiner Wahl den größten Teil seiner Aktien und Unternehmensanteile zu veräußern. Zahlreiche Mitglieder der Elite, die ihn begleitet, waren an der Pinochet-Regierung beteiligt. So wird der neue Präsident seine demokratische Verbindlichkeit durch die Trennung von ökonomischem und politischem Kapital sowie durch seine Personalpolitik unter Beweis stellen müssen.

Hinsichtlich einer Fortsetzung der „Demokratie der Kompromisse" sieht sich Piñera als Verfechter der chilenischen Tradition. In seiner ersten Rede als gewählter Präsident versicherte er, die Verhandlungspolitik weiter pflegen zu wollen. Auf die Zusammenarbeit mit den Oppositionsparteien im Parlament ist er aufgrund des Fehlens einer eigenen Mehrheit ohnehin angewiesen.

Die Wahlniederlage bietet den *Concertación*-Parteien die Möglichkeit, die Oppositionsrolle anzunehmen und sich programmatisch wie personell zu erneuern. Mehr Raum für Kontroversen, transparentere Mechanismen für die Kandidatenwahl und Generationswechsel sind die Stichworte, die im Rahmen der Selbstkritik und zukunftsorientierten Diskussion bereits gefallen sind. Einige Wechsel an den Parteispitzen fanden unmittelbar nach der Stichwahl statt. Zudem wird darüber nachgedacht, wie die *Concertación* für zivilgesellschaftliche Interessen durchlässiger werden kann. Als Opposition könnten die Parteien des Mitte-Links-Spektrums in stärkeren Maße Forderungen der Gesellschaft aufnehmen und in politische Diskussionen einbringen.

Präsident Piñera gehört zum liberalen Flügel seines Wahlbündnisses und sprach im Wahlkampf vor allem die Wählerschaft der politischen Mitte an. Hinsichtlich der Personalpolitik äußerte er als gewählter Präsident den Wunsch, eine Regierung der nationalen Einheit zu bilden, die keine Parteienquoten berücksichtigt, sondern viel-

23 Dies gilt für die nationale Ebene. Auf lokaler Ebene errang die *Alianza* bereits bei den Gemeindewahlen vom Oktober 2008 43 Bürgermeister mehr als die *Concertación*, die mit zwei Listen (PDC + PS und PPD + PRSD) angetreten war. Die Stimmenanteile beider Wahlbündnisse waren fast identisch: Die *Concertación (Concertación Democrática* und *Concertación Progresista)* konnte 38,4% der Stimmen auf sich vereinigen und die *Alianza*, 40,6%. Bei den Wahlen zu den Gemeinderäten lag die *Concertación* sogar vor der *Alianza* (45,2 versus 37,7%) (Funk 2009: 304f.).

mehr die besten Fachkräfte aus einem breiten ideologischen Spektrum rekrutiert. Er wolle sich auf Verhandlungen mit der Opposition stützen, um somit eine „Demokratie der Kompromisse der zweiten Generation“ einzuleiten. In diesem Sinne beabsichtige er, dem Geist der Regierung Patricio Aylwins (1990-94) zu folgen und eine „zweite Transition“ herbeizuführen. Unter solchen Voraussetzungen könnte sich Piñeras Koalition in die Mitte bewegen. Den eigenen Wahlerfolg bewertete er nicht als eine Entscheidung der Bürgerinnen und Bürger für die politische Rechte, sondern zugunsten der Zukunft. Die politischen und sozioökonomischen Entwicklungen der letzten 20 Jahre, die aus den Wahlen hervorgegangenen Machtverhältnisse und Piñeras Regierungsprogramm legen die Vermutung nahe, dass sich diese Zukunft von der Gegenwart nicht stark unterscheiden wird.

Literaturverzeichnis

Adimark (2006-2007): *Evaluación Gestión de Gobierno*, monatliche Serien. <www.adimark.cl>.

Adimark (2010): *Encuesta: evolución del Gobierno Post Terremoto, Informe especial*, März 2010.

Bachelet, Michelle (2005a): *Estoy contigo. Programa de Gobierno 2006-2010.* <www.gobiernodechile.cl/programa_bachelet/programa.pdf> (20.8.2007).

— (2005b): *Plan 100 días* (27. Dezember), Santiago. <www.emol.com/noticias/documentos/pdfs/plan_100_dias.pdf> (20.8.2007).

— (2006a): *Primer discurso oficial desde el balcón del Palacio de La Moneda.* <www.gobierno.cl/discursos/impresion.asp?cod=5> (20.8.2007).

— (2006b): “Cuatro años de gobierno. Cuatro grandes transformaciones. Cuatro áreas de desarrollo” (*Primera Cuenta al País*; 21. Mai 2006). <www.chile.or.jp/agricola/ documentos/primera%20cuenta.pdf> (20.8.2007).

— (2007): “Más y mejor educación, más protección social, mejor calidad de vida, más emprendimiento, mejor democracia, ¡contigo mejor país!” (*Segunda Cuenta al País*; 21. Mai 2007). <www.gobiernodechile.cl/discursos/impresion.asp?cod=292> (20.8.2007).

CEPAL (Comisión Económica para América Latinay el Caribe) (2005): *Panorama social de América Latina y el Caribe*. Santiago de Chile.

— (2007): *Cohesión Social. Inclusión y sentido de pertenencia en América Latina y el Caribe.* Santiago de Chile.

Chávez Abarrán, Miguel/Darraz, Fernández (2005): *Ist eine vierte Regierungsperiode der Concertación möglich? Ein Vorbericht zu den Präsidentschaftswahlen in Chile im Dezember 2005.* Ibero-Analysen, Heft 16, November. Berlin.

Cochilco (2006): *Anuario estadísticas del cobre y otros minerales 1986-2005*. Santiago. Online unter: <www.cochilco.cl/anm/articlefiles/456-ANUARIO2005-PDF%2811-AGO-06%29.pdf> (14.8.2007).

Comisión Boeninger (2006): *Informe grupo de trabajo sobre reforma al sistema electoral.* Santiago, 8. Juni 2006.

Funk, Robert L. (2009): “Chile: segundo tiempo”, In: Revista de Ciencia Política, Bd. 29, Nr. 2, S. 301-326.

Garretón, Manuel A. (2006): "El gobierno ciudadano es una paradoja". Interview geführt von Paz Escárate. In: *Mensaje*, Oktober. Santiago, S. 52-55.

Huneeus, Carlos (2006): "Las elecciones presidenciales y parlamentarias de 2005 en Chile". In: *Estudios Internacionales*, Nr. 156, S. 69-93.

— (2007a): *La modernización de la política (I)*. Asuntos Públicos, Informe Nr. 618, Política Nacional, 19.07.2007.

— (2007b): *La modernización de la política (II)*, Asuntos Públicos, Informe Nr. 619, Política Nacional, 24.07.2007.

La Nación (2007): *En un intento de recuperar su popularidad Bachelet lanzó un ambicioso plan social*. Buenos Aires, 22.05.07, S. 3.

— (2007): *Tras la muerte de Pinochet los represores rompen el silencio en Chile*. Buenos Aires, 30.05.07.

Marcel, Mario (2006): *Cinco años de balance estructural en Chile: Una evaluación*. Vortrag auf dem "Seminario Regional de Política Fiscal", CEPAL/UN, Santiago de Chile, 24. Januar.

Mardones, Rodrigo (2007): "Chile: Todas íbamos a ser reinas". In: *Revista de Ciencia Política, Anuario Político de América Latina*. Sonderausgabe, S. 79-96.

Ministerio Secretaría de la Presidencia (2006): *Cumplimiento "Plan 100 días, 36 medidas"*, 16.06.06. <www.minsegpres.gob.cl> (14.3.2007).

Navia, Patricio (2006a): "Chile: continuidad y cambio". In: *Nueva Sociedad*. Sonderausgabe, März, o.S. <http://www.nuso.org/docesp/navia_final.pdf> (14.3.2007).

— (2006b): "La izquierda de Lagos vs. la izquierda de Chávez". *Cadal – Documentos*, Jg. IV., Nr. 52, 2. Mai.

Nohlen, Dieter (1995): *Sistemas electorales y partidos políticos*. México, D.F.

— (2004): "Das politische System: Verfassung und Verfassungspraxis". In: Imbusch, Peter/Messner, Dirk/Nolte, Detlef (Hrsg.): *Chile heute. Politik, Wirtschaft, Kultur*. Frankfurt am Main, S. 333-378.

— (2005): "Chile". In: Nohlen, Dieter (Hrsg.): *Elections in the Americas*, Bd. 2: *South America*. Oxford, S. 253-293.

— (2006): "La reforma del sistema binominal desde una perspectiva comparada". In: *Revista de Ciencia Política*, Bd. 26, Nr. 1, S. 191-202.

Rovira Kaltwasser, Cristóbal (2006a): *Haben die alten Eliten ausgedient? Macht und Eliten in Lateinamerika. Das Beispiel Chile*. Ibero-Analysen, Heft 18, Februar. Berlin

— (2006b): *Eine Frau kommt an die Macht: Verkörpert Chile einen Sonderweg in Lateinamerika?* GIGA Focus, Nr. 3. Hamburg.

— (2007): "Pinochets Tod und die schweigende Zustimmung zu seinem Regime". In: *Lateinamerika-Analysen*, 16, 1, S. 253-264.

Ruderer, Stephan (2007): *Vom "neuen Politikstil" zum Krisenmanagement in Chile: Ein Jahr Bachelet*. GIGA Focus, Nr. 5, Hamburg.

Sanfuentes, Andrés (2007): *Balance estructural: descargando presiones*, Asuntos Públicos, Informe Nr. 613, Economía, 20.06.2007.

Silva, Patricio (2006): "Los tecnócratas y la política en Chile: pasado y presente". In: *Revista de Ciencia Política*, Bd. 26, Nr. 2, S. 175-190.

Toro Maureira, Sergio (2007): "Conducta legislativa ante las iniciativas del ejecutivo: Unidad de los bloques políticos en Chile". In: *Revista de Ciencia Política*, Bd. 27, Nr. 1, S. 23-41.

UNDP (United Nations Development Programme) (2004): *Informe de Desarrollo Humano en Chile. El poder: ¿para qué y para quién?* Santiago de Chile.

Valenzuela, Arturo/Dammert, Lucía (2006): "Problems of Success in Chile". In: *Journal of Democracy*, Bd. 17, Nr. 4, S. 65-79.

WEF (Word Economic Forum) (2006): *Global Gender Gap Report*. Genf. <www.weforum.org/pdf/gendergap/report2006.pdf> (14.8.2007).

Wehr, Ingrid (2004): "Das Parteiensystem des nach-autoritären Chile: Vom polarisierten Pluralismus zur Nordamerikanisierung?". In: Imbusch, Peter/Messner, Dirk/Nolte Detlef (Hrsg.): *Chile heute. Politik, Wirtschaft, Kultur*. Frankfurt am Main:, S. 380-416.

Wahlen und Parteiensystem in Bolivien zwischen 1982 und 2005

Stefan Jost

1. Einleitung

Bolivien hatte sich seit der Unabhängigkeit 1825 seinen Ruf als Paradebeispiel politischer Instabilität redlich verdient. Nach dem Rückzug des Militärs 1982 war daher die Skepsis hinsichtlich der Überlebenschancen der jungen Demokratie stark ausgeprägt. Die chaotische Transitionsphase 1982-1985 unter der Linkskoalition UDP *(Unión Democrática y Popular)* schien alle Befürchtungen zu bestätigen. Gerade aus diesen traumatischen Erfahrungen entwickelte sich jedoch eine paktierte Demokratie, mit der der Wandel zwischenparteilicher Interaktionsmuster und eine längerfristig angelegte Kompromiss- und Paktfähigkeit der Parteien zur Sicherstellung der Regierbarkeit umschrieben wird. Diese paktierte Demokratie begründete die politische Stabilität und ermöglichte die vielfältigen sozioökonomischen und politisch-institutionellen Reformen der nachfolgenden Jahre (Jost 2003), die Bolivien Mitte der neunziger Jahre international zum "Traumland der Reformen" werden ließen.

Diese nach 1985 erreichte politische Systemstabilität kontrastierte mit einem Parteiensystem, das zwar allenfalls rudimentäre anti-systemische Tendenzen aufwies, jedoch immer wieder teils tief greifende Veränderungen erfuhr und sich in seiner parteiorganisatorischen Konfiguration alles andere als stabil erwies.

Ende der neunziger Jahre entwickelte sich ein zunehmend komplexeres Krisenszenario. Nach Jahren politischer und sozialer, teilweise bürgerkriegsähnlicher Auseinandersetzungen – und allein zwischen 2002 und 2005 drei Staatspräsidenten – befand sich Bolivien für manchen Beobachter auf dem Weg zu einem "failing state". Die Präsidentschafts- und Parlamentswahlen vom Dezember 2005, gedacht als Königsweg zur Lösung der politischen Blockadesituation des Landes,[1] führten zu einem überwältigenden Wahlergebnis des ersten indigenen Präsidenten des Landes.

Die sich seit dem Amtsantritt der Regierung Morales verschärfenden Konfliktlinien haben jedoch dazu geführt, dass trotz der absoluten Mehrheit des Staatspräsi-

1 Die Vorziehung der turnusgemäß erst im Juli 2006 anstehenden Wahlen war Teil einer Paketlösung, mit der die zentralen politischen Kräfte einen Zeitplan zur demokratischen Beantwortung der politischen Machtfrage vereinbart hatten. Neben der Vorziehung der Wahlen beinhaltete dies die erstmalige Durchführung der Wahlen der Präfekten ebenfalls im Dezember 2005 sowie die Wahl der Verfassunggebenden Versammlung im Juli 2006 zeitgleich mit der Durchführung des nationalen Referendums zur Autonomie der Departments.

denten die Frage nach der politischen Stabilität der bolivianischen Demokratie und der Entwicklung des Parteiensystems erneut auf der Tagesordnung stand.

In einer Karikatur wurde zum Ausdruck gebracht, dass Morales seinen Amtseid auf den Ruinen von Tiahuanako[2] und denen des Parlamentes ablegen werde. Die unmittelbarste Konsequenz dieser Wahlen lag in der Tat im Verschwinden des vorherigen, in den Augen vieler Beobachter und Wähler delegitimierten Parteiensystems. Zwar hatte dieses seit 1982 eine Reihe von Änderungen erfahren, zeigte sich jedoch stets in der Lage, selbst in Teilen ihres Diskurses anti-systemische Parteien in das politische System zu integrieren. Der folgende Beitrag analysiert die Entwicklung des bolivianischen Parteiensystems seit der Demokratisierung des Landes bis zu den Präsidentschafts- und Parlamentswahlen des Jahres 2005.

2. *Wahlsystem, Wahlbeteiligung und rechtliche Rahmenbedingungen des Parteiensystems*

2.1 Wahlsystem[3]

Die bolivianische Verfassung[4] normiert allgemeine, direkte, geheime, gleiche und freie Wahlen in einem "System proportionaler Vertretung". Es besteht Wahlpflicht. Der Staatspräsident wird auf fünf Jahre gewählt. Sofern im ersten Wahlgang keiner der Kandidaten die absolute Mehrheit erreicht, wählt das Parlament den Staatspräsidenten zwischen den beiden Best-Platzierten der Direktwahl. Bleibt es nach drei Wahlgängen bei einer Patt-Situation, wird derjenige Kandidat zum Staatspräsidenten ernannt, der in der Direktwahl die einfache Mehrheit erhalten hat. Seit der Präsidentschaftswahl 1985, der ersten nach Boliviens Demokratisierung im Jahre 1982, wurden bis 2005 alle Staatspräsidenten durch das Parlament gewählt.

Das auf fünf Jahre gewählte Parlament besteht aus der Abgeordnetenkammer und dem Senat. Präsidentschafts- und Parlamentswahlen werden zusammen durchgeführt. Seit 1997 werden die 130 Abgeordneten nach einem am deutschen Bundes-

2 Bei diesen rund 70 km von La Paz entfernten Ruinen handelt es sich um Überreste einer vorinkaischen Kultur, deren Verbreitungsgebiet sich auf das heutige Ecuador, Peru, Bolivien und das nördliche Chile erstreckte und die für das Selbstverständnis vor allem der Aymara große Bedeutung hat. Dort zelebrierte Morales einen Tag vor seiner offiziellen Vereidigung seinen Amtsantritt nach indianischen Riten.

3 Die vorliegende Analyse bezieht sich auf die Präsidentschafts- und Parlamentswahlen. Die seit 1987 zunächst im Zwei-Jahres-Rhythmus, ab 1999 alle fünf Jahre stattfindenden Kommunalwahlen bleiben wegen ihrer für das nationale Parteiensystem deutlich reduzierten Relevanz außer Betracht. Dies gilt auch für die 2005 erstmals durchgeführten Wahlen der Präfekten, d.h. der Verwaltungschefs der neun Departments. Zu deren verfassungsrechtlicher Problematik siehe Jost (2006a: 8f.).

4 Der vorliegende Beitrag wurde vor der 2009 erfolgten Verfassungsänderung und vor den Präsidentschaftswahlen vom Dezember 2009 verfasst (Anm. des Hrsg.).

tagswahlsystem orientierten Wahlrecht gewählt. Es gibt 70 Wahlkreise,[5] 60 Abgeordnete werden über die neun Departmentlisten gewählt. Der Wähler hat zwei Stimmen. Mit dem "voto selectivo" wählt er den Wahlkreiskandidaten *(diputado uninominal)*, während er mit dem "voto acumulativo" den Präsidenten und damit die Departmentliste der Partei mit den Listenabgeordneten *(diputados plurinominales)* und Senatoren wählt. Es besteht eine Sperrklausel von drei Prozent, die Sitzzuteilung erfolgt nach D'Hondt. Der Senat setzt sich aus drei Vertretern pro Department zusammen. Zwei Senatoren erhält die stärkste Partei, den dritten die zweitstärkste.

2.2 Entwicklung der Wahlbeteiligung

Die Tabellen 1 und 2 veranschaulichen die Entwicklung der Wahlbeteiligung mit Abschluss der Transitionsphase bis zu den Wahlen 2005 sowie die Stärke der "Partei der Nichtwähler" im Verhältnis zur jeweiligen Partei der "primera mayoría" ("erste Mehrheit"). Dabei wird deutlich, welcher Ausnahmecharakter den Wahlen 2005 zukam. Dies betrifft die seit 1985 höchste Wahlbeteiligung sowie die größte Differenz zwischen der Partei der "primera mayoría" und der "Partei der Nichtwähler".

Tabelle 1: Einschreibung und Wahlbeteiligung bei den Präsidentschafts- und Parlamentswahlen 1985-2005

Wahljahr	1979	1980	1985	1989	1993	1997	2002	2005
Wahlberechtigte (Mio.)	o.A.	o.A.	o.A.	3,269	3,715	4,147	4,680	o.A.
Eingeschrieben (Mio.) *	1,877	2,004	2,108	2,140	2,399	3,253	4,155	3,671
Eingeschrieben (%)	o.A.	o.A.	o.A.	65,48	64,58	78,44	88,78	o.A.
Wahlbeteiligung (%) **	90,21	74,32	81,97	73,53	72,16	71,36	72,06	84,51

* Das Geschlechterverhältnis innerhalb der Wählerschaft ist ausgeglichen (2005: Frauen 49,62%; Männer 50,38%). 33,24% der eingeschriebenen Wähler sind 18 bis 30 Jahre alt, 55,11% 18 bis 40 Jahre.

** Die Angaben beziehen sich auf die Zahl der abgegebenen Stimmen. Die tatsächliche Wahlbeteiligung ist geringer, da Wahlpflicht besteht, sich aber nicht alle Wahlverpflichteten in das Wahlregister einschreiben. 2005 kam es aufgrund einer offensichtlich auch von den Parteien nicht beachteten Änderung des Wahlgesetzes zu einer Bereinigung des Wahlregisters. Danach wurden alle diejenigen aus dem Wahlregister gestrichen, die ihrer Wahlpflicht bei den Kommunalwahlen 2004 nicht nachgekommen waren. So erklärt sich trotz der gestiegenen Bevölkerungszahl und damit naturgemäß auch der Wahlberechtigten (nach der Volks-

5 Das Parlament hatte die seit der Volkszählung 2001 erforderliche Neuzuordnung von vier Abgeordneten auf die Departments nicht vorgenommen und wurde durch ein Urteil des Verfassungsgerichts unter Zugzwang gesetzt. Da sich das Parlament monatelang nicht über eine entsprechende Wahlgesetzänderung verständigen konnte, nahm der Staatspräsident in einem sogar auf Bestimmungen internationaler Verträge gestützten Dekret die Neuzuordnung vor, um die Durchführung der Wahlen zu gewährleisten.

zählung 2001 hatte Bolivien 8,274 Mio. Einwohner, nach Angaben des Nationalen Statistik-Instituts INE vom Januar 2006 9,427 Mio. Einwohner) die im Vergleich zu 2002 zurückgegangene Zahl der eingeschriebenen Wähler des Jahres 2005.

Quellen: Corte Nacional Electoral <www.cne.org.bo>, 2.5.2007), Instituto Nacional de Estadisticas <www.ine.gov.bo>, 2.5.2007).

Tabelle 2: Die "Partei der Nichtwähler" im Verhältnis zur "primera mayoría" in den Präsidentschafts- und Parlamentswahlen 1985-2005

Wahljahr	Beteiligung in %	Enthaltung in %	"primera mayoría"	Differenz in %
1979	90,21	9,79	31,22	21,34
1980	74,32	25,68	34,05	8,37
1985	81,97	18,03	28,56	10,53
1989	72,42	27,58	25,64	-1,94
1993	72,16	27,84	35,55	7,71
1997	71,36	28,64	22,26	-6,38
2002	72,06	27,94	22,46	-5,48
2005	84,51	15,49	53,70	38,21

Quellen: Corte Nacional Electoral <www.cne.org.bo>, 2.5.2007), Instituto Nacional de Estadisticas <www.ine.gov.bo>, 2.5.2007).

2.3 Rechtliche Rahmenbedingungen des Parteiensystems

Bis zur erstmaligen Verabschiedung eines eigenständigen Parteiengesetzes 1999 waren die rudimentären Regelungen für politische Parteien in der Verfassung und dem Wahlgesetz verankert.[6] Damit kam die seit Anfang der 90er Jahre nur mühsam vorangehende Debatte zu einem ersten Ergebnis. Auch wenn dieses Gesetz in einigen Aspekten nur als erster Schritt zu betrachten ist, war es auch als Zeichen einer sich verstärkenden Einsicht der Parteien in existente Reformnotwendigkeiten gedacht. So enthält dieses Gesetz u.a. gewisse Anforderungen an demokratische innerparteiliche Strukturen, ein Verbot von Doppelmitgliedschaften, eine stärkere Berücksichtigung von Frauen sowie eine staatliche Parteienfinanzierung.

Zu einer wesentlichen Änderung kam es durch die Verfassungsreform 2004,[7] mit der das traditionelle und in den Jahren zuvor immer stärker kritisierte Monopol der politischen Parteien zur Kandidatenbenennung gebrochen wurde. Zwar konnten bis dahin auch "repräsentative zivile Gruppierungen der lebenden Kräfte des Landes" Kandidaten aufstellen, dies jedoch nur in Verbindung mit einer politischen Partei, weshalb diese Konstruktion eine Fiktion blieb. Seit 1994 können Kandidaten von

6 Siehe hierzu Jost (2003: 243ff., 433f.); zum Vergleich in Lateinamerika siehe Jost (1998).
7 Zur Verfassungsentwicklung siehe Jost (2006b).

“einer politischen Partei oder direkt durch Wählergruppen und/oder indigene Völker” vorgeschlagen werden.

3. *Die Entwicklung des Parteiensystems und die Präsidentschafts- und Parlamentswahlen zwischen 1982 und 2005*

3.1 Die Transitionsphase von 1982 bis 1985

Zum Verständnis der Transitionsphase muss bis zum Ende der Banzer-Diktatur zurückgegangen werden. Die Wahlen im Juli 1978 wurden vom *Corte Nacional Electoral* (CNE) wegen Betruges annulliert. Der damit in seinen Präsidentschaftsaspirationen gescheiterte Innenminister Banzers, Juan Pereda Asbún, putschte und eröffnete damit eine der politisch instabilsten und wohl auch gewalttätigsten Phasen der bolivianischen Geschichte, in der die beiden Extremmodelle einer Militärdiktatur und einer handlungsunfähigen Parteiendemokratie ihre letzten Kämpfe ausfochten. Es kam durch die Wahlen vom Juni 1979 und vom Juni 1980 zu zwei Versuchen der demokratischen Stabilisierung, die beide durch Militärputsche vereitelt wurden. Das 1980 gewählte Parlament konnte erst gar nicht mehr einberufen werden. Nach dem Rückzug des Militärs 1982 wurde das Parlament auf der Grundlage des Wahlergebnisses von 1980 einberufen und wählte den UDP-Kandidaten Hernán Siles Zuazo zum neuen Staatspräsidenten. Die Transitionsphase wurde von drei politischen Kräften geprägt: dem *Movimiento Nacionalista Revoucionario* (MNR), der *Acción Democrática Nacionalista* (ADN) und dem Parteienbündnis *Unión Democrática y Popular* (UDP).[8]

Der 1941 gegründete MNR ist die älteste der relevanten Parteien, in der sich das im Chaco-Krieg herausgebildete klassen- und rassenübergreifende Bewusstsein als Grundstein für das nationale Projekt der Revolution am eindrucksvollsten kristallisierte. Zwischen 1952 und 1964 dominierte der MNR die Politik des Landes, wenn auch nicht immer mit demokratischen Mitteln. Auch waren der MNR beziehungsweise ihm angehörende Politiker in eine Reihe von Militärputschen verwickelt. Seine in den Revolutionsjahren entwickelte Organisationsbasis auf dem Land machte ihn über Jahrzehnte hinweg zu einer der am besten organisierten Parteien Boliviens. Ideologisch ist der MNR schwer einzuordnen, auch wenn anti-feudalistische, anti-kapitalistische und anti-oligarchische Orientierungen sich in der wesentlich von ihm gesteuerten Nationalen Revolution von 1952 mit ihren fundamentalen Veränderungen (Allgemeines Wahlrecht, Agrarreform, Nationalisierung der Minen, Erziehungsreform) widerspiegeln sollten. Die ideologische Bandbreite des MNR ist eine der Ursachen für wiederholte Spaltungen. Die für den MNR folgenreichste war die des MNR-I unter Siles Zuazo. Die bereits 1946 herausgebildete, in der Praxis

8 Zu den Parteien siehe näher Jost (2003: 238-294); zu aktuellen Dokumenten CNE (2005a); zu Geschichte und Dokumenten Lora (1987) und Rolón Anaya (1987).

sehr pragmatische Theorie des "revolutionären Nationalismus" ermöglichte es dem MNR im Verlauf seiner Geschichte, die Nationale Revolution ebenso zu begründen wie in den Jahren 1985 und 1993 die Modifizierungen bzw. grundlegenden Politikwechsel in zentralen Bereichen.

Tabelle 3: Ergebnisse der Präsidentschafts- und Parlamentswahlen 1979-1980

Partei	1979 (%)	Abgeordnete/ Senatoren	1980 (%)	Abgeordnete/ Senatoren
UDP	31,22	38/ 8	34,05	43/10
MNR	31,13	50/16	17,70	31/10
ADN	12,90	18/ 3	14,79	22/6
PS-1	4,17	5/ -	7,65	10/1
APIN	3,55	5/ -	--	--
FDR-NA	--	--	2,64	4/ -
Sonstige	3,37	1/ -	11,00	7/ -

Quelle: Corte Nacional Electoral <www.cne.org.bo>, 2.5.2007.

Die 1979 gegründete, im Mitte-Rechts-Spektrum anzusiedelnde, einem konservativen und wirtschaftsliberalen Programm und den Zielgruppen der Privatunternehmer und des Mittelstands verpflichtete ADN stellte vor allem das persönliche Projekt Banzers dar, sich nach seiner Diktatur in das demokratische Kräftespiel einzugliedern. Dieser Integration und der damit im Verständnis Banzers verbundenen nachträglichen Sanktionierung seiner Militärdiktatur waren aber zunächst Grenzen gesetzt. Dennoch erreichte er bei den Wahlen 1979 und 1980 den dritten Platz. Ihre erste große Chance, sich in ihrer parlamentarischen Schlüsselrolle als demokratiestabilisierender Faktor zu bewähren, verspielte die ADN jedoch, da sie sich bei der jeweiligen Wahl des Staatspräsidenten im Parlament für keinen Kandidaten entscheiden wollte.

Die UDP war ein Anfang 1978 geschlossenes Parteienbündnis, mit dem verschiedene Linksparteien auf die Ankündigung der Wahlen durch Banzer reagierten. Neben einigen kleineren Gruppierungen zählten der *Movimiento Nacionalista Revolucionario de Izquierda* (MNR-I), eine Abspaltung des MNR unter Führung von Hernán Siles Zuazo, der *Movimiento de Izqierda Revolucionario* (MIR) unter Jaime Paz Zamora, der *Partido Comunista Boliviano* (PCB), der *Movimiento Revolucionario Tupac Katari* (MRTK) und der *Partido Demócrata Cristiano* (PDC) zu den wichtigsten Parteien des Bündnisses.

Auch mit Blick auf die spätere Entwicklung ist unter diesen Parteien der MIR hervorzuheben, der kurz nach dem Staatsstreich Banzers 1971 gegründet und Mitglied der Sozialistischen Internationale wurde. Im durch autoritäre Regierungssysteme oder Militärregime geprägten Kontext Lateinamerikas der sechziger und siebziger Jahre stellten sich der politischen Linken zwei Kardinalfragen. Zum einen, ob sie versuchen sollte, im inneren oder äußeren Exil zu überleben oder in Form der Guerilla Widerstand zu leisten. Zum anderen, ob sie sich wieder verstärkt orthodoxen Marxismus-Leninismus-Vorstellungen, wie in Bolivien beispielsweise durch die Gewerkschaft *Central Obrera Boliviana* (COB), den PCB oder andere kleinere Parteien vertreten, zuwenden oder ob ein eigenständiger nationaler linker Weg definiert werden sollte. Der MIR stellte eine bolivianische Antwort auf diese Kernfragen der politischen Linken dar.

Für die Definition eines nationalen linken Weges war die Revolution von 1952 von entscheidender Bedeutung. Die 1977 entwickelte These von der "historischen Verwandtschaft" zu den Zielen der Revolution sollte zur strategischen Grundlage des MIR in den nachfolgenden Jahren werden. Es gelte, die Ziele der Revolution im Kontext neuer nationaler Realitäten zu vollenden und dabei weder die Arbeiterklasse, so der PCB, noch die Interessen der Nation, so der MNR, überzubewerten.

In der eskalierenden Endphase der UDP-Regierung musste der MIR zwei Abspaltungen hinnehmen, von denen der *Movimiento Bolivia Libre* (MBL) sich auf niedrigem Niveau, aber in bestimmten Phasen durchaus einflussreich, etablieren sollte.

Die selbstbewusste Eigendefinition der UDP als "aus dem Kampf gegen den Faschismus stammendes antiimperialistisches und revolutionäres Instrument" konnte nicht darüber hinwegtäuschen, dass die ideologische Heterogenität und der Kampf um die Machtverteilung innerhalb der Koalition die Erarbeitung und Umsetzung eines gemeinsamen Regierungsprogramms unmöglich machten. Die Regierung verfügte über keine parlamentarische Mehrheit und sah sich der zunehmend radikaleren Opposition durch die Gewerkschaft COB, die die tradierte Machtaufteilung zwischen Regierung und COB aus der Zeit der Nationalen Revolution mit allen Mitteln wieder aufleben lassen wollte, und einer Totalopposition durch MNR und ADN im Parlament sowie dem Arbeitgeberverband gegenüber. Die Hoffnung auf eine paktierte Demokratie war gescheitert, die Konsensfähigkeit der Parteien hatte sich mit der Wahl von Siles Zuazo erschöpft.

Die "völlige Konzeptionslosigkeit der Regierung" stürzte Bolivien "in die schlimmste Wirtschaftskrise seit 1900" (Bieber 1996: 838), die Regierung verfügte über keine Autorität oder Handlungsspielräume mehr, Bolivien wurde zu einem "essentiell anomischen politischen System" (Mayorga 1987: 136). Zu den Wahlen 1985 trat die UDP nicht mehr an. Die politische Linke hatte mit dem Experiment der UDP ihre historische Chance verspielt, abgesehen von der MIR spielte keiner der kleineren Partner der UDP nach 1985 eine Rolle.[9] Auf der anderen Seite entstand eine "zivile Option der Rechten" mit dem wachsenden Einfluss der ADN (Krempin 1989: 109).[10] Insgesamt ist eine deutliche Schwächung anti-systemischer zugunsten systembejahender Kräfte festzustellen. Darüber hinaus wurde deutlich, dass eine

9 Der MNR-I war 1985-1989 noch in der Abgeordnetenkammer vertreten, der christdemokratische PDC kandidierte 1985 selbstständig, schloss sich ab 1989 mit der ADN zu einem Wahlbündnis zusammen und konnte so sein parlamentarisches Überleben als Ein-Mann-Fraktion sichern.

10 Verdesoto spricht in diesem Zusammenhang von dem "perversen Effekt dieser Phase der Demokratie in Form der Zersetzung der Kräfte, die die Demokratie möglich gemacht haben und der Legitimation des Ex-Diktators Banzer innerhalb des politischen Systems" (Ardaya/ Verdesoto 1994: 8).

persönliche Führerschaft zur Sicherstellung der Regierbarkeit nicht ausreichte, sich das Konzept einer Minderheitsregierung als nicht tragfähig erwies und politische Stabilität einer parlamentarischen Grundlage bedarf.

Die herrschende Kriegslogik, die Fundamentalideologisierung der politischen Auseinandersetzung und die Unfähigkeit zum Kompromiss, die in der Zersplitterung der Parteienlandschaft[11] nicht zuletzt aufgrund vieler Parteispaltungen zum Ausdruck kam, aber auch bestimmend für das Verhältnis zwischen den politischen Parteien war, war eine der wesentlichen Ursachen der politischen Instabilität. Die Rolle der Parteien im Parlament und die Stellung des Parlaments selbst im politischen System mussten überdacht werden.

3.2 Von der paktierten Demokratie zur Erosion des traditionellen Parteiensystems (1985-2002)

In der nachfolgend analysierten 17-jährigen Periode hat das bolivianische Parteiensystem eine Reihe von Veränderungen erfahren. Der Übersichtlichkeit halber werden in Tabelle 4 die Wahlergebnisse aller Parteien und ihrer daraus resultierenden parlamentarischen Vertretung vorangestellt.

3.2.1 Die Begründung der paktierten Demokratie (1985-1989)

Die vorgezogenen Wahlen 1985 brachten einen Erfolg der beiden bisherigen Oppositionsparteien ADN und MNR. Die ADN wurde mit klarem Abstand vor dem MNR stärkste Partei.[12] Die gemäßigten Linksparteien MIR, MNR-I und MNR-V erreichten eine gewisse parlamentarische Repräsentanz, die radikalen Linksparteien und sonstige Parteien kamen nur auf Ergebnisse zwischen 0,5% und 2,2%.

Banzer konnte seinen Sieg jedoch nicht in eine Präsidentschaft umwandeln. Zu groß waren trotz des Wahlerfolges die Widerstände und Bedenken, den ehemaligen Diktator parlamentarisch zu unterstützen. So wurde nicht der Kandidat der "primera mayoría", sondern mittels einer Vereinbarung zwischen MNR, MIR, MNR-I und MNR-V der MNR-Politiker Paz Estenssoro im Parlament zum Staatspräsidenten gewählt. Beim MIR stand dabei die Einsicht Pate, dass ihm angesichts seiner Mitverantwortung für die UDP-Regierung das Wahlergebnis eine unverhoffte Chance bot, sich, wenn auch zunächst auf niedrigem Niveau, zu etablieren, was mit einer Fundamentalopposition im Parlament nicht zu vereinbaren war.

11 So stieg die Zahl der ins Wahlregister eingetragenen Parteien vom Dezember 1978 bis März 1979 von 23 auf 53. Siehe hierzu Céspedes (1982: 65); zur Auflistung der Parteien siehe S. 194ff.

12 Allerdings erreichte der MNR eine knappe Mandatsmehrheit.

Tabelle 4: Präsidentschafts- und Parlamentswahlen 1985-2002 – Ergebnisse in % / parlamentarische Vertretung (PV)

Partei	1985	PV[13]	1989	PV	1993	PV	1997	PV	2002	PV
MNR	25,2	43/16	23,1	40/9	35,6	52/17	18,2	26/ 4	22,5	36/11
MNR-I	4,8	8/ 0	--	--	--	--	--	--	--	--
MNR-V	4,2	6/ 0	--	--	--	--	--	--	--	--
ADN	28,6	41/10	22,7	38/8	[14]	19/ 5	22,3	32/11	3,4	4/ 1
MIR	8,7	15/ 1	19,6	33/8	--	16/ 3	16,8	23/ 7	16,3	26/ 5
AP	--	--	--	--	21,1	--	--	--	--	--
MBL	--	--	--	--	5,4	7/ 0	3,1	5/ 0	--	--
Condepa	--	--	11,0	9/2	14,3	13/ 1	17,2	19/ 3	0,4	--
UCS	--	--	--	--	13,8	20/ 1	16,1	21/ 2	5,5	5/ 0
IU	0,6	1/ 0	7,2	10/0	1,0	--	3,7	4/ 0	--	--
NFR	--	--	--	--	--	--	--	--	20,9	25/ 2
MAS	--	--	--	--	--	--	--	--	20,9	27/ 8
MIP	--	--	--	--	--	--	--	--	6,1	6/ 0
PS	--	--	--	--	--	--	--	--	0,7	1/ -
Sonst.	5,0	16/ 0	--	--	3,0	3/ -	--	--	--	--
Sonst.	8,8	--	--		--	4,80	--	--	--	--

Quelle: Corte Nacional Electoral <www.cne.org.bo>, 2.5.2007.

Mit der Wahl Estenssoros gelang der erste wichtige Schritt zur Grundlegung der paktierten Demokratie. In diesem Zusammenhang ist auch der im Oktober 1985 zwischen MNR und ADN geschlossene "Pakt für die Demokratie" zu sehen. Dieser enthielt die Zusage einer parlamentarischen Unterstützung der Regierung Paz Estenssoro durch die ADN, jedoch ohne deren unmittelbare Regierungsbeteiligung. Dieser Pakt funktionierte vor allem aufgrund der unbestrittenen Autorität der beiden Parteivorsitzenden Banzer und Paz Estenssoro in der Praxis sehr gut und bildete die Grundlage für das harte wirtschaftliche Sanierungsprogramm der Regierung. Der Erfolg der Regierung Estenssoro führte im Mai 1988 zu einem "geheimen Zusatzabkommen" zwischen MNR und ADN, "das die Regierungsalternität beider Parteien vorsah und die Kandidatur Banzers bei den Präsidentschaftswahlen 1989 zu unterstützen versprach" (Ardaya/Verdesoto 1994: 16ff.). Der MNR hielt sich jedoch nicht an diese Absprache und nominierte Gonzalo Sánchez de Lozada für die Präsidentschaftswahlen 1989.

Das wirtschaftlich rigide Sanierungsprogramm der Regierung Estenssoro mit dem Dekret Nr. 21060 schuf zwar die Grundlagen für eine lang anhaltende makro-ökonomische Gesundung Boliviens, die enormen und sich bis heute auswirkenden sozialen Kosten dieses Programms führten jedoch gegen Ende der Regierung Estenssoro mit

13 Parlamentarische Vertretung: Abgeordnete/Senatoren.

14 ADN und MIR traten im Wahlpakt *Acuerdo Patriótico* (AP) an, bildeten nach der Wahl aber getrennte Fraktionen.

dazu, dass sich zwei neue Parteien (neo)populistischen Zuschnitts bildeten: *Conciencia de Patria* (Condepa) und die *Unión Cívica Solidaridad* (UCS).

3.2.2 Die Phase des *Acuerdo Patriótico* (AP) (1989-1993)

Zwar erreichte der MNR 1989 gegenüber der ADN knapp die "primera mayoría", er konnte diesen Erfolg jedoch nicht in eine Präsidentschaft Sánchez de Lozadas ummünzen. Wegen des Bruchs der Absprache von 1988 war die ADN nicht zu dessen Wahl bereit, andererseits war auch Banzer trotz seines erneuten Erfolges noch immer nicht wählbar. Dies führte dazu, dass die ADN den in den Direktwahlen Drittplatzierten Jaime Paz Zamora (MIR) im Parlament bei der Wahl zum Staatspräsidenten unterstützte. Diese "Patriotische Übereinkunft" (*Acuerdo Patriótico*) sah sich von Beginn an gravierenden Akzeptanzproblemen ausgesetzt.[15]

Das Regierungsbündnis wurde durch die Kommunalwahlen vom Dezember 1991 zwar als erste politische Kraft bestätigt, musste jedoch deutliche Einbußen hinnehmen. Es wurde deutlich, dass die Formel ADN + MIR = AP nicht aufging. Dies hatte sich bereits bei den Kommunalwahlen im Dezember 1989 gezeigt, bei denen die beiden als Bündnis antretenden Parteien im Vergleich zu ihren separaten Wähleranteilen bei den Kommunalwahlen von 1987 22,5% verloren hatten. Die Gründe hierfür lagen zum einen im Regierungsmanagement, zum anderen aber auch in der Allianz der beiden Parteien.

Der *Acuerdo Patriótico* war im Gegensatz zum vorangegangenen "Pakt für die Demokratie " (*Pacto por la Democracia*) ein Arrangement zur Aufteilung der politischen Macht, das zum vollständigen Ausschluss der Oppositionsparteien und einer permanenten Konfrontation führte. Die Aufblähung des Staatsapparates durch Schaffung von 20.000 neuen Stellen zur Befriedigung der Koalitionsanhänger und eine weit verbreitete Korruption führten zu einem drastischen Ansehensverlust der Regierung.

Nicht zu unterschätzen waren auch die Akzeptanzprobleme des angesichts der historischen Belastung – der MIR hatte unter der Banzer-Diktatur einen hohen Blutzoll zahlen müssen – als "unlogisches Bündnis" empfundenen *Acuerdo Patriótico*. Mit dieser Koalition wurden die "erlaubten Grenzen der politischen Aktion in Bolivien überschritten". Ein solcher Pakt zwischen "zwei antagonistischen politischen

15 Zum einen war die Beteiligung des MIR an der UDP-Regierung nicht vergessen, zum anderen wirkte nach, was unter der Bezeichnung "la banda de los cuatro" ("die Viererbande") in die Geschichte einging und die späteren Reformen in der Besetzung und den Verfahrensregeln des Wahlgerichtshofs und seiner Untergliederungen erforderlich machte. Unter der "Viererbande" war die einseitige parteipolitische Besetzung des Wahlgerichtshofs durch ADN und MIR für die Wahlen 1989 zu verstehen. Dies führte zu Manipulationen in den Auszählungsprotokollen und -ergebnissen sowie zur massiven Annullierung von Stimmen (5,7% der abgegebenen Stimmen). Die Parteien konnten wegen der lückenhaften Wahlgesetzgebung gegen diese Entscheidung keine Beschwerde einlegen. Lozada und der MNR fühlten sich um ihren Wahlsieg betrogen.

Strömungen mit dem einzigen Ziel, die Regierung zu bilden, überschritt die notwendige Relation zwischen Ethik und Politik" (Ardaya/Verdesoto 1994: 65). Auch wenn sich der *Acuerdo Patriótico* für die beiden beteiligten Parteien auf Dauer nicht auszahlte, darf dessen Bedeutung für eine kompromiss- und koalitionsorientierte Haltung der bolivianischen Parteien nicht unterschätzt werden.

Die Auseinandersetzungen um die "Viererbande" hatten deutlich gemacht, dass sich das politische System in einer Vertrauenskrise befand, zu deren Überwindung institutionelle Reformen erforderlich waren. Zu den positiven Ergebnissen dieser Regierungsphase zählt daher, dass dies von den Parteien erkannt und in den "Politischen Abkommen" von 1991 und 1992 einen nahezu alle Parteien mit parlamentarischer Repräsentanz umfassenden Konsens fand. Auch wenn sich die Umsetzung der Abkommen im Wesentlichen auf die – allerdings bedeutsame – Erneuerung der Zusammensetzung und der Verfahrensregeln des Nationalen Wahlgerichtshofs und der Verabschiedung der ersten Stufe einer Verfassungsreform im Mai 1993 beschränkte, lag ihr Wert neben den institutionellen Reformansätzen vor allem in der Konsensfindung als solcher, in der erstmals Parteien der Regierungskoalition und der parlamentarischen Opposition zusammenwirkten.

Von den beiden in der Endphase der Regierung Estenssoro gegründeten Parteien Condepa und UCS kandidierte allein Condepa, dem mit 11% mehr als ein Achtungserfolg gelang. Gründer von Condepa war Carlos Palenque, Eigentümer des Systems RTP *(Radio Televisión Popular)*,[16] einer nicht zuletzt aufgrund des "compadrazgo"-Diskurses[17] mit seinem Publikum vor allem in der *indígena*-Bevölkerung des Departments La Paz verankerten Institution. Die regierungsamtlich versuchte Schließung des Senders führte zunächst zu Massenprotesten und im September 1988 in Tiahuanaco, dem zentralen Ort des Selbstverständnisses der andinen Kultur, zur Gründung von "Conciencia de Patria" (Gewissen des Vaterlandes).[18]

Im "Manifest von Tiahuanaco" (Condepa 1993: 15ff.) bediente sich Condepa eines pathetisch-nationalistisch-religiösen Diskurses. Condepa sah sich als der "Erwecker der kollektiven Weisheit und der Seele des Volkes". Die politische Mission sei der "Kreuzzug der Nationalen Erlösung". Neben nationalistischen, anti-kapitalistischen und anti-oligarchischen Bekenntnissen sah sich Condepa "im Dienst der großen Mehrheiten des Volkes", dies im Übrigen eine auch von der UCS stets verwendete Formel. Die "Mystik der Erde" wurde ebenso gepredigt wie der "Kult der Arbeit". Ein nationalistisch und etatistisch ausgerichtetes Wirtschaftsverständnis kamen hinzu. Das an die Konzeption der Dependenztheorie angelehnte "endogene Modell" Condepas setzte auf der Grundlage einer "visión indomestizo"[19] auf "die

16 Siehe hierzu die umfassende Analyse von Archondo (1991).

17 "Compadre" oder "Comadre" bezeichnet eine enge, nicht auf Verwandtschaft begrenzte Bindung und Vertrauensbasis und steht für ein Zugehörigkeits- und Solidaritätsgefühl.

18 Zu Condepa siehe San Martin Arzabe (1991) und Saravia/Sandoval (1991).

19 Der Chefideologe von Condepa, Soliz Rada, verstand darunter, "im Unterschied zum traditionellen Nationalismus die Potentiale der während fünf Jahrhunderte durch internen wie externen Kolonialismus unterdrückten Völker einzulösen, ohne den westlichen oder europäischen Beitrag im Wege der Vermischung (mestizaje) zu leugnen" (Soliz Rada 1995).

Entwicklung von innen nach innen", eine klassische Formel des traditionellen Populismus.

Condepa verfügte im Gegensatz zu allen anderen Parteien über das detaillierteste politische Programm (Condepa 1993) und war von den relevanten Parteien die am stärksten anti-modernistisch eingestellte. Die führenden Condepisten, Palenque war eine der Ausnahmen, stammten aus linken Gruppierungen und konnten sich während der "Asamblea del Pueblo" unter General Torres erstmals öffentlichkeitswirksam profilieren. Condepa unternahm immer wieder Annäherungsversuche an linke Gruppierungen, ein dauerhaftes Bündnis entstand jedoch nicht. Trotz seiner Verankerung in der Aymara-Bevölkerung wurde im politischen Diskurs auf die Nationale Revolution kaum Bezug genommen. Das Programm Condepa's wies deutliche Züge eines korporatistischen Staatsverständnisses auf. Palenque zählte trotz seiner Kandidatur als Abgeordneter für den MNR im Jahre 1979 zu den "outsidern", die es zur Inkorporierung in das politische System Boliviens gebracht hatten. Neben dem Caudillismus war eine mit der Person Palenques verbundene nahezu messianische Heilserwartung eines der wichtigsten Merkmals von Condepa.

Condepa trug durch seinen Kommunikations- und in der Praxis sehr pragmatischen Politik-Ansatz ohne Zweifel dazu bei, die Interessen einer wichtigen Bevölkerungsschicht zu kanalisieren und damit das politische System Boliviens zu stabilisieren. Allerdings ist auch darauf hinzuweisen, dass das kurzfristig mobilisierbare Gewaltpotential in Condepa sehr groß war. Daher war manchmal schwer einschätzbar, ob die auch von führenden Condepa-Politikern vorgetragene Bewertung, Condepa habe eine "zentrale Rolle bei der Aufgabe gespielt, die soziale Gewalt zu beseitigen und die 'Senderisierung' (d.h. die Entstehung eines *Sendero Luminoso* = Leuchtender Pfad nach peruanischem Guerilla-Vorbild; Anm. d. Verf.) der bolivianischen Politik vermieden" (Toranzo 1993), als schlichte Deskription oder als verstecktes Aufzeigen anderer Möglichkeiten zu verstehen war.

3.2.3 Die Reformphase der ersten Regierung Lozada (1993-1997)

Zu den Wahlen 1993 präsentierte der MNR Sánchez de Lozada erneut als Präsidentschaftskandidaten. Sein überwältigender Wahlerfolg war seinem grundlegenden sozio-ökonomischen und politisch-institutionellen Reformprogramm (Jost 2003), dem als Kandidaten für die Vizepräsidentschaft kandidierenden Vorsitzenden der Splitterpartei MRTKL (*Movimiento Revolucionario Túpac Katari de Liberación*), Victor Hugo Cárdenas, sowie der tiefen Enttäuschung über den *Acuerdo Patriótico* zu verdanken. Der AP wurde von den Wählern abgestraft, ADN und MIR bildeten getrennte Parlamentsfraktionen. Angesichts einer bis dato in diesem Ausmaß nie erreichten "primera mayoría" des MNR bestand an der Wahl Sánchez de Lozadas zum Staatspräsidenten kein Zweifel. Zudem war es diesem gelungen, mit der UCS und dem MBL eine Koalition zu bilden, die über eine tragfähige Mehrheit im Parlament verfügte.

Während Condepa zulegen konnte, diesen Erfolg aber nach wie vor seiner Verankerung im Aymara-Teil des Landes verdankte, sorgte die bei Präsidentschaftswahlen erstmals kandidierende *Unión Cívica Solidaridad* (UCS)[20] für die wahre Überraschung dieser Wahlen,[21] indem sie aus dem Stand in die entscheidende mehrheitsbeschaffende Rolle der Regierung geriet. Der Erfolg der UCS war auf mehrere Ursachen zurückzuführen. Ihr Gründer, Max Fernández, vom Bierfahrer der "Nationalen Brauerei" zu deren Mehrheitseigner aufgestiegen, verkörperte mehr noch als Palenque den "out-sider" im Parteiensystem. Der Personalismus wurde zum dominierenden Faktor in der UCS; Brauerei, Partei und Familie waren nicht zu trennen. Eindrucksvollster Beweis dieser "UCS-Struktur" war der Umstand, dass nach dem Unfalltod des Gründers sein ältester Sohn nicht nur die Stellung als Mehrheitseigner der Brauerei, sondern die Partei und deren Vorsitz gleich miterbte, ohne dass dies auch nur ansatzweise problematisiert worden wäre.

Programmatische Anstrengungen hatte die UCS nie unternommen. Das einigende "ideologische Band" bestand vielmehr "in der Diversität der sozialen Segmente, die als gemeinsames Element ihren Charakter der Ausgeschlossenheit von der legalen Wirtschaft, dem politischen System und den Sozialpolitiken des Staates" haben (Mayorga 1991: 93, 126). Der von Fernández initiierte Diskurs bestand in der simplen Formel "Taten, nicht Worte" und setzte, verbunden mit der Kritik am Versagen der traditionellen Parteien, einen umfassenden Assistenzialismus in die politische Praxis um. Dieser war im Gegensatz zu dem zielgruppenspezifischen Ansatz Condepa's undifferenziert und auf andere Ebenen bezogen. Die aus den Gewinnen der Brauerei finanzierten Schulen, Sportstadien, Kinderspielplätze, Polizeistationen, Gesundheitseinrichtungen, Wettbewerbe etc. wurden einer Gemeinschaft geschenkt. Die damit erreichte Verbesserung der konkreten Lebensbedingungen, für die in den staatlichen Haushalten häufig keine oder nicht ausreichende Mittel vorhanden waren, führten zu Beziehungsmustern, von denen die Partei in hohem Maße profitierte. Dieser Ansatz griff umso mehr, als er einherging mit den Auswirkungen der Neudefinition der Rolle des Staates, der über Jahrzehnte hinweg für viele Formen des Assistenzialismus verantwortlich gezeichnet hatte. Das durch den Rückzug des Staates aus diesen Bereichen geschaffene Vakuum wurde zur Basis für die UCS.

Bemerkenswert war auch das Abschneiden des *Movimiento Bolivia Libre* (MBL). Der MBL war das Produkt der internen programmatischen wie personellen Spannungen und Spaltungen des MIR. Die Gruppe "Araníbar" zählte zu den Intellektuellen im MIR und sah sich mit dem Ziel gescheitert, mit dem MIR eine an programmatischen Zielsetzungen orientierte Partei zu schaffen, die nicht dem lateinamerikanischen Personalismus huldige und innerhalb der Partei eine Institutionalisierung von Entscheidungsprozessen schaffe. Der MBL wollte sich sowohl vom traditionellem Sektierertum der orthodoxen Linken als auch von einem rein machtorientierten

20 Eine sehr instruktive Analyse der UCS bietet Mayorga (1991).

21 Die Grundlage für diesen Erfolg schufen die Kommunalwahlergebnisse der UCS von 1989 (14,92%) und 1991 (20,60%).

Pragmatismus abgrenzen. Der als "Radikalisierung des Diskurses der Linken"[22] bezeichnete Versuch des MBL, unter der Formel des "Einsatzes für die Armen" und der Einbeziehung der Theologie der Befreiung einen gemeinsamen Links-Diskurs zustande zu bringen, scheiterte jedoch. Als Konsequenz einer Diskurs-Modernisierung 1991 befasste sich der MBL mit den Themen Korruptionsbekämpfung, Menschenrechte, Bodenreform und institutionelle Modernisierung des Landes. In der Koalition mit dem MNR sah der MBL die Möglichkeit, erstmals unmittelbar Regierungspolitik gestalten zu können.

3.2.4 Von der Stagnation zur Erosion: Die Banzer/Quiroga-Phase (1997-2002)

Die Wahlen 1997 standen unter besonderen Vorzeichen. Der Reformkurs der Regierung, vor allem aber der Regierungsstil von Sánchez de Lozada, hatten bereits im Vorfeld zu einer "Alle-Gegen-Goni-Stimmung"[23] geführt, begleitet von einer weit verbreiteten Auffassung, es sei nun an der Zeit, dem ehemaligen Diktator Banzer nach so vielen Jahren demokratischen Verhaltens zur Präsidentschaft zu verhelfen.

Die "primera mayoría" für die ADN war daher nicht überraschend. Allerdings war es für die ADN das schlechteste Ergebnis seit 1985, obwohl sie im Vorfeld der Wahlen einige kleinere Parteien zu einem Wahlbündnis vereinen konnte, auch die erst 1995 gegründete NFR *(Nueva Fuerza Republicana)* des Bürgermeisters von Cochabamba, Reyes Villa, und sich erstmals um ein sozialeres Image bemühte. Der Triumph Banzers, der sich eigentlich 1993 zurückgezogen hatte und der aufgrund der die Partei zu spalten drohenden Diadochenkämpfe ins Amt "zurückgebeten" wurde, bestand daher weniger in seinem Wahlergebnis als in seiner durch eine aus ADN, MIR, UCS und Condepa bestehenden "Mega-Koalition" namens "Kompromiss für Bolivien" (*Compromiso para Bolivia*) im Parlament ermöglichte Wahl zum Staatspräsidenten.

Der MNR konnte trotz seiner Belastung durch die Lozada-Regierung und einer chaotischen Vorbereitungsphase den zweiten Platz belegen, war jedoch nicht in der Lage, eine Koalition gegen Banzer zu gestalten. Sein ehemaliger Koalitionspartner MBL konnte sein parlamentarisches Überleben knapp sichern, das Projekt einer neuen Linken war jedoch gescheitert. Neben dem MNR konnte er als Opposition keine wahrnehmbare Rolle übernehmen. Die Ursachen für das Scheitern des MBL waren vielfältig. Mit seiner ideologisch zu breit gefächerten Bündnispolitik, die dem MBL auf kommunaler Ebene teilweise beachtliche Erfolge einbrachte, und seiner Selbst-Definition in Negativ-Abgrenzung zum MIR konnte der MBL auf Dauer keine konsistente inhaltliche Botschaft vermitteln. Es gelang nicht, sich überzeugend zwischen dem MIR einerseits, der sich als sozialdemokratische Linke präsentierte

22 Zitat aus einer Rede des damaligen Parteivorsitzenden Urioste vor jungen Parteimitgliedern und Wahlkampfhelfern vom 2. Juli 1997. Eine Kopie des Manuskripts befindet sich im Besitz des Verfassers.

23 "Goni" war der Spitzname von Gonzalo Sánchez de Lozada.

und über eine breitere Verankerung in der Bevölkerung verfügte, und einer radikalisierten Linken in Form der *Izquierda Unida* und ihrer "cocalero"-Basis andererseits zu positionieren. Auch die Strategie, mit dem Vorsitzenden der im Osten Boliviens beheimateten *indígena*-Vereinigung CIDOB (*Confederacion de Pueblos Indigenas de Bolivia*) als Vize-Präsidentschaftskandidat eine breitere Wählerbasis zu finden, scheiterte. Der MBL blieb trotz eines frühzeitig in die Wege geleiteten internen Demokratisierungsprozesses mit dem Etikett einer elitären, intellektuellen und bürgerlichen Schicht behaftet, deren Verankerung eher in zahlreichen in Bolivien tätigen Internationalen Organisationen denn in der Bevölkerung auszumachen war. Seine sachliche Arbeit und Koalitionsdisziplin in der Regierung führten dazu, dass er für die Probleme der Regierung mitverantwortlich gemacht wurde, ohne in gleichem Maße von deren Erfolgen zu profitieren.

Das Wahlergebnis Condepas war bemerkenswert. So konnte Condepa trotz der "Refunktionalisierung der andinen Riten auf dem Altar der Wahlziele" (Archondo 1991: 221) seine Begrenzung auf den Altiplano/Aymara-Bereich durchbrechen, in allen Departments Zugewinne verbuchen und sich als drittstärkste Partei in deutlich größerem Maße national verankern als bei den vorherigen Wahlen. Damit konnte Condepa die 1996 erfolgte Abspaltung der Gruppe "Bolivia Insurgente" neutralisieren und sich trotz, vielleicht aber auch gerade wegen des überraschenden Todes von Palenque wenige Monate vor der Wahl auf hohem Niveau stabilisieren.

Das Wahlergebnis der UCS zeigte einmal mehr, dass ihr ihre Unberechenbarkeit von ihrer Klientel als "strategische Flexibilität" positiv ausgelegt wurde und es ihr gelungen war, Kritik am traditionellen Politikstil mit der Unterstützung des Reformkurses der Regierung Lozada zu verbinden, ohne hierfür Einbußen hinnehmen zu müssen. Der MIR schließlich konnte sich nach seiner Niederlage als Folge seiner Regierungszeit im *Acuerdo Patriótico* wieder im Konzert der großen Parteien etablieren.

Die Mega-Koalition bedeutete jedoch weder Stabilität noch die erhoffte Vertiefung des Reformprozesses. Bereits 1998 schied Condepa aus der Koalition aus. Die Gleichsetzung Condepa = Palenque traf in einem dramatischeren Ausmaße zu, als seine Anhänger wahrhaben wollten. Die Beschwörung seines Andenkens durch seine Nachfolgerin, die Aymara-Politikerin Remedios Loza, reichte als Führungskonzept nicht aus. Condepa konzentrierte sich auf innerparteiliche Auseinandersetzungen und spielte als Oppositionspartei neben dem MNR keine Rolle mehr. Das Geschacher um Posten stand im Mittelpunkt der Regierungskoalition, die Korruption griff um sich. Der nur in der Anfangsphase erfolgreiche Versuch, das Fehlen politischer Übereinstimmungen durch Konzertationsprozesse zu substituieren, konnte keine fünfjährige Wahlperiode tragen; von gestaltender Reformpolitik konnte kaum die Rede sein. Banzer war als Präsident schlichtweg überfordert. Die sozialen und politischen Spannungen nahmen dramatisch zu (Laserna/Schwarzbauer 2005; Cabtree 2005). Der Tod Banzers und die Übernahme der Präsidentschaft durch Tuto Quiroga 2001 änderten daran nichts. Das politische System sah sich zunehmender Diskreditierung und Blockaden ausgesetzt. Im Versagen dieser Regierungsperiode liegt eine der wesentlichen Ursachen der sich verstärkenden Krisenentwicklung.

3.2.5 Die Erosion des traditionellen Parteiensystems: Die Wahlen 2002

Die Wahlen 2002 brachten die deutlichsten Veränderungen seit 1985 und wurden im Rückblick betrachtet zum Anfang vom Ende des traditionellen Parteiensystems. Die ADN erlitt eine vernichtende Niederlage. Die UCS, der nach dem Verlust der größten Brauerei ihre finanzielle Grundlage zur Fortsetzung ihrer assistenzialistischen Politik fehlte, verlor über 2/3 ihrer Wähler. Condepa, seit Jahren nur noch mit internen Konflikten beschäftigt, hatte der neuen politischen Konkurrenz nichts entgegenzusetzen und wurde völlig aufgerieben. Nur der MIR konnte sein Ergebnis der vorangegangenen Wahlen nahezu halten. Die "primera mayoría" erreichte der MNR (in Koalition mit dem MBL), gestützt durch die NFR und den MIR kam es zur zweiten Regierung Lozada.

Hervorzuheben sind folgende Entwicklungen: Zum einen konnte sich mit der aus dem Bündnis mit der ADN ausgescherten *Nueva Fuerza Republicana* (NFR) eine Mitte-Rechts-Kraft etablieren, die mit einem Abstand von nur 0,03% auf dem dritten Platz landete. Die NFR versuchte bereits während der Koalition mit der ADN, sich als eine sozialen Fragestellungen aufgeschlossene Partei darzustellen und die nationale Politik weniger zentralistisch anzugehen. Durch dieses Ergebnis gelang es ihr, das ADN-Potential weitgehend zu übernehmen. Ob es zu einer zweiten Regierung Sánchez de Lozada gekommen wäre, wenn Reyes Villa den zweiten Platz in den Direktwahlen erreicht hätte und es nicht darum gegangen wäre, den Überraschungszweiten Evo Morales (MAS, *Movimiento Al Socialismo*) von der Präsidentschaft fernzuhalten, darf bezweifelt werden.

Der zentrale Wandel betraf jedoch die quantitative wie qualitative Veränderung des indigenen Einflusses. Der bereits 1987 gegründete, aber lange Zeit bedeutungslose MAS wurde mit seinem Kandidaten Evo Morales überraschend zweitstärkste Partei. Auch wenn er sich primär als politischer Arm der *cocaleros*, d.h. der Anbauer der Coca-Pflanze, verstand und diese auch seine eigentliche Machtbasis darstellten, konnte er zu einem Sammelbecken verschiedener Proteströmungen werden. Kernpunkt war die Problematik der vor allem unter der Banzer-Regierung vorangetriebenen Reduzierung der Anbauflächen der zur Herstellung von Kokain dienenden Coca-Pflanze. Daneben versuchte der MAS, disperse, thematisch begrenzte Ansätze zusammenzufassen und in eine thematisch umfassendere und grundsätzlicher ausgerichtete Oppositionshaltung umzuwandeln. Dies erklärt den Programmmix aus frühmarxistischen Träumen, der Kritik am "internen Kolonialismus", verbunden mit einem verklärenden Rückgriff auf religiöse Traditionen und vermeintlich glückliche und problemlose Zeiten in den überlieferten Organisations- und Lebensformen der Ahnen, und dies eingebettet in einen Anti-Globalisierungsansatz und Öko-Diskurs. Der MAS griff unter einer wesentlich stärkeren Akzentuierung der ethnischen Dimension auf das "endogene Entwicklungsmodell" Condepas zurück. Organisatorisch handelte es sich eher um eine auf Evo Morales fixierte, wenig strukturierte Bewegung vor allem sozialer Interessenvertretungen und Basisorganisationen als um eine Partei.

Der im Jahr 2000 gegründete und deutlich radikalere MIP *(Movimiento Indígena Pachakuti)* verstand sich als politischer Arm der Landarbeitergewerkschaft *Confederación Sindical Unica de Trabajadores Campesinos de Bolivia* (CSUTCB). MIP-Führer Felipe Quispe, wegen Zugehörigkeit zur Guerilla-Organisation EGTK (*Ejército Guerrillero Túpac Katari*) mehrere Jahre in Haft, wurde trotz eines eher diffusen Bekenntnisses zum Marxismus weniger als Sozialrevolutionär denn als Rassenrebell verstanden. Ein gewaltbereit-rassistischer Diskurs propagierte die Revolution, eine Zusammenarbeit mit den Weißen wurde als unmöglich erklärt. Die verfassungsrechtliche Definition Boliviens als eines multiethnischen und plurikulturellen Staates wurde von Quispe als pure Rhetorik bezeichnet, die "Strategie der Assimilierung des Indios" abgelehnt. Ziel sollte die Schaffung von Autonomien innerhalb des bolivianischen Staates sein, in denen sich die originären Nationen nach ihren eigenen Regeln organisieren. Die Abschaffung des bolivianischen Staates und dessen Ersetzung durch einen "Estado indio" war erklärtes Ziel ("Nación Qullasuyana"). Dass dieser Diskurs, so irrational man ihn empfinden mag, gerade im bolivianischen Hochland nicht zu unterschätzen war, zeigte das Ergebnis des MIP.[24]

3.2.6 Das Parteiensystem nach dem Umbruch 2005

Seit Mitte der Banzer-Regierung geriet Bolivien immer stärker in den Strudel politischer Systemblockaden, vor allem aufgrund der zunehmenden Dualität parlamentarischer und außerparlamentarischer Opposition und einer damit zusammenhängenden Erosion des politischen Vertrauens. In der zweiten Regierung Sánchez de Lozada eskalierten die Konflikte, der Präsident musste das Land verlassen, die Regierung Mesa lavierte zwischen den Fronten und musste schließlich einem Übergangspräsidenten weichen, dessen vorrangige Aufgabe in der Durchführung von vorgezogenen Neuwahlen von Parlament und Präsident bestand.

Das Parteiensystem geriet in eine neue Dynamik.[25] Einige der traditionellen Parteien (MIR, ADN, UCS) traten erst gar nicht an, gleichzeitig formierten sich neue Bündnisse, zu nennen vor allem *Poder Democrático y Social* (Podemos) und *Frente de Unidad Nacional* (UN), in denen sich die Mehrzahl der früheren Vertreter von ADN und MIR organisierten.

24 Eine Studie der *Fundación Boliviana* kam zu dem Schluss, "dass die Programmatik des MIP nicht demokratisch ist, und [er] seine Teilnahme unter den Regeln des demokratischen Systems nur als eine politische Strategie versteht, das System von innen heraus zu zerstören" (Fundación Boliviana 2003: 272).

25 Nach den einschneidenden Veränderungen 2002 zeigte sich auch bei den Kommunalwahlen 2004, dass neue politische Formationen entstanden und eine Reihe hochkarätiger Politiker nicht mehr selbstverständlich ihren traditionellen Parteien zurechenbar waren.

Tabelle 5: Die Ergebnisse der Präsidentschafts- und Parlamentswahlen 2005[26]

Partei	Stimmen	in %	Abgeordnete	Senatoren
MAS	1.544.374	53,740	72	12
Podemos	821.745	28,594	43	13
UN	224.090	7,798	10	1
MNR	185.859	6,467	5	1
MIP	61.948	2,156	--	--
NFR	19.667	0,684	--	--
FREPAB	8.737	0,304	--	--
USTB	7.381	0,257	--	--

Quelle: Corte Nacional Electoral <www.cne.org.bo>, 2.5.2007.

Bei Podemos handelte es sich um einen Zusammenschluss verschiedener Gruppierungen, die sich im Vorfeld der Kommunalwahlen 2004 gegründet und als "Alianza Siglo XXI" vereint hatten, unter Führung des ehemaligen ADN-Staatspräsidenten Quiroga, der als ADN-Chef seine Partei verließ. Podemos setzte darauf, in Koalition mit einer Vielzahl auch regionaler Gruppierungen eigene Reformvorstellungen und gleichzeitig den programmatischen Gegenentwurf zum MAS darzustellen, das Bündnis wurde allerdings von den Wählern eher als Partei des "continuismo" wahrgenommen denn als neue Alternative.

Die im Mai 2004 von dem führenden MIR-Politiker Doria Medina gegründete UN reihte sich in die Reihe der Kritiker des Wirtschaftsmodells ein, sprach sich für eine starke Rolle eines neuen, aus einer Verfassunggebenden Versammlung hervorgehenden Staates aus. Strategisches Ziel war, sich als Alternative zu Podemos und MAS zu etablieren und zumindest zur entscheidenden Kraft bei der Wahl des Präsidenten im Parlament zu werden. Im Wahlkampf beherrschten allerdings eher die Dauerauseinandersetzungen zwischen Podemos und UN die politische Tagesordnung als die Debatte mit dem MAS.

Dass Morales, seit Jahren der zentrale Protagonist vor allem der außerparlamentarischen Opposition, unter den beiden erstplatzierten Kandidaten sein würde, galt als sicher. Die Sensation war, dass mit ihm unter demokratischen Bedingungen erstmals ein – dazu noch indigener – Präsident die erforderliche Mehrheit in der Direktwahl erhielt und nicht durch das Parlament gewählt werden musste.

Die NFR verschwand in der Bedeutungslosigkeit, der einzig Überlebende des traditionellen Parteiensystems war trotz erheblicher interner Probleme und eines unbekannten Kandidaten der MNR. Der MIP wurde durch den MAS-Erfolg marginalisiert. Dies darf aber nicht darüber hinwegtäuschen, dass sich bei einer allzu kom-

26 Bei diesen Wahlen kam es zu einer umfassenden Erneuerung des Parlaments; nur 17 der 157 Parlamentarier gehörten dem Parlament bereits in der vorangegangenen Periode an. Quelle: Eigene Erarbeitung nach CNE = Wahlgerichtshof (www.cne.org.bo) und INE = Nationales Statistik Institut (www.ine.gov.bo).

promissbereiten Linie des MAS diese parteipolitische Option sehr schnell wieder erholen könnte.[27]

4. Das Parteiensystem

Nach der Darstellung der Entwicklungsphasen des bolivianischen Parteiensystems seit 1985 erfolgen abschließend einige Anmerkungen zu dessen Typologisierung. Mit den Präsidentschafts- und Parlamentswahlen des Jahres 2005 trat das bolivianische Parteiensystem in eine neue Phase. Trotz der seit 1982 erfolgten vielfältigen parteiorganisatorischen Veränderungen waren bis zu diesem Zeitpunkt weder quantitativ noch qualitativ die Grenzen eines moderaten Mehrparteiensystems überschritten worden. Selbst in Teilen ihres Diskurses antisystemische Parteien konnten in das politische System integriert werden. Die Präsidentschafts- und Parlamentswahlen 2002 brachten mit dem Aufkommen des MAS, des MIP und der NFR neue Bewegung in das Parteienspektrum und wurden zusammen mit den Kommunalwahlen 2004 mit ihrem *voto de castigo* (Denkzettel) für die Mehrzahl der traditionellen Parteien zu einem Vorboten des Wahlausgangs im Jahr 2005.

Durch den MAS und den MIP veränderten sich sich die Interaktionsmuster des politischen (Parteien-)Systems wesentlich, auch wenn deren antisystemische Ausrichtung differenziert zu betrachten ist. Die Nicht-Akzeptanz von Spielregeln, die strategische Verbindung zwischen starker parlamentarischer Vertretung und außerparlamentarischer Basismobilisierung (Demonstrationen und Blockaden politischer Prozesse und schließlich des gesamten politischen Systems) wurden zu wesentlichen Ursachen für die an den Rand der Unregierbarkeit führende Entwicklung Boliviens. Die bis 2002 in Anlehnung an die Kriterien Sartoris erfolgte Charakterisierung des bolivianischen Parteiensystems als moderates Mehrparteiensystem wurde fraglich. Antisystemische Kräfte wurden stärker, das Konzept der paktierten Demokratie brüchig und schließlich weitgehend abgelehnt, so dass seit 2002, verstärkt ab 2005, zumindest von einer ausgeprägten Tendenz zu einem polarisierten Mehrparteiensystem gesprochen werden kann.

Beginnend mit den Wahlen 2002 erfuhren zwei bis dahin geltende Besonderheiten des bolivianischen Parteiensystems Veränderungen. Die Bedeutung paralleler Repräsentativstrukturen nahm zu. Dies betraf neben existierenden Formen wie den Bürgerkomitees (*Comités Cívicos*) (Jost 2003: 306ff.) die immer stärker zum politischen Instrument werdenden Basisbewegungen samt ihres Blockadepotentials. Zudem begannen sich die Konfliktlinien der bolivianischen Politik (Wirtschaftssystem, Bodenfrage, Dezentralisierung, Demokratieformen, ethnische Dimension der Politik) stärker in das Parteiensystem zu transformieren.

27 Im Department La Paz erreichte der MIP immerhin noch 4,6%.

Tabelle 6: Konzentrationsgrad der Parteien bei den Präsidentschafts- und Parlamentswahlen 1985-2005

Jahr	Anteil der 5 (2005: 4) größten Parteien (%)	Zahl der Abgeordneten / Senatoren von 130/27	Anteil der zwei größten Parteien (%9	Zahl der Abgeordneten / Senatoren von 130/27	Differenz zwischen den beiden größten Parteien (Prozentpunkte)
1985	71,43	113 / 27	53,80	84 / 26	3,23
1989	83,64	130 / 27	45,77	78 / 17	0,37
1993	89,99	127 / 27	56,60[28]	87 / 25	14,50
1997	90,50	121 / 27	40,46	58 / 15[29]	4,06
2002	86,72	120 / 26	43,40	62 / 19	1,52
2005	98,72	130 / 27	82,33	115 / 25	25,15

Quelle: Corte Nacional Electoral <www.cne.org.bo>, 2.5.2007.

Mit den Wahlen 2005 verschwanden die traditionellen Parteien nahezu vollständig, ohne dass von einer stabilen Strukturierung eines neuen Parteiensystems gesprochen werden könnte. Ein Bewegungs- und Ad-hoc-Charakter der Parteien dominierte wie noch nie seit 1982, hohe personelle Fluktuation zwischen alten und neuen Organisationen war an der Tagesordnung. Aufgrund der Ausdifferenzierung der Parteienlandschaft auf kommunaler und departamentaler Ebene deckten selbst Parteien mit nationalem Vertretungsanspruch organisatorisch nicht mehr alle staatlichen Verwaltungsebenen ab. Die Regierungspartei MAS wurde auf eine Art und Weise der Dominanz durch die Exekutive unterworfen, wie man es selbst angesichts eines als exzessiv präsidentialistisch charaktersierten Regierungsstils von Präsidenten wie Paz Estenssoro oder Sánchez de Lozada nicht für möglich gehalten hätte. Es bleibt abzuwarten, welche Auswirkungen die regierungsamtlich institutionalisierte Doppelstrategie von parlamentarischer Regierung und außerparlamentarischer Massenmobilisierung auf die künftige Struktur der organisierten politischen Partizipation haben wird.

5. *Schlussbemerkungen*

Die Analyse der Wahlen und der Entwicklung des Parteiensystems haben gezeigt, dass ab 1985 durch demokratische Wahlen legitimierte Regierungswechsel trotz vielfältiger Herausforderungen zu einer für Bolivien beachtlichen politischen Stabilität des demokratischen Systems führten. Das Parteiensystem durchlief in dieser Zeit verschiedene Phasen, und insgesamt ermöglichte es in Form der paktierten

28 Hier ist zu beachten, dass ADN und MIR gemeinsam als AP antraten.

29 Hier ist aufgrund des Wahlrechts die Besonderheit eingetreten, dass die prozentual zweitstärkste Partei drei Senatorensitze weniger als der MIR erhielt.

Demokratie demokratische Stabilität, Regierbarkeit und Reformprozesse. Eines der widersprüchlichen Probleme der bolivianischen Krisenentwicklung lag darin, dass sich selbst die diese Reformprozesse tragenden Parteien zu lange als weitgehend reformresistente Enklaven innerhalb eines reformwilligen gesellschaftlichen Umfeldes erwiesen und so zu einem unfreiwilligen, in mancherlei Hinsicht auch ungerechtfertigten Kristallisationspunkt aller Kritik an Staat und Gesellschaft wurden.

Die einschneidendste politische Veränderung seit 1982 erlebte Bolivien mit dem Ergebnis der Präsidentschafts- und Parlamentswahlen 2005, die nicht nur zu einem Regierungswechsel, sondern zu einem kompletten Elitenwechsel in der bolivianischen Politik führten. Die Wahlen 2005 führten nur vorübergehend zu einer Beruhigung der konfliktiven politischen Situation des Landes. Politik und Gesellschaft zeigten sich als tief gespalten. Ob es der Regierung mittel- und langfristig gelingt, die bestehenden und von ihr teilweise unnötigerweise vertieften Konfliktlinien in einem politischen System zu lösen, dessen Grundstrukturen breite Zustimmung finden, bleibt abzuwarten.

Literaturverzeichnis

Archondo, Rafael (1991): *Compadres al Micrófono: La Resurrección Metropolitana del Ayllu*. La Paz.

Ardaya, S., Gloria/Verdesoto C. Luis (1994): *Racionalidades democráticas en construcción*. La Paz.

Bieber, León E. (1996): "Bolivien". In: Bernecker, Walter L. et al. (Hrsg.): *Handbuch der Geschichte Lateinamerikas*, Band 3. Stuttgart, S. 821-845.

Cabtree, John (2005): *Patterns of Protest: Political and Social Movements in Bolivia*. London.

Céspedes Gutiérrez, Macelo (1982): *Los bolivianos, estamos maduros para la democracia? Las experiencias electorales de 1978, 1979 y 1980*. La Paz.

CNE (Corte Nacional Electoral) (2005a): *La Representación Política en Bolivia. Partidos Políticos*. La Paz.

— (2005b): *Sistemas Electorales en Bolivia*. La Paz.

— (2006): *El tablero reordenado. Análisis de la Elección Presidencial 2005*. La Paz.

Condepa (Conciencia de Patria) (1993): *El libro del modelo endógeno*. La Paz.

Espana, Raúl Cuéllar (2005): "La participación política y electoral en Bolivia". In: *Corte Nacional Electoral: Democracia en Bolivia*. La Paz, S. 73-97.

Fundación Boliviana para la democracia multipartidaria (2003): *Investigación Diagnóstica sobre los Partidos Políticos con Representación en Bolivia*. La Paz.

Fundemos (2002): *El escenario post electoral en Bolivia. Opiniones y Análisis*, Nr. 60. La Paz.

Goedeking, Ulrich (2003): *Politische Eliten und demokratische Entwicklung in Bolivien 1985-1996*. Münster.

Jost, Stefan (1996): "Die Kommunalwahlen in Bolivien". In: *KAS – Auslandsinformationen* 3/96, S. 62-83.

— (1997): "Präsidentschafts- und Parlamentswahlen in Bolivien. Vom Modernisierungsprozeß zur Wahl eines ehemaligen Diktators". In: *KAS – Auslandsinformationen* 09/97, S. 105-141.

— (1998): *Los partidos políticos en las constituciones y legislaciones. Textos y análisis de diecinueve países*, 3. ed. Buenos Aires.

— (2003): *Bolivien: Politisches System und Reformprozess 1993-1997*. Opladen.

— (2005): "Indigener Protest in Bolivien. Ziele einer radikalisierten Indígena-Bewegung". In: *KAS – Auslandsinformationen* 1/05, S. 57-78.

— (2006): "Bolivien nach dem politischen Erdrutsch". *GIGA Focus*, Nr. 2.

— (2006a): "Politisches System und Verfassungsentwicklung". In: Bopp, Franziska/ Ismar, Georg (Hrsg.): *Bolivien. Neue Wege und alte Gegensätze*. Berlin, S. 111-150.

— (2006b): "Die Wahlen vom 18. Dezember 2005 in Bolivien: Auftakt zur demokratischen Revolution?". In: Bopp, Franziska/Ismar, Georg (Hrsg.): *Bolivien. Neue Wege und alte Gegensätze*. Berlin, S. 212-245.

Klein, Herbert S. (1992): *Bolivia. The Evolution of a Multi-Ethnic-Society*, 2.A. New York/Oxford.

Krempin, Michael (1989): *Keine Zukunft für Bolivien. Bedingungen und Ursachen für das Scheitern der Regierung Siles Zuazo sowie Schlussfolgerungen im Hinblick auf die ökonomischen, sozialen und politischen Perspektiven Boliviens*. Saarbrücken/Fort Lauderdale.

Laserna, Roberto/Schwarzbauer, Anette (2005): *Bolivien: Soziale Bewegungen und Probleme der Regierbarkeit*. Reihe Europa América Latina Nr. 19, Analysen und Berichte. Río de Janeiro.

Lora, Guillermo (1987): Historia de los partidos políticos de Bolivia. La Paz.

Mayorga, Fernando (1991): *Max Fernández: La Política del silencio*. La Paz.

Mayorga, René (1987): "Crisis de Estado y Democracia". In. Mayorga, René: *Democracia a la deriva. Dilemas de la participación y concertación social en Bolivia*. La Paz.

Minkner-Bünjer, Mechthild (2005): "Munizipalwahlen in Bolivien: Politische Partizipation im Test". In: *Brennpunkt Lateinamerika* Nr. 6/2005.

Rolón Anaya, Mario (1987): *Política y partidos en Bolivia*. 2. ed. La Paz.

San Martin Arzabe, Hugo (1991): El Palenquismo. Movimiento Social, Populismo, Informalidad Política. La Paz.

Sandoval Rodríguez, Isaác (1993): *Los Partidos Políticos en Bolivia*. La Paz.

Saravia, Joaquin/Sandoval, Godofredo (1991): *Jachà Uru: ¿La esperanza de un pueblo?* La Paz.

Soliz Rada, Andrés (1995): *La Conciencia Enclaustrada*. La Paz.

Toranzo, Carlos (1993): "Momentos previos a la alianza entre burguesía chola y el trigo limpio". In: *Beilage La Ventana zur La Razón*, 11. Juli 1993.

Wolff, Jonas (2004): *Demokratisierung als Risiko der Demokratie? Die Krise der Politik in Bolivien und Ecuador und die Rolle der indigenen Bewegungen*. Report der Hessischen Stiftung für Friedens- und Konfliktforschung, Nr. 6. Frankfurt am Main.

Umbruch in Bolivien. Vom Zusammenbruch der "paktierten Demokratie" zur Regierung Morales

Jonas Wolff

1. Einleitung[1]

Dass Bolivien im Umbruch ist, ist seit der Wahl von Evo Morales zum ersten indigenen Präsidenten des Landes amtlich. Im Dezember 2005 siegten Morales und sein MAS *(Movimiento al Socialismo)* mit absoluter Mehrheit über den konservativen Konkurrenten Jorge Quiroga (PODEMOS; *Poder Democrático Social*). Dieses Ergebnis war in mehrfacher Hinsicht erstaunlich. Zum ersten Mal seit der Transition zur Demokratie in den 1980er Jahren konnte sich ein Kandidat im ersten Wahlgang die Mehrheit der Stimmen sichern. Zudem war Evo Morales nicht irgendein Kandidat. Er gehört der seit Jahrhunderten unterdrückten und vielfach diskriminierten indigenen Bevölkerungsmehrheit an und stammt selbst aus armen Verhältnissen. Er ist Repräsentant der seit Jahrzehnten vom Staat bekämpften Kokabauern und Vertreter der seit der neoliberalen Wende 1985 vom politischen Geschäft weitgehend ausgeschlossenen Gewerkschaften. Und er ist die Gallionsfigur einer Allianz sozialer Bewegungen und Organisationen, die sich seit Mitte der 1990er Jahre in offener Opposition zum Grundkonsens der bolivianischen "paktierten Demokratie" formiert hat: gegen die neoliberal orientierte Restrukturierung von Staat und Ökonomie und konkret gegen die Privatisierungspolitik der 1990er Jahre sowie gegen den US-getriebenen *War on Drugs*.

Die Wahl von Evo Morales allein bedeutete also ohne Zweifel einen politischen Umbruch. Zugleich war der Wahlerfolg vom Dezember 2005 aber selbst Ausdruck und Ergebnis bedeutender soziopolitischer Veränderungen, die für ein Verständnis der Regierung Morales von unmittelbarer Relevanz sind. Während also der Antritt des neuen Präsidenten *per se* einen Umbruch darstellte, der zudem aus einem bedeutenden Umbruch in der bolivianischen Demokratie folgte, so war es von Beginn an der Anspruch der Regierung Morales, diese Umbrüche für eine umfassende „Neugründung" Boliviens zu nutzen. Im Folgenden will ich mich der Frage des Umbruchs in diesen drei Dimensionen annehmen. In einem ersten Schritt werden die zentralen Veränderungen nachgezeichnet, die Morales' Wahlsieg vorausgingen. Zweitens werfe ich einen Blick auf die soziopolitische Grundkonstellation, in die die

1 Dieser Beitrag basiert auf einem Vortrag, den der Autor im Oktober 2006 auf dem Wissenschaftlichen Symposium „Lateinamerika im Umbruch – Innen- und außenpolitische Perspektiven" am Ibero-Amerikanischen Institut gehalten hat. Er wurde für die vorliegende Publikation aktualisiert (Abschluss des Manuskripts: April 2008).

Regierung Morales eingebettet ist. Dabei ist insbesondere das Bild einer schlichten Polarisierung zu differenzieren, demzufolge eine arme, indigene und im Hochland konzentrierte Mehrheitsbevölkerung einer reichen und "weißen" Tiefland-Elite gegenübersteht. Ein Blick auf die Regierung Morales und ihre gesellschaftliche Basis zeigt vielmehr ein Bild markanter Fragmentierung. Meine These hierzu lautet: Gerade die Gleichzeitigkeit von Fragmentierung und Polarisierung, d.h. die *tendenzielle Konfrontation zweier in sich hochgradig heterogener Lager*, macht die Lage in Bolivien besonders konfliktträchtig, beinhaltet aber auch die Möglichkeit einer inklusiven, die "Lager" übergreifenden progressiven Allianz.

Drittens will ich an den Beispielen der Erdgaspolitik und der Verfassunggebenden Versammlung einen knappen und selektiven Blick auf die Regierungspolitik in den ersten Jahren unter Morales werfen. Hierzu wage ich die These, dass die Regierung Morales deutlich pragmatischer ist, als sie in der medialen Berichterstattung (auch hierzulande) häufig dargestellt wird. Die Reformen sind bis dato (Stand: April 2008) nicht viel mehr als Versuche, bereits in früheren Jahren eingeleitete Veränderungen, auf die breite Mehrheiten der Bevölkerung dringen, nun endlich umzusetzen. Dies gilt etwa für die Erdgaspolitik. Bei aller Pragmatik birgt das Versprechen einer umfassenden Umverteilung von Macht und Wohlstand zu Gunsten der armen und indigenen Bevölkerungsmehrheit, für das die Regierung Morales steht, gleichwohl genügend Stoff für ernste soziopolitische Konflikte: Enormen Erwartungen auf so schnelle wie weitreichende Veränderungen auf Seiten der eigenen Basis stehen ernst zu nehmende Widerstandsdrohungen all derer entgegen, die ihre vitalen Interessen gefährdet sehen. Dies zeigt sich am Beispiel der Verfassunggebenden Versammlung. Auf beiden Seiten können sich Enttäuschung bzw. Ablehnung schnell in gut organisierten Protesten niederschlagen.[2]

2. *Hintergründe: Neue soziale Protestbewegungen und der Aufstieg des Evo Morales*

Der beeindruckende politische Aufstieg des Evo Morales und seiner Partei MAS setzt sich aus verschiedenen Facetten zusammen, die hier lediglich kursorisch zusammengefasst werden können (siehe hierzu ausführlich Wolff 2004b: 22-35). Morales' politische Heimat sind die Gewerkschaftsverbände der Kokabauern *(cocaleros)* im Chapare-Tal nahe Cochabamba. Seit 1993 – und bis heute – führt Morales diese Gewerkschaftsbewegung. Die Auseinandersetzung der *cocaleros* mit dem bolivianischen Staat, der, angetrieben von den USA, seit den 1980er Jahren auf die zunehmend gewaltsame Bekämpfung des Kokaanbaus setzte, bildet eine erste zentrale Dimension der sozialen Konflikte, die ab etwa 2000 in Bolivien eskalierten. Hier ist vor allem der vom 1997 gewählten, ehemaligen Diktator Hugo Bánzer vo-

2 Der vorliegende Beitrag konzentriert sich aus Platzgründen auf die innenpolitische Dimension des Umbruchs.

rangetriebene *Plan Dignidad* zu nennen. Bánzers aggressives Kokavernichtungsprogramm führte zwischen 1998 und 2000 zu einer drastischen Reduktion der bolivianischen Kokaproduktion. Dies entzog einigen zehntausend Familien die Existenzgrundlage und führte zu immer wieder gewaltsam eskalierenden Konflikten zwischen Sicherheitskräften und Kokabauern. Zugleich verbanden sich die sozioökonomischen Konsequenzen der Koka-Bekämpfung mit einer 1999 einsetzenden Phase mehrjähriger wirtschaftlicher Stagnation.

Die Bewegung der Kokabauern blieb aber keine regional und funktional begrenzte Kraft. Die *cocaleros* konnten nicht nur an die starke bolivianische Gewerkschaftstradition, sondern auch an Prozesse indigener Mobilisierung und Organisation anknüpfen, die in der mehrheitlich indigenen Bevölkerung Boliviens zu einer wachsenden Ethnisierung sozialer Identitäten geführt hatten.[3] Sie schlossen sich der indigenen Landarbeitergewerkschaft CSUTCB *(Confederación Sindical Única de Trabajadores Campesinos de Bolivia)* an und wurden schnell zu einer bestimmenden Kraft innerhalb der indigenen Bewegung Boliviens.

Das markt- und außenorientierte (kurz: neoliberale) Entwicklungsmodell, auf das sich Bolivien ab 1985 eingelassen hatte, stieß Ende der 1990er Jahre auf zunehmenden sozialen Widerstand. Zwei Stichworte symbolisieren diesen Widerstand: erstens die Massenproteste gegen die Wasserprivatisierung in Cochabamba im Jahr 2000 sowie in El Alto 2004/2005; und zweitens die sogenannte *guerra del gas* (Gaskrieg), die sich 2003 aus Protesten gegen die Pläne zum Export von Erdgas über einen chilenischen Hafen nach Nordamerika entwickelte und zu blutigen Konfrontationen und schließlich zum Sturz des Präsidenten Sánchez de Lozada führte. In diesen Massenprotesten verbanden sich die indigenen Bewegungen sowie die traditionellen Gewerkschaften des Landes mit lokal verankerten und themenspezifisch mobilisierten urbanen Protestbewegungen.[4] Ergebnis war die Herausforderung des bolivianischen Modells "paktierter Demokratie". Diese *democracia pactada*, in der seit 1985 drei Großparteien in wechselnden Bündnissen das politische Geschehen des Landes dominiert hatten, beruhte nicht zuletzt auf einer programmatischen Konvergenz der politischen Eliten um die neoliberale "Neue Wirtschaftspolitik" bei faktischer Exklusion breiter gesellschaftlicher Schichten. Die neu gewonnene Mobilisierungskraft der sozioökonomisch marginalisierten Sektoren, die sich in den Protesten ab 2000 zeigte und insbesondere auf der Organisation der indigenen Bevölkerung basierte, unterminierte diese elitäre Konfiguration demokratischer Regierbarkeit.[5]

Obwohl Morales als Vertreter der Kokabauern durchaus partikulare Interessen repräsentierte, konnte er an beide Trends anschließen (und sie so seinerseits vorantreiben): die indigenen Mobilisierungsprozesse wie die neue Welle sozialer Protest-

3 Zu den indigenen Bewegungen Boliviens siehe ausführlich Ströbele-Gregor (2006), Van Cott (2005: Kapitel 3) und Yashar (2005: Kapitel 5) sowie zusammenfassend Wolff (2004b).

4 Für einen knappen Überblick über die Wellen der Protesteskalation seit 2000 siehe Wolff (2004a).

5 Siehe allgemein zu einer solchen Perspektive auf das Verhältnis von sozialer Exklusion und demokratischer Stabilität Wolff (2005: 58-67), zu einer entsprechende Analyse der bolivianischen *democracia pactada* Wolff (2004b: 5-22, 2008a: 330-339).

bewegungen. Denn der Widerstand gegen die Politik der Kokavernichtung ließ sich plausibel sowohl als Kampf zur Verteidigung des indigenen kulturellen Erbes Boliviens als auch als allgemein nationale Gegenwehr gegen die "imperialistischen" Bestrebungen der USA darstellen. Indem Morales und der von den *cocaleros* dominierte MAS das Kokablatt als Symbol indigener Tradition sowie nationaler Souveränität in Anschlag brachten, knüpften sie an die nationalistisch-populare Tradition der Revolution von 1952, die in den anti-neoliberalen Protesten in neuer Form wiederauflebte, sowie an die seit den 1970er Jahren zu beobachtende Mobilisierung indigener Identitäten an. In diesem doppelten Sinne lässt sich auch das politische Projekt der *cocaleros* um Morales verstehen, die ab Ende der 1980er Jahre zur treibenden Kraft einer linken *und* indigenen Opposition gegen die herrschenden Verhältnisse wurden. Entsprechend verbanden sich im MAS – und das macht seinen Erfolg aus – der antikoloniale Kampf der indigenen Völker, der nationalistisch/antiimperialistische Widerstand der bolivianischen Bevölkerung und die demokratisch/anti-neoliberale Opposition gegen die exklusive Natur von politischem System und herrschendem Wirtschaftsmodell.

Damit ist bereits der zentrale Umbruch benannt, der den Wahlsieg von Evo Morales verständlich macht: das Ende der "paktierten Demokratie" und des neoliberalen (Eliten-)Konsenses durch die Mobilisierung und Organisation sozialer Kräfte unter den sogenannten "sectores populares". Es wäre aber zu kurz gegriffen, diese Transformation allein auf die sozioökonomisch regressive Seite der Reformpolitik der 1980er und 1990er Jahre zurückzuführen. Neben dem weitgehenden Scheitern der neoliberal orientierten Wirtschaftsreformen in den Augen breiter Bevölkerungsmehrheiten als Antrieb der Proteste (Yashar 2005: 181-187) ist zugleich der (sicherlich kaum so intendierte) Erfolg politischer Reformen als zentrale Ermöglichungsbedingung zu nennen (Van Cott 2005: 68-71, 87-95). Erst mit den Dezentralisierungs- und Volksbeteiligungsreformen Mitte der 1990er Jahre erhielten die indigenen Bewegungen und die *cocaleros* im Besonderen über Wahlen auf lokaler Ebene formellen Zugang zum politischen System. Auf nationaler Ebene ermöglichten es die neu eingeführten Direktmandate den geographisch konzentrierten Gemeinschaften, "ihre" Vertreter ins Parlament zu wählen. So gewannen die *cocaleros* im Chapare-Gebiet bereits 1997 vier Direktmandate, darunter Evo Morales mit dem höchsten Stimmanteil des Landes (69%). Schließlich sind massive Anstrengungen bei der Wählerregistrierung zu nennen, die die Wahlbeteiligung gerade unter der indigenen Bevölkerung ländlicher Gebiete deutlich erhöht haben (Van Cott 2005: 87; Quiroga 2006: 83).

Es ist allerdings nicht die schlichte Öffnung des politischen Systems, die den Aufstieg der Protestbewegungen um die Figur Evo Morales' erklärt, sondern die sich wechselseitig verstärkende Gleichzeitigkeit von institutioneller Öffnung und diversen politischen Versuchen, die Folgen dieser Öffnung per Repression unter Kontrolle zu bringen. Die "Vertiefung der Demokratie" war so offensichtlich nicht politisch intendiert. Beispiele für Repressionsversuche sind der Ausschluss des Abgeordneten Morales aus dem Parlament, den die etablierten Parteien im Januar 2002 wegen Anstiftung zur Gewalt im Chapare betrieben, sowie die Strategien der Präsidenten Bánzer (2000) und Sánchez de Lozada (2003), die sozialen Proteste gewaltsam einzuhegen. Ergebnis solcher repressiver Strategien war stets die Ausweitung der Proteste und breite Solidarisierungseffekte bis hinein in die urbanen Mittelschichten.

Dass das Modell der "paktierten Demokratie" am Ende war, zeigte sich spätestens in der kurzen Präsidentschaft von Sánchez de Lozada 2002/2003. Bei den Wahlen 2002 war der MAS mit 21% ins Parlament und der Präsidentschaftskandidat Morales nur knapp hinter Sánchez de Lozada in die Stichwahl eingezogen. Im Kongress, der in Bolivien die Stichwahl entscheidet, verbündeten sich allerdings in klassisch "paktierter" Manier nun die Repräsentanten des "alten" Systems gegen die neuen "anti-systemischen" Kräfte und wählten mit Sánchez de Lozada *den* Vertreter des politischen Establishments zum Präsidenten (Van Cott 2003). Gonzalo Sánchez de Lozada, der als Minister 1985 die "Neue Wirtschaftspolitik" implementiert und Bolivien bereits in den 1990er Jahren regiert hatte, stand wie kein anderer für Kontinuität. Diese war unter den veränderten soziopolitischen Bedingungen im Land aber schlicht nicht mehr möglich: Protestförmig artikulierter Widerstand erzwang die Rücknahme wirtschaftspolitischer Reformen, eine Suspendierung der Kokavernichtungspolitik und schließlich im Oktober 2003 – kaum mehr als ein Jahr nach seiner Wahl – den Rücktritt des Präsidenten.

3. *Die Regierung Morales: Zwischen Allianzbildung, Fragmentierung und Polarisierung*

Es ist in diesem Rahmen nicht möglich, im Einzelnen auf die politischen Dynamiken und Turbulenzen einzugehen, die der Wahl von Evo Morales vorangingen. Auf das *popular impeachment* (Leon Zamosc), also den protestförmigen Sturz des Präsidenten Sánchez de Lozada im Oktober 2003, folgte der bisherige Vize-Präsident Carlos Mesa. Dieser trat im Juni 2005 angesichts erneut eskalierender Proteste und Blockaden seinerseits zurück. Nun rückte der bisherige Präsident des Obersten Gerichtshofes, Eduardo Rodríguez, nach. Rodríguez leitete direkt den Übergang zu Neuwahlen ein, in denen sich dann Evo Morales durchsetzte.

Wenn die Wahl von Morales den Höhepunkt der seit 2000 eskalierenden sozialen Protestbewegung darstellt – für was steht dann die Regierung Morales? Mit dem Bild des Umbruchs drängt sich hier das Bild der Polarisierung auf. Unter der ersten indigen geführten Regierung kulminieren anscheinend die vielfältigen *cleavages*, die die bolivianische Gesellschaft durchziehen, endgültig in der "Konfrontation zwischen den beiden Boliviens" (Van Cott 2003: 774): dem armen, indigen geprägten und auf den Zentralstaat und die Binnenwirtschaft ausgerichteten andinen Westen auf der einen Seite und dem reichen, "weißen", auf den Weltmarkt ausgerichteten und auf Autonomie setzenden Osten und Süden des Landes auf der anderen. Morales, der MAS und die sozialen und indigenen Bewegungen führen das erste Lager;

die von den regionalen Eliten dominierten *Comités Cívicos* der prosperierenden Departments Santa Cruz und Tarija, die entsprechenden Autonomiebewegungen und Provinzgouverneure sowie die neue Oppositionspartei PODEMOS bilden die Gegenseite. Bei genauerem Blick zeigt sich allerdings, dass diese Idee einer gesellschaftlichen Polarisierung in zwei politisch, sozioökonomisch und ethnisch klar geschiedene Lager der Komplexität, Heterogenität und Fragmentierung der bolivianischen Gesellschaft kaum gerecht wird. Dies soll hier mit Blick auf die Regierung Morales und ihre soziale Basis verdeutlicht werden.

Die Wahlergebnisse scheinen auf den ersten Blick das Bild der Polarisierung zu bestätigen:[6] Evo Morales und der MAS gewannen die Präsidentschaftswahlen 2005 in sämtlichen Anden-Provinzen, während Quirogas PODEMOS in allen *departamentos* des Ostens und Südens (Beni, Pando, Santa Cruz, Tarija) siegte. Im neuen Parlament stehen sich entsprechend vor allem diese beiden Parteien gegenüber: die Mehrheitsfraktion des MAS (dem im Senat allerdings eine absolute Mehrheit fehlt) und die von PODEMOS dominierte Opposition. Die zeitgleich gewählten Präfekten verstärken die Opposition: Im "Halbmond" *(media luna)* genannten Osten und Süden des Landes gehören die erstmalig direkt gewählten Regierungschefs auf Departmentebene entweder PODEMOS oder Allianzen der regionalen Bürgerkomitees an. Die Wahl zur Verfassunggebenden Versammlung vom Juli 2006 bestätigte diese regionalen Wahlpräferenzen. Und in einem Referendum zur Frage regionaler Autonomien, das zeitgleich abgehalten wurde, stimmten wiederum die östlichen und südlichen Provinzen mehrheitlich für Autonomie, während das Andenhochland mit Morales und dem MAS dagegenhielt.

Ein genauerer Blick auf die Wahlergebnisse erbringt allerdings ein differenzierteres Bild. So stimmten bei den Präsidentschaftswahlen auch in den Hochburgen der oppositionellen Wirtschaftseliten – Santa Cruz und Tarija – jeweils über 30% für Morales; bei den Wahlen zur Verfassunggebenden Versammlung wurde der MAS hier gar stärkste Partei. Umgekehrt gingen in den westlichen *departamentos* La Paz und Cochabamba – wo der MAS in den nationalen Wahlen über 60% erhielt – die Präfekturen an Vertreter von Mitte-Rechts-Bündnissen.

Das Bild verkompliziert sich weiter, wenn man den MAS, seine Basis und sein Umfeld genauer betrachtet. So ist der MAS weniger Partei als ein um die Person Evo Morales zentrierter "Dachverband" der sozialen Bewegungen (Quiroga 2006: 93). Er wird insbesondere getragen von den Gewerkschaftsverbänden der Kokabauern, vereinigt aber zahlreiche, relativ autonome soziale und indigene Bewegungen und Basisorganisationen. So stützt sich beispielsweise der MAS in Santa Cruz auf die lokale indigene Bewegung (CPESC, *Coordinadora de Pueblos Étnicos de Santa Cruz*) (Van Cott 2005: 91). Für die Wahl 2005 schloss der MAS mit rund 100 sozialen (Basis-)Organisationen Abkommen, um sich eine breite Zustimmung zu sichern (Jost 2006: 8). Politisch-strategisch lässt sich der MAS in drei Strömungen unterteilen: Im politischen Projekt des MAS vereinigen sich, so Rafael Archondo (2006),

6 Zur Wahl siehe Jost (2006); die genauen Wahlergebnisse finden sich auf der Homepage der *Corte Nacional Electoral* (<www.cne.org.bo>, 14.03.2008).

eine indigenistisch/antikoloniale, eine nationalistisch/antiimperialistische und eine reformistisch/demokratische Linie. Die erste Denkweise sieht in der Regierung Morales die Erhebung der indigenen Nation gegen die "weißen" Eindringlinge und Unterdrücker; diese exklusive und in letzter Konsequenz rassistische Perspektive findet sich vor allem außerhalb des MAS, bei Morales-Rivalen wie Felipe Quispe, sie ist (in moderaterer Form) aber auch innerhalb der Bewegung durchaus stark. Die zweite Strömung verbindet den Widerstand der *indígenas* mit einem marxistisch inspirierten, antiimperialistischen Projekt und setzt insbesondere auf einen starken, souveränen Staat. Die dritte Linie schließlich unterscheidet sich inhaltlich nicht sehr weitgehend, betont aber den demokratischen und gewaltlosen Charakter des angestrebten Wandels; statt Konfrontation erscheint damit die Einbindung auch der nicht indigenen Bevölkerung sowie konkret z.B. der progressiven Teile der urbanen Mittelschichten notwendig. Waren diese drei Strömungen im Protest gegen die "paktierte Demokratie", das neoliberale Wirtschaftsmodell und den *War on Drugs* noch weitgehend problemlos zu vereinigen, so gilt das mit der Regierungsverantwortung, die die Einigung auf und Implementation von positiv gestaltenden Maßnahmen notwendig macht, nicht mehr.

Das Bild von Heterogenität und Fragmentierung nimmt weiter zu, wenn man den Blick auf das sympathisierende Umfeld des MAS wirft. In den ländlichen Gebieten des Altiplano und in einer indigen geprägten Stadt wie El Alto unterstützen breite Teile der Bevölkerung in Wahlen den MAS. Zugleich stehen aber die hier dominanten sozialen Organisationen durchaus autonom und teilweise in offener Konkurrenz zum MAS; dies gilt auf dem Altiplano etwa für die indigenen *comunidades* der Aymara sowie in El Alto für die Nachbarschaftsgruppen der Fejuve *(Federación de Juntas Vecinales)*. Neben allgemeinen ethnischen Differenzen – insbesondere zwischen Aymara und Quechua, den beiden größten indigenen Völkern Boliviens – sind auch die konkreten Interessen der indigenen Gemeinschaften des Altiplano, der urbanen Nachbarschaftsgruppen etwa in El Alto und der Kokabauern, alles andere als deckungsgleich. Diese Heterogenität wird verschärft durch zahlreiche personelle Rivalitäten – etwa zwischen Evo Morales und Felipe Quispe, der mit dem MIP *(Movimiento Indígena Pachakuti)* sein eigenes, deutlich radikaleres und ethno-nationalistisches Projekt der Hochland-Aymara verfolgt.

Diese Spannungen und Spaltungen zeigen sich nicht zuletzt im indigenen Gewerkschaftsdachverband CSUTCB (*Confederación Sindical Unica de Trabajadores Campesinos de Bolivia*), auch wenn dieser mittlerweile nicht mehr von Quispe, sondern von MAS-Leuten angeführt wird. Ähnlich ist das Verhältnis auch zu den in der CIDOB *(Confederación de Indígenas del Oriente Boliviano)* zusammengeschlossenen indigenen Organisationen des Tieflandes. Diese bilden eine zentrale Stütze des MAS, ihre Interessen und Strategien weichen aber wiederum von denen der in der CSUTCB zusammengeschlossenen indigenen Hochlandorganisationen ab. Schließlich besteht eine spannungsreiche Beziehung des MAS zum nationalen Gewerkschaftsdachverband. Die COB *(Central Obrera Boliviana)*, die seit der neoliberalen Wende 1985 massiv an sozialer Mobilisierungskraft und politischem Einfluss verloren hat, pflegt nach wie vor einen weitgehend traditionalistisch linken und rhetorisch ungemein radikalen Kurs, der nur im Kontext allgemeiner Massenproteste einigermaßen kompatibel mit den Strategien des MAS ist. Die 2006 neu gewählte Führung der COB steht Morales und dem MAS zwar näher als die bisherige, bleibt aber auf Autonomie und "revolutionären" Druck gegen die "reformistische" MAS-Regierung bedacht und lehnte etwa die Verfassunggebende Versammlung ab.

Präsident Morales entschied sich ganz offensichtlich dafür, diese Heterogenität über die direkte Einbindung zu bearbeiten. So besteht das politische Führungspersonal, das mit Morales die Regierung übernahm, zu wesentlichen Teilen aus Aktivisten der sozialen und indigenen Bewegungen, der Gewerkschaften, *cocalero*- und Bauernverbände (ICG 2006: 4-5). Dies verdeutlichen ein paar Beispiele des Führungspersonals der ersten Regierung Morales: Vize-Präsident Álvaro García Linera hat als ehemaliger Anhänger der karistischen Guerillabewegung der Hochland-Aymara (und Weggefährte Felipe Quispes) eine gewisse Autorität in diesem Lager und steht zugleich als "weißer" Intellektueller und mittlerweile deutlich gemäßigter Realpolitiker für die Anbindung auch der urbanen Mittelschichten; Außenminister wurde mit David Choquehuanca ein indigener Aktivist der CSUTCB; Abel Mamani, der als Präsident der Nachbarschaftsgruppen von El Alto die Proteste gegen die Wasserprivatisierung anführte, war als Minister für den Wassersektor zuständig; um die Koka-Thematik kümmerte sich als Vizeminister im Innenministerium Felipe Cáceres, ein ehemaliger Generalsekretär des *cocalero*-Dachverbands von Cochabamba.

4. *Die Regierung Morales nach der Constituyente: Szenarien, Konfliktlinien und Herausforderungen*

Was bedeutet es aber nun, wenn das Bild einer klaren Polarisierung mit Blick auf die Heterogenität und Fragmentierung deutlich relativiert werden muss? Grob vereinfachend kann sich die reale Fragmentierung, mit der die Regierung Morales auf Seiten sowohl des eigenen wie auch des oppositionellen Lagers umzugehen hat, in drei alternativen Szenarien ausdrücken. In einem ersten reformistischen Szenario, das Argentinien unter Néstor Kirchner oder Brasilien unter Lula da Silva ähneln würde, kann sie zur Bildung lagerübergreifender Allianzen anregen, dies aber unter Umständen auf Kosten tiefgreifender Reformen. In einem zweiten Unregierbarkeits-Szenario, das einer Fortsetzung der Situation wechselseitiger Blockaden der Jahre 2003 bis 2005 entsprechen würde, könnte es in unterschiedlichsten Formen zur Handlungsunfähigkeit der Regierung kommen. In einem dritten konfrontativen Szenario, das Venezuela unter Hugo Chávez entspräche, könnte die reale Fragmentierung dazu führen, dass die Idee der Polarisierung in zwei Bolivien als Instrument zur Herstellung von Einigkeit und Kooperation im je eigenen Lager im Sinne einer *self-fulfilling prophecy* eine entsprechende Konfrontation tatsächlich zur Folge hat.

Im Zuge der beständigen sozialen Konflikte und politischen Turbulenzen der vergangenen Jahre war Bolivien zunehmend mit einem Szenario der Unregierbarkeit identifiziert worden. Morales' überraschend klarer Wahlsieg beruhigte diese Befürchtungen zeitweise. Die starke demokratische Legitimation des Präsidenten machte es allen oppositionellen Kräften äußerst schwer, allzu offensiv gegen die Regierung vorzugehen (Jost 2006: 12); und die direkte Einbindung von diversen Repräsentanten der sozialen Bewegungen und Organisationen in die Regierung begrenzte zugleich das Potenzial für mehr als sektorale Proteste auf Seiten der *sectores populares* (ICG 2006: 5). Die ersten Monate der Regierung wiesen am ehesten auf die erste Variante der reformistischen Einbindung hin, die von MAS-Vertretern selbst als "gramscianische Strategie" bezeichnet wird.[7] Der als moderat und verhandlungsgeschickt geltende Vize-Präsident García Linera steht für diese Orientierung, die anhaltende, von einer positiven Weltkonjunktur gestützte makroökonomische Stabilität bildet hierfür einen guten Rahmen. Die "Nationalisierung" des Erdgassektors ist wohl das deutlichste Beispiel, dass eine auf nationalen Konsens setzende Strategie möglich ist. Allerdings beruht der (potenziell) national vereinigende Charakter der Erdgaspolitik gerade darauf, dass die Geschädigten außerhalb des Landes sitzen. Die Erfahrungen mit der unter Morales forcierten Restrukturierung des Erdgassektors lassen sich deshalb nur begrenzt auf andere Politikfelder mit genuin *interner* Konflikthaltigkeit übertragen. Wo solche innenpolitisch brisanten Themen angesprochen sind – wie etwa im Rahmen der Verfassunggebenden Versammlung, bei Fragen der Landreform oder der Autonomie-Problematik –, sind die Tendenzen in Richtung des Blockade- und/oder Konfrontations-Szenarios denn auch deutlich ausgeprägter (ICG 2007a, b; Ströbele-Gregor 2007: 15). Zum Jahreswechsel 2007/2008 spitzten sich die politische Auseinandersetzungen – mit der Verabschiedung einer Verfassungsvorlage durch die MAS-dominierte Verfassunggebende Versammlung sowie mit der Verkündung von Autonomie-Statuten durch die oppositionell regierten *departamentos* der *media luna* – auf diese innenpolitisch äußert brisanten Themen zu, und das politische Geschehen oszillierte zwischen wechselseitiger Blockade und Szenarien der polarisierten Konfrontation.

4.1 Die Erdgaspolitik

Die von der Regierung mit großem symbolischen Gehalt verkündete "Nationalisierung der Gas- und Erdölressourcen" am 1. Mai 2006 sorgte international für einige Furore. Innerhalb Boliviens herrscht zum Thema Erdgas dagegen ein weitgehender Konsens, wie nicht zuletzt das Referendum im Jahr 2004 zeigte. Das Dekret zur

7 So betonte etwa Hugo Moldiz, Koordinator des MAS-nahen *Estado Mayor del Pueblo*, die sozialen Bewegungen Boliviens setzten auf einen "gramscianischen Weg", der auf Konsensbildung auch unter Einschluss von "Unternehmenssektoren und Regionen" ziele und erst in zweiter Wahl – in Reaktion auf eine aggressive Ablehnung von Seiten der Eliten – auf einen "leninistischen Weg" revolutionären Wandels (zit. nach *IPSNoticias.net*, 07.09.2006).

Restrukturierung des Gas- und Ölsektors wurde nur allmählich und stückweise, aber in den Grundzügen erfolgreich in die Tat umgesetzt. Was die Regierung Morales als Schritte der "Nationalisierung" der Kohlenwasserstoffe in den ersten Jahren umsetzte, stellte einen deutlich weniger radikalen Einschnitt dar, als es der Begriff der "Nationalisierung" und die allzu aufgeregte Debatte zum Thema vermuten lassen. Denn erstens waren die Erdgas- und Erdölvorkommen gemäß Verfassung ohnehin unveräußerliches Eigentum des Staates; und unmittelbar nationalisiert wurde lediglich das Gas selbst, nicht die Infrastruktur der extrahierenden Unternehmen (ICG 2007b: 12). Zweitens wurde die von Morales implementierte Erhöhung der staatlichen Teilhabe und Teilnahme an der Förderung und Vermarktung der Kohlenwasserstoffe in den Grundzügen bereits unter Morales' Vorgänger Carlos Mesa eingeleitet.

Gleichwohl handelte es sich um eine klare Abkehr von der Privatisierungspolitik der 1990er Jahre. In seiner ersten Präsidentschaft hatte der damalige Präsident Sánchez de Lozada Mitte der 1990er Jahre den Staatskonzern YPFB *(Yacimientos Petrolíferos Fiscales Bolivianos)* zerschlagen und großenteils privatisiert, die Erdgasfelder Boliviens faktisch verkauft und die Beteiligung des Staates an neuen Feldern von 50% auf 18% gesenkt.[8] In einem Referendum Mitte 2004, mit dem der schwache Interim-Präsident Carlos Mesa auf die in der *guerra del gas* artikulierte gesellschaftliche Unzufriedenheit zu antworten suchte, stimmten nun Mehrheiten von bis zu 92% für eine Rückkehr zur nationalen Souveränität und staatlichen Kontrolle über den Sektor (Quiroga 2004). In Folge wurde schon unter der Regierung Mesa der Anteil des Staates (über eine zusätzliche Direktsteuer von 32%) wieder auf 50% erhöht. Morales behielt diese Regelung grundsätzlich bei; für besonders große und produktive Erdgasfelder – betroffen sind hier vor allem San Alberto und San Antonio, die den überwiegenden Teil der bolivianischen Gasförderung abdecken – erhöhte das Nationalisierungs-Dekret den Anteil des Staates allerdings auf 82%. Trotz anfänglicher Sorgen, diese neuen Konditionen würden die Investoren aus Bolivien vertreiben, gelang es der Regierung, Ende 2006 mit allen zwölf beteiligten ausländischen Unternehmen neue Verträge abzuschließen, die ein Jahr nach der verkündeten "Nationalisierung" – nach zuletzt der Korrektur einiger Formfehler – in Kraft traten.[9] Mitentscheidend für diesen Verhandlungserfolg war eine pragmatische Flexibilität der Regierung; so können die Unternehmen den 50% überschreitenden Staatsanteil durch die Anrechnung von Kosten und Investitionen auch für die genannten Großfelder faktisch unter den Maximalwert von 82% absenken.

8 Wobei von diesen 18% *regalías* lediglich 6% an den Zentralstaat gingen, 11% dagegen an das betroffene *departamento* sowie 1% in eine Umlage für benachteiligte Regionen (Beni, Pando).

9 Die wichtigsten Unternehmen sind Petrobras (Brasilien) und Repsol-YPF (Spanien). Petrobras förderte zuletzt 42% des Erdöls sowie 50% des Gases und produzierte in seinen Raffinerien 100% des Benzins und 70% des in Bolivien verkauften Diesels; Repsol-YPF förderte 38% des Erdöls und gut ein Fünftel des Erdgases (Quiroga 2006: 97). Beide Unternehmen haben dafür in den vergangenen Jahren in Bolivien je über eine Milliarde US-Dollar investiert (ICG 2006: 8).

Im Referendum hatte sich die Bevölkerung auch dafür ausgesprochen, die Souveränität über das Erdgas wiederherzustellen und YPFB wieder aufzubauen. Dem entsprach die von Morales verkündete "Nationalisierung". Das geförderte Gas (wie auch das Öl) geht nun nicht mehr automatisch mit Austritt aus dem Boden in die Hand der fördernden Privatunternehmen über, sondern soll über die gesamte Wertschöpfungskette unter Kontrolle des bolivianischen Staates bzw. YPFB bleiben. Der Staatskonzern soll seine Anteile an den für Transport, Raffinerie und Lagerung zuständigen Teilunternehmen auf über 50% aufstocken. Im Ergebnis werden die in Bolivien aktiven ausländischen Unternehmen so einerseits zu Dienstleistern, die für die Förderung des Erdgases mit einer Beteiligung von zwischen 18 und 50% entlohnt werden, andererseits zu Minderheitsteilhabern an der Verarbeitung und Kommerzialisierung des Erdgases. Auch hier geht es nicht um Enteignung, sondern um eine käufliche Übernahme einer Mehrheitsbeteiligung (vgl. Ströbele-Gregor 2007: 15). Im Mai 2007 etwa erstand der bolivianische Staat die beiden Raffinerien der brasilanischen Petrobras (ICG 2007a: 17). Zugleich gestaltete sich die Wiederherstellung des weitgehend abgewickelten und traditionell von Korruption durchzogenen Staatsunternehmens YPFB äußerst schwierig (vgl. ICG 2007a: 16f).

Die dritte bedeutende Veränderung – neben der Erhöhung staatlicher Abgaben und der Wiederherstellung des staatlichen Erdgaskonzerns – betrifft die Preise, die die Nachbarn Brasilien und Argentinien für das aus Bolivien importierte Gas bezahlen und die deutlich unter dem internationalen Niveau lagen. Es gelang der Regierung, zunächst mit Argentinien und im Februar 2007 auch mit Brasilien deutliche Preiserhöhungen auszuhandeln. Mit Argentinien wurde zudem ein Investitions- und Kooperationsabkommen unterzeichnet, das den Bau einer neuen Gaspipeline sowie eine Flüssiggas-Trennanlage auf bolivianischem Boden vorsieht.

Mit der Restrukturierung des Erdgassektors erfüllte die Regierung Morales ein zentrales Wahlkampfversprechen und wendete die Gefahr einer schnellen enttäuschten Abwendung ihrer Unterstützer unter den sozialen und indigenen Bewegungen ab. Wenn man die tatsächlichen Neuerungen mit dem bereits unter Morales' Vorgänger verabschiedeten Veränderungen vergleicht, kommt man zu dem Ergebnis, dass es dabei in vielerlei Hinsicht um symbolische Politik ging (Quiroga 2006: 98). Auch Symbolpolitik sollte nicht als irrelevant abgetan werden. Aber die finanziellen Ressourcen, die dem Staat durch die erhöhte Beteiligung an der Erdgasförderung zusätzlich zur Verfügung stehen, bieten der Regierung auch materiell neue Spielräume. Auf der Basis einer für die bolivianischen Exportgüter äußerst hilfreichen Weltkonjunktur wurde so eine Ausweitung der öffentlichen Investitionen im Sinne der im Juni 2006 verkündeten neuen bolivianischen Entwicklungsstrategie möglich – und außerdem die gezielte Bedienung sektoraler Forderungen. Nach der Einführung der 32%igen Zusatzsteuer im Mai 2005 verdoppelten sich die entsprechenden Staatseinnahmen von jährlich 230 Mio. auf 460 Mio. US$ im Jahr 2005 (ICG 2007b: 12), um mit der "Nationalisierung" 2006 auf rund 1,3 Mrd. US$ anzusteigen (*LaRazón.com*, 03.05.2007). Die Staatseinnahmen aus dem Kohlenwasserstoffsektor stiegen so von 5% des BIP (2004) auf 13,3% im Jahr 2006 (Weisbrot/Sandoval 2007: 1).

Wie wichtig die Erdgaspolitik für die Erzeugung breiter und landesweiter Zustimmung zur Regierung war, zeigte sich darin, dass die Popularität des Präsidenten mit der verkündeten "Nationalisierung" zeitweise auf 81% anstieg und sich der MAS in den anschließenden Wahlen zur Verfassunggebenden Versammlung landesweit durchsetzen konnte. Obwohl den gestiegenen Einnahmen kein entsprechender Anstieg der Staatsausgaben gegenüberstand, profitierte die breite Bevölkerung doch zumindest ansatzweise (vgl. Weisbrot/Sandoval 2007; Weisbrot 2007). So trat Anfang 2008 eine universale staatliche Rente für über 60-Jährige (*Renta Dignidad*) in Kraft, die im Wesentlichen aus den Zusatzeinnahmen aus dem Erdgassektor finanziert werden sollte. Hier deuten sich wichtige Fortschritte an, die allerdings nicht darüber hinwegtäuschen sollten, dass bis dato noch keine systematischen Anstrengungen zu verzeichnen sind, die Erdgaseinnahmen in eine Diversifizierung der Wirtschafts- und Exportstruktur zu investieren (Ströbele-Gregor 2007: 15).

4.2 Die Verfassunggebende Versammlung

Die Einberufung einer Verfassunggebenden Versammlung war eine alte Forderung der indigenen Bewegungen des Landes. Anders als etwa in Ecuador wurden in Bolivien die Verfassungsreformen der 1990er Jahre "von oben" dekretiert. Nach dem Sturz von Sánchez de Lozada im Jahr 2003 kam das Thema mit neuer Kraft auf die Agenda. Neben der Erdgasproblematik bildete die Einberufung einer *Asamblea Constituyente* das zweite zentrale Wahlversprechen des Kandidaten Evo Morales. Im Juli 2006 wurden die Wahlen zur Verfassunggebenden Versammlung abgehalten, Anfang August trat sie erstmals zusammen.

Eigentlich sollten die Arbeiten an der neuen Verfassung bis August 2007 abgeschlossen werden, die ersten sechs Monate der Verhandlungen konzentrierten sich allerdings ausschließlich auf prozedurale Fragen. Erst Anfang 2007 ermöglichte ein Kompromiss zwischen MAS und Opposition die Aufnahme der inhaltlichen Arbeit in den Kommissionen der *Asamblea*. Nach einer Verlängerung der Frist um ein halbes Jahr gelang schließlich Ende 2007 die Verabschiedung einer neuen Verfassung. Die Annahme der einzelnen Artikel, die gemäß dem Kompromiss zwischen MAS und Opposition einer Zweidrittelmehrheit bedurfte, wobei umstrittene Artikel einem Sonderreferendum vorzulegen wären, bot allerdings Anlass für scharfe Kritik von Seiten der Opposition: Aufgrund der massiven Proteste am Sitz der *Constituyente* in Sucre, die sich an der Forderung Sucres nach einem vollständigen Hauptstadt-Status entzündet hatten (ICG 2007a: 12), verlegte der MAS die Abstimmung kurzfristig nach Oruro; und bei der Abstimmung fehlte mit PODEMOS insbesondere die stärkte Oppositionspartei, was dem MAS eine Annahme der Verfassung mit zwei Dritteln der *anwesenden* Abgeordneten ermöglichte. Ein Artikel – der Großgrundbesitz auf maximal 5.000 oder 10.000 Hektar begrenzt – blieb dabei umstritten und müsste deshalb vor dem Referendum über die neue Verfassung durch eine eigenständige Volksbefragung entschieden werden (vgl. Buxton 2008; Chávez 2007; Crabtree

2007). Untermittelbare Reaktion der oppositionell regierten *departamentos* war die Verkündung von Autonomie-Statuten. Während die Opposition die Verfassung als illegal geißelte, betrachtete das Regierungslager die Autonomie-Statute – die nun zweifelsfrei jeglicher verfassungsrechtlicher Grundlage entbehrten – als rechtswidrig und sezessionistisch. Verhandlungen zwischen der Regierung und den oppositionellen Präfekten (Provinzgouverneuren) sollten eine Einigung bringen. Ein Vorschlag des Präsidenten sah vor, dass sich sowohl Morales selbst als auch die Präfekten Abberufungsreferenden stellen sollten, um den Konflikt per Volksentscheid zu klären.

Schon im Vorfeld der Wahlen zur *Asamblea* zeigte sich die große Streitfrage, die die prozeduralen Auseinandersetzungen des Jahres 2006 bestimmen sollte. In den Augen des MAS und seiner Anhänger sollte die neue Verfassung einen entscheidenden Schritt hin zu einer umfassenden "Neugründung Boliviens" bilden; Wahlverfahren und Mehrheitsanforderungen, die der konservativen Opposition eine institutionalisierte Vetoposition einräumen würden, galt es dementsprechend zu vermeiden. Umgekehrt dominierte auf Seiten ebendieser Opposition die Sorge vor einer Verfassunggebenden Versammlung, in der eine mehrheitsfähige MAS-Fraktion ihre Ideen nach Belieben durchzusetzen in der Lage wäre. Die Verhandlungen und Auseinandersetzungen zwischen Regierungslager und Opposition schwankten beständig zwischen Versuchen der notgedrungenen Einigung und beiderseitigen Polarisierungs- und Konfrontationsstrategien. Zunächst hatte der MAS, der im Kongress der Zustimmung der Opposition bedurfte, eine erstaunlich kompromissbereite Haltung gezeigt: Nach massivem Widerstand der Opposition einigte man sich auf einen Wahlmodus, der es dem MAS unmöglich machte, sich eine Zweidrittelmehrheit zu sichern; auch auf die ursprüngliche Forderung nach einer eigenständigen Repräsentation der sozialen Organisationen wurde verzichtet (Kramer 2006: 195-199).

Nach Zusammentreten der Versammlung wiesen die Zeichen allerdings deutlich in Richtung der oben benannten Konfrontations- und Blockade-Szenarien. Insbesondere an der Frage des Abstimmungsmodus entzündeten sich Konflikte, die unter anderem mit gewaltsamen Zusammenstößen zwischen Anhängern beider Lager, mit einem massiven Hungerstreik auf Seiten der Opposition sowie Drohungen mit der eigenständigen Erklärung der Autonomie durch die von der Opposition beherrschten Departments im Osten und Süden einhergingen. Während die Mitte-Rechts-Opposition um PODEMOS forderte, alle Einzelentscheidungen über Artikel müssten mit Zweidrittelmehrheit – und also unter Einbindung der Mitte-Rechts-Parteien – verabschiedet werden, wollte der MAS dies nur für die abschließende Abstimmung über die gesamte Verfassung zulassen. Wenn Letztere dann gescheitert wäre, hätte der MAS den Verfassungsentwurf dem Volk vorgelegt, womit der MAS mit absoluten Mehrheiten in *Asamblea* und Bevölkerung eine "eigene" Verfassung hätte durchsetzen könnte. Beide Seiten hatten dabei gewichtige Gründe auf ihrer Seite: Die uneingeschränkte Herrschaft einer knappen absoluten Mehrheit würde in der Tat einen plebiszitär legitimierten Autoritarismus bedeuten; die institutionell abgesicherte Blockade eines Wandels, der endlich die tiefen sozialen Ungleichheiten angehen würde, durch eine materiell weit überproportional gesegnete, elitäre Minderheit aber würde die weitgehende Entsubstanzialisierung formaldemokratischer Verfahren und Prinzipien besiegeln. Im Februar 2007 gelang ein Kompromiss: Die einzelnen Artikel der neuen Verfassung waren mit Zweidrittelmehrheit anzunehmen; umstrittene Artikel sollten dem Volk zur Abstimmung vorgelegt werden. Damit wurden inhaltliche Verhandlungen ermöglicht. Die oben umrissene Grundproblematik blieb aber auch über das Ende der Verfassunggebenden Versammlung hinaus bestehen.

Hinter diesem Konflikt steckte die Frage, wie weitreichend die Kompetenzen der Verfassunggebenden Versammlung eigentlich sein sollten. Hier ging es zum einen um das (institutionelle) Verhältnis zwischen *Asamblea Constituyente* und den bestehenden Gewalten des Staates, zum anderen um (substanzielle) Fragen des Staats-, Wirtschafts- und Gesellschaftsmodells. Die Erwartungen auf Seiten des MAS und seiner Basis waren extrem hoch, wie die Idee der "Neugründung Boliviens" verdeutlicht. Sie standen denjenigen der Opposition teils diametral entgegen: Die einen befürworteten eine Stärkung des Zentralstaats (insbesondere in seinen Wirtschaftskompetenzen) und die Förderung lokaler *comunidades* mit territorialer Autonomie und kollektiven Rechten; die anderen zielten auf eine Abwehr zentralstaatlicher Eingriffe in wirtschaftliche Belange, auf eine politische Stärkung und wachsende Autonomie der regionalen Ebene sowie auf die Sicherung individueller Rechte und Freiheiten (vgl. Wolff 2008b). Verkompliziert wurden die Verhandlungen dadurch, dass eine ganze Reihe relativ leicht zu akzeptierender Forderungen auf beiden Seiten bereits durch frühere politische Reformen erfüllt waren: die Stärkung der munizipalen Ebene; die Öffnung des politischen Systems gegenüber territorialen Basisorganisationen und indigenen Gemeinschaften; die Einführung direktdemokratischer Elemente; die symbolische Anerkennung des "multiethnischen und plurikulturellen" Charakters des bolivianischen Staates; die Anerkennung indigener Territorien; die finanzielle Beteiligung der Erdgas fördernden *departamentos* an den Staatseinnahmen sowie die Direktwahl der Präfekten auf Departmentebene.

In den scharfen Auseinandersetzungen um den Abstimmungsmodus in der *Asamblea* deutete sich auf beiden Seiten des politischen Spektrums die Tendenz an, gerade aufgrund der Heterogenität des "eigenen Lagers" den Eindruck von Polarisierung und Konfrontation als Instrument der Produktion von Einigkeit zu nutzen – mit dem Ergebnis, dass die politischen Dynamiken dazu tendierten, die politische Gesellschaft tatsächlich entlang einer klaren Konfliktlinie zu spalten. Um die Konfrontation von MAS und Opposition in der *Asamblea* gruppierten sich also tatsächlich zwei "Lager": Die sozialen Bewegungen und Organisationen im Umfeld des MAS versuchten, per Druck "von der Straße" dafür zu sorgen, dass die Versammlung das Mandat des Volkes auch ausführte. Zugleich formierten sich vor allem in Santa Cruz und Tarija – sowie allgemein in den oppositionell regierten *departamentos* – die bürgerlichen Oppositionsgruppen um die starken *Comités Cívicos* zu regionalen Blockadeaktionen, um ihrerseits die *asambleístas* unter Druck zu setzen, um die "illegale MAS-Verfassung" zu verhindern und für die Umsetzung der eigenen Autonomie-Statuten zu sorgen. Da die Polarisierung aber so klar nicht ist, bildeten die MAS-Anhänger im Osten und Süden ihrerseits Gegenproteste, um den elitären und eben nicht einmal regional repräsentativen Charakter der *Comités Cívicos* unter

Beweis zu stellen, während die Regierung Morales unter den Mittelschichten des Hochlandes zeitweise massiv an Zustimmung verlor.

5. Schlussbemerkungen

Eine Rückkehr zum *status quo ante* der so "paktierten" wie elitär-exklusiven Demokratie ist weder möglich noch wünschbar. Damit gibt es keine *demokratisch-gewaltlose* Alternative zu einer "gramscianischen" Strategie der Bildung eines inklusiven, lagerübergreifenden und gleichwohl mehr als oberflächlichen Veränderungsprojekts. Dass dies möglich ist, zeigt die jeweilige Heterogenität der Lager und das Beispiel der Erdgaspolitik. Möglich heißt aber noch lange nicht wahrscheinlich. Denn Konfrontation ist in doppelter Hinsicht unvermeidbar: Die Regierung Morales muss radikal auftreten, um die eigene Basis zusammenzuhalten; und sie muss die traditionellen Eliten des Landes ernsthaft herausfordern, will sie den sozialen Wandel vertiefen. Der politische Umbruch, den die Regierung Morales symbolisiert, verlangt nach einer sozioökonomischen Umverteilung von Macht und Wohlstand, die ohne Konfrontation nicht möglich sein wird (Wolff 2004b).

Wenn Evo Morales in diesem Sinne vor der Herausforderung steht, zu "zeigen, dass man antikolonial, antiimperialistisch und demokratisch zur gleichen Zeit sein kann" (Archondo 2006: 11), so ist die "Nationalisierung" des Erdgases – bei allen Komplikationen – noch der leichtere Fall. Ähnliches gilt für die auf Legalisierung des Kokablattes und kooperative Kokavernichtung setzende Kokapolitik der Regierung Morales: Auch hier sitzen die "Gegner" in Gestalt der USA gleichfalls außerhalb des Landes und stehen einer politisch wenig genehmen, aber unzweifelhaft demokratisch legitimierten Regierung relativ hilflos (und insofern leidlich kooperativ) gegenüber (Ledebur/Youngers 2006). Wie der Verlauf der Verfassunggebenden Versammlung sowie die Debatten um regionale Autonomie und um die Ende 2006 eingeleitete Landreform gezeigt haben, stehen bei anderen Themen die innergesellschaftlichen Interessen sehr viel deutlicher gegeneinander (ICG 2007a, b). In der Frage der Umverteilung von Land prallen etwa die Bedürfnisse der organisierten Landlosen und ins Tiefland migrierter *indígenas* frontal auf vitale Interessen von Großgrundbesitzern und Agrobusiness (ICG 2006: 13-14; Quiroga 2006: 104). In der Frage der neuen Verfassung spitzte sich der generelle Konflikt um die Umverteilung von Macht und Wohlstand, der die Konfrontation der Regierung Morales mit der in der *media luna* konzentrierten Opposition prägte, extrem zu.

Abschließend lässt sich der Umbruch in der bolivianischen Demokratie, für den die Regierung Morales steht und den sie forciert, in vier generellen Trends zuspitzen. Erstens hat sich im Zuge des Zusammenbruchs der "paktierten Demokratie" die Balance zwischen der gesellschaftlichen Mehrheiten folgenden Ergebnisoffenheit demokratischer Verfahren und ihrer rechtsstaatlich-institutionellen Einhegung klar zu Gunsten der Ergebnisoffenheit verschoben. Wenn Demokratie mit Adam Przeworski (1991: 13) "organisierte Unsicherheit" bedeutet, so ging zu Zeiten der *democracia pactada* die erfolgreiche Organisation eines reichlich exklusiven Elitenkonsenses zu Lasten der für die Substanz demokratischer Verfahren notwendigen Ergebnisoffenheit. Unter der Regierung Morales (und bereits seit dem *popular impeachment* gegen Sánchez de Lozada) fanden die Mehrheitspräferenzen der bolivianischen Bevölkerung sehr viel deutlicher Eingang in politische Entscheidungen – dies aber zu Lasten institutioneller Verfahren und konstitutioneller Absicherungen, die vital für die Erzeugung von Erwartungssicherheit sowie für die Machtbegrenzung demokratischer Mehrheiten sind. Die Regierung Morales ist offensichtlich repräsentativer und responsiver gegenüber dem eigenen Volk als alle ihre Vorgänger. Sie bezieht sich allerdings weitgehend auf die eigene – zwar majoritäre, aber gleichwohl partikulare – Basis. Dies geht auf Kosten institutioneller *checks and balances* und provoziert die Gegenwehr all derjenigen, die von der institutionalisierten Verlässlichkeit und der politischen Orientierung der "paktierten Demokratie" profitieren konnten. Ergebnis ist einerseits eine überdurchschnittlich stabile Zustimmung zur Regierung (in Umfragen) durch klare Bevölkerungsmehrheiten, andererseits ein Trend zur Polarisierung, der sowohl die Möglichkeiten als auch die Anreize zur lagerübergreifenden Kompromissbildung einschränkt.

Damit zusammenhängend zeigt sich zweitens eine Stärkung gesellschaftlicher Partizipation sowie direktdemokratisch-plebiszitärer Elemente, wie etwa die regelmäßigen Konsultationen der Regierung und des MAS mit Vertretern diverser sozialer (Basis-)Organisationen veranschaulichen. Die verstärkte politische Einbeziehung einer überdurchschnittlich mobilisierten Gesellschaft bedeutet dabei zugleich, dass die Demokratie deutlich turbulenter wird, politische Aushandlungsprozesse beständig Rücksicht auf die (potenziell protestförmige) Gegenwehr betroffener gesellschaftlicher Gruppen nehmen müssen und nachhaltige politische Kompromisse so schwieriger zu erzielen sind. Während die demokratischen Verfahren also unruhiger und weniger berechenbar geworden sind, hat ihre Bedeutung tendenziell zugenommen. Hier zeigt sich drittens eine partielle Verschiebung in den dominanten Formen, in denen soziopolitische Konflikte ausgetragen werden. Die mit der Regierung Morales verbundene Einbindung konfliktfähiger (Protest-)Gruppen in Regierung, Parlament und Verfassunggebende Versammlung stärkt die Bedeutung dieser politischen Institutionen. Auch der Konflikt mit den wichtigsten Oppositionsgruppen zentriert sich um diese Institutionen.

Dies verbindet sich schließlich mit einer wichtigen Veränderung, die den Gebrauch politischer Repression betrifft: Während noch die letzte Regierung Sánchez de Lozada nicht mehr kontrollierbare Massenproteste im Zweifelsfall per gewaltsamer Repression zu bearbeiten suchte, was in der *guerra del gas* zuletzt zu rund 80 Toten geführt hatte, blieben unter den Regierungen Mesa und Morales entsprechende Eskalationsprozesse aus. Diese Transformation hat allerdings wiederum eine Schattenseite: Der Wechsel konfliktfähiger Herausforderer in die Regierung zu Lasten der bisher staatstragenden Gruppen hat dazu geführt, dass sich nun teilweise mobilisierte Protestgruppen "auf der Straße" in direkter Konfrontation gegenüberstehen, während beide Seiten Unterstützung aus Teilen des Staatsapparats finden (Zentral- vs. Departmentregierung; Regierungs- vs. Oppositionsfraktion).

Wie etwa die gewaltsamen Zusammenstöße in Cochabamba Anfang 2007 gezeigt haben, erhalten die benannten Turbulenzen des politischen Prozesses damit eine beunruhigend gewaltträchtige Seite.

Literaturverzeichnis

Archondo, Rafael (2006): "¿Qué le espera a Bolivia con Evo Morales?". In: *Nueva Sociedad*, 202, S. 4-12.

Bertelsmann Stiftung (2007): *BTI 2008 – Bolivia Country Report*, Gütersloh: Bertelsmann Stiftung <www.bertelsmann-transformation-index.de> (29.02.2008).

Buitrago, Miguel A. (2007): *Boliviens neue Verfassung – ein Land vor der Zerreißprobe*. Hamburg (GIGA Focus Lateinamerika 12).

Buxton, Nick (2008): Constituting change in a divided Bolivia. In: *Transnational Institute*, 21.01.2008 <www.tni.org> (14.02.2008).

Chávez, Franz (2007): Constitución-Bolivia: El país partido. In: *IPS Inter Press Service*, 11.12.2007 <www.ipsnoticias.net> (03.01.2008).

Crabtree, John (2007): Bolivia's controversial constitution. In: *openDemocracy*, 10.12.2007 <www.opendemocracy.net> (03.01.2008).

Ernst, Tanja (2007): Zwischen Rhetorik und Reformen – die „Neugründung" Boliviens. In: *Lateinamerika Analysen*, 6, 2, S. 177-197.

Gamarra, Eduardo A. (2007): *Bolivia on the Brink*. Washington, DC: Council on Foreign Relations (Council Special Report, Nr. 24).

ICG (2007a): *Bolivia's New Constitution: Avoiding Violent Confrontation*, Bogotá/Brüssel: International Crisis Group (ICG Latin America Report, Nr. 23) <www.crisisgroup.org> (31.08.2007).

— (2007b): *Bolivia's Reforms: The Danger of New Conflicts*. Bogotá/Brüssel: International Crisis Group (ICG Latin America Briefing, Nr. 13) <http://www. crisisgroup.org> (08.01.2007).

— (2006): *Bolivia's Rocky Road to Reforms*. Bogotá/Brüssel: International Crisis Group (ICG Latin America Report, Nr. 18) <http://www.crisisgroup.org> (03.07.2006).

Jost, Stefan (2006): "Bolivien nach dem politischen Erdrutsch". In: *GIGA Focus Lateinamerika*, Nr. 2.

Kramer, Andrea (2006): "Bolivien auf dem Weg zu einer neuen Verfassung". In: *Lateinamerika Analysen*, Jg. 5, Nr. 14, S. 193-206.

Ledebur, Kathryn/Youngers, Coletta A. (2006): *Crisis or Opportunity? Bolivian Drug Control Policy and the U.S. Response*. Washington, D.C./Cochabamba: Washington Office on Latin America/Andean Information Network <http://www.wola.org/andes/andes.htm#Bolivia> (18.09.2006).

Przeworski, Adam (1991): Democracy and the Market. Political and Economic Reforms in Eastern Europe and Latin America. Cambridge.

Quiroga, Yesko (2004): "Referendum in Bolivien: Mehr Bürgerbeteiligung zur Stabilisierung einer prekären Demokratie". In: *Brennpunkt Lateinamerika*, Nr. 15-04, S. 161-170.

— (2006): "Bolivien: Revolution in der Demokratie?". In: *Lateinamerika Analysen*, Jg. 5, Nr. 14, S. 75-111.

Ströbele-Gregor, Juliana (2006): “Für ein anderes Bolivien – aber für welches? Indigene Völker und Staat in Bolivien”. In: Bopp, Franziska/Ismar, Georg (Hrsg.): *Bolivien – Neue Wege und alte Gegensätze*. Berlin, S. 279-326.

— (2007): „Indianischer Sozialismus in Bolivien“. In: *Le Monde diplomatique* (deutschsprachige Ausgabe), Oktober 2007, S. 14-15.

Van Cott, Donna Lee (2003): “From Exclusion to Inclusion: Bolivia’s 2002 Elections”. In: *Journal of Latin American Studies*, Jg. 35, Nr. 4, S. 751-775.

— (2005): From Movements to Parties in Latin America. The Evolution of Ethnic Politics. Cambridge.

Weisbrot, Mark (2007): *Bolivia’s Economy: The First Year*. Washington, DC (CEPR Issue Brief) <www.cepr.net> (05.02.2007).

— /Sandoval, Luis (2007): *Bolivia’s Economy – An Update*. Washington, DC (CEPR Issue Brief) <www.cepr.net> (03.01.2008).

Wolff, Jonas (2004a): “Bolivien – Krise eines Friedensmodells”. In: Weller, Christoph et al. (Hrsg.): *Friedensgutachten 2004*. Münster, S. 107-115.

— (2004b): Demokratisierung als Risiko der Demokratie? Die Krise der Politik in Bolivien und Ecuador und die Rolle der indigenen Bewegungen. Frankfurt am Main (HSFK-Report, Nr. 6/2004).

— (2005): “Ambivalent Consequences of Social Exclusion for Real-existing Democracy in Latin America: the Example of the Argentine Crisis”. In: *Journal of International Relations and Development*, Jg. 8, Nr. 1, S. 58-87.

— (2008a): *Turbulente Stabilität. Die Demokratie in Südamerika diesseits ferner Ideale*. Baden-Baden.

— (2008b): Bolivien nach der *Constituyente*: Auseinandersetzungen in und um Demokratie. In: *Lateinamerika Analysen*, S. 165-180.

Yashar, Deborah J. (2005): *Contesting Citizenship in Latin America. The Rise of Indigenous Movements and the Postliberal Challenge*. Cambridge.

Venezuela unter Hugo Chávez: Versuch einer Bilanz

Andreas Boeckh / Magdalena Siedlaczek

1. Einleitung

Die extreme politische Polarisierung in Venezuela führt dazu, dass Regierung und Opposition völlig konträre Bilder des Landes präsentieren. Entsprechend weit liegen auch die Einschätzungen der Veränderungen seit Amtsantritt von Präsident Hugo Chávez im Februar 1999 auseinander. In diesem Beitrag wollen wir versuchen, ohne Rücksicht auf die oft schrillen Kontroversen zwischen Anhängern und Gegnern des Regimes eine leidenschaftslose Bilanz der bisherigen Jahre der Regierung Chávez zu ziehen. Wenn wir nachfolgend die politischen Transformationen analysieren, den Konturen des "Sozialismus des 21. Jahrhunderts" nachspüren und die Außenpolitik untersuchen, dann geht es uns nicht nur um die Analyse der Veränderungen, sondern auch um eine Einschätzung der Perspektiven, die sich mit ihnen verbinden.

2. Die politischen Transformationen

Die Einschätzungen der politischen Transformationen seit dem Sieg von Chávez bei den Präsidentschaftswahlen im Dezember 1998 bewegen sich zwischen zwei Polen: Wenn die Opposition das chavistische Regime nicht gerade als totalitär bezeichnet, was sie hin und wieder tut, verweist sie auf zunehmend autoritäre Tendenzen, die Aushöhlung der Gewaltenteilung, die Zerstörung der föderalen Strukturen, die Bedrohung des Rechtsstaates und der Pressefreiheit. Umgekehrt nimmt die chavistische Seite für sich in Anspruch, der Demokratie in Venezuela mit den in der Verfassung von 1999 festgeschriebenen partizipativen Elementen eine neue Qualität verliehen zu haben. Was in der Verfassung unter "Partizipation" verstanden wird, hat eine konsultative und eine plebiszitäre Komponente. Im Gesetzgebungsprozess ist die konsultative Beteiligung der relevanten Akteure vorgeschrieben. Des Weiteren können unter bestimmten Bedingungen auf allen Entscheidungsebenen zu anstehenden Entscheidungen konsultative Referenden angesetzt werden. Gesetze können durch Referenden annulliert und gewählte Amtsträger durch Abberufungsreferenden aus ihren Ämtern entfernt werden. In der Tat werden hier Partizipationsrechte festgeschrieben, die weit über die politischen Einwirkungsmöglichkeiten von Bürgern in einer repräsentativen Demokratie hinausgehen.

Um zu einer adäquaten Einschätzung zu kommen, ist es erforderlich, sich die Dimensionen und die Qualität der politischen Krise zu vergegenwärtigen, welche dem "Chavismo" vorausging. Ohne ein weiteres Mal in Details zu gehen (Boeckh

2005a) kann man konstatieren, dass die sogenannte IV. Republik und die sie tragenden politischen Eliten politisch, wirtschaftlich und moralisch völlig gescheitert waren. Die alten Eliten waren gründlich diskreditiert, ohne dass sie dies bemerkt hatten. Sie haben den Machtwechsel lange Zeit als schnell zu korrigierenden Betriebsunfall betrachtet und sich entsprechend verhalten: Nach einem misslungenen Putsch wurde versucht, die Regierung mit einem Generalstreik zum Rücktritt zu zwingen. Als das gescheitert war, verfiel man auf den Gedanken, den Präsidenten verfassungskonform mit einem Abberufungsreferendum aus dem Amt zu bekommen, was auch beinahe gelungen wäre. Allerdings kam niemand auf den Gedanken, sich auf eine langfristig angelegte und inhaltlich konsistente Oppositionspolitik einzulassen. Die alten politischen Eliten legten nicht einmal ansatzweise Rechenschaft über ihr Versagen ab. Vor dem Hintergrund dieses Scheiterns haben die chavistische Fundamentalkritik am alten Regime und der Anspruch, die venezolanische Demokratie neu zu definieren, die Demokratie in Venezuela zunächst einmal gerettet. Dies ist kurz zu erläutern.

Demokratische Herrschaft konnte nicht mehr wie zuvor durch korporatistisch strukturierte intermediäre Organisationen, bestehend aus Parteien, Gewerkschaften und Unternehmerverbänden, getragen werden. Deren moralischer Bankrott machte dies unmöglich. Strukturelle und funktionale Voraussetzungen für die Demokratie bisherigen Musters waren weitgehend entfallen. Die Parteien hatten an Integrationsfähigkeit eingebüßt, was sich seit 1993 in entsprechenden Wahlergebnissen niederschlug. Die Gewerkschaften, eine der tragenden Säulen des korporatistischen Modells, hatten ebenfalls an Einfluss verloren. Im Zuge der rapiden Informalisierung der venezolanischen Volkswirtschaft seit den 1980er Jahren ging der gewerkschaftliche Organisationsgrad von 33% (1975) auf 13,5% (1995) zurück (Roberts 2003: 61). Eine Neuauflage des korporatistischen Modells war somit ausgeschlossen und an die alten Legitimationsmuster konnte man nicht mehr anknüpfen. Die populistische Legitimationsstrategie der "Anti-Politik" und der direkten Kommunikation mit der großen Masse der Bevölkerung, die nicht mehr durch intermediäre Organisationen erreichbar waren, war somit vermutlich ohne Alternative (DiJohn 2005: 120). Sie wurde bereits in der zweiten Amtszeit von Präsident Caldera (1993-1998) eingeleitet und war keine Erfindung von Hugo Chávez. Dass durch die damit verbundene politische Deinstitutionalisierung das politische System mit seiner Steuerungsfähigkeit gefährlich unterkomplex wurde, ist offensichtlich (Boeckh 2005b). Gleichwohl ist es wenig ergiebig, in der demokratietheoretisch fundierten Kritik am Neopopulismus auf die konstitutive Bedeutung der Parteien und der intermediären Organisationen für die Demokratie hinzuweisen, wenn beides nicht mehr vorhanden bzw. politisch marginal geworden ist. Sich in einer solchen Situation an die Konstruktion eines alternativen Demokratiemodells zu machen, welches sich auf die gewandelten strukturellen Rahmenbedingungen einstellt, ist gewiss nicht abwegig. Es ist auffällig, dass die Zufriedenheit mit der Demokratie in Venezuela nach 1999 sprunghaft anstieg (Corporación Latinobarómetro 2004; 2005).

Dennoch ist nicht zu übersehen, dass die "partizipative Demokratie" chavistischer Prägung zunehmend autoritäre Züge aufweist. Es geht hier nicht darum, mit dem begrifflichen Instrumentarium der Literatur über "defekte", "illiberale Demokratie" oder "hybride Demokratie" für Venezuela die passende Schublade zu finden. Zweifellos trägt das Land Züge einer "defekten", wenn nicht gar einer "hybriden Demokratie", und der Weg zu einer "elektoralen Autokratie" ist nicht mehr weit. Die eingeschränkte Qualität der Demokratie kann man aber nicht erst mit dem Machtantritt von Hugo Chávez diagnostizieren. Man braucht nur die Krisenliteratur der 1990er Jahre durchzusehen (Goodman 1995; Hillman 1994), um eine lange Liste von gravierenden Defiziten vorgeführt zu bekommen. Das Problem liegt nicht im Umbau der verfassungsmäßigen Ordnung, der durchaus originelle und innovative Elemente enthält. Es ist vielmehr im vorherrschenden Politikverständnis und in der politischen Praxis zu suchen, die ihren Niederschlag im Umgang mit der Verfassung und in der Geringschätzung von verregelten Verfahren finden.[1]

Die Verfassung von 1999 zählt nicht nur die üblichen drei Gewalten, sondern fünf. Die Idee der Gewaltenteilung hat aber dennoch im chavistischen Denken keinen Platz. Was Chávez von Gewaltenteilung und richterlicher Unabhängigkeit hält, hat er in einem berühmten Brief an den Obersten Gerichtshof vom 11.04.1999 deutlich gemacht, in dem er den Staat als Notstandsstaat definierte und die Suprematie der Exekutive über alle anderen Verfassungsorgane postulierte.[2] Seine Vorstellung von Politik ist die einer delegativen Demokratie (O'Donnell 1994), bei der dem Präsidenten durch Wahlen für die Dauer einer Wahlperiode die uneingeschränkte Macht übertragen wird. Damit ist er nicht allein, was sich 2007 darin zeigte, dass die Nationalversammlung – einem alten venezolanischen Brauch folgend[3] – sich in wesentlichen Bereichen selbst entmachtete und dem Präsidenten für 18 Monate eine sehr weitreichende Dekretvollmacht erteilte (Asamblea Nacional 2007). Eine bedingungslose, wenn auch zeitlich begrenzte Unterwerfung unter das Diktat des Präsidenten wird von vielen seiner Anhänger ausdrücklich gefordert: "Ich mag keine Parteien, aber ohne Partei kann man auf demokratische Art in Wahlen die Macht, die totale Macht für meinen Kommandanten, nicht erobern". Und ferner "Mein Kommandant irrt sich nie, und wenn er sich irrt, dann irre ich mich mit ihm. Alle Macht für meinen Oberkommandierenden" (Ron 2004: 16).

Die Gewaltenteilung funktioniert daher auch nicht: Alle fünf Gewalten sind mit Regierungsanhängern besetzt. Die Besetzung einiger dieser Gremien ging ohne die verfassungsmäßig vorgeschriebene qualifizierte Mehrheit vonstatten, und auch ohne die ebenfalls vorgeschriebene Bürgerbeteiligung, was der neu besetzte Oberste Gerichtshof erwartungsgemäß nicht beanstandete. Besonders gravierend war dabei die Unterwerfung der Justiz unter die Regierungskontrolle. Der Oberste Gerichtshof wurde im Mai 2005 – argentinischen und peruanischen Beispielen folgend – in ei-

1 Zum chavistischen Politikverständnis siehe Boeckh/Graf (2005).

2 <www.analitica.com/bitblioteca/hchavez/carta_csj.asp> (05.08. 2005).

3 Solche Ermächtigungsgesetze hat es schon 1974 (Carlos Andrés Pérez), 1984 (Jaime Lusinchi), 1993 (Ramón J. Velásquez), 1994 und 1998 (Rafael Caldera) und 1999 (Hugo Chávez Frías) gegeben. Allerdings hat die Verfassung von 1999 die frühere Einschränkung der Dekretvollmacht auf wirtschaftliche und soziale Fragen eliminiert.

nem verfassungsmäßig fragwürdigen Verfahren von 20 auf 32 Mitglieder aufgestockt. 70% aller Richter sind nur provisorisch eingestellt und können daher ohne die vorgeschriebenen Verfahren aus dem Amt entfernt werden. Von einer unabhängigen Justiz kann nicht mehr die Rede sein. Der Vorsitzende Richter des Obersten Gerichtshofs kündigte im Februar 2005 zudem eine revolutionäre Säuberung der Richterschaft an (Transparency International 2005: 281-282).

Mit diesen und anderen Maßnahmen wie etwa einem Pressegesetz, das die Presse zur Wahrheit verpflichtet, ohne dass klar ist, wessen Wahrheit gemeint ist, und einer Strafrechtsreform, welche "beleidigende Äußerungen" gegen Staatsbedienstete kriminalisiert (Transparency International 2005: 281), und einer Wahlrechtsreform, die trotz des verfassungsmäßig vorgeschriebenen Verhältniswahlrechts ein Mehrheitswahlrecht durchgesetzt und der Regierung zudem die Möglichkeit eingeräumt hat, die Wahlkreise nach Belieben neu zuzuschneiden, wurden die Instrumente bereitgestellt, mit denen bei Bedarf ein gleitender Übergang zu einem autoritären System bewerkstelligt werden kann. Auch die Militärreform und die Einrichtung zweier neuer, dem Präsidenten direkt unterstellten Waffengattungen, die mit einem angeblich bevorstehenden Krieg gegen die USA begründet wurde (Márquez 2005), dienten vor allem der Schaffung zusätzlicher, dem Präsidenten zugeordneter Machtinstrumente.[4]

Diese Instrumente sind bisher sparsam zum Einsatz gekommen: Am ehesten wurde die Pressefreiheit beschädigt (Details in International Crisis Group 2007: 14). Die Demonstrationsfreiheit und Freiheit der Forschung sind nach wie vor gewährleistet. Die Opposition wird in ihrer Arbeit nicht systematisch behindert, wenngleich es immer wieder zu Übergriffen auf Oppositionelle kommt. Allerdings gibt es zunehmend Anzeichen dafür, dass Anhänger der Opposition im öffentlichen Dienst mit beruflichen Nachteilen rechnen müssen. Die Stimmenauszählung bei den Präsidentschaftswahlen vom Dezember 2006 wurde von internationalen Beobachtern als sauber eingestuft, der Wahlkampf selbst aber nicht, bei dem entgegen gesetzlicher Vorschriften massiv Regierungsressourcen zum Einsatz kamen. Es sollte dabei aber nicht vergessen werden, dass es auch vor 1998 immer wieder Gerüchte über Wahlbetrug gab.[5] Gleichwohl steht außer Zweifel, dass in Venezuela keine institutio-

4 Seit Anfang 2005 entfachten Chávez und einige hohe Funktionäre seiner Regierung eine regelrechte Kriegshysterie. So sprach der damalige Leiter der Agrarreformbehörde, Eliézer Otaiza, davon, dass dieser Krieg "mindestens sieben, acht, neun Jahre" dauern werde und er forderte, dass man "anfangen müsse, die Gringos zu hassen", denn nur so lasse sich der lange Kampf durchhalten (<www.noticierodigital.com/img/otaiza0401.jpf>, 05.08.2005). Allerdings gab das US-amerikanische Verteidigungsministerium 2005 tatsächlich eine Eventualplanung für einen militärischen Konflikt mit Venezuela in Auftrag und lieferte damit eine nachträgliche Rechtfertigung für die Kriegshysterie (Lapper 2006: 22). Seitdem wird von der venezolanischen Regierung immer wieder die Kriegsgefahr beschworen, wobei in letzer Zeit zunehmend Kolumbien als der verlängerte Arm des „Imperiums" als möglicher Aggressor präsentiert wird, nachdem die Regierung dieses Landes 2009 der Einrichtung amerikanischer Militärstützpunkte zugestimmt hat.

5 Wenngleich die Opposition sich mit den dauernden Vorwürfen über angeblichen Wahlbetrug um eine konzeptionelle Debatte zu drücken scheint, darf man sich um die Organisation von

nellen Schranken mehr existieren, die eine autoritäre Regression verhindern könnten. Man kann inzwischen nicht mehr ausschließen, dass sich im Regierungslager diejenigen durchsetzen werden, die nach der erfolgreichen Eliminierung aller institutionellen Schranken eine Umgestaltung nach realsozialistischem Vorbild anstreben. Dafür sprechen nicht nur eine überhand nehmende Funktionärsrhetorik, der inzwischen offen anti-kapitalistische Diskurs und das Bekenntnis der Präsidenten zum Marxismus. Die von Chávez angeordnete Gründung einer sozialistischen Einheitspartei hat den Pluralismus innerhalb des "Chavismo" und dessen Bewegungscharakter stark eingeschränkt. Dabei ist das Bestreben erkennbar, die nach wie vor heterogene Anhängerschaft des Präsidenten straff zu organisieren und zu disziplinieren. Angesichts des Mangels an "checks and balances" wird eine autoritäre Regression in dem Moment wahrscheinlich, in dem die gegenwärtigen Legitimationsstrategien der Regierung nicht mehr greifen. Es lohnt sich daher, sich über diese und deren Zukunftsfähigkeit ein Bild zu machen.

3. Konturen des "Sozialismus des 21. Jahrhunderts"

Angesichts einer oft überbordenden Rhetorik in offiziellen Verlautbarungen und einer durchgängigen Vagheit bei der inhaltlichen Konkretisierung dessen, was mit "Chavismo", "Bolivarianismo" und der "Ersten Revolution des 21. Jahrhunderts" bzw. dem "Sozialismus des 21. Jahrhunderts" gemeint sein könnte, fällt es schwer, die Konturen des sozioökonomischen Projektes des "Chavismo" zu bestimmen. Möglicherweise würde ein solcher Versuch auch nicht dem gerecht werden, was sich in Venezuela an Veränderungen tatsächlich abspielt, da es so etwas wie ein kohärentes Konzept unterstellt, eine Art "Masterplan", der nun schrittweise umgesetzt wird. Manches spricht dafür, dass die Regierung sehr flexibel und situationsbezogen handelt.

Folgende Beobachtungen lassen sich dennoch machen: Es lässt sich über die Jahre eine Radikalisierung der Rhetorik beobachten, welche offenkundig mit den steigenden Öleinnahmen und den damit zunehmenden Handlungsspielräumen einherging. In der ersten Phase konzentrierte sich die Regierung stark auf die politischen Transformationen und beschränkte ihre Sozialpolitik im Wesentlichen auf den spektakulären, aber vorwiegend assistenzialistisch ausgerichteten "Plan Bolívar 2000".[6] Mit dem Erlass von 47 sehr weitreichenden Gesetzen, so etwa dem Erdölgesetz, dem

Wahlen durchaus Sorgen machen. Aus dem Internet konnte man sich vor einiger Zeit das gesamte venezolanische Wählerregister herunterladen, in dem genau vermerkt war, wer sich beim Abberufungsreferendum 2004 per Unterschrift für die Abberufung aussprach. Über entsprechende Suchfunktionen war eine Zuordnung jedes einzelnen Wählers zur Regierung und zur Opposition ohne weiteres möglich. Dies konstituiert eine Transparenz ganz eigener Art und schürt die Angst vor Sanktionen bei den Anhängern der Opposition (<www.gobiernoenlinea.ve/ miscelaneas/maisantal. html> (12.05.2005).

6 Dieser Plan enthielt zwar auch in seiner dritten Stufe Elemente einer strukturellen Armutsbekämpfung, die aber damals kaum umgesetzt wurden (LaCruz 2006: 173-175).

Landreformgesetz und dem Fischereigesetz im Rahmen der von der Nationalversammlung gewährten, zeitlich befristeten Gesetzgebungsvollmacht wurde dann u.a. eine wirtschaftspolitische Schwerpunktsetzung zugunsten der Kleinproduzenten sichtbar (Fischereigesetz, Landreformgesetz). Dieser Politikwandel vollzog sich unter Ausschluss derer, die bisher die Wirtschaftspolitik bestimmt hatten. Anders als früher besetzten nun nicht mehr Vertreter der Wirtschaftsverbände das Wirtschafts- und Finanzministerium. Angesichts der gerade während der Krise der 1990er Jahre zunehmenden Tendenz einiger Wirtschaftsgruppen, den Staat nach Kräften auszuplündern,[7] angesichts einer rapiden Verarmung weiter Teile der Bevölkerung und angesichts der sich im selben Zeitraum dramatisch verschlechternden Einkommensverteilung (Details bei DiJohn 2005: 115-117) konnte man diesen Politikwechsel als notwendige und überfällige Korrektur betrachten, nicht aber unbedingt als Revolution. Dass die Sozialpolitik in Anbetracht der äußerst dürftigen sozialen Resultate der Anpassungspolitiken der 1990er Jahre einen neuen Stellenwert bekommen müsse, ist eine Einsicht, die auch andere linke Regierungen in Lateinamerika teilen.

Um die materiellen Voraussetzungen für weitergehende Programme zu schaffen, musste die Regierung zunächst die OPEC *(Organization of the Petroleum Exporting Countries)* wieder auf eine Politik der Rentenmaximierung einschwören und dann die zum Staat im Staat mutierte staatliche Ölgesellschaft PdVSA unter ihre Kontrolle bringen. Beides gelang, wenngleich Letzteres mit einem hohen Preis verbunden war: Bei dem Generalstreik betrieb die Opposition bei ihrem Kampf um die Kontrolle der Ölgesellschaft eine Art "Politik der verbrannten Erde", bei der Produktionskapazitäten dauerhaft zerstört wurden (Details bei Lander 2003; Melcher 2005, Mommer 2003).[8] Erst nachdem dieser Schritt vollzogen war und nachdem der Ölpreis nach oben schnellte, war eine Radikalisierung der Transformationsrhetorik zu beobachten. Nun war vom "Sozialismus des 21. Jahrhunderts" die Rede, während sich die Regierung zuvor keineswegs zum Sozialismus, egal welcher Couleur, bekannt hatte.

Zweitens wurde bei den Sozialprogrammen der Regierung eine Abkehr von rein assistenzialistischen Maßnahmen und eine Hinwendung zu Programmen sichtbar, die zumindest konzeptionell den Anspruch erheben, nicht nur das Ausmaß der Armut zu verringern, sondern die Ursachen der Armut zu bekämpfen.[9] Zugleich gewannen die programmatischen Äußerungen der Regierung hinsichtlich der Wirtschafts- und Sozialpolitik an Konsistenz. Man kann sich darüber streiten, ob man das Konzept einer gemischten Wirtschaft aus Staatssektor, Privatwirtschaft und

7 Wenn man in Venezuela heute die Verarmung von weiten Bevölkerungsschichten in dieser Phase allein auf das Konto des Neoliberalismus verbucht, macht man es sich zu einfach. Es war nicht so sehr die unsichtbare Hand des Marktes, welche die soziale Katastrophe verursacht hat, sondern es waren durchaus sichtbare Hände.

8 Der immer wieder geäußerte Vorwurf der Opposition, dass es wegen mangelnder Kompetenz des neuen Managements der PdVSA nicht gelungen sei, den Produktionsstand von vor dem Streik wieder zu erreichen, entbehrt daher nicht einer gewissen Infamie.

9 Daneben gibt es auch Programme, die ein starkes Element der Konsumsubvention enthalten, wie etwa die Ladenkette "Mercal", in der sehr preiswerte Lebensmittel verkauft werden.

einem genossenschaftlich organisierten dritten Sektor[10] unbedingt als "Sozialismus des 21. Jahrhunderts" bezeichnen und ob man den Rekurs auf das seit 1936 gehandelte Konzept des "sembrar el petroleo" (Ministerio de Energía y Petróleo 2005), die Hinwendung zu den auch von der Weltbank propagierten Vorstellungen des "empowerment of the poor" und die unter dem Begriff der "endogenen Entwicklung" zusammengefassten Ideen über die Entfaltung lokaler Produktions- und Innovationspotenziale (Sassone/Camacho 2005) als revolutionär betrachten muss. Dieses sind, knapp zusammengefasst, die entwicklungspolitischen Vorstellungen, die den als "Misiones" bezeichneten sozial-, bildungs- und strukturpolitischen Regierungsprogrammen zugrunde liegen. Sie wurden vor dem Abberufungsreferendum und eindeutig mit diesem im Zusammenhang stehend beinahe im Monatstakt aufgelegt, haben sich aber verstetigt und erweitert. Die seit langem wirkenden Strukturprobleme wie die strukturelle Benachteiligung des produktiven Sektors, die fallenden Investitionsraten und die im internationalen Vergleich extrem geringe Produktivität wurden als Probleme erkannt (Ministerio de Planificación y Desarrollo 2004). Ein selektiver Protektionismus, eine Agrarreform und eine bildungspolitische Offensive zur Verbesserung der Breitenbildung sollten dazu beitragen, Produktionspotenziale zu entfalten und die extreme Abhängigkeit des Landes vom Erdöl zu verringern (ausführlich: Burchardt 2005: 175-177). Mit dem 2005 aufgelegten Plan "Siembra Petrolera" sollten durch erhebliche Investitionen bis 2012 die Ölproduktion massiv gesteigert, die Raffinerien ausgebaut und Pipelines finanziert werden (Ministerio de Energía y Petróleo 2005). Damit sollten die Programme der Wirtschaftsförderung und die Sozialprogramme auf eine dauerhaft solide Grundlage gestellt werden. Zugleich wollte das Land seine strategische Position auf dem zunehmend instabilen Weltenergiemarkt verbessern.

Zusammen betrachtet und ihrer z.T. überzogenen Rhetorik entkleidet machen die verschiedenen Programme einen durchaus kohärenten Eindruck. Sie befinden sich auf der Höhe gegenwärtiger entwicklungs- und sozialpolitischer Diskurse und lassen die stupide Logik neoliberaler Anpassungskonzepte weit hinter sich. Man wird auch nicht bestreiten können, dass die "Misiones" sich der Bedürfnisse und der Zukunftsperspektiven der armen Bevölkerung angenommen haben, dass dabei enorme Mittel eingesetzt werden und dass sie eine Zeitlang die materielle Situation der armen Bevölkerung spürbar verbessert haben.[11] Im Wahljahr 2006 verdoppelten sich die Ausgaben für die "Misiones" (*El Universal*, 12.07.2006).

10 Die Begeisterung der Regierung für das Genossenschaftswesen hat inzwischen allerdings stark nachgelassen, nachdem viele Genossenschaften sich nicht als lebensfähig erwiesen haben. Viele Kooperativen waren überdies von Staatsfirmen als Subunternehmen genutzt worden, für welche keine Kollektivverträge galten (Freitez Amaro 2008). Inzwischen wird mit neuen sozialistischen Produktionsformen experimentiert.

11 Auf der Basis der Zahlen der Nationalen Statistikbehörde ist in Venezuela die Armut von 54% der Haushalte (2003) auf 26% (Ende 2008) und die absolute Armut im selben Zeitraum um 72% zurückgegangen, der Gini-Index hat sich von 0,47 (1999) auf 0,41 (2008) verbessert und zählt inzwischen zu den besten in Lateinamerika. Die Sozialausgaben haben sich von 1999-2006 inflationsbereinigt mehr als verdreifacht (Weisbrot et al. 2009). Von der Oppositi-

Nach der Präsidentschaftswahl von 2006 verstärkte sich der sozialistische Diskurs der Regierung deutlich. Der Wandel war nicht nur rhetorisch: In Anlehnung an frühere Konzepte der Staatskontrolle über "strategische Sektoren" wurden der Telekommunikationssektor und die Elektrizitätswerke von Caracas verstaatlicht. Firmen, die den staatlichen Vorgaben bei der Preiskontrolle und der Produktionsauslastung nicht entsprachen, wurde mit Verstaatlichung gedroht (*El Universal*, 23.02.2007). Die staatliche Kontrolle über den Bankensektor wurde ausgedehnt. Der private Sektor geriet völlig in die Defensive, übte sich in öffentlichen Demutsgesten und wurde durch den Regierungsdiskurs zunehmend delegitimiert. Da sich dieser Trend der Verstaatlichung und der zunehmenden Staatssteuerung der Ökonomie seitdem fortsetzt und auch Branchen berührt, die mitnichten einem „strategischen Sektor zugerechnet werden können wie etwa Hotels, wird dies die Probleme verstärken, die im Folgenden skizziert werden, und die für das Regime den Keim der Selbstzerstörung in sich tragen.

Um mit der administrativen Ebene zu beginnen: Bei den "Misiones" verfolgt man heute eine ähnliche Strategie wie die Regierung Carlos Andrés Pérez (CAP) in den 1970er Jahren mit ihren Entwicklungsprogrammen: Anstatt mit schon bestehenden Institutionen zu arbeiten und diese zu verbessern, was dringend geboten wäre, werden in großem Umfang Parallelstrukturen geschaffen, da man den Ministerien und den ihnen nachgeordneten Institutionen keine Implementierungseffizienz zutraut (D'Elía/Maingon 2005: 39). Deren Programme werden aber nicht mit den neuen fusioniert, sondern laufen, wenn auch z.T. mit eingeschränktem Umfang, weiter. Die Koordinations- und Abstimmungsprobleme sind erheblich. Die durchaus vorhandenen partizipativen Elemente in einigen der neuen Programme, die deutlich machen, dass in der Tat Arenen für Eigeninitiative und lokale Planungsautonomie geschaffen worden sind, werden nicht selten durch den administrativen Wirrwarr ausgebremst. Allerdings ist es noch nicht möglich, diese aus einzelnen Falluntersuchungen gewonnenen Einsichten (Jungemann/Cariola 2006) zu verallgemeinern. Die partizipativen Potenziale der Programme werden zudem durch deren klientelistische Instrumentalisierung wieder entwertet (LaCruz 2006: 182). Generell kann man aber wegen der unübersichtlichen Mischfinanzierung der Programme, die zudem keiner parlamentarischen oder sonstigen Finanzkontrolle unterliegen (Laruz 2006: 182), ein hohes Maß an Korruption und Ineffizienz vermuten, für die es auch in anderen Bereichen reichlich Indizien gibt (Gall 2006b: 8f).[12] Ein Drittel der Gelder für die "Misiones" unterliegen regulären haushaltsrechtlichen Kontrollen, zwei Drittel der Mit-

on werden diese Zahlen in Zweifel gezogen. Inzwischen hat die Regierung selbst zugegeben, dass es mit den Gesundheitsdiensten gewaltige Effizienzprobleme gibt (El Universal vom 18. 7. 2009), was das Bild, das in dem zitierten Artikel gezeichnet wird, deutlich trübt. Gleichwohl haben unabhängige Umfrageinstitute bestätigt, dass das Konsumniveau der armen Bevölkerung im fraglichen Zeitraum stark gestiegen ist, was auf eine signifikante Reduzierung der Armut hindeutet.

12 Schon der *Fondo Único Social*, mit dem die Regierung nach 1999 eine Koordination der laufenden Programme versuchte, wurde zum Inbegriff von Korruption (LaCruz 2006: 172).

tel werden von Chávez persönlich kontrolliert. Es existiert keine regierungsunabhängige Evaluierung dieser Programme (Gall 2006b: 6).

Auf dem Korruptionsindex von Transparency International stand das Land im Jahre 2009 auf dem 162. von 180 Plätzen (Transparency International 2009). In Lateinamerika nimmt es den vorletzten Platz ein (nur Haiti wird noch schlechter eingestuft). Was besonders bedenklich stimmt, ist der Sachverhalt, dass bestehende Verfahren, die zur Transparenz der Mittelverwendung beitragen sollen und die in der Vergangenheit schon nicht gut funktioniert haben, nun zunehmend ignoriert, wenn nicht gar beseitigt werden (International Crisis Group 2007: 12). Die regierungsamtlichen Klagen über die Korruption sind daher wenig glaubwürdig, zumal eine strafrechtliche Verfolgung von Korruptionsfällen so gut wie nicht stattfindet (Lapper 2006: 11). Man hat den Eindruck, dass z.T. ein gigantischer Raubzug im Gange ist, bei dem die neue politische Klasse sich im Namen des Sozialismus nach Kräften bedient. Hinter der Fassade eines aktiven und planvoll handelnden Staates spielt sich eine Art schleichender Staatszerfall ab (Gratius 2004; Gall 2006a). Auch der "große Sprung nach vorn", den die Regierung CAP nach 1974 versuchte ("Hacia la Gran Venezuela"), scheiterte an einer Korruptionsorgie und an der krassen administrativen Überforderung des Staates (Boeckh 1988).

Bei einer Zunahme der Verstaatlichungstendenzen wird die staatliche Ineffizienz in die noch funktionierenden Segmente der Wirtschaft hineingetragen und die Steuerungsdefizite werden sich potenzieren. Es ist nicht erkennbar, wer außer einer Schicht von Staatsfunktionären von diesen Verstaatlichungen profitieren soll. Die Arbeiter in den Staatsbetrieben zählen jedenfalls nicht zu den Gewinnern: Sie werden inzwischen ganz unverhohlen in die sozialistische Pflicht genommen, bekommen z.T. keine Tarifverträge mehr und werden mit Entlassung bedroht, wenn sie sich dem nicht fügen wollen (Díaz/Schütt 2010).

Der Fortbestand des rentistischen Entwicklungsmodells bzw. des „socialismo rentista“ (López Maya/Lander 2009) hängt in starkem Maße vom Wohl und Wehe der staatlichen Ölfirma PdVSA ab. Der Staatshaushalt wird zu über 50% aus Öleinnahmen finanziert, wobei deren Anteil mit der Höhe der Ölpreise variiert, ein Großteil der Sozialprogramme leben von den Transfers der PdVSA (siehe oben), und außerdem kommt dieser Firma in der Außenpolitik im Zusammenhang mit den subventionierten Öllieferungen in die Karibik und an einige südamerikanische Staaten und bei der Umsetzung gigantischer energiepolitischer Projekte in der Region eine zentrale Rolle zu. Daher ist es von großer Bedeutung, sich ein Bild von der finanziellen Leistungsfähigkeit der PdVSA zu machen.

Genau das aber ist nicht möglich, da die Firma seit 2002 keinen den üblichen Regeln der Rechenschaftslegung folgenden Geschäftsbericht vorgelegt hat, obwohl sie dazu gesetzlich verpflichtet ist. Eine Reihe von Anhaltspunkten sprechen dafür, dass die Firma den Überblick über ihre Operationen verloren hat und gar nicht mehr in der Lage ist, diese statistisch abzubilden. Es wäre nicht das erste Mal, dass man in Venezuela die Kontrolle über die eingegangenen Verpflichtungen verloren hätte (Gall 2006a). Einigermaßen gesichert ist, dass die Ölfirma wegen ihrer hohen Transfers in die Wirtschafts- und Sozialprogramme viel zu wenig in die Ölförderung investiert und dass die Ölförderung stagniert (Arriagada Herrera 2006, Kap. 2; Isbell 2007). Im Rahmen des Plans "Siembra Petrolera" soll sie zwar zwischen 2006 und 2012 Investitionen in Höhe von 56 Mrd. US$ tätigen, doch scheint auch dieser Plan wenig mit den Realitäten zu tun zu haben. Dies bedeutet, dass die Firma und damit das Land von seiner Substanz leben, und dass ein Rückgang der Preise nicht mehr durch einen Anstieg der Produktion kompensiert werden kann. Es ist nicht erkennbar, wie die im Plan "Siembra Petrolera" vorgesehenen Ausbauprogramme finanziert werden sollen (Gall 2006b: 11). Ohne eine signifikante Beteiligung des Auslandskapitals bzw. eine ebensolche Kreditaufnahme wird dies kaum machbar sein. Unbestreitbar ist zudem, dass in der PdVSA riesige Summen schlicht und einfach verschwinden, was bei den mangelhaften Kontrollen nicht verwundern darf. Die Zentralbank des Landes vermisste Ende 2004 3,5 Mrd. US$, über deren Verbleib keine Aufklärung möglich war (Transparency International 2005: 283). Wenn es zutrifft, dass die Firma die Kontrolle über ihre Operationen verloren hat und dass sie kaum noch investitionsfähig ist, und wenn ihre finanzielle Situation so ungeklärt ist, wie es den Anschein hat, dann steht das ganze chavistische Revolutionsprojekt auf tönernen Füßen.

Bisher ist nicht zu erkennen, dass die Regierung ihrem Ziel näher gekommen ist, das Land aus seiner extremen Abhängigkeit vom Erdöl zu befreien. Das Gegenteil scheint der Fall zu sein. Die Investitionsprogramme und die Unterstützung des Dritten Sektors haben offenbar noch nicht das Stadium erreicht, in dem sich ein erdölunabhängiges Wachstum einstellen könnte. Vielmehr haben sie allem Anschein nach einen dauerhaften Subventionsbedarf geschaffen (International Crisis Group 2007: 29), da die Kooperativen und inzwischen auch viele Staatsfirmen ohne staatliche Zuschüsse nicht überlebensfähig sind. Die Erfahrungen der Vergangenheit lassen nichts Gutes ahnen, als gigantische und miserabel koordinierte Entwicklungsprogramme im Staatsbankrott endeten und den Staat in die Krise führten, aus der der "Chavismo" letztendlich als politische und entwicklungspolitische Alternative hervorging.

Das fulminante Wirtschaftswachstum in den Jahren von 2005 bis 2008 war fast ausschließlich auf die exponentiell anwachsenden Staatsausgaben zurückzuführen. Im privaten Sektor der Wirtschaft, der trotz der Förderung des Dritten Sektors noch den größten Teil des BIP (ohne Erdöl) erwirtschaftet, wurden so gut wie keine Investitionen mehr getätigt, was angesichts der Rhetorik des Regimes und der prekären Eigentumsrechte nicht verwundern darf. Auch das Auslandskapital ist in Venezuela außerhalb des Ölsektors kaum engagiert. Die Kapitalbildung, die in den 1960er Jahren bei 25% des BIP und damit auf einem mit Südkorea vergleichbaren Niveau gelegen hatte, betrug im Jahre 2003 8,5% und hat sich seitdem nur geringfügig erholt (Grisanti 2006). Seit 1998 hat die Hälfte der Fabriken geschlossen. Die Arbeitsproduktivität sinkt seit Langem: zwischen 1978 und 2004 um 36%; allein in den ersten sechs Jahren der Regierung Chávez fiel sie um 16%. Zum Vergleich: Im selben Zeitraum stieg die Arbeitsproduktivität in Chile um 98% (Gall 2006a: 5). In anderen Worten: Die produktive Basis des Landes außerhalb des Ölsektors erodiert rapide und die des Ölsektors offenbar ebenfalls. Hinzu kommt, dass die Expansion der Geldmenge um 63% allein im Wahljahr 2006 (Gall 2006b: 6) in Kombination mit Preis- und Devisenkontrollen Probleme verursachten, die kaum noch beherrschbar erscheinen und inzwischen zu einer Abwertung der Landeswährung geführt haben (Anfang 2010). Die Inflation ist inzwischen die höchste in Lateinamerika und die Preis- und Devisenkontrollen ziehen erhebliche Versorgungsengpässe nach sich, die mit Strafandrohung und Verstaatlichungsdrohungen gegen jene, die unter dem Produktionspreis nichts verkaufen wollen und können, kaum zu beseitigen sein werden.

Die materielle Legitimation des Regimes mit Hilfe eines durch steigende Staatsausgaben finanzierten Wirtschaftswachstums und mit Hilfe von spektakulären Sozialprogrammen hat die Regierung in eine totale Abhängigkeit von der Ölpreisentwicklung gebracht. Damit steckt sie nach wie vor in den altbekannten Zyklen einer Rentenökonomie fest. Selbst bei anhaltend hohen Ölpreisen ist die Wahrscheinlichkeit hoch, dass das Regime an der – z.T. selbst geschaffenen – administrativen Überforderung und Steuerungsunfähigkeit scheitern wird.

Die Parallelen zu den 1970er Jahren sind frappierend: Ein Ölpreisboom führte damals wie heute zu staatsgesteuerten Entwicklungsprogrammen, die über zahlreiche Parallelinstitutionen abgewickelt wurden und die sich auch damals konzeptionell auf der Höhe der Zeit befanden. Er verband sich mit einem raschen Wirtschaftswachstum und steigendem Wohlstand und bescherte sowohl dem rentistischen Wirtschaftsmodell wie auch der damaligen Regierung ein hohes Maß an Legitimität. Die krasse Ineffizienz und die explodierende Korruption galten so lange als tolerabel, wie steigende Öleinnahmen die dadurch entstandenen Verluste kompensieren konnten. Damals vergingen vom Beginn des Ölbooms bis zum Staatsbankrott neun Jahre. Das enorme administrative Chaos, der institutionelle Zerfall, die horrende Verschwendung von Ressourcen, die kollabierende öffentliche Sicherheit und der Ruin der Infrastruktur lassen vermuten, dass der Kollaps diesmal nicht so lange auf sich warten lässt.

4. Die Außenpolitik

Unter den außenpolitischen Maßnahmen der Regierung Chávez sind der Beitritt Venezuelas zur Arabischen Liga als Mitglied mit Beobachterstatus (BBC Mundo, 18.07.2006), die letztlich fehlgeschlagene Bewerbung um einen Sitz im Weltsicherheitsrat (*New York Times*, 02.11.2006) oder die Verlautbarung in der UN-Vollversammlung, der damalige US-Präsident Bush sei der Teufel selbst und hinterlasse einen Schwefelgeruch (BBC Mundo, 20.09.2006), nur drei Beispiele von vielen, die auf einen enormen außenpolitischen Aktivismus hindeuten. Gegenüber der behutsamen Gangart der venezolanischen Außenpolitik früherer Jahre stellt dies einen signifikanten Wandel dar. Wir wollen zeigen, dass dieser Wandel in einem engen

Zusammenhang mit den Transformationen in Venezuela steht und als Extension des chavistischen Projektes gelten kann.

Anfänglich hatte die Außenpolitik für das chavistische Projekt einen vergleichsweise geringen Stellenwert (González Urrutia 2006: 160-167). Erst im November 2004, nach der Absicherung seiner internen Machtposition durch den Erfolg beim Referendum, wurde sie zu einem wesentlichen Element des "Bolivarischen Revolutionsprozesses" erhoben, was angeblich ein Dokument des "Taller de Alto Nivel" vom 12./13.11.2004 manifestierte.[13] Darin wurde von "einer neuen strategischen Landkarte der 'Bolivarischen Revolution'" (González Urrutia 2006: 160) gesprochen und eine Neuausrichtung der Außenbeziehungen Venezuelas konzipiert. Worum geht es hier und lassen sich trotz der zuweilen schrillen außenpolitischen Rhetorik Elemente erkennen, welche auf ein kohärentes politisches Programm schließen lassen?

Ein wiederkehrendes Thema des außenpolitischen Diskurses stellt die Vision und Propagierung einer pluripolaren Weltordnung dar: Das Gleichgewicht in der Welt kann nicht von einem Hegemonialzentrum aufrechterhalten werden, ebenso wenig von dreien oder vieren [...]. Die Welt ist in Bewegung und es erscheinen neue Kräfte am Horizont, aus denen sich nicht eine unipolare, sondern eine pluripolare Welt formen wird (Chávez 2005a: 2, eigene Übersetzung). Gerade das venezolanische Volk sei dasjenige, das sich (nahezu "auserwählt") nach dem Ende der bipolaren Weltordnung gegen die Hegemonie zu erheben beginne (Chávez 2003: 13).[14] Dementsprechend wird zum einen der Hegemon, die USA, vielfach herausgefordert: So war Venezuela am Scheitern der *Área de Libre Comercio de las Américas* (ALCA), welche als ein anexionistisches Projekt der USA angesehen wurde (Chávez 2005c: 25), aktiv beteiligt. Die USA werden außerdem rhetorisch andauernd diffamiert und durch Verbrüderungen mit "Schurkenstaaten" wie z.B. Iran, mit dem sogar eine nukleare Zusammenarbeit angestrebt wird, provoziert (Shifter 2006: 55; *New York Times*, 21.08.2006), was inzwischen in den USA zu Spekulationen über eine mögliche waffentechnische Nukearkooperation zwischen beiden Ländern und eine Stationierung iranischer Raketen in Venezuela geführt hat (Wall Street Journal 9. 9. 2009 http://online.wsj.com/article/SB10001424052970203440104574400792835972018.html - 29. 3. 2010). Sicherlich aber sollen die Beziehungen zu eben diesem Land eine pluripolare Weltordnung symbolisieren (Chávez 2005a: 2ff.). Zum anderen wird das steigende Gewicht der EU im internationalen System begrüßt und der Zusammenschluss der Länder des Südens in Form eines ausgeprägten *tercermundismo* gefördert, um einen Gegenpol zur Vormachtstellung der USA zu bilden. Chávez' *tercermundismo* offenbart sich in Maßnahmen wie der Wiedererweckung der Bewe-

13 Dieses von González Urrutia angeführte Dokument ist im Internet nicht auffindbar.

14 Im Wortlaut heißt es da: "Kaum ist die Mauer in Berlin gefallen und die Sowjetunion auseinandergebrochen und das Argument von einem einzigen Paradigma und von dem Ende der Geschichte aufgekommen, kaum hat die Ära der Globalisierung begonnen, kaum ist all das passiert, schon begann sich in Venezuela ein Volk zu erheben, um gegen das Hegemonialstreben zu protestieren" (Chávez 2003: 13, eigene Übersetzung).

gung der Blockfreien Staaten, wobei Chávez eine zentrale Rolle bei ihrem Gipfeltreffen 2006 in Havanna spielte (BBC News, 16.09.2006), den vertieften Beziehungen zu Russland, zu Weißrussland, mit dem eine "strategische Partnerschaft" begründet wurde, zu China und Indien oder der Gründung eines *Banco del Sur* als Alternative zum Internationalen Währungsfond (IWF) und zur Weltbank (Chávez 2005b: 7f.; González Urrutia 2006: 170).

Der lateinamerikanischen Integration neue Impulse zu verleihen und dadurch die Position der Region im internationalen System zu stärken, stellt ein weiteres außenpolitisches Ziel dar, welches gleichermaßen auf eine pluripolare Weltordnung hinstrebt. Dabei weist Chávez Venezuela eine Führungsrolle zu. Er postuliert sogar, erst durch die innovativen Anregungen Venezuelas und den Beitritt des Landes zum Mercosur würde die lateinamerikanische Integration den entscheidenden Schub erfahren (Chávez 2005b). Dieses Selbstverständnis sollte nicht verwundern, zieht man die Tatsache in Betracht, dass sein Projekt, die *Alternativa Bolivariana para las Américas* (ALBA) als Antwort auf ALCA, den Kern dieser Integration darstellen soll (Chávez 2005c: 25, 27; 2005d: 29). Es existieren Verträge zwischen Venezuela, Kuba, Bolivien und weiteren ALBA-Mitgliedsländern, welche Handel, Zolltarife, Investitionstätigkeit u.a. regeln (ALBA 2004; 2006a). Der Handel wird allerdings vorwiegend als Gütertausch organisiert, was wenig Dynamik erwarten lässt. Darüber hinaus wurde ein umfassender Katalog über Integrationsprojekte – oder eher Integrationsideen – entworfen, welche früher oder später die ganze Region umfassen sollen: Kooperation in den Bereichen Industrie, Infrastruktur und Verkehrswesen, Schuldentilgung, Umweltschutz, Gesundheit, Bildung, Finanzwesen, Militär u.v.m. (ALBA 2006b; http://www.alianzabolivariana.org). Die energiepolitische Zusammenarbeit sowie die Forcierung von Projekten wie "Petrosur", „Petroandina" und "Petrocaribe" in der Region sind am deutlichsten erkennbar und bereits in vollem Gange.

Bereits die Maßnahmen im Rahmen der ALBA zeigen, dass das Erdöl der Stoff ist, aus dem Venezuela seine Allianzen schmiedet. Dabei sieht Chávez in der Montanunion als Vorläufer der europäischen Integration ein Vorbild für die energiepolitische Kooperation und Integration Lateinamerikas (Chávez 2005e: 15). Erdöllieferungen zu Vorzugskonditionen bilden hierfür eines der wesentlichen Instrumente (Arriagada Herrera 2006): Kuba profitierte als erstes Land davon. Heute werden im Rahmen des "Petrocaribe"-Abkommens zahlreiche Karibikländer mit Erdöl beliefert, wobei diese auf bis zu 40% ihrer Importe einen Kredit aufnehmen und die Verbindlichkeiten in Form von Gütern und Dienstleistungen abtragen können. Außerdem wurden bilaterale Vereinbarungen abgeschlossen. "Petrosur" soll über reine Lieferungsabkommen hinausgehen und sieht eine Kooperation im Energiesektor zwischen nationalen Erdölgesellschaften bei Förderung, Raffinerie und Handel des Rohstoffes vor. Viele dieser Programme scheinen aber erhebliche Umsetzungsschwierigkeiten zu haben, deren Ursachen von einem südamerikanischen Partner in der Ineffizienz, Unzuverlässigkeit und der Korruption der venezolanischen Seite verortet wurden (Werz 2010).

Mit den Erdöleinnahmen wurden auch andere Maßnahmen finanziert: So wurden Schuldtitel von Argentinien und Ecuador aufgekauft. Im Fall Argentiniens handelte es sich im Jahr 2005 um eine Summe von 1,48 Mrd. US$ und 2007 nochmals um 2,4 Mrd. US$, im Falle Ecuadors um 25 Mio. US$ (BBC Mundo, 21.02.2007, *Neue Züricher Zeitung*, 29.12.2005). Das Erdöl ist zudem Grundlage für vielerlei Tauschgeschäfte: Öl gegen kubanische Ärzte oder argentinische Rinder (Chávez 2005d: 23f.). Und schließlich werden auf diese Weise auch über Lateinamerika hinaus Beziehungen gepflegt, so z.B. mit einzelnen Städten von Industrieländern. Venezuela lieferte eine Zeitlang zu günstigen Konditionen Benzin für Londons öffentliche Verkehrsmittel (*Miami Herald*, 20.02.2007) und Heizöl für die Bronx (*Neue Züricher Zeitung*, 04.12.2005).

Da das gestiegene Gewicht der Außenpolitik im chavistischen Programm mit einer Vertiefung des Bolivarischen Revolutionsprozesses begründet wurde, überrascht die zu beobachtende ideologische Färbung der Integrationsmaßnahmen nicht. So wird es Chávez nicht müde, Bolívars Ideal der lateinamerikanischen Integration zu unterstreichen und die ALBA trägt nicht ohne Grund das Attribut "bolivarisch" in ihrem Namen. Die Bekämpfung von Armut und sozialer Ausgrenzung gilt als Hauptziel (ALBA 2005: 4-6; Chávez 2005c: 28-32). Auf die "soziale Frage" soll auch in anderen Ländern der Region der "Sozialismus des 21. Jahrhunderts" eine Antwort finden. Dieser wird trotz seiner extremen Abhängigkeit von der Ölrente durchaus als exportfähig betrachtet.

Neben rein geostrategischen und politischen Motiven ist in der Förderung der Linken in Lateinamerika auch ein gewisser Dogmatismus zu erkennen. Es ist unumstritten, dass Chávez für Evo Morales in Bolivien, Rafael Correa in Ecuador und Daniel Ortega in Nicaragua in ihren Präsidentschaftswahlkämpfen materielle sowie ideelle Unterstützung leistete. In weniger offener Form scheint die Regierung Chávez auch "linke" Bewegungen zu unterstützen wie z.B. die *Cocaleros* in Bolivien, *Piqueteros* in Argentinien oder *Zapatistas* in Mexiko (FES 2005: 6). Auch eine Kooperation mit der kolumbianischen FARC scheint inzwischen belegt. Inzwischen wird die Bildung einer "Bolivarischen Internationalen", eines aus sozialen Bewegungen des Subkontinents bestehenden "Netzwerkes zur Unterstützung der Bolivarischen Revolution", angestrebt (*El Universal*, 07.03.2007).

In der Außenpolitik sind einige Parallelen zum politischen Gesamtprogramm Chávez' erkennbar: Rhetorisch und in ihrer nominellen Zielsetzung ist sie auf jeden Fall Teil des Revolutionsprojekts. Analog zum Prozess der Machtkonzentration im Land selbst dienen einige der außenpolitischen Maßnahmen dazu, die Position des venezolanischen Präsidenten auch im internationalen System abzusichern und ein für das Regime geneigtes internationales Umfeld zu schaffen. Versuche der USA, die Mitglieder der OAS (Organisation amerikanischer Staaten) gegen Venezuela in Stellung zu bringen, sind daher auch gescheitert. Außerdem wird von den Rezipienten venezolanischer Vorzugslieferungen die Unterstützung bei der Wahl venezolanischer Kandidaten in internationalen Organisationen erwartet.[15]

Die offensichtliche Parallele stellt letztlich das "Modell der Erdölfinanzierung" dar, welches das Fundament bei vielen außen- als auch innenpolitischen Maßnahmen bildet. Zwar ist diese "Erdöldiplomatie" nichts Neues in Venezuela, jedoch wurde diese von keiner Regierung zuvor auf eine derart direkte und explizite Weise betrieben. Allerdings hat diese Politik ihre Grenzen: Bis auf den Karibikraum, der von Erdölimporten stark abhängig ist, wo allerdings auch die Erdölexporteure Kolumbien und Mexiko um Einflussnahme konkurrieren, ist kein anderes lateinamerikanisches Land wirklich essentiell auf die venezolanischen Rohstofflieferungen angewiesen. Die meisten sind entweder Selbstversorger oder auf gutem Wege, dies zu werden, oder gar Erdölexporteure. Dass Chávez unter solchen Umständen über Erdölschenkungen Einfluss auf die Region ausüben und seine Machtstellung in der Region langfristig und mit erhofftem Erfolg erweitern kann, darf man bezweifeln.

Mit seiner Rhetorik und den Zielen seiner Integrationsvorstellungen trifft Chávez die Stimmungslage in der Öffentlichkeit vieler lateinamerikanischer Länder. Einige der zugrunde liegenden Annahmen werden zumindest teilweise von anderen lateinamerikanischen Regierungen geteilt: Dass man in Lateinamerika eine pluripolare einer unipolaren Welt vorzieht, ist unbestreitbar. Schließlich war es Brasilien, das versucht hat, über die Stärkung des Mercosur eine Art "balancing" gegenüber den USA in den ALCA-Verhandlungen zu betreiben. Die Kooperation mit der Dritten Welt wird in Brasilien und Venezuela als Gegengewicht zur Dominanz der Industrieländer gefördert. Gleichwohl geht Chávez mit vielen seiner Vorstellungen weit über das hinaus, was seine Kollegen in Argentinien und Brasilien zu unterschreiben bereit sind: Wer sich für eine pluripolare Welt einsetzt, muss deshalb die Atompolitik des Iran und Nordkoreas nicht gut finden. Wer die sozialen Resultate der Anpassungspolitiken für korrekturbedürftig hält, muss deshalb keine Fundamentalkritik am Kapitalismus üben. Wer unverhohlen die brasilianische Regionalhegemonie herausfordert, stößt zwar damit in Argentinien und Uruguay auf Sympathien, provoziert aber zugleich eine brasilianische Einhegungspolitik. Andere Aspekte der venezolanischen Hegemonialpolitik wie die nukleare Zusammenarbeit mit dem Iran lösen hingegen wenig Begeisterung aus. Wer sich offen in den Wahlkampf in anderen Ländern einmischt, um dort ideologisch genehme Kandidaten an die Macht zu bringen, löst seinerseits ein gegen Venezuela gerichtetes "balancing" aus. In anderen Worten: Die chavistischen Vorstellungen über das, was lateinamerikanische Einheit sein soll, werden Lateinamerika eher spalten als einen. Vieles von dem, was an Projekten in die Debatte geworfen wurde, ist unausgegoren und pure Rhetorik. Angesichts der Varianz auch linker gesellschaftlicher Projekte können sie nicht die Grundlage für ein gemeinsames linkes Modell in Lateinamerika abgeben, zumal sich das Modell einer rentenabhängigen Sozialpolitik nicht exportieren lässt. Angesichts

15 Diese Taktik ist jedoch nicht immer von Erfolg gekrönt. Bei der Wahl des Präsidenten der IADB *(Inter-American Development Bank)* 2004 unterstützten die Karibikländer den kolumbianischen Kandidaten, den Chávez vehement ablehnte (Arriagada 2006: 12).

der anti-amerikanischen Stoßrichtung kann es keine Länder einbeziehen, die in engen wirtschaftlichen Beziehungen zu den USA ihre Chance sehen. Und angesichts des protektionistischen Dralls hat es Ländern, in denen Freihandel noch nicht als Schimpfwort gilt, nichts zu bieten.

Zugleich wird deutlich, dass der venezolanische Einfluss in Lateinamerika und das außenpolitische Gewicht ölabhängige Größen sind. Auch hier kann man eine Überdehnung der Ressourcen des Landes feststellen. Die Finanzzusagen für lateinamerikanische Projekte werden auf ca. 35 Mrd. US$ geschätzt (Gall 2006b: 15). So scheint es, dass die Außenpolitik, die sich aus dem Transfer von Öleinnahmen in andere Länder der Region (und in geringerem Maße auch außerhalb der Region) speist, den Kollaps des Landes noch beschleunigen wird. In jedem Fall aber kann man festhalten: Wenn die Überlegungen hinsichtlich eines möglichen Scheiterns des Landes bei der Nutzung der Ölbonanza zutreffen, dann wird auch der Status des Landes als Regionalmacht ein Verfallsdatum haben.

Literaturverzeichnis

ALBA (Alternativa Bolivariana para las Américas) (2004): *Acuerdo entre el Presidente de la República Bolivariana de Venezuela y el Presidente del Consejo de Estado de Cuba, para la Aplicación de la Alternativa Bolivariana para las Américas* <www.alternativabolivariana.org/ modules.php?name=News&file=article& sid=81> (15.01.2007).

— (2005): *El ALBA en el Caribe* <www.alternativabolivariana.org/pdf/alba_mice _es.pdf> (15.01. 2007).

— (2006a): *Acuerdo para la Aplicación de la Alternativa Bolivariana para los Pueblos de Nuestra América y el Tratado de Comerio de los Pueblos* <www. alternativabolivariana.org/ modules.php?name=Content&pa=showpage&pid= 516> (15.01.2007).

— (2006b): *Construyendo el ALBA desde los pueblos* <www.alternativabolivariana.org/pdf/ desde_los_pueblos.pdf> (25.02.2007).

Arriagada Herrera, Genaro (2006): *Petróleo y Gas en América Latina: Un análisis político de relaciones internacionales a partir de la política venezolana*. Documento No. 20/2006, Real Instituto Elcano <www.realinstitutoelcano.org/ documentos/256.asp> (23.02.2007).

Asamblea Nacional (2007): *Ley que autoriza al Presidente de la República para dictar decretos con rango, valor y fuerza de ley en las materias que se delegan* <www.asambleanacional. gov.ve/n2/varios/varios-2asp?id_gen=243> (22.02.2007).

Boeckh, Andreas (1988): "Die Schuldenkrise und die Krise des bürokratischen Entwicklungsstaates in Venezuela". In: *Politische Vierteljahresschrift*, 29, 4, S. 636-655.

— (2002): "Die Außenpolitik Venezuelas". In: Calcagnotto, Gilberto/Nolte, Delef (Hrsg.): *Südamerika zwischen US-Amerikanischer Hegemonie und brasilianischem Führungsanspruch. Konkurrenz und Kongruenz der Integrationsprozesse in den Amerikas*. Frankfurt am Main, S. 212-225.

— (2005a): "Die Ursachen des unaufhaltsamen Aufstiegs von Hugo Chávez Frías: Krise und Selbstmord der IV. Republik". In: Sevilla, Rafael/Boeckh, Andreas (Hrsg.): *Venezuela. Die bolivarische Republik*. Bad Honnef, S. 19-29.

— (2005b): "'Sozialismus des 21. Jahrhunderts' oder alter Wein in neuen Schläuchen? Das venezolanische Reformprojekt von Hugo Chávez Frías". In: *Lateinamerika-Jahrbuch*, 29, S. 74-95.

Boeckh, Andreas/Graf, Patricia (2005): "Der Comandante in seinem Labyrinth: Das bolivarische Gedankengut von Hugo Chávez". In: Sevilla, Rafael/Boeckh, Andreas (Hrsg.): *Venezuela. Die bolivarische Republik*. Bad Honnef, S. 81-105.

Burchardt, Hans-Jürgen (2005): "Die Wirtschaftspolitik des Bolivarianismo: Von der holländischen zur venezolanischen Krankheit?". In: Sevilla, Rafael/Boeckh, Andreas (Hrsg.): *Venezuela. Die bolivarische Republik*. Bad Honnef, S. 175-190.

Chávez Frías, Hugo (2003): *Foro Social Mundial. Discurso del Presidente Chávez*. Porto Alegre, 26.01.2003 <www.mci.gob.ve/imagnot/Discurso%20Porto%20Alegre%20FSM.pdf> (25.05. 2006).

— (2005a): *Clausura de la III Comisión Mixta Venezuela e Irán* (Pressekonferenz vom 02.12. 2005) <www.mci.gob.ve/alocuciones1.asp?id=379> (25.05.2006).

— (2005b): *Clausura de la XXIX Cumbre de Mercosur* (Pressekonferenz vom 09.12.2005) <www.mci.gob.ve/alocuciones1.asp?id=380> (25.05.2006).

— (2005c): *Clausura de la Tercera Cumbre de los Pueblos de América* (Pressekonferenz vom 04.11.2005) <www.mci.gob.ve/alocuciones1.asp?id=363> (25.05. 2006).

— (2005d): *Discurso del Presidente de la República Bolivariana de Venezuela, Hugo Chávez, al finalizar la marcha en apoyo a la política latinoamericana y caribeña y contra el imperialismo* (Ansprache vom 19.11.2005) <www.mci. gob.ve/alocuciones1.asp?id=376> (25.05.2006).

— (2005e): *Macro Rueda Binacional de Negocios Chile-Venezuela* (Pressekonferenz vom 20.04. 2005) <www.mci.gob.ve/documentos1.asp?pag=5> (25.05. 2006).

D'Elia, Yolanda/Maingon, Thais (2005): "El FONVIS: Su trayectoria institucional en el contexto sociopolítico venezolano de 1980-2004". In: *One World Perspectives*. Kassel: Universität Kassel.

Díaz, Rolando/Schütt, Kurt-Peter (2010): "Die Gewerkschaftsdachverbände in Venezuela: Im Dienste der Parteien und der Macht". In: Boeckh, Andreas/Welsch, Friedrich/Werz, Nikolaus (Hrsg.): *Venezuela heute*. Frankfurt am Main/Madrid, im Erscheinen.

DiJohn, Jonathan (2005): "Economic Liberalization, Political Instability, and State Capacity in Venezuela". In: *International Political Science Review*, 26, 1, S. 107-124.

FES (Friedrich-Ebert-Stiftung) (2005): *Kurzberichte aus der internationalen Entwicklungszusammenarbeit. Wohin steuert Venezuela? Zur Politik des Präsidenten Hugo Chávez* <www.library. fes.de/pdf-files/iez/03026.pdf> (06.12.2006).

Freitez Amaro, N. (2008). El cooperativismo venezolano antes y durante el siglo XXI. Rentista? In: *SIC*, 71 (709), S. 401-406.

Gall, Norman (2006a): "Petróleo y Democracia en Venezuela: ¿Por qué Chávez?". In: *Braudel Papers*, S. 2.

— (2006b): "Petróleo y Democracia en Venezuela: La revolución bolivariana". In: *Braudel Papers*, S. 3.

González Urrutia, Edmundo (2006): "Las dos etapas de la política exterior de Chávez". In: *Nueva Sociedad*, Nr. 205, S. 159-171.

Goodman, Luis W. (Hrsg.) (1995): *Lessons of the Venezuelan Experience*. Washington, D.C.

Gratius, Susanne (2004): "Venezuela: Staatszerfall in einem polarisierten Land". In: Schneckener, Ulrich (Hrsg.): *States at Risk. Fragile Staaten als Sicherheits- und Entwicklungsproblem*. Berlin, S. 84-104.

Grisanti, Luis Xavier (2006): "Siembra petrolera". In: *Petroleum World*, 18.01.2006.

Hillman, Richard S. (Hrsg.) (1994): *Democracy for the Privileged: Crisis and Transition in Venezuela*. Boulder, Col.

Human Rights Watch (2005): *World Report 2005: Venezuela* <http://hrw.org/english/docs/2005/01/13/venezu9843_txt.htm> (11.09.2006).

Instituto Nacional de Estatistica (2006): *Evolución del índice de Desarrollo Humano en Venezuela, 1994-2005* <http://www.ine.gob.ve> (10.09.2006).

Internacional Crisis Group (2007): *Venezuela: Hugo Chávez's Revolution, Latin American Report* Nr. 19, 22.02.2007 <http://www.crisisgroup.org/home/index. cfm?id=46741=1> (23.02.2007).

Isbell, Paul (2007): *Hugo Chávez y el futuro del petróleo venezolano II: el pillaje de PdVSA y la amenaza a su nivel de producción.* Real Instituto Elcano: ARI, Nr. 15/2007.

Jungemann, Beate/Cariola, Cecilia (2005): "El FONVIS: Sus impactos al nivel local". In: *One World Perspectives.* Kassel: Universität Kassel.

LaCruz, Tito (2006): "Balance Sociopolítico: Una Ciudadanía Social Inacabada". In: Maingon, Thais (ed.): *Balance y perspectivas de la política social en Venezuela.* Caracas, S. 111-184.

Lander, Luis E. (Hrsg.) (2003): *Poder y Petróleo en Venezuela.* Caracas.

Lapper, Richard (2006): *Living with Hugo. U.S. Policy Toward Hugo Chávez's Venezuela.* Council Special Report Nr. 20: Center for Preventive Action. New York/Washington, D.C.

Corporación Latinobarómetro (2004): *Informe Latinobarómetro 2004.* Santiago de Chile.

— (2005): *Informe Latinobarómetro 2005.* Santiago de Chile.

López Maya, Margarita/Lander, Luis E. (2009): "El socialismo rentista de Venezuela ante la caída de los precios petroleros internacionales". In: *Cuadernos del CENDES* 26, 71, S. 67-87.

Márquez, Humberto (2005): "Venezuela: Reserva militar contra invasión virtual". In: *Terraviva América Latina,* 15.04.2005 <http://www.ipsterraviva.net/LA/ viewstory.asp?idnews =111> (05.08.2005).

Melcher, Dorothea (2005): "Petroleumrepublik Venezuela". In: Sevilla, Rafael/ Boeckh, Andreas (Hrsg.): *Venezuela. Die bolivarische Republik.* Bad Honnef, S. 141-157.

Ministerio de Energía y Petróleo (2005): *Ministro Ramírez: 'Vamos a renacionalizar la producción petrolera'* <http://www.mem.gob.ve/noticias/recientes/2005-08-19_planes.php> (11.09. 2006).

Ministerio de Planificación y Desarrollo (2004): *Hacia una Venezuela productiva.* Caracas.

Mommer, Bernard (2003): "Subversive Oil". In: Ellner, Steve/Hellinger, Daniel (Hrsg.): *Venezuelan Politics in the Chávez Era. Class, Polarization, and Conflict.* London, S. 131-146.

O'Donnell, Guillermo (1994): "Delegative Democracy". In: *Journal of Democracy,* 5, 1, S. 55-69.

Roberts, Kenneth (2003): "Social Polarization and the Populist Resurgence in Venezuela". In: Ellner, Steve/Hellinger, Daniel (Hrsg): *Venezuelan Politics in the Chávez Era. Class, Polarization, and Conflict.* Boulder, Col., S. 55-72.

Sassone, Pedro/Camacho, Mirtha (2005): *Desarrollo Endógeno: Un debate necesario.* Caracas.

Shifter, Michael (2006): "In Search of Hugo Chávez". In: *Foreign Affairs,* 85, 3, S. 45-59.

Transparency International (2009): *Corruption Perception Index 2009* >http://www.transparency.org/policy_research/surveys_indices/cpi/2009/cpi_2009_table< (29.03.2010).

Weisbrot, Mark/Ray, Rebecca/Sandoval, Luis (2009): „The Chávez Administration at 10 Years: The Economy and Social Indicators". Center for Economic and Policy Research. Washington DC. >http://www.cepr.net/documents/publications/venezuela-2009-02.pdf< (29. 3. 2010).

Werz, Nikolaus (2010): "Die venezolanische Außenpolitik: Vom Demokratieexport zur ‚Diplomatie der Völker'". In: Boeckh, Andreas/Welsch, Friedrich/Werz, Nikolaus (Hrsg.): *Venezuela heute.* Frankfurt am Main/Madrid, im Erscheinen.

Autorinnen und Autoren

Dr. Peter Birle, Politikwissenschaftler, Leiter der Forschungsabteilung des Ibero-Amerikanischen Instituts der Stiftung Preußischer Kulturbesitz in Berlin und Lehrbeauftragter an der FU Berlin. E-Mail: birle@iai.spk-berlin.de

Dr. Klaus Bodemer, Politikwissenschaftler, 1996-2006 Direktor des GIGA Instituts für Iberoamerika-Kunde; seitdem Senior Fellow am GIGA Institut für Lateinamerikastudien, Hamburg. E-Mail: bodemer@giga-hamburg.de

Prof. Dr. Andreas Boeckh, Politikwissenschaftler, 1989-2009, Professor für Politikwissenschaft mit Schwerpunkt Lateinamerika an der Universität Tübingen. E-Mail: boeckh.andreas@googlemail.com

Prof. Dr. rer.pol. Stefan Jost, Jurist und Politikwissenschaftler, Universität Trier. Habilitation 2002 mit dem Thema: "Bolivien: Politisches System und Reformprozess 1993-1997". E-Mail: pdjost_unitrier@yahoo.de

Prof. Dr. Günther Maihold, Politikwissenschaftler, Stellvertretender Direktor der Stiftung Wissenschaft und Politik, Berlin.
E-Mail: guenther.maihold@swp-berlin.org

Markus-Michael Müller, Politikwissenschaftler, Centre for Area Studies, Universität Leipzig. E-Mail: markus.michael.mueller@uni-leipzig.de

Prof. Dr. Hartmut Sangmeister, Ökonom, Alfred-Weber-Institut für Wirtschaftswissenschaften, Arbeitsgruppe Entwicklungspolitik, Ruprecht-Karls-Universität Heidelberg. E-Mail: sangmeister@uni-hd.de

Magdalena Siedlaczek, M.A., Politikwissenschaftlerin, Absolventin des Seminars für Ländliche Entwicklung der Humboldt Universität zu Berlin, Consultant bei der GFA Consulting Group GmbH in Hamburg. E-Mail: magdasiedlaczek@gmx.net

Dr. Bruno Wilhelm Speck, Politikwissenschaftler, Professor an der Universidade Estadual de Campinas, Brasilien. E-Mail: bruno.speck@terra.com.br

Dr. Peter Thiery, Politikwissenschaftler, Julius-Maximilians-Universität Würzburg, Institut für Politikwissenschaft und Sozialforschung, Lehrstuhl für Vergleichende Politikwissenschaft und Systemlehre. E-Mail: peter.thiery@uni-wuerzburg.de

Dr. Jonas Wolff, Politikwissenschaftler, Stellvertretender Vorsitzender des Forschungsrats, Promovierendenbeauftragter des Vorstands und Wissenschaftlicher Mitarbeiter der Hessischen Stiftung Friedens- und Konfliktforschung, Frankfurt am Main. E-Mail: wolff@hsfk.de

Claudia Zilla, M.A., Politikwissenschaftlerin, Wissenschaftliche Mitarbeiterin der Stiftung Wissenschaft und Politik, Forschungsgruppe Amerika, Berlin. 2000-2005 Promotionsstipendiatin der Konrad-Adenauer-Stiftung.
E-Mail: claudia.zilla@swp-berlin.org

Kolibri 360 GmbH
Ferdinand-Jühlke-Straße 7
99095 Erfurt, Deutschland
produktsicherheit@kolibri360.de